U0857594

数字时代图书馆学情报学研究论丛

“十一五”国家重点图书

国家社会科学基金项目（05BTQ010）成果

数字时代目录学的理论变革与发展研究

The Research on Theoretic Transition and Development of Bibliography in Digital Age

彭斐章　陈传夫　王新才　司　莉
付先华　龚蛟腾　武利红　费　巍　著

图书在版编目(CIP)数据

数字时代目录学的理论变革与发展研究/彭斐章等著. —武汉:武汉大学出版社,2009.9

数字时代图书馆学情报学研究论丛

ISBN 978-7-307-07275-6

Ⅰ.数… Ⅱ.彭…[等] Ⅲ.计算机应用—目录学—研究 Ⅳ.G257-39

中国版本图书馆 CIP 数据核字(2009)第 146143 号

责任编辑:詹 蜜　　责任校对:王 建　　版式设计:詹锦玲

出版发行:**武汉大学出版社** (430072 武昌 珞珈山)

(电子邮件:cbs22@whu.edu.cn 网址:www.wdp.whu.edu.cn)

印刷:武汉中远印务有限公司

开本:720×1000 1/16 印张:25.25 字数:360 千字 插页:2

版次:2009 年 9 月第 1 版 2009 年 9 月第 1 次印刷

ISBN 978-7-307-07275-6/G·1448 定价:50.00 元

《数字时代图书馆学情报学研究论丛》
编　委　会

总　序

“图书馆学情报学”是我国的习惯用法，是涵盖图书馆学、情报学、档案学、出版发行学等学科的名称。在我国台湾被称为“图书馆与资讯科学”，英文为 Library and Information Science。美国也用 Library and Information Studies 来称谓这一学科。

1807 年，德国学者马丁·施莱廷格（Martin Schrettinger, 1772～1851）首次使用了“图书馆学”这一概念，1808 年他又在《试用图书馆学教科书大全》中建立了以图书馆整理为核心的学科体系，标志着图书馆学学科正式诞生。

自 1887 年美国学者杜威（Melvil Dewey, 1851～1931）在哥伦比亚大学创办世界第一所图书馆学校，1930 年在卡内基基金的资助下芝加哥大学设立第一所图书馆学博士班课程以来，图书馆学开始走进大学殿堂，成为高等教育中的一个专业。

图书馆学教育在美国的兴起带动了全球图书馆教育的发展。1919 年英国在伦敦大学建立了图书馆学院。目前，美国有 56 所美国图书馆学会（ALA）认可的图书馆学院，每年招收图书馆与情报学学生 26 000 人左右。

在施莱廷格后的两个世纪，图书馆学科不断变化。特别是在 20 世纪 50 年代以来的冷战期间，美苏军备竞赛，两大阵营形成。苏联卫星上天，美国实施阿波罗计划，科技文献激增。科学家对文献信息的获取变得困难。一门新型学科——情报学应运而生。1963 年美国文献工作学会正式更名为美国情报学会（ASIS）。大量增设图书馆学与情报学硕士点、博士点。图书馆学课程表中也增加了大量的情报学课程。

20 世纪 70 年代，计算机技术在图书馆与信息工作中广泛应用，自动化、地区性图书馆网络形成，机读目录广泛应用，国际图联将世界书目控制列为核心计划。图书馆学（Library Science）发展为“图书馆与情报学”（Library and Information Science），后来又进一步演变为“图书馆与情报研究”（Library and Information Studies）。

20 世纪 80 年代高新技术迅速发展，信息时代到来。美国里根政府实施星球大战计划，欧洲实施尤里卡计划等。联机图书馆系统广泛建立，并扩展至世界主要发达国家。商业性联机数据库如 ORBIT，DIALOG 发展迅速，图书馆与情报职业面临挑战。为适应信息时代要求，国际上图书馆学情报学专业开始调整。国际上有较多大学将图书馆学院易名为图书馆与情报学院或信息研究学院，图书馆学、情报学在硕士、博士层次合二为一。

20 世纪 90 年代，全球进入后信息时代——数字时代到来。克林顿政府开始实施国家信息基础设施计划（NII）、全球信息基础设施计划（GII）。新一代互联网投入使用。欧美初步建成信息社会，全球进入无缝信息环境。世贸组织建立和一揽子贸易协定生效，使全球经济一体化并逐步进入知识经济时代。各国继续加强图书馆学、情报学学科调整。图书馆学、情报学学科内容向情报科学汇集。

进入 21 世纪以来，国际上信息管理学科变化很快。自雪城（SYRACUSE）大学将学院更名为信息研究学院（The School of Information Studies）后，在美国立即出现了 iSchool 的浪潮。伊利诺依斯大学、华盛顿大学、密歇根大学、匹兹堡大学、加州大学伯克利分校、北卡罗来纳大学等知名大学的图书馆与情报学院宣称自己为 iSchool。这些 iSchools 通过宪章组成 I-Schools 联盟（ISG）。目前共有 20 所美国的大学加入联盟（联盟宪章不允许超过 25 个）。iSchool 强调信息、技术与人的关系（relationship between information, technology and people）。iSchool 的标准包括：必须有杰出的研究和杰出的博士教育；必须能在科学、企业、教育与文化进步过程中提供任何形式的信息所需的专门技术；必须能提供信息技术及其应用、信息使用与用户方面的专门知识。2004～2006 年的联盟领导委员会协调人是雪城大学信息研究学院的 Raymond von Dran 院长，2006～2007 年将由匹兹堡大学信息学院院长 Ron Larsen 担任。联盟成员的标准主要强调研究即实质性承担研究活动（三年中每年研究支出达到 100 万美元），同时，致力于培养未来的研究者（通常通过研究型的博士点），引领推动信息职业领域。

国际上图书馆与情报学科的发展表现出明显的特征：研究范围由传统的图书馆领域扩大到信息领域（information field），研究视野由实体的图书情报机构扩大到虚拟空间，研究对象由图书文献转向了信息内容。一系列相关学科如图书馆学、情报学、档案学、出版科学、信息管理与系统乃至数字商务汇集于信息科学（Information Sciences）下，从而使图书馆学情报学研究发生了根本的变化。

武汉大学图书馆学科起源于 1920 年美国学者韦棣华女士创办的武昌文华大学图书科，档案专业起源于 1940 年的文华图书馆学专科学校的档案管理科。1978 年武汉大学创办科技情报学专业，后改为情报学专业。1983 年创办图书发行学专业，2002 年创办电子商务专业。1984 年经教育部批准建立武汉大学图书情报学院。2001 年更名为信息管理学院。图书馆学和情报学两个二级学科被国务院学位委员会批准为国家重点学科。“图书馆、情报与档案管理”被国务院学位委员会批准为一级学科博士学位授权点。教育部批准“武汉大学信息资源研究中心”为国家人文社会科学重点研究基地。信息产业部批准成立“国家信息资源管理（武汉）研究基地”。新闻出版总署批准建立“新闻出版总署武汉大学高级出版人才培养基地”。“网络信息资源开发与数字图书馆建设”被国家计委、教育部等批准为“十五”211 重点学科建设项目。建立一级学科博士后流动站。武汉大学信息资源研究创新基地被列为国家“985 二期工程”建设项目。一批院内校级重点研究基地如武汉大学四库学研究所、武汉大学中国科技评价中心、武汉大学政府信息研究中心、武汉大学数字图书馆研究所、武汉大学出版发行学研究所、武汉大学图书馆学情报学国际合作研究中心也在科研和人才培养中发挥着重要平台作用。

强调一级学科内学科群建设和学科协调发展是武汉大学图书馆与情报学科建设的基本目标。以图书馆学、情报学两个国家重点学科为龙头促进图书馆学、情报学、档案学、信息资源管理、出版发行学等学科的协调发展。

我们深刻认识到信息资源与自然资源、人力资源共同构成支撑现代经济社会发展的资源体系。信息资源是知识经济时代重要的国家战略资源，是实现经济和社会全面、可持续发展的基础条件。对信息资源的拥有、开发和利用水平，是衡量一个国家综合国力和国际竞争力的重要标志之一。消弭信息鸿沟、实现信息公平，是消除贫困、促进经济发展、构建和谐社会的重要条件之一。

信息资源管理人才培养是学院的基本任务。学院每年为国家培养本科生 260 名，硕士研究生 150 名，博士研究生 55 名左右。学院有一支知识结构和年龄结构合理的优秀学术队伍。这支队伍中有武汉大学人文社会科学资深教授 1 人，博士研究生导师 26 人，国务院政府特殊津贴专家 6 人，教育部新世纪优秀人才支持计划 3 人，武汉大学珞珈特聘教授 2 人。作为实现研究型学院建设目标的一部分，在教学的同时，广大教师承担了大量的科学研究任务。为了推动本学科领域的前进，分享他们的见解，在武汉大学出版社的大力支持下，并报有关部门批准，我们拟出版《数字时代图书馆学情报学研究论丛》(简称《论丛》)。

为了编辑这套丛书，武汉大学邀请了国内外知名学者担任《论丛》的学术顾问，组建了主要由信息管理学院的博士研究生导师担任委员的编辑委员会。

《论丛》拟用 4 年时间出版著作共 20 卷。20 卷著作将分为三个系列：(1) 学科年度进展。主要约请信息管理学院图书馆学系、档案与电子政务学系、信息管理科学系、现代出版系、信息系统与电子商务系的有关教师和校外专家共同编写本学科的年度研究进展，主要有《图书馆学研究进展》、《情报学研究进展》、《档案学研究进展》、《出版学研究进展》、《信息资源管理学研究进展》；（2）个人学术专著。涉及图书馆、情报与档案管理基本理论研究、信息组织与检索、信息资源管理、信息资源建设与信息服务、文献编纂与出版、数字图书馆与信息系统工程等研究方向；（3）研究报告系列。我院研究人员共承担教育部哲学社会科学研究重大攻关项目、国家社会科学基金重点项目、教育部人文社会科学重点研究基地重大招标项目、国家自然科学基金项目、国家社会科学基金项目多项。特别是211项目和985项目，围绕数字信息资源开发与管理、数字信息资源服务与保障、信息资源公共获取与知识产权协调管理、数字图书馆关键技术与系统、资源与服务整合、信息构建与知识管理等主题正在进行探索。在信息构建的理论与方法、信息系统与资源整合、元数据知识表达、网络计量与参考、信息服务集成机制、信息资源与服务集成技术、媒体及数字出版、数字内容分销、信息资源的长期保存、商务信息流等关键领域力图实现图书馆学科在数字图书馆领域、情报学科在数字资源管理领域、档案学在数字化政务信息管理领域、出版发行学在数字出版与数字化分销、信息系统科学在集成系统以及数字化商务信息流研究方面取得研究结果。本系列将对部分研究结果进行报告。

丛书的出版是学院广大教师和研究人员辛勤探索的结果，在此，谨向严谨治学、辛勤耕耘的各位著作者表示感谢！对武汉大学出版社的支持表示感谢，对责任编辑严红女士在策划编辑过程中付出的艰辛劳动表示感谢。同时，还望广大读者不吝批评指正，共同推动图书馆学、情报学、档案学、出版发行学和信息资源管理学科的进步！

武汉大学信息管理学院院长　**陈传夫**

武汉大学信息资源研究中心主任　**马费成**

2006年10月8日

前　言

创新是民族进步的灵魂，是当今社会的重要特点，我们党和政府高度重视哲学社会科学的繁荣与发展，党的“十七大”报告把哲学社会科学看做是社会主义文化建设大繁荣大发展的一个重要方面，大力推进理论创新。目录学作为一门具有悠久历史和优良传统的学科，具有鲜明时代特征和广泛应用价值。要实现目录学的创新发展，就必须探讨目录学理论创新与发展的路径。这也是目录学工作者永恒的课题。

目录学是时代的产物，它的产生和发展来自于时代的需求，同时，又服务于时代的发展。目录学发展的历史就是跟随时代的节拍不断变革的过程。中国古典目录学的特点是注重文献的整理，在各个不同的历史发展时期，目录学家们创造了叙录、类例、解题、注释、小序、排检等一系列行之有效的目录学方法，积累了与其所处时代需要相适应的文献整理的实践经验，总结了古典目录学原理。今天，我们要探索中国目录学的变革与发展规律，在一定程度上还必须从“辨章学术，考镜源流”的学术史去考察。这也是目录学研究与时代特点紧密相连的缘故。到了近代，人们读书治学风气盛行，讲究治学之道，读书方法，时代呼唤目录学走向社会，要求目录学承担起提要钩玄、治学涉径的任务，目录学成为读书治学的入门之学。梁启超在《佛家经录在中国目录学中的位置》一文中指出：“著书足以备读者顾问，实目录学家之最重要之职务也。”强调目录学是读者读书治学的顾问和向导。推荐目录成为这一时期最具时代特征的目录，受到读者的青睐，这正好说明目录学只有正确反映时代的需要才能获得顺利的发展。处在数字时代的今天，随着社会信息化与信息社会化进程的加快，科学技术的高速发展，数字技术带来的信息资源的迅猛增长，信息资源的生产、聚集、组织、传播、开发与利用等方式方法的变化，使得不断增长着的文献信息资源与人们对它的特定需求之间的矛盾更加尖锐化。新的信息环境的变化，一方面使得目录学理论产生许多不确定性，与此同时，书目情报工作实践也不断涌现出一些新的问题，这些都要求目录学家给予理论上的回答。因此目录学理论的变革与发展研究具有重要的现实意义与理论价值。

本书在写作进程中坚持理论与实际相结合，继承与发展相结合的原则，采用调查、分析、比较、理论归纳等方法开展研究，力求按照以下思路进行论述。

1. 数字时代目录学理论变革必须符合读者书目情报需求变化的需要

读者书目情报需求的变化是目录学内容变化的先导，是推动目录学研究的动力。离开了对读者书目情报需求变化特点的研究，目录学研究也就成了无源之水。在数字时代，面对读者由以传统的印刷型信息需求为主向多元化数字化信息需求转化的新形势，如何科学地、深层次地揭示与有效地报道信息资源，最大限度地满足读者对信息资源的特定需要，成为数字时代目录学理论变革要解决的首要问题。

2. 数字时代目录学理论变革必须符合书目情报工作实践的要求

鲜明的实践品格是科学理论的根本特征，同样，也是目录学理论变革的基础。目录学本是一门致用之学，目录学的产生和发展是由书目情报工作实践所决定的，丰富生动的书目实践活动是目录学发展的源泉，强调目录学来源于实践，服务于实践，一切都以解决书目情报实践提出的问题，立足于目录学理论的运用，强调目录学理论对书目情报实践的指导作用为前提，着眼于书目情报实践的理论思考，着眼于新的书目情报实践和新的发展，这就是数字时代目录学理论变革的出发点和归宿。

3. 数字时代目录学理论变革必须与全球信息化发展趋势相一致

传统书目情报服务主要是区域性的服务，紧随经济一体化的出现后便是信息全球化，在全球信息化的新环境中，读者的书目情报需求已不局限于一国或者一个地区，而转变为对全球信息资源的需求。书目情报服务的方式也会发生变化，这就要求研究信息资源全球化共享过程中书目情报资源揭示与报道的新问题。应当面向世界，科学认识当前世界书目情报活动的发展趋势，跟踪时代的发展，与时俱进。

4. 数字时代目录学理论变革应当考虑大众化的需要

数字时代的信息基础设施是一种公共信息平台，应当为每一个社会成员所共同享用。互联网已经成为一个巨大的信息资源库，是人们获取知识和信息最重要的渠道，它的迅速发展和广泛利用给读者带来了诸如数字化查询速度快，远程通信不受时空局限，人机对话，即时编辑等特点，既方便查询，又便于存储，也有利于信息资源再生。由于网络信息资源的迅猛发展，在为读者带来信息繁荣的同时，出现信息超载，信息无序。同时，一些垃圾信息，虚假信息，甚至有害信息掺杂其中，给读者获取效用信息造成了障碍和不便。为了建设一个文明的、健康的、方便利用的网络环境，除了政府各部门采取有力措施，高度重视互联网的建设、运用和管理以外，还应当高度重视提高整个社会成员的信息素养水平，这是建立学习型社会，实施终身教育必备的素质，使人们具备选择、评价、吸收知识和信息的能力，以及利用各种信息技术组织所需知识和信息的能力，要使信息素养教育成为一种终身教育、全民教育，普及目录学知识显得更为紧迫，要使目录学像我国著名目录学家姚名达先生所期望的那样能够成为最通俗的常识，人人得而用之的学问，这也就是目录学大众化的具体要求。

《数字时代目录学的理论变革与发展研究》是国家社科基金资助项目（项目代号：05BTQ010）研究成果之一。

本书主要包括以下方面内容：

①目录学变革的实践基础；

②目录学变革的理论基础；

③目录学变革的传承问题；

④目录学理论的科学化路径；

⑤目录学理论的整体化路径；

⑥目录学理论的实用化路径；

⑦目录学理论的国际交流与借鉴；

⑧目录学理论变革的发展方向。

全书由彭斐章、陈传夫、王新才组织编写、统稿、审稿并定稿。撰写者为彭斐章、陈传夫、王新才、司莉、付先华、龚蛟腾、武利红、费巍、盛钊、丁宁。具体分工如下：第一章，彭斐章、陈传夫、盛钊；第二章，龚蛟腾；第三章，彭斐章、王新才；第四章、第五章，武利红；第六章、第七章，付先华；第八章，彭斐章、司莉；第九章，费巍；第十章，彭斐章、陈传夫、丁宁。前言由彭斐章撰写。

本书在编写、出版过程中得到了国家社科基金、“985·工程”哲学社会科学创新基地建设项目等资助，得到了武汉大学出版社的大力支持，责任编辑詹蜜为本书的编辑出版付出了辛勤劳动，武汉大学信息管理学院博士生邹瑾、丛石参加了课题的部分研究工作。在此谨向他们表示衷心感谢。

限于我们的专业视野和学术水平，错误和不足之处在所难免，真诚地欢迎批评指正。

彭斐章

2008年9月30日

目　录

第一章　目录学变革的实践基础

在目录学的发展史上，探索目录学的时代特征，始终是目录学工作者的责任。每到信息环境变化的转折关头，都有文献研究这一命题。第二次世界大战之后的50年代，科学技术迅速发展，社会结构发生了很大变化，目录学研究也面临一系列新问题。

1951年刘易斯·理登洛（Louis N. Ridenour）在伊利诺伊大学图书馆学年度讲座上发表《科学时代的目录学》的重要文章。同年，在探讨20世纪的目录学发展方向问题时，拉夫·R. 萧（Ralph R. Shaw）也发表《二十世纪的机器与目录学问题》。这些文章明确提出目录学进入了“科学时代”。20世纪80年代，社会结构又一次发生重大变化，社会由工业时代进入信息时代。彭斐章发表《迎接信息时代的科学——目录学的现状与未来》、《世纪之交的目录学研究》（彭斐章，1986，1995），柯平《论目录学领域的革命》等文章明确提出了“信息时代的目录学”的命题。20世纪末，世界上主要发达国家和一些发展中国家均开始了国家信息基础设施（通常称信息高速公路）的建设，导致全球性的第二次信息革命。这次信息革命利用人类已有的最尖端技术，涉及社会经济与文化生活的各个方面。中国及时参与了这一历史性进程。1997年4月召开了首届全国信息化工作会议，讨论了《国家信息化“九五”规划和2010年远景目标（纲要）》。2001年12月26日，国家信息化领导小组召开了第一次会议。会议确定了推进国家信息化必须遵循的方针。中央办公厅、国务院办公厅发［2004］34号文件《关于加强信息资源开发利用工作的若干意见》是我国信息资源开发利用工作发展史上的一个里程碑式的文件，从国家政策层面上首次明确了信息资源及其开发利用工作的战略地位，把理论认识变成了国家的意志。该《意见》指出，加强信息资源开发利用工作“是落实科学发展观，推动经济社会全面发展的重要途径，是增强我国综合国力和国际竞争力的必然选择”。2006 年十届人大四次会议通过的《国民经济和社会发展第十一个五年规划纲要》明确提出必须转变经济增长方式，要“推进国民经济和社会信息化，切实走新型工业化道路”。该《纲要》特别提出要“深度开发信息资源”，要加快国家基础信息库建设，促进基础信息共享。培育公益性信息服务机构，开发利用公益性信息资源。中国的信息环境正在发生变化。作为揭示与报道文献信息，提供书目情报服务的书目工作，在数字时代面临着新的发展机遇，也面临着来自技术、经济与社会的挑战。如何有效解决数字时代文献信息的揭示、报道与利用问题，是 21 世纪我国目录学面临的首要问题之一。数字化技术将带来信息的生产、聚集、包装、检索、传播、复制、再生方式的变化，为目录学的发展带来机遇。用户信息需求的变化、书目工作技术环境的变化、书目情报事业组织方式的变化是当代目录学变革的实践基础。

第一节　信息需求的变化与目录学功能延伸

一、用户信息需求的变化

计算机的应用从国防、科学计算，到家庭办公、教育娱乐，无所不在。而互联网自 20 世纪 60 年代末诞生，发展至今天成为一个普及全球的信息网络，人类的生产生活方式发生了巨大的变化。计算机和网络在全世界的广泛应用拓展了人类的视野，改变了人们获取信息的方式，使人们对信息的需求也发生了许多变化，主要体现在以下几个方面：

(一) 信息来源发生了变化，网络信息成为人们信息需求的重要组成部分

传统时代，信息资源主要来源于图书、期刊、报纸、电视广播等传统媒体，而随着互联网的发展，人们开始越来越多地从网络中获取信息。网络信息资源成为信息资源的重要组成部分，且其重要性还在不断上升。中国互联网信息中心 2008 年 7 月发布的第 22 次中国互联网络发展状况统计报告①显示，截至 2008 年 6 月底，中国网民数量达到 2.53 亿，规模跃居世界第一位。目前中国网站数量已达 191.9 万个，常用的网络媒体：网络新闻、博客的使用率分别为 81.5% 和 42.3%，较 2007 年 12 月的统计分别上升了 7.9% 和 18.8%，论坛/BBS 的访问率为 38.8%，进入了网络应用使用率的前 10 位。而美国因特网监测公司“网器”（Netcraft）2008 年 3 月 28 日宣布，截止 2 月底，全球互联网网站数量超过 1.6 亿，达 162 662 053个②。

网络资源的极大丰富和上网条件的便捷，使人们对互联网的依赖性大大增加，使用网络获取信息成为人们信息需求的重要手段之一。根据研究机构 We Media/Zogby Interactive 2007 年所做的一项网络调查，在1 979名被调查者中，有近一半将互联网作为自己的首要新闻和信息来源，这一比例高于一年前的 40%。此外，不到 1/3 将电视作为首要新闻来源，有 11% 选择广播，还有 10% 选择报纸；而在 18～29 岁的互联网群体中，绝大部分都将互联网作为首要新闻来源③。而于 2008 年 7 月下旬我国出版科学研究所组织实施的第五次国民阅读调查显示，互联网阅读率为 44.9%，较 2005 年的

---

① 中国互联网络信息中心．中国互联网络发展状况调查统计报告 [R/OL].[2008-08-04]. http://www.cnnic.net.cn/index/0E/00/11/index.htm.

② 中文业界资讯站 [图]. NetCraft 2008 年 3 月统计报告发布——全球网站数量已超过 1.6 亿 [R/OL].[2008-08-04]. http://www.cnbeta.com/articles/52219.htm.

③ CSDN.Net. 五成美国人首选新闻渠道为互联网 [EB/OL].[2008-08-04]. http://news.csdn.net/n/20080303/114011.html.

27.8%提高了17.1个百分点，居于报纸（73.8%）、杂志（58.4%）、图书（48.8%）之后，位于第四位①。

人们对网络信息的依赖改变了书目工具在信息查找中的角色，传统的书目与文本分离的机制无法满足人们的信息获取需要。

（二）信息载体发生了变化，数字化信息的需求大大增加

传统的信息以印刷型文献为主，但随着数字化技术的发展，视频、音频、超视声频等格式的多媒体信息产生。人们对信息的需求向多元化发展。与传统的文献信息，包括图书、期刊、录音、录像等相比，数字化信息在利用上具有巨大的优势。传统的文献型信息资源属于模拟信息，其优点是直观，但共享性差，在用户利用中只能是“一对一”的方式，对资源的独占性很强。以一本书为例，如果一名读者正在使用这本书，那么其他读者就不能使用它。此外，存储模拟信息占用的空间也很大，图书馆闭架书库收藏能力约为210～250册/$m^3$②，也就是说，一万册的藏书大约要占用47立方米的空间。而数字化信息由二进制编码“0”和“1”构成，在时间、空间上是不连续的，可随机高密度存储、编辑和检索，数字信息以数字信号存储，不占用实际空间，具有传输效率高、获取成本低的特点，便于读者远程利用与信息共享。因此，人们对原始信息的需求正在向对数字化信息资源需求转变，数字信息量迅速增加。据加州科学家调查，1998年《科学引文索引》（SCI）中只有30%的被引期刊是在线版，2002年则增加到75%。Frank Romano预测到2015年48%的书会是以数字储存随机打印方式存在③。数字化资源的数量不断增加，据IDC（美国国际数据公司）研究报告

---

① 中国出版网．我国国民图书阅读率止跌回涨——网络阅读率大幅攀升［EB/OL］.［2008-08-05］. http://www.chinapublish.com.cn/yw/200807/t20080723_37918.html.

② http://www.lis.ntu.edu.tw/～kochiu/file/0227.ppt［EB/OL］.［2008-08-12］.

③ 陈传夫，吴钢．图书馆业态的变化与发展趋势［J］．中国图书馆学报，2007（3）：5-14.

《数字宇宙膨胀：到2010年全球信息增长预测》数据指出，2006年全球每年制造、复制的数字信息量共计1 610亿GB，这些数字信息大约是现有书籍所含信息的300万倍，而到2010年，全球数字信息量预计为9 880亿GB①。

越来越多的用户开始习惯于直接在本地而不是到图书馆获取所需要的信息。2002年Outsell对大约3万名美国因特网信息用户进行了调查，结果显示78%的被调查者认为开放网络提供了他们所需要的绝大部分信息。同时一半以上的人表示得到的"信息并没有什么缺失"。同年UCLA因特网研究报告揭示，52.8%的被调查用户认为从网上获得的绝大部分或者说全部信息都是可靠而正确的，另有39.9%的人认为网络信息至少有一半是可靠而正确的。

Yahoo搜索引擎营销部（Yahoo! Search Marketing）和Hall & Partners在2005年8月份调查了486名大学生，得出结论：在信息获取渠道上，大学生对搜索引擎的依赖高于杂志、报纸和电视广告等其他传统媒体。调查结果表明81%大学生认为搜索引擎是最佳信息源，而认为传统媒体是最佳信息源的只占34%②。

国际调查表明，大学生中73%使用因特网多于图书馆，68%订阅了至少一种和自己学习有关的邮件列表③。2003年哥伦比亚大学Kate Wittenberg领导的小组对全美1 233名学生和574名大学教员的调查发现，电子资源已经成为信息搜集的主要工具。90%的受访教员在研究过程中每周都要使用几次电子资源，40%更愿意在网络上查找信息而非去图书馆；99%的学生在完成作业时使用电子资源，在完成作业过程中46.5%的学生倾向于使用搜索引擎，21.9%倾向于使用图书馆电子资源，有20%的学生认为电子资源

---

① 中计在线.2010年全球数字信息量将达9880亿［EB/OL］.［2008-08-12］. http://cio.ciw.com.cn/cio04/20070524110256.shtml.

② 大学生对搜索引擎的信赖度超过电视广告［EB/OL］.［2008-08-22］. http://www.jingzhengli.cn/report/F2005/1012.html.

③ The Internet Goes to College: How Students are Living in the Future with Today's Technology［EB/OL］.［2008-08-22］. http://www.pewinternet.org/report_display.asp?r=71.

的利用如此普遍以至于他们并没有学习如何使用物理图书馆①。

传统书目以印刷型文献为主要报道对象，而今天印刷型文献只是庞大的文献系统中很少的一部分。因此，发展数字目录学便成为一项迫切任务。

（三）信息需求的层次发生了变化，信息资源选择成为目录学的新任务

一方面，信息社会的到来使人们对信息的追求愿望更加强烈，拥有更多信息在某一程度上则意味着具备了更强的竞争力。这使得信息需求本身表现出全面化、前沿化、交叉化和动态化的特点。信息的全面性是提供科学决策的重要因素；学科的交叉和深入发展使对前沿、尖端信息的需求变得更为突出，信息的需求不再局限于某一学科，而是更多地以问题的方式出现，需要多个领域交叉融合得以解决；科学技术的飞速发展使社会节奏变快，某些曾经是热点的信息可能在较短的时间内便会受到冷落，信息需求的动态性增加。

另一方面，信息量的迅速增长，提高了用户对二次信息、三次信息的需求。进入数字时代后，信息量迅速增加，其增长速度惊人，根据 IDC（美国国际数据公司）研究报告《数字宇宙膨胀：到 2010 年全球信息增长预测》的预计，从 2006—2010 年，数字信息的年复合增长率为 57%，2010 年的数字信息总量将是 2006 年的 6 倍②。如此庞大的信息海洋，没有高效的指引、评价工具，在选择、判断所需信息的过程中将面临更多的困难。就分类信息为例，IDC 估算目前经过分类或者按价值排序的企业信息不足 10%，它预计信息分类管理的数据量将以每年 50% 以上的速度增长。有序化的二次、三次信息能够为查找、评价、获取原始信息提供依据，

---

① Pew Internet & American Life Project. EPIC Online Use and Costs Evaluation Program: Final Report [EB/OL]. [2008-08-22]. http: //www. epic. columbia. edu/eval/eval04frame. html.

② 中计在线 . 2010 年全球数字信息量将达 9 880 亿 [EB/OL]. [2008-08-12]. http: //cio. ciw. com. cn/cio04/20070524110256. shtml.

从而简化在海量信息中寻找所需信息的过程。信息需求深层次化，要求我们深度开发信息资源，目录学注重的以揭示文献特征为主的传统受到挑战，发展现代书目元数据与新型书目语言则是时代的要求。

（四）信息需求的主体意识增强，个性化书目信息需求明显

互联网的产生，使之成为世界最大的信息集散地。信息环境的变化，改变了信息传播的方式和用户获取信息的方式。信息传播对象的个人化，是网络环境下信息传播的一个显著特点，它指的是传播对象具有针对性，特定的信息针对特定的用户，是典型的“小众化”传播。而传统的信息传播对象是社会化的，通过电视、广播等媒介，信息从发送者这个“点”向受众群这个“面”进行单向传输。另一方面，社会分工的细化使人与人之间的需求差异加大，不同学历、不同生活背景、不同性别的人对信息的需求都有所不同。在这个个性化当道的时代，从信息服务提供者那里获取的单向的信息交流已不能满足用户对信息的需要，他们要求信息是可定制的，是符合个体需求的，是针对每一个人的不同需求特制的。书目信息的提供一方面要满足大众的要求，另一方面也需要为个人定制服务。

由社会性书目情报需求与离散型个体化书目情报需求两极并存，是今天读者需求变化的显著特征。传统信息资源共享主要依赖图书馆、信息研究所、文献中心等机构，这种服务属于集中服务或中心服务。用户获取信息资源方式包括借阅、阅览、专题目录、参考咨询等。在信息社会，由于技术的推动，读者对作为物理状态的图书馆的依赖程度明显降低。作为分布式数据库状态的虚拟图书馆将在满足读者信息需求中发挥巨大作用。用户希望在办公室、家庭甚至移动的交通工具上通过计算机、远程通信技术及时获取信息。21世纪信息交流的主要特征是其开放性，即信息资源的无限制复制，另一方面点对点的信息交流也成为一个重要的发展趋势。信息服务的商业化是促成这种趋势的重要原因之一。因此必须探索新的信息资源共享途径。例如商业化的书目数据库服务针对特定的用

户，终端用户通过即时付费，直接进入网络系统，书目工作者的中介角色发生变化。

（五）信息需求的范围扩大，表现为全球化的书目信息需求

整个世界正在融合，国家、语言等固有的界限正在消失。信息需求正由国家、地区性的书目情报需求转向全球信息需求。传统的书目与图书馆服务主要是区域性的服务，例如以本馆收藏为阵地的书目服务，以地区合作为目标的联合目录服务，以揭示与报道一国图书的国家书目服务等。随着中国对外开放和市场经济目标的确立，用户的信息需求已不再局限于一国或一地区，而转变为对全球信息资源的需求。科学研究与教育工作者需要及时掌握国际上最新的学术研究进展，以确定选题并跟踪或赶超国际先进水平，培养世界一流人才。国际经济一体化，商品、技术与金融市场瞬息万变。传统技术手段已无法满足用户的这些新型信息需求，必须探索新的技术手段。即使发达国家，在 20 世纪 90 年代之前，书目情报服务也是地区性的。在数字时代，这些局域性的书目中心通过网络技术实现联网，真正实现了世界书目资源共享。因此我们要研究网络环境下书目文献揭示、传播、利用等新问题。在全球书目资源共享过程中，书目信息的揭示与报道方式发生了根本的变化，例如在虚拟图书馆书目报道，遵循的主要规则不再是书目条例，而是通信协议。不论是书目信息的组织，如 OCLC 的 InterCat 项目，还是权威控制，如 AUTHOR 计划，还是参考咨询服务，国际合作、共享都在加强。

二、目录学功能延伸

目录学研究的对象是揭示与报道文献信息与人们对文献信息特定需要之间的矛盾，可以说，读者信息需求的变化是目录学变革、前进的原动力。因此，信息需求的变化必然要求对目录学的功能进行延伸。

（一）从对传统文献的阅读指导转向网络信息资源指导阅读

目录学具有教育的功用。黎锦熙认为，“我国目录学之功用，首呈现于读书指导”。我国目录学对阅读指导的重视可见一斑。现代社会的信息是多样化、复杂化的，尤其是网络所带来的信息过载则加剧了人们在面对大量信息时的迷茫和困惑。随着人们对网络信息需求的增加，对网络信息资源的阅读指导显得越发重要。建立“推荐网站”和“专题网络资源导航”能够实现书目过滤信息，针对特定用户提供特定信息线索的作用。选择相应的电子期刊、电子图书和电子报纸，以及专业研究人员的个人网页与内容准确的权威数据库和联机数据库服务商等，分别描述其内容特色和检索利用方法，记录其网址，建立网络信息资源的专题目录，使用户能够根据自身的需求有针对性地选择资源，从而提高信息吸收的效率。目前我国一些高校图书馆如清华大学图书馆、华中科技大学图书馆主页上都有相关功能提供。

（二）传统的书目控制延伸至数字书目控制

书目控制是现代目录学的重要思想之一。图书情报机构利用书目控制的思想和技术成功实现了对传统文献信息资源的组织和控制，但用户对数字信息需求的增大，数字信息量的增大，都要求目录学对数字信息进行控制，以达到数字信息的有序化和易用化。

1. 书目控制思想的发展

数字信息的快速增长与网络信息技术的发展，使书目控制的对象、方法、目的都发生了一些变化。传统的书目控制是应用控制论原理，对文献信息系统进行模拟、调节、控制的过程与方法，其目的在于探讨书目情报工作规律，开展书目工作的组织与协调，促进文献信息资源共享。而数字信息资源书目控制以数字信息资源为控制对象，以书目系统为控制手段，以存储和检索出读者特定需求的信息资源为目的①。从微观控制和宏观控制的角度来看，书目控制

---

① 彭斐章，邹瑾．数字环境下的书目控制研究［J］．图书馆论坛，2005，25（6）：10-15．

越发倾向于对信息的微观控制，以达到便利读者利用资源的目的。

数字书目控制期望与数字资源控制融合，在传统二次信息控制的基础上进一步实现对一次信息的控制。传统书目控制注重对二次信息的控制，但数字书目控制的最终目的是实现对一次信息的有效控制，在研究二次信息的同时，对海量数字资源的有效控制才能实现数字资源信息发现的功能①。

2. 书目信息描述逐步采用元数据揭示

元数据和书目记录的功能需求（FRBR）的发展使描述和著录工作发生了巨大的变化。采用 MARC 与文献著录规则来描述网络信息资源是实现数字资源描述控制的最直接方法②，通过添加 856 字段“电子资源地址和检索”，记录“所有关于订购、传递或访问电子资源的必要信息”，MARC 能够用于描述数字信息资源；产生专门用于描述控制数字资源的元数据方法：DC 通过定义一个核心数据集来描述多种电子资源对象，其结构简单，使用较简易，通过与 MARC 建立映射，能实现两者的相互转换；Text Encoding Initiative（TEI）是元数据标准的一种，它为电子文档中的文本嵌入一个头标，包含文件描述、编码描述、文本框架和文本修订历史 4 个基本构成③。

权威控制中增加了与数字资源相关的新元素：统一资源定位器 URL、数字对象标识符 DOI 等，作为识别和获取电子资源的标准。2001 年，UNIMARC 正式将 URL 批准成为权威记录的控制元素，随着数字资源的增加，相应的权威控制元素应该还会增加。此外，网络通信技术的发展与联机合作编目的实现，使规范控制逐步走向了数字化、网络化和国际化。虚拟国际权威档（Virtual International Authority File，VIAF）的提出，能够连接各国国家书目机构与其他

---

① 柯平，曾伟忠．试论面向数字书目控制的数字图书馆学［J］．图书情报知识，2007，119（9）：34-41.

② 彭斐章，邹瑾．数字环境下的书目控制研究［J］．图书馆论坛，2005，25（6）：10-15.

③ 彭斐章，邹瑾．数字环境下的书目控制研究［J］．图书馆论坛，2005，25（6）：10-15.

地区机构的权威档名称、标题，提供网络存取。同时，权威控制扩充了网络服务功能，建立了权威数据与书目数据的直接挂接，实现权威数据库与书目数据库同步维护，还能够直接向互联网终端用户开放数字权威档。

3. 检索控制的发展

检索控制在进入数字时代后变得日益重要，成为数字书目控制不可或缺的一部分。检索控制以智能化为目标，一般通过增加检索途径、检索策略、跨库检索等实现，主要目的是提供更为高效准确的检索结果。目前检索控制发展的方向主要是像搜索引擎一样更为强大的过滤功能：Google scholar 利用信息技术，可以过滤出从学术出版机构、专业领域、预印本文库、大学和其他的学术性组织获得的经过同行评议的论文、图书、摘要和文章等；而 Google 提供的例如博客检索等能够针对某一种类型的网页从中提取有效的信息。

（三）评价、报道功能正在加强

目录学具有促进文化交流的作用，对科学文化事业进行报道，对用户信息需求的全面化、深层化、交叉化和动态化，使得信息一方面向着更深的层次发展，另一方面又产生较快的新旧交替。要掌握目前快速的信息变化，对于用户来说不是一件轻松的事。运用目录学思想、方法开发的一些新的二次信息工具对用户掌握信息的流向和重要度有很多帮助。目录学的科学评价、报道功能正在不断的加强。

美国科技信息所（ISI）出版的三大引文索引数据库科学引文索引（SCI）、社会科学引文索引（SSCI）、艺术与人文引文索引（A&HCI）以及与 SCI 并称为世界三大检索系统的工程索引（EI）和科技会议录索引（ISTP）是目录学进行数字科学评价的重要工具。ISI 的 Journal Citation Reports（期刊引证分析报告，简称 JCR）是基于 SCI、SSCI 的期刊评价数据库，通过对期刊被引率等指标的统计，可以评价出各学科领域最具权威的期刊。Essencial Science Indicator（基本科学指标）是 ISI 推出的衡量科学研究绩效、跟踪科学发展趋势的基本分析评价工具，基于 SCI 和 SSCI 所收录的全球 8 500 多种学术期刊的 900 多万条文献记录而建立。我国利用引文分析进行科学评价也取得一系列成果，如中国科学院文献情报中心的《中国科学引文索引》（CSCD）和《中国科学计量指标：论文与引文统计》，中国科技信息研究所的《中国科技论文与引文数据库》（CSTPC）以及南京大学中国社会科学评价研究中心的《中国人文社会科学引文数据库》（CSSCD）等①。

（四）知识导航功能不断增强

目录从广义上说是一个知识系统②。用户信息需求的个性化组合要求目录不能仅仅以知识载体——文献为处理对象，而是应当将文献中蕴含的知识单元作为处理对象，组合适当的知识单元以符合用户的个性化信息需求。知识导航系统的重点是学术资源导航。最初的学术资源导航是应用户的需要，由一些文献服务机构或科学研究单位以及学术组织完成的。较为著名的学术导航项目有：美国加州图书馆的 LII 导航系统，即著名的 Librarian's Index to the Internet，简称 LII，是国外最早的网络学术资源导航；英国的互联网公共图书馆（Internet Public Library，简称 IPL）；加州大学伯克利分校的网络学术资源导航；香港大学图书馆的网络学术资源导航；武汉大学图书馆重点学科导航库；中国人民大学图书馆的社科信息导航；OCLC 的联合在线资源目录（OCLC Connexion）；CALIS 重点学科导航等。此外，指引库也是知识导航系统的一种类型，它把因特网上与某一或某些主题相关的节点进行集中，按方便用户检索的原则，向用户提供这些资源的分布情况，指引用户查找指引库中的信息。指引库采用主题树方式组织资源，对信息加以标引、分类，设计主题树结构，按主题分级形式组织信息资源的索引，用户通过逐级浏览，查找所需信息。同时，针对用户需求的个性化，目录学家

---

① 柯平．数字目录学——当代目录学的发展方向［J］．图书情报知识，2005（105）：18-22.

② 刘晓英，叶文青，文庭孝．构建知识地图——论现代目录学理论的发展与创新［J］．图书与情报，2007（2）：9-12.

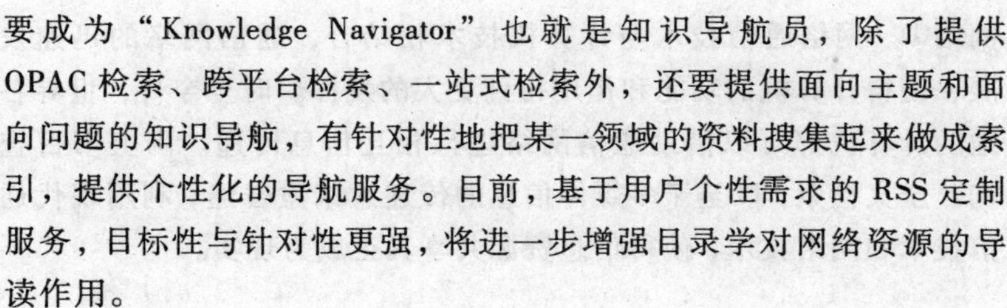

要成为“Knowledge Navigator”也就是知识导航员，除了提供OPAC检索、跨平台检索、一站式检索外，还要提供面向主题和面向问题的知识导航，有针对性地把某一领域的资料搜集起来做成索引，提供个性化的导航服务。目前，基于用户个性需求的RSS定制服务，目标性与针对性更强，将进一步增强目录学对网络资源的导读作用。

第二节　技术进步与书目工作效率的变化

进入21世纪，数字化、网络化的信息革命从根本上推动了图书馆的发展，计算机逐渐成为图书馆的必备设施。除了计算机和网络通信等基本的信息技术，一些与书目工作密切相关的技术的发展对书目工作效率产生了很大影响。

对书目工作产生重大影响的主要是计算机与通信技术。计算机技术可以被喻为人类最伟大的发明之一。世界上第一台现代计算机诞生于20世纪40年代，在历经了电子管、晶体管、第三代电子计算机几个阶段后，今天的第四代电子计算机在硬件与软件技术上都获得了很大的发展，其系统硬件向微型化、巨型化、网络化和智能化的方向发展，而软件的功能也日趋完善，多种多样的应用系统使计算机的使用日益简便。与多媒体技术、网络技术、数字化技术的融合，引起计算机应用领域的革命，信息表达工具、信息处理工具和信息传输工具趋于一体化，为人类方便地处理信息开辟了更广阔的前景。

互联网是世界各地的电脑相互间通信的方法和手段，是信息的载体和传输系统，是连接全世界计算机的纽带。最早的互联网诞生于1969年，而通信技术相对而言出现得更早一些，从19世纪40年代到20世纪30年代，电磁技术广泛应用于通信。电报的发明、电话的出现，开始了近代电信事业，为迅速传递信息提供了方便。20世纪30年代后，电子技术广泛应用于通信网络、微波传输、电子多路通信网络、海底电缆以及卫星通信，从而形成了现代的通信网络①。网络通信技术与计算机技术相结合，通信网络的迅速发展，使得计算机的功能和作用得到更大的发挥。时至今日，世界各地的计算机都可以借助通信网络进行相互信息传递。网上书目查询、全文检索，以至于多媒体信息的传递愈来愈普遍，利用现代通信技术和网络技术，使得信息资源共享真正成为现实。

一、书目工作效率

（一）信息描述效率

传统的文献信息资源描述通常采用手工操作的方式，按一定的方式著录，手写或印刷在载体内。在计算机融入图书馆业务工作后，利用计算机国际标准书目著录自 1971 年陆续发表，为描述实体文献提供了共同的描述项目和顺序，成为传统图书馆对文献信息资源描述的依据；20 世纪 60 年代美国国会图书馆开始采用计算机管理图书馆，尝试编制 MARC 数据，从而使信息描述工作步入了自动化阶段，至今 50 多年过去了，信息技术已经全面介入图书馆的业务管理中，信息描述工作使用计算机、网络、光电等技术非常普遍，对于提高图书馆信息描述效率、全面性，加强书目信息共享起到了巨大的作用。

元数据，其英文名为 metadata，是“关于数据的数据”。目前图书馆学界认为，元数据是提供关于信息资源或数据的结构化数据，其功能在于描述信息资源或数据本身的特征和属性。元数据的格式很多，包括音频元数据、视频元数据、档案保存元数据等。目前图书馆学界最具影响的两大元数据标准是 MARC 机读目录格式和都柏林核心元数据集。机读目录（MARC）在 20 世纪 60 年代初诞生，对图书馆自动化产生过重大影响，目前各国都发展了各国的 MARC 标准。随着网络环境对人们生活的进一步影响，为解决与书

① http://book.51cto.com/art/200706/49305.htm [EB/OL].[2008-08-14].

目文献有关的网络资源与电子资源的连接机制问题，MARC 格式增补了 856 字段，即“电子资源地址与检索”字段，从而利用 MARC 记录描述网络化电子资源（包括网页、电子期刊、telnet 系统、FTP 站点等）的位置、特征和提取要求等；DC 元数据包括对资源内容、知识产权和外部属性三个方面的描述，包括 15 个元素，较全面地概括了数据资源主要特征和资源的主要检索点，主要用于对网络信息资源进行描述。元数据在信息描述工作中的运用，为信息的描述提供了普遍的、固定的模式，不仅使计算机的作用发挥得更为淋漓尽致，在进行书目信息共享时也具有很大的优势。

（二）书目信息组织效率

对书目组织影响较大的是自动标引技术的应用。从 20 世纪 50 年代开始，有关自动标引技术的研究一直在进行。自动标引技术是信息组织自动化的基础，可分为自动分类标引与自动主题标引两大类：自动分类标引技术按其实现途径可分为自动归类和自动聚类。自动归类是先分析信息资源的特征，在与各类信息资源的共同特征进行比较后，将它分入特征最为接近的一类并赋予分类号；自动聚类是在信息资源中提取特征，按照一定原则将具有相同或相近特征的信息资源分为一类，保证各类中的资源数量大致相等。自动主题标引技术包含有两种基本方式：自动抽词标引和自动赋词标引。自动抽词标引是直接从原文中抽取词或短语用做标引词；自动赋词标引则是由计算机从受控词表中自动选取词语用于表达文献主题内容。

20 世纪 90 年代后，受到自动标引技术自身效率的极限和全文索引的逐渐采用，关键词抽取的研究得以深入，自动摘要、文档分类、主题检索等都是依赖于关键词自动提取的结果。自动摘要的概念最早来自 Luhn 于 1958 年提出的“从机器词频和分布的统计信息中，作为对词和句子有意义的计算来提取自动摘要”①。在自动摘

① H. P. Luhn. The Automatic Creation of Literature Abstracts [J]. *IBM Journal*, 1958: 159-165.

要的发展过程中，逐步形成了基于文本中关键词或短语出现频率的概率统计等方法和基于语义分析和领域知识的文本理解两种方法，这两种方法正逐渐走向融合。

通过计算机与网络以及自动标引、自动文摘等技术的运用，传统类型文献的书目组织所花费的时间大大缩短。自动标引技术是信息组织自动化的基础，使信息标引效率大大提高，因为是计算机自动完成这些工作程序，效率很高。其他原本由人工方式进行的，如著录以及分类表、词表的编制和维护等工作由计算机代替，大大提高了书目信息组织的时间效率；通过联机合作编目，书目信息得到更大程度的共享。

数字化技术（或称数码化技术）是基于二进制码的信息处理技术，一般包括数字编码、数字压缩、数字传输、数字调制与解调等技术①。它运用 0 和 1 两位数字编码，通过电子计算机、光缆、通信卫星等设备，来表示、传输和处理所有信息。因为“二进制”本身是世界上逻辑最简单的数字，因此也是最容易实现、最为可靠的技术，这是数字化技术最大的优势所在。未来的信息社会的各种信息系统中，所有的信息媒体，不论是文字、声音还是图像，都能转化为数字形式，采用数字方式进行存储、传输和处理。纸质文献要在网络上传输，必须先把它们输入计算机，转化为以数据为主的加工模式，这也扩大了信息的加工范围，提高了信息加工深度。

但另一方面，数字时代信息结构的复杂化使书目信息组织工作面临着准确高效性的挑战。传统文献结构以线性为主，文献是信息组织的单元，图书馆通过分类、编目、索引，编写文摘等方式可以对其进行有效揭示与组织。而数字化的信息资源不仅有普通的可以结构化的电子文本，还有图像、音频、视频、软件等各种类型的信息。这类资源呈现立体、多维网状的结构特征，仅仅用传统的信息组织方法只能对其类型、内容、版权等信息进行浅层次的揭示，对资源的本质结构特征不能很好地展示，如何准确无误地对数字信息

---

① http: //www.5igongwen.com/5iview-61446.html [EB/OL].[2008-08-14].

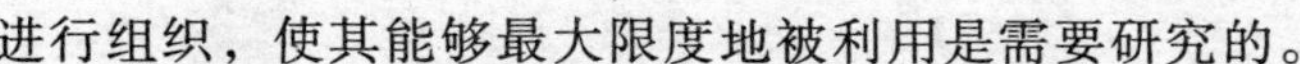

进行组织，使其能够最大限度地被利用是需要研究的。

（三）书目信息管理效率

信息技术是一面双刃剑，它在提高我们工作效率的同时为我们带来了更高的要求。计算机的运用使我们基本摆脱了人脑人工处理书目信息的阶段，计算机的高效信息处理能力，使批量地管理书目信息成为可能。对书目信息进行整序,通过互联网,图书馆联盟间能够共同完成书目信息的管理工作,使能够处理的书目信息量更大。

但数字信息本身所具有的易于生成、复制与传播的特点，因而在其生成阶段，缺乏像印刷信息生成所具有的一个完善的选择、评价制度，信息的质量不易保证。因而我们对数字化信息控制的手段、力度要更强。网络信息资源通过超链接的方式将图片、文字、音频和视频信息集合在一起，节点与节点之间有多种途径进行连接，因此网络信息单元间可实现多维切换，这为用户从多角度检索信息提供了方便，但也使得网络信息单元间的关系错综复杂，模糊不清，缺乏参照系统；并且网络信息资源的定位存在很强的动态性，在 OPAC 中，中文数据库尚不能稳定彻底地支持开放链接(OpenRUL)标准，链接地址稳定性差，信息源数据的更新或任何一点地址变动都可能产生死链，影响使用。

1998 年，Roy Tennant 提出，我们需要实现“数字化书目”。所谓数字化书目，就是“索引”和（或）“主题网关（subject gateway）”，它们与通常的网络编目存在明显的区别。Roy Tennant 认为，数字化书目关注的是书目的基本的构造，而不仅仅是收藏资源的深度和广度。数字化书目应该具有的特点有：具备评估资源的能力；能够为资源添加注释，无论是描述性的还是评价性的；能够对链接进行定期检查，并作为系统标准化的部分；可以根据特定的用户或目的进行定制服务；书目记录可以通过附加的主题词或非受控关键词得到完善①。

---

① 彭斐章，邹瑾．数字环境下的书目控制研究［J］．图书馆论坛，2005，25（6）：10-15.

（四）书目情报服务效率

数据库、资源整合等技术的运用，使数据更新的速度、检索的效率大大提高。OPAC 利用 Z39.50 协议对元数据格式不同而形成的异构数据库进行了整合，使得同时访问多个异构数据库成为现实。同时，以 Web 浏览器为窗口，将 Z39.50 协议与数据转换接口 API 结合嵌入服务器端，用户便可以通过浏览器远程访问多个数据库。在异构系统之间采用统一元数据描述语法格式 XML（Extensible Markup Language），能够实现数据跨平台传输，从而通过一个入口实现高效跨库检索。而通信技术的发展与互联网的完善则使信息资源的远程传输成为可能，用户能够通过网络远程获取书目信息，比传统方式远距离传输书目信息的效率大大提高。图书馆的信息传输能力的提高需要充分利用多网络和多技术的支持。目前，通信界和计算机界正呈现出电信网、有线电视网和计算机网“三网合一”的发展趋势，这对于整合通信网络，加强信息的深层开发和组织是大为有利的。而光纤通信技术、流媒体技术的不断完善和信息服务质量 QOS（Quality of Service）研究的不断深入也为互联网信息传输能力的加强提供了保障。一些新技术的采用也使书目服务的效率得以提高，如博客技术在书目信息系统的应用。Wpopac 是以博客形式发布的馆藏目录，由 Plymouth 州立大学 Lamson 图书馆的信息构建师在 2006 年 12 月开发。Wpopac 提供的服务包括：用户能够对每一条馆藏记录进行评价；个人博客上对馆藏的评价也与图书馆目录建立了联系；新入藏的书目记录能够通过 RSS 实现新书提醒的服务等。用户能够不用登录图书馆网站了解新的书目记录，而图书馆能够及时获取用户对书目信息的反馈，从而提供更好的书目信息服务。

二、泛在信息环境对书目工作的要求

泛在（ubiquitous）在牛津词典中解释为“无所不在，普遍存在的”。泛在信息环境即指信息使用者能够知道如何获取他们所需要的资源，能够在任何时间任何地点便利地使用信息服务，可以说是一个知识信息获取极其便利的环境①。2003 年 1 月在一份名为《网络基础设施变革科学与工程》(Revolutionizing Science and Engineering Through Cyberinfrastructure）的报告指出，Cyberinfrastructure 作为新型的基础设施，能够打破人造的使科学社区孤立多年的领域障碍，加强学术的交流与合作。它包括网络体系、巨大的数据存储和对信息的管理②。其后发表的《知识在信息中迷失》（Knowledge Lost in Information）将数字图书馆的未来描述为构建“泛在知识环境”，这种环境是“这种环境是更加普遍的、无所不在的综合的数字环境，能够按照人、数据、信息、设备和工具形成交互的、功能完备的研究社区，并具备空前的计算、存储和数据传输能力”③。而泛在图书馆一词则在 1999 年便被提出，但直到 2005 年，Charless B. Lowry 博士在其发表的论文中才将泛在图书馆的概念理清。它是图书馆服务的泛在化，即用户无论在什么时间、什么地点都可获得图书馆的服务。泛在图书馆也被称为渗透性图书馆（pervasive library）或弥散式图书馆（diffuse libra-ry)④。

无论是泛在信息环境、泛在知识环境还是泛在图书馆的概念，泛在一词都传达出了这样一个含义：利用先进的技术，将信息获取、信息服务延伸到一切有信息需求存在的地方，从而使获取信息最大便利化。因此，对于书目工作来说，泛在信息环境中需要达到的目标便是，利用先进的技术，为获取书目信息提供最大的便利，使书目信息服务“无处不在”。具体的要求可以体现在以下几个方面：泛在信息环境的“无所不在”的特点要求书目工作和书目信

---

① 高兆云．论泛在知识环境下的数字图书馆发展趋势［J］．情报杂志，2008（2）：156-158.

② Revolutionizing Science and Engineering through Cyberinfrastructure［EB/OL］.［2008-08-10］http：//www. ultrasim. info/atkins_ rpt. pdf.

③ Knowledge Lost in Information［EB/OL］.［2008-08-10］http：//www. sis. pitt. edu/ ~ dlwkshop/report. pdf.

④ 范广兵，初景利．泛在图书馆与科学化服务［J］．图书情报工作，2008（1）：105.

息系统具有可移动、无缝、开放、多类型多语种的特点。

（一）可移动的书目信息系统

可移动性指的是用户能够在任何地点获取书目信息，而不仅仅局限于图书馆内或某一特定地点。泛在信息环境“无所不在”的特征要求书目工作能够突破空间的限制，将服务的触角延伸到用户的指尖。要实现这一目的，书目信息系统必须运用先进的通信传输技术。目前使用的书目信息系统移动技术主要基于互联网和无线技术，其中具有代表性的是WebOPAC和WapOPAC。

WebOPAC集成图书馆自动化管理系统，通过互联网为用户提供远程服务。随着计算机网络应用技术的普及，目前很多图书馆都实现了通过计算机网络发布馆藏书目信息，只要用户能够上网，就能够随时随地查询图书馆的书目信息，WebOPAC的发展相对比较成熟，其检索功能、页面设置随着用户需求在不断地完善。然而，这种查询方式也有一定的局限性，当读者不便使用计算机上网时，书目信息的网络查询就无法实现了。而WapOPAC是基于WAP（Wireless Application Protocol，WAP）这一原本旨在方便用户通过移动通信设备存取网络资源的通用协议的移动系统。在WAP的基础上构建OPAC系统，建设移动公共目录网页，将图书馆的公共目录服务延伸到移动通信设备上，用户只要使用WAP终端设备，便可检索图书馆的书目信息。较之WebOPAC，WapOPAC的移动性更强，基本上不需要受限于地理位置，其设备需求也较简单。但WapOPAC在技术难度上较大，起步也较晚，目前还存在着许多亟待解决的不足：一是手机屏幕较小，无法一次性显示大量信息，造成用户使用上的不便。二是移动设备联网速度较慢，无法传送大量的信息，书目查询的内容有限。因此目前已经建立的WapOPAC系统，如淡江大学的WapOPAC系统，通常不能提供所有检索项目，一般只提供基础的检索项如书名、作者和ISBN等，无法提供全文检索。三是不能实现用户与图书馆双向交流。如英国什罗浦郡立公共图书馆（Shropshire County Library）、汉普郡立公共图书馆（Hampshire County Library）和美国纽约安姆赫斯特公共图书馆

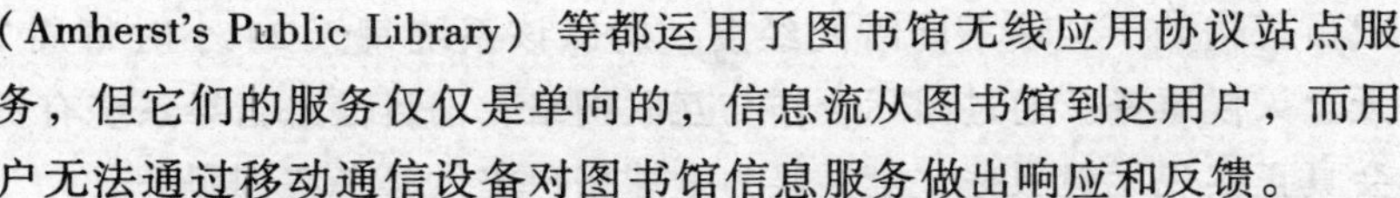

（Amherst's Public Library）等都运用了图书馆无线应用协议站点服务，但它们的服务仅仅是单向的，信息流从图书馆到达用户，而用户无法通过移动通信设备对图书馆信息服务做出响应和反馈。

除了基于 Web 和 Wap 的书目信息系统，各国还研发了其他平台作为可移动书目信息系统的技术基础。如日本 NTT DoCoMo 公司 1999 年 2 月推出的 i-mode 手机上网模式。日本东京大学图书馆于 2001 年 5 月开通 i-mod 手机 OPAC 查询，通过无线电子邮件，可以进行催还、预约、续借、临时闭馆、服务调整或最新消息等实时信息交流。我国的北京理工大学图书馆也于 2004 年推出了基于 SMS（Shout Massage Service）的信息推送服务；韩国西江大学 2001 年 7 月与 WISEngine 公司签订协议，利用 WISEngine 公司研发的 WISE-MobileFusion 技术，推出用手机可以查询西江大学图书馆书目、图书流通状况、位置等情况。

（二）无缝的书目信息服务环境

超越某一图书馆的工作时间，为全球用户提供每天 24 小时，每周 7 天的无缝服务是泛在信息环境对书目工作提出的另一要求。受到图书馆员工作时间有限的约束，传统的书目信息服务很难支持全天候的工作。在互联网技术运用到书目信息系统后，书目信息检索系统能够在个人电脑浏览器环境下使用，只要用户能够上网，便可以通过他们的电脑获取图书馆书目信息资源；自动化的书目信息系统不受时间的限制，可以一天 24 小时，一周 7 天为用户提供服务，从而克服了实体图书馆在开放时间上的不足。

参考咨询是书目工作中的重要组成部分。但参考咨询员显然无法完成全天候的参考咨询工作。2001 年 1 月 12 日，美国国会图书馆与 OCLC 联合召开了题为“在每天 24 小时/每周 7 天的世界构造虚拟参考桌面”的会议。加拿大国家图书馆与澳大利亚国家图书馆以及英国的一些公共图书馆和美国的几个图书馆（新泽西、圣莫尼卡、加利福尼亚、旧金山湾、莫里斯等州的图书馆）参与了这个试验性计划。该计划倡导全球性电子参考服务，即无论何时何地均可通过国际性数字化网络向研究人员提供专业参考资源。由于成员机构处于全球不同时间经度，所以该系统每天 24 小时每周 7 天全天候服务。通过国际合作与互联网络，书目信息指导系统有机会真正实现无缝服务，全天候为全球用户提供参考咨询服务。

泛在信息环境下的书目工作应当能够为全球用户提供服务，无论他们的年龄、性别、肤色、种族、宗教、语言能力、计算机技术和信息素质如何。这并不是一件容易实现的事情，但目前一些实践已经开展。如 GIL① 全球目录（GIL Universal Catalog），它是一个对多个图书馆联盟的多种数据库都可以进行操作的集中式的联合目录，连接了佐治亚州大学系统中的 35 个大学图书馆，拥有将近 900 万条书目记录，为系统中的所有学生、工作人员和教员提供成员馆的符合条件的信息资源的存取，是世界范围内最强大的学术信息资源和服务中心之一。

（三）开放的书目信息系统

传统的书目信息资源通常来自于图书馆，事实上，书目信息资源还有许多来源，包括网络中的书目信息、开放存取的书目信息以及来自于其他图书馆的书目信息。

1. 来自网络的书目文献资源

网络书目文献资源是指书目文献利用计算机网络作为信息发布和信息服务载体形式的新型书目文献，如网络书业书目，网络文献书目数据库等。网络书业书目指的是发布在出版社和书店网站上的书业书目。这些书目信息资源可以直接为图书馆所利用，用以扩展用户的检索范围。

2. “开放存取”的学术信息资源

“开放存取”基于“自由、开放与共享”的理念，是一种学术出版和科学信息交流的新模式。开放存取学识资源数据库的范围包括商业索引的开放存取版、开放存取索引-文摘数据库和开放存取全文数据；除了这种由公共财政以及公益性和非赢利性基金资助的开放存取数据库外，还有部分文献由作者自行授权开放使用。开放

① GALILEO Interconnected Libraries [EB/OL].

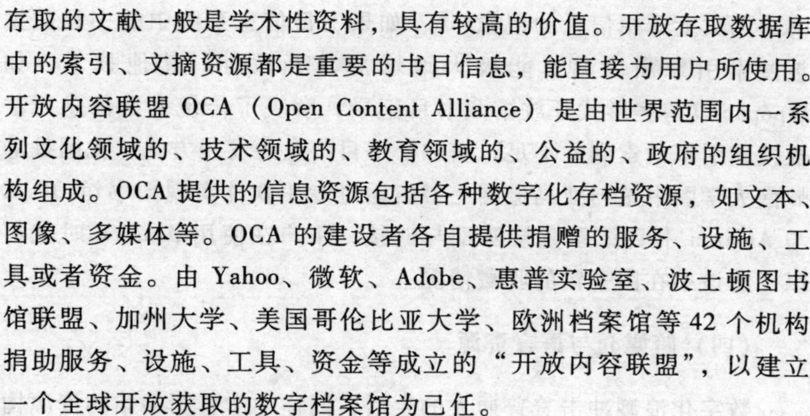

存取的文献一般是学术性资料，具有较高的价值。开放存取数据库中的索引、文摘资源都是重要的书目信息，能直接为用户所使用。开放内容联盟 OCA（Open Content Alliance）是由世界范围内一系列文化领域的、技术领域的、教育领域的、公益的、政府的组织机构组成。OCA 提供的信息资源包括各种数字化存档资源，如文本、图像、多媒体等。OCA 的建设者各自提供捐赠的服务、设施、工具或者资金。由 Yahoo、微软、Adobe、惠普实验室、波士顿图书馆联盟、加州大学、美国哥伦比亚大学、欧洲档案馆等 42 个机构捐助服务、设施、工具、资金等成立的“开放内容联盟”，以建立一个全球开放获取的数字档案馆为己任。

3. 图书馆间的书目信息资源

包括其他馆的 OPAC 系统和联合目录等。日本的大学图书馆综合目录网络，是日本最大的联机联合目录网络，能够连接全国 582 所大学图书馆；而日本山手线沿线私立大学图书馆联合目录网络则通过制订相互合作的协定，公开能同时检索加盟大学图书馆藏书信息的检索主页，提供联盟内图书馆藏书的并列检索，实现联盟内的书目信息整合。我国的联合目录发展也主要在高校图书馆系统内，中国高校文献保障系统（CALIS）实行联合编目，建立联合目录数据库，提供统一的检索平台，为 CALIS 的成员馆提供联合目录检索服务。但不难发现，我国不同图书馆系统间的书目信息开放性很低。

目前获取图书馆书目信息资源的方式主要通过图书馆的目录，包括联机目录 OPAC 和联合目录。这种方式要求用户必须进入图书馆或其联盟成员馆的网站，受到网络类型、网速等多种限制。如果能够将书目信息资源向网络开放，人们检索、利用图书馆书目的机会将更大。目前 OPAC 开放性的最大障碍是它的书目数据对搜索引擎的可见性不足。图书馆书目记录存储在专门的数据库中，需要专门界面搜索，并且搜索结果没有固定的 URL，搜索引擎无法将其定位。根据 OCLC 在 2005 年的《图书馆与信息资源的理解》调查报告中，“84% 的用户使用搜索引擎开始信息搜索，1% 的人从图书馆网页上开始信息的搜索"①，如果书目信息系统中的书目数据被搜索引擎所发现，能极大地增加其开放性。其他技术，如Wpopac以博客形式开放馆藏书目记录，解决了传统书目信息无法被搜索引擎检索到的不足，增加了书目信息的发现方式；我国香港岭南大学图书馆与亚马逊网上书店通过专用软件实现图书馆OPAC与Amazon书目记录直接匹配与链接，用户在使用Amazon时就可以了解该书在图书馆的收藏情况。

（四）跨媒介与语言资源

数字化浪潮冲击着普通人的生活，同样冲击着图书馆的资源构成结构。存在于人们生产生活中的信息资源不仅包括了传统的印刷本文献，还包含了纸质文献的数字化版本、多媒体资料、计算机程序等非传统文献资源。泛在信息环境要求书目信息系统能够对多种类型的文献信息进行揭示，使人们可以通过整序后的书目快速查找到所需信息。如荷兰的阿姆斯特丹公共图书馆建立的新站点，能够动态增加新资源供应伙伴。目前，该馆查询服务提供的资源包括：阿姆斯特丹公共图书馆系统目录，荷兰公共图书馆联盟的全国目录，Discotheek（欧洲最大的音乐CD资源集合），7个国家级报纸和6个国家级杂志的文章全文，荷兰全国历史档案，VanDale（荷兰语辞典）等各种类型的文献信息。

书目信息的类型也应当多样化。韩国LG数字有声读物图书馆的做法不妨值得借鉴。该图书馆利用NFC（近距离通信）技术设计的移动电话完成对图书馆服务的获取。为无法阅读印刷资料的人提供了实时数字有声读物。书目信息通常通过静态的页面进行显示，但在视力方面有残疾的人则无法使用，提供音频格式的书目信息，能够使更多的用户享受到图书馆的书目信息服务。

多语种资源是为全球用户提供便利书目信息服务的基础。泛在信息环境旨在为用户获取信息提供最大的便利，克服语言障碍将是

① 胡小菁．论新一代OPAC的理念与实践［J］．中国图书馆学报，2006，32（165）：67-70，75．

其中必须完成的要求。除了在使用界面中提供多语种支持外，采集不同语言的信息资源，提供多种语言的书目信息资源，能够将世界融合在一起，减小因国家、语言不同而带来的信息鸿沟。

第三节　书目实践对目录学的要求

一、目录学的辨章学术传统延伸为注重信息选择

目录学是一门古老的学科，它源远流长，在我国几千年的文明史中做出了重要的贡献。现在它与时俱进，将传统继承和发扬，迎接数字时代的机遇与挑战。

书目工作实践是目录学的理论之源。书目工作是人类文明发展到一定阶段的产物。人类文献的总量已经达到极其巨大的规模，人们形象地描述它为"文献的海洋"。与此同时，人们获得外界情报的能力越来越有限，于是人们就面临一个怎样从浩瀚的文献海洋中选择自己特定需要的文献的问题。这就产生了一个矛盾，即不断增长的巨大的文献量与人们对文献的特定需要之间的矛盾。书目工作就是为了解决这一矛盾产生和发展起来的。

目录学是研究书目工作形成和发展的一般规律（即研究书目情报运动规律）的科学。任何一门科学的发展，都是由社会实践的需要所决定的，目录学也不例外。目录学是一门实践性比较强的学科，它是在认真倾听实践的呼声、系统总结书目工作实践经验基础上产生和发展起来的。所以说，目录学是书目工作实践经验的概括和总结。丰富生动的书目工作实践是目录学赖以产生和发展的源泉，是目录学研究的基础。

我国目录学有着优良的传统，那就是强调目录学与学术的关联性。余嘉锡先生在《目录学发微》中认为"目录学兼学术之史"。"辨章学术、考镜源流"是目录学的精髓。它阐述的是目录学作为读书、治学工具的传统。章学诚认为应该通过编写小序、叙录以及

应用互著和别裁等书目方法揭示学术之间的联系。进入数字时代，学科间的联系愈加密切，学科之间的界限愈加模糊，学科细化程度加深。面对学术中错综复杂的关系，目录学“辨章学术、考镜源流”的传统与数字技术相结合，以传统为指导思想，以技术为实现手段，深入揭示学科间的复杂关系，促进学科融合，推动学术发展。

目录学是一门致用之学。书目自其诞生之时起，便紧紧与“利用”二字结合在一起。从整理文献以供收藏、管理之需，到“辨章学术、考镜源流”以供治学、读书之用，再到与时俱进以适应社会发展，目录学的发展与致用紧密相连。在数字时代，信息资源载体类型从实体向虚拟数字化发展，信息资源结构从线性向多维性发展，处理文献信息的手段从手工向计算机自动化发展，目录组织形式从单一向多样化发展，但目录学致力于“利用”的传统没有变。相反，目录学结合时代特征，顺应时代潮流，提出了许多新的观点，如数字目录学等。同时，运用目录学的思想、方法，使其在数字时代得到了广泛的应用：搜索引擎、知识地图、数字目录、网络学科导航、指引库等都蕴含着目录学的精髓；挖掘目录学教育、知识管理、信息控制的新功能，切合数字时代的特征将“致用之学”的传统发挥到了更高的境界。

二、目录学文献揭示的传统延伸为注重信息发现

在数字时代之前，书目的作用主要侧重在对文献的揭示。刘向、刘歆父子校书，著《别录》、《七略》。《七略》是我国古代最早的分类目录，它创造的范式为整个古典目录创造了良好的范例。这个范式包括：①有一个分类体系；②有一个总说明；③每类之下有小序，用以说明各类的学术源流；④每书有叙录①。从《七略》创造的范式不难看出，我国古典目录学者通过小序、叙录、分类对

---

① 彭斐章，陈传夫等编．目录学教程［M］．北京：高等教育出版社，2004：36.

文献以及学术源流进行揭示。其中小序是在各大小类下用一段文字说明该类学术的发展源流，而叙录则是介绍每一篇文章的内容、写作背景和意图等。郑樵认为“类例既分，学术自明”。在进入数字时代之前，书目的主要作用也是揭示文献。我们以前所用的书目款目，对文献的题名、著者、文献类型、出版项进行描述，按照一定的顺序排列，具有一定的检索功能，可见古典目录学中目录的作用主要用于揭示文献，检索文献的功能不强。

但随着技术的发展，尤其是进入数字时代后，信息数量激增，要在浩繁的信息中找寻所需信息变得越来越困难，目录学家们认识到书目的功能应当从文献揭示逐步侧重于信息的发现。数字资源的书目控制以“存储和检索出读者特定需求的信息资源为目的”；现代书目编制以文献描述、著录为基础，通过揭示文献的内容和外部特征，提供文献线索，用于帮助人们通过书目获取原始文献；数字环境中，一些新的目录形式开始出现，它们虽然不被称为目录，本质上却具有目录的特质，其信息发现的功能更强。搜索引擎作为数字时代新型“目录”，是提供信息发现工具的集大成者，搜索引擎不仅能够发现一次信息，元搜索引擎还能发现搜索引擎，相当于目录之目录。指引库采用主题树方式组织资源，对信息加以标引、分类、设计主题树结构。分级组织索引是网络二次信息组织的方式之一，本质上类似于目录。它将互联网中的某一主题的信息集中，通过用户的层层浏览，帮助用户到特定地址获取信息。目录学将从注重孤立的文本信息逐步延伸 Web 信息，解决 Internet 上大量、异质、分布、动态的信息资源的发现问题。在这个过程中，书目检索技术是核心技术。

对静态文献的揭示形成目录产品，为人们获取文献线索起到了辅助作用。而对动态信息的发现则为人们在文献海洋中选择自己所需要的信息奠定了基础。

传统的目录提供的是静态的指引信息。这里的静态指的是三个方面：一是目录的形式是静态的；二是目录的内容是静态的；三是目录的处理对象是静态的。传统的目录以印刷本为主。传统目录的处理对象是印刷或手写型的文献资料、软盘、磁带等，这些资源都是静态的。

相对于传统目录的静态特征，数字环境下的目录在目录形态、目录内容、处理对象上具有动态性。首先，目录形态具有动态性。依据主题树方法建构的网络目录，如 CALIS 的重点学科网络资源导航门户①，它分为哲学、经济学、法学、教育学、文学、历史学、理学、工学、农学、医学、管理学几个门类，通过点击类目名称，层层深入，目录不断展开，最终达到底层的网络资源。其次，目录的内容是动态的。数字资源具有易于修改的特点，因此数字环境下的目录具有较强的可扩展性，不论是基于搜索引擎方法构建的关键词目录还是基于主题树方法构建的分类目录，能够通过直接向书目数据库中添加、删减、修改数据对目录的内容进行更新，而不需要像印刷本目录那样重建新的目录。因此以书目数据库方式存储的书目信息每次检索的结果都可能不一致，存在动态性。再次，数字时代目录的处理对象增加了动态的资源。除了静态的文本资源，目录还将处理图像、音频、视频、网页等多媒体动态的资源，这些资源具有特殊的属性。此外，数字环境下的目录指向具有动态性，也就是不稳定性，网络资源目录表现得比较明显。网络资源的稳定性较传统文献资源低，名称、地址的变更程度较高，获取的有效性会受到限制。

三、目录学注重馆藏资源的传统延伸为注重远程资源的本地使用

目录学自现代以来一直与图书馆的发展联系在一起，形成注重馆藏揭示的传统。目录学知识应用于图书馆管理，形成现代编目技术。注重馆藏资源的传统今天仍然存在，即使是国家书目，它仍然以国家图书馆或版本图书馆的收藏为基本依据，联合目录仍然是反映多馆馆藏为依据的。20 世纪 50 年代以来，我国各图书馆均设置

---

① CALIS 重点学科网络资源导航门户 [EB/OL].[2008-08-22] http://202.117.24.168/cm/.

了书目参考等业务部门，反映了目录学这一传统的影响。

资源远程利用是针对非本馆物理收藏资源而言。馆际互借是远程资源本地利用的方式之一，用户通过查询联合目录找到所需文献的地址，通过借阅或复制的方式获得文献资料。网络中开放存取的资源为人们提供远程的获取。开放存取资源主要有三种类型：机构数据库（Institutional Repositories）、学科资源库（Disciplinary Repositories）和开放期刊（Open Access Journals）。以机构库为例，人们可以将供开放存取的论文上传至机构库中，同时也可以对机构库中的论文进行下载。机构库构建与维护者通过对用户们上传的资源进行组织、揭示，为用户提供书目的浏览、检索。机构库中的资源一般存放在构建与维护机构库的机构服务器中，用户通过网络远程地获取机构库的开放存取资源。

通信技术的完善使远程资源能够实现本地控制，其中搜索引擎、网络导航是比较具有代表性的工具。搜索引擎通过如 spider、robot 的计算机程序，自动游遍 Web，鉴别和阅读网页，然后将收集来的网页制成索引数据库，供用户检索。网络导航的建构通过对网站的浏览、鉴别，选择与主题相符的网站，为其分类，对其内容进行描述，编制类似叙录的简介。这两种方式通过对网络资源的选择、鉴别对其进行远程的控制。从书目控制的角度来看，通过对信息描述工具权威档的修订也能够对使用该种方式进行组织的信息资源达到远程控制的目的。目前权威档跟书目数据库实现直接挂接，因此修改权威档中的数据就能够直接实现对书目数据的控制。网络和数据库技术的发展首先实现了本地资源的远程获取，进而实现了远程资源的本地控制，使对信息资源的控制进入新的层次。

四、目录学揭示文献基本特征的传统延伸为深度揭示信息内容

书目编制对象——信息资源，正由模拟形态走向数字形态。模拟信息在时间和空间上是连续的，呈现为线性结构，具有直观的特点。图书馆的传统馆藏如图书、期刊、地图等纸质文献，缩微资

料、录音、录像文献都是模拟信息。网络信息、计算机处理的信息就是数字信息，以数字信号方式传输。网络、文献数字化的兴起使书目处理的对象包含模拟信息与数字信息两大部分，数字信息正以令人吃惊的发展速度改变着我们的世界。据加州大学专家调查，全球新产出的信息量每3年翻一番，大约90%的信息以数码形式存储在计算机装置中。

信息资源由模拟形态向数字形态转变的过程中，我们不难发现，模拟信息与数字信息的结构完全不同。传统模拟信息机构以线性为主，而网络信息、数字信息则是呈现多维、网状的特点。传统的书目信息组织方式以分类、主题标引，编写文摘、索引、目录等方式揭示文献特征，提供一次文献线索。传统文献信息的线性结构，文献之间的关系比较明确；网络信息资源之间由节点、链接连接，节点具有交互性和开放性，任意节点之间可以有若干不同路径，形成信息网络。网络文献的多维结构可实现各信息单元的自由切换，方便了用户从多角度检索、链接信息。但是，网络信息的权威度、客观性、时间性、完整性、可信度难以保证，同时因为信息数量的海量化，很容易造成信息的无序和混乱，导致“信息迷航”，因此亟须一种新的书目组织方式来揭示资源间的关系。IFLA提出的FRBR（书目记录功能的需求）旨在改变传统书目记录的扁平化结构，建立各书目记录之间、书目记录中各著录对象之间的关系。以信息的实体为核心，形成一张覆盖其各种相关知识作品的网，提供清晰的结构化组织架构①。

随着数字资源的增长，数字对象成为信息组织、存储、访问、管理的基本单元。数字对象是数字仓储中表示信息的基本逻辑单位，可以是文本、图片、音频、视频等，通常分为4大类：静态文档对象，例如一本善本书的影像文件包；流媒体对象，例如一首歌，一部电影；复合数字对象，如一个介绍某一旅游资源的主页；

---

① 符绍宏．创新图书馆信息组织体系的战略思考［J］．图书馆杂志，2006（6）：7，8-12.

交互式对象，如一个交互式外语学习知识库①。数字环境下的信息获取，强调的是资源探索（resource discovery）②。从书目控制理论观点看，网络资源无法明确标示文献内容、各文献间关系模糊不清、参照关系不存在。许多文献质量方面未达应有的要求，因此传统的书目控制理论用于现代文献组织的揭示具有很大困难。

五、目录学的学术性与大众化统一

目录是读书、治学的工具，我国古代目录学家通过对文献进行整理、分类、编写小序、叙录，旨在考究学术之间的关系、源流，为学者占有资料和研究学问提供帮助。梁启超在《佛家经录在中国目录学之位置》一文中说："着书足以备学者顾问，实目录学家最重要之职务也"，可见，目录的作用主要在于为学者提供参考。章学诚称："校雠之义，盖自刘向父子，部次条别，将以考镜源流、辨章学术，非深明于道术精微、群言得失之故者，不足于此。"可见，目录校雠是一件学术性很强的工作，只有能将道术精微、群言得失贯通明白的人才能胜任，可以说那时的目录学是"学者的目录学"。在今天，目录学仍然具有读书、治学的作用，它为科学研究提供指导。除了传统书目，一些书目数据库、网络导航等新型书目，如中国知网 CNKI 的《中国引文数据库》、《中国期刊全文数据库》，CALIS 的《重点学科网络资源导航门户》等为研究人员广泛占有资料提供了条件。

随着网络的发展，人们对数字信息资源利用的客观需求上升，数字信息资源在目录学研究中所占的地位越来越重要，目录学界对目录学信息化的探索一直在进行。在数字时代，目录学的范畴、研究对象、提供的内容、服务的对象、服务的手段都与信息化紧密相

① 朱先忠，孙一钢，张洪亮．数字对象的存储与传输［J］．数字图书馆，2002（1）：6-8.

② 陈亚宁．图书自动化从书目控制到网络资源探索谈 Metadata.［2007-03-04］. http://www.ascc.sinica.edu.tw/nl/89/1607/02.txt.

连，范围在逐步扩大。数字资源书目控制、网络信息组织管理、网络书目信息理论研究、网络书目信息服务研究成为数字环境下目录学进行深入研究的领域。也正是随着目录学信息化的演进，目录学的大众化，即为普通民众提供目录学知识、服务，与传统目录学的学术性逐渐统一。

目录学具有文化引导的功能。一方面通过出版发行、收藏、流通等领域的目录，为读者提供文献信息；另一方面则是通过收书标准、撰写提要、归类标引、排定款目次序等手段，判断图书的思想性和知识性，从而为读者推荐图书。基于目录学信息化的推进，目录学的大众化趋势也日益显著，对大众的阅读指导得到目录学者更多的关注。诺贝尔经济学奖获得者西蒙曾说过："信息会消耗接受者的注意力，因此，过量的信息会导致注意力的贫乏。"随着数字化的深入，信息传播效率与信息生产效率迅速提升，信息过量的现象日趋严重，对民众网络信息导读的迫切性加强。彭斐章认为面对人们阅读力下降的现实，目录学的主要任务在于关心国民阅读力提高，利用导读、专架、评论、阅读调查等方式推进阅读，目录学不再仅仅是"学者的目录学"，书目工作者的任务就是要使目录学成为最通俗的知识。目录学应当承担起国民信息素养培养的任务，通过目录学知识的普及，学习各种检索工具与常用信息组织方法，运用文摘、索引、综述等二次文献书目工具，教会人们怎样在知识和信息的海洋中，判别、取舍真正有价值的信息，从而高效、准确地找到自己所需要的东西。

参考文献

[1] OCLC. 2004：Information format trend [DB/OL]. [2008-08-06]. http：//www5. oclc. org/downloads/community/2004infotrends _ content. pdf.

[2] OCLC. Perceptions of Libraries and Information Resources (2005) [DB/OL]. [2008-08-06]. http：//www. oclc. org/reports/pdfs/

Percept_ all. pdf.

[3] 陈传夫，吴钢．图书馆业态的变化与发展趋势［J］．中国图书馆学报，2007（3）：5-14.

[4] 宫平．数字目录学的功能拓展——网络阅读指导［J］．图书馆学研究，2007（10）：73-75.

[5] 彭斐章，邹瑾．数字环境下的书目控制研究［J］．图书馆论坛，2005，25（6）：10-15.

[6] 柯平，曾伟忠．试论面向数字书目控制的数字图书馆学［J］．图书情报知识，2007，119（9）：34-41.

[7] 柯平．数字目录学——当代目录学的发展方向［J］．图书情报知识，2005（105）：18-22.

[8] 刘晓英，叶文青，文庭孝．构建知识地图——论现代目录学理论的发展与创新［J］．图书馆杂志，2007（2）：9-12.

[9] 陈传夫．论目录学的功能体系［J］．武汉大学学报（社会科学版），1988（2）：119-125.

[10] 韩松涛．网上学科目录导航的目录学特性初探［J］．大学图书馆学报，2006（4）：76-80，104.

[11] 张春红，宋皎，王本欣．网络学术资源导航的现状与发展［J］．图书馆论坛，2003（4）：17-19.

[12] 司莉，彭斐章，贺剑锋．网络信息资源组织与目录学的创新和发展［J］．图书情报工作，2001（9）：21-24.

[13] 刘嘉．元数据导论［M］．北京：华艺出版社，2002：42-48，62.

[14] 赵悦．数字图书馆元数据应用研究［D］．武汉：武汉大学，2005.

[15] 陈珂，殷凡．中文自动摘要综述［J］．福建电脑，2007（2）：34-35.

[16] 王雪原．数字图书馆基础技术建设理论［J］．图书馆杂志，2003（3）：115-116.

[17] 楼靖华．数字图书馆信息资源管理策略分析［J］．图书馆论坛，2007（5）：83-85.

[18] 王政，肖飒．论高效数字图书馆数字化信息资源整合的实现［J］．内蒙古电大学刊，2007（2）：112-113.

[19] 黄田青，陈清文．基于 Web2.0 技术的 Wpopac［J］．图书馆杂志，2007（6）：45-47，51.

[20] 徐少同，李书宁，许文贤．OPAC2.0 发展研究［J］．图书馆论坛，2007（5）：86-88，23.

[21] 高兆云．论泛在知识环境下的数字图书馆发展趋势［J］．情报杂志，2008（2）：156-158.

[22] NSF Workshop on Research Directions for Digital Libraries. Knowledge Lost in Information［DB/OL］.［2008-08-09］. http：//www. sis. pitt. edu/ ~ dlwkshop/report. pdf.

[23] 范广兵，初景利．泛在图书馆与科学化服务［J］．图书情报工作，2008（1）：105.

[24] LiLi Li. 构建 21 世纪的泛在图书馆［J］．李莉，编译，图书馆情报工作动态，2007（1）：19-23.

[25] 陈维军，李亚坤．泛在知识环境下的图书馆［J］．图书馆杂志，2006（9）：3-6.

[26] 林信成，杨翔淳．WAPOPAC 系统设计与行动图书馆通讯技术之探讨［J］．图书与咨询学刊，2003（44）：61-77.

[27] 中国国家图书馆．加拿大国家图书馆［DB/OL］.［2008-08-22］. http://www. nlc. gov. cn/service/others/nlibs/ca/serv. htm.

[28] 高波．日本图书馆书目信息资源共建历史、现状及启示［J］．大学图书馆学报，2006（6）：80-82.

[29] 胡小菁．论新一代 OPAC 的理念与实践［J］．中国图书馆学报，2006，32（165）：67-70，75.

[30] 彭斐章，陈传夫等编．目录学教程［M］．武汉：武汉大学出版社，2004.

[31] 符绍宏．创新图书馆信息组织体系的战略思考［J］．图书馆杂志，2006，25（6）：7，8-12.

[32] 朱先忠，孙一钢，张洪亮．数字对象的存储与传输［J］．数字图书馆，2002（1）：6-8.

[33] 陈亚宁. 图书自动化从书目控制到网路资源探索谈 Metadata [DB/OL]. http://www.ascc.sinica.edu.tw/nl/89/1607/02.txt. [2007-03-04].

[34] 费巍，武利红. 数字时代目录学的数字化和大众化——第五届全国目录学学术研讨会会议纪要 [J]. 图书情报知识，2007 (4): 55-57.

[35] 彭斐章，陈红艳. 数字时代再谈目录学知识的普及 [J]. 图书馆论坛，2007，27 (6): 9-12.

第二章 目录学变革的理论基础

正如事物是普遍联系的一样，任何学科都与其他学科有着或近或远、或亲或疏的“血缘”关系。目录学与学术文化发展密不可分，与校雠版本学同宗同源，与图书情报学相互交错，与信息处理技术紧密相关。20 世纪 50 年代，美国学者提出目录学发展“需要一种作为基础的‘母体原理’”①，即目录学的理论基础。文化学说、科学交流、知识管理、技术革命，是书目工作和目录学发展的客观环境与前提条件。目录学理论基础既是构建目录学体系的思想平台与理论依据，又是一种研究目录学的认识方法和基本原则。我们探讨目录学的变革与创新，就不能不深究目录学变革的理论基础。

第一节 文化理论

一、文化环境与目录学根源

文化是人类社会活动的产物，是“人化”与“社会化”的一切成果，人类活动全部映射在文化上。《易·贲卦》记载“观乎天文，以察时变；观乎人文，以化成天下”，这里的“文化”就有“以文教化”的含义；西汉以后，“文化”正式成词并基本属于精

---

① 彭斐章，陈传夫等编．目录学教程［M］．北京：高等教育出版社，2004：28.

神文明范畴，大概指文治教化的总和，与天造地设的自然相对称①。现在“文化”概念在不同的语境中差别很大，狭义的文化常指社会意识形态及其对应的制度和设施，广义的文化包括人类创造的一切物质财富和精神财富。冯天瑜将文化分为四个层次：物化为物质设施和技术装备的物态文化，表现为政策法规、规章制度等社会规范的制度文化，反映民俗、风俗、礼俗与习俗等行为模式的行为文化，体现诸如价值观念、思维模式和社会心理的心态文化②。心态文化是人类意识的直接显现，行为文化是人类意识支配的社会活动，制度文化是人类意识的理性汇集，物态文化是人类意识的物化结果。文化深深地打上了人类意识的烙印，或者说文化的灵魂是人类意识。

个人意识客观化或社会化，结果往往体现为文献生产。作为社会意识的文献知识，反过来又影响个人意识活动。人类意识沟通形成知识交流，知识交流发展到一定阶段必然产生大量文献。文化是文献揭示的对象与内容，文献是文化的载体与反映。在社会实践中，人们通常需要从特定文献中获取特定的人类意识。社会机构收藏的大量文献与人们特定的文献需求之间的矛盾不断加剧，为书目工作和目录学的诞生创造了条件。书目全面揭示反映人类文化的文献，目录学植根于文化沃土之中。文化的繁荣，奠定了目录学兴盛的基础；目录学的进步，促进了人类文化的发展。

文化繁荣推动书目工作和目录学发展，文化的时代性决定了目录学的时代性。在原始社会向奴隶社会转变时期，人类文化积累和发展到了相当的程度，原始的文字与文献产生。《周礼》等典籍记载了“三皇五帝之书”，《吕氏春秋·先识览》记录了“太史令终古出其图法，执而泣之以谏桀”③。因此大禹传子立夏前后，存在

---

① 冯天瑜，何晓明，周积明．中华文化史上（第2版）［M］．上海：上海人民出版社，2005：4.

② 冯天瑜，何晓明，周积明．中华文化史上（第2版）［M］．上海：上海人民出版社，2005：18.

③ 刘光裕，陈静．最早书籍与简书［J］．出版史料，2005（1）：98-112.

书籍和书籍管理官员之说并非空穴来风。殷墟出土甲骨约16万片①，并且甲骨的管理"已有法度"，可视为目录学思想的"渊源"，书目工作的"胚胎"②。春秋战国时期，周王室力量日益衰微，"学统王宫"与"私门无著述"已成历史。"学在四夷"形成了百家争鸣、百花齐放的局面，文献整理与编写序录的工作受到孔子及其门人的重视。这说明在我国文化发展十分重要的春秋战国，目录编纂确实存在，目录学幼芽确已产生。余嘉锡先生说得好："目录之学，由来尚矣，《诗》、《书》之序，即其萌芽。"③

秦朝书同文、车同轨、度同制、行同伦、地同域，开启了中华一统帝国文化。汉承秦制，萧何"独先入收秦丞相御史律令图书藏之"④，惠帝废除控制民间书籍的"挟书律"，文景继承汉初的休养生息政策，武帝"罢黜百家、独尊儒术"。武帝至成帝"百年之间，书集如山"，向歆校书之时典籍已达13 000卷⑤。此时先有杨仆作《兵录》，后有向歆父子著《别录》、《七略》。后者始创文献六分的书目分类方法，标志着我国目录学正式诞生。东汉班固《汉书·艺文志》是一部全面揭示当时典籍的史志目录。三国两晋南北朝时期，藏书、校书与毁书此起彼伏，文献分类由六分向四部演变，郑默《中经》、荀勖《中经新簿》与李充《晋元帝四部书目》承前启后，官修目录传承和佛经目录兴起，目录学在曲折中向前发展。唐代官府藏书达8万卷，四部书目分类体系正式定形，官修、史志、私藏和佛经目录盛行，书目工作和目录学达到了一个新阶段。宋代经济发达，理学兴起，文化繁荣。雕版印刷术广泛使用，书籍空前增多。"宋四大书"之《文苑英华》1 000卷，《太平

---

① 杨宝顺．安阳殷墟考古与前瞻［J］．中州今古，1999（5）：49-50.

② 彭斐章，乔好勤，陈传夫．目录学（修订版）［M］．武汉：武汉大学出版社，2003：132.

③ 彭斐章．彭斐章文集［M］．武汉：武汉大学出版社，2005：67.

④ 萧相国世家第二十三［EB/OL］．［2006-04-27］．http：//www. wenhuacn. com/lishi/shiji/01shiji/053. htm.

⑤ 朱晓峰．谈中国古代文献散失的原因［J］．山东图书馆季刊，1999（1）：9-12.

广记》500 卷，《太平御览》1 000 卷，《册府元龟》1 000 卷①。宋末政府所藏文献 9 819 部，119 972卷，私人及民间藏书数倍于此②。宋代官修、史志、私藏和佛经目录都有所建树，郑樵《通志·校雠略》更是目录学兴盛的成果与见证。清代官修、史志、版本、私家和专科目录并盛，编纂了旷世巨著《四库全书》及《四库全书总目提要》。目录学成为“显学”，章学诚《校雠通义》总结了我国古代目录学优良传统——辨章学术、考镜源流。清末民初，中华文化面临“数千年未有之变局”③。西方文明涌入中华大地，图书馆事业迅速发展，我国近代目录学迎来了一个辉煌的时期。

文化包括人类积极的文明成果，亦包含阴暗丑陋的人为祸害。前者是目录学发展的文化动力，后者则是目录学发展的文化阻力。社会治乱相循，朝代兴衰相替。历次由治变乱，文化自然难逃被破坏的厄运，目录学不可避免地受到摧残！战国末期，齐楚等文化在征战之中化为尘土。秦末“楚人一炬”，宫廷藏书惨遭焚毁。西汉末王莽篡政，“宫室图书，并从焚烬”。东汉后期董卓挟献帝西迁，“图书缣帛，军人皆取为帷囊……两京大乱，扫地皆尽”。西晋八王之乱，“渠阁文集，靡有孑遗”。南北朝兵戎不止、社会动荡，“齐末兵火，延烧秘阁，经籍遗散”；梁武帝后期侯景造反，“图籍数百橱，焚之皆尽”；梁元帝见城将陷，“命舍人高善宝焚古今图书 14 万卷”。唐安史之乱，“两都覆没，乾元旧籍，亡散殆尽”；北宋靖康之难，“宣和馆阁之储荡然靡遗”④。南宋图书随临安陷落而遗散，蒙族入主中原极大地破坏了中华文明。元代重武轻文，

---

① 陆湘怀．论宋代四大书的文献价值［J］．图书馆学刊，1996（6）：50-52.

② 朱晓峰．谈中国古代文献散失的原因［J］．山东图书馆季刊，1999（1）：9-12.

③ 苑书义．李鸿章历史定位论纲［EB/OL］．［2006-05-23］．http：//info. westpower. com. cn/cgi-bin/GInfo. dll? DispInfo&w = westpower&nid = 939466.

④ 彭斐章．目录学研究文献汇编（修订版）［M］．武汉：武汉大学出版社，1996：194.

官修书目黯然失色。清初“扬州十日”、“嘉定三屠”等大规模屠城惨不忍睹，中国人口从明天启六年（1626 年）的51 655 459人减至清顺治八年（1651 年）的 10 633 326 人丁（16-60 男性）①，二十余年净减一半以上（女性、小孩和老人人口略多于男性）。中华文明再次受到严重摧残，业已萌芽的资本主义被无情扼杀。我国近代一百余年战乱频繁，文化典籍损毁或遗散于海内外者不计其数。

历代统治阶级都极力加强思想控制，但是极端的文化政策往往造成灾难性后果。秦始皇“焚书坑儒”，导致前代典籍毁灭和学术思想断层。隋炀帝“搜天下书籍与谶纬相涉者，皆焚之”②，封建迷信糟粕和早期科技资料“玉石俱焚”。唐太宗“先道后佛”，武则天“举佛抑道”，唐玄宗崇儒道限佛教，唐武宗灭佛③。佛道二教兴衰交替，宗教文化在统治阶级压制时惨遭破坏。元代乃“八娼九儒十丐”之时代，文人最为落魄，士子多循山林，这种文化环境不利于典籍整理、目录编修和目录学发展。清朝大兴“文字狱”，康雍乾三朝就达 120 多起；仅乾隆三十九年至四十年间，就烧书 24 次，共 13 800 余部④。乾隆钦定编纂《四库全书》，“寓禁于征”，大肆修改、撤销和毁坏图书。《四库全书》全毁书 2 453 种，抽毁书 402 种，销毁书版 5 种，销毁石刻 24 种，几乎与《全书》收录的文献数相等。这是一场给我国古籍造成巨大损失的文化浩劫，“清人纂修《四库全书》而古书亡！”⑤除了人为书厄之外，水灾、失火、鼠害与虫蚀等自然灾害对文献的破坏亦不容忽

---

① 杨子慧．中国历代人口统计资料研究［M］．北京：改革出版社，1996.

② 李刚．唐高祖创业与道教图谶［EB/OL］．[2006-05-23]．http://www.siwen.org/XXLR1.ASP?ID=307.

③ 华方田．唐代诸帝与佛教的社会发展［J］．佛教文化，2003（2）：29-38.

④ 朱晓峰．谈中国古代文献散失的原因［J］．山东图书馆季刊，1999（1）：9-12.

⑤ 曹世瑞．《四库全书》的功与过［J］．百科知识，2005（20）：46-48.

视。文献和目录学，犹如皮肤与毛发。皮之不存，毛将焉附？诸多文化典籍惨遭毁灭，导致目录学发展停滞，甚至倒退。

二、文化变迁与目录学发展

地理环境和气候条件影响人们的生活方式，不同地域的人群创造了具有相对稳定的模式与传统的文化，譬如江河流域的农耕文化、草原大漠的游牧文化、海洋沿岸的海洋文化。地球上众多文化的竞相发展，产生了儒家文明、伊斯兰文明和基督教文明等几大文化区（文化圈）。不同地域或不同民族的全球多元文化，产生、积累了各具特色的文化典籍，孕育了诸多不同特色的目录学流派。

华夏文明源远流长，确立了儒家礼教和宗族血源的绝对权威，并以儒家学说为主体融合佛、道两教，不断向外扩散而形成了东亚文化圈。封建统治者视儒家经典为治国宝典，竭力宣扬“三纲五常”的伦理道德，建立以“孔孟之道”为核心的教化和选拔制度。于是，在《七略》、《七志》、《七录》、《通志》和《四库全书》等分类体系演化史中，经部为群书之首的地位从未动摇。我国文化中的宗法烙印根深蒂固，同一家族长期定居于某个地方，即便背井离乡的游子亦有“落叶归根”的乡土情结。族谱与地方志的编修传统，法祖宗之法的历史习俗，盛世修史的既成惯例，戊戌变法的托古改制等，无不体现宗法的力量。梁启超宣称：“二十四史非史也，二十四姓之家谱而已。”① 宗法文化重视来源与流派，这决定了我国目录学必然注重指导读书治学的文化价值观，即“周知一代之学术，及一家一书之宗趣，事乃与史相纬”②。封建社会长期实行“重农抑商”与“重儒轻技”的政策，导致我国经史子集博大精深而科技著作寥若晨星，目录学“辨章学术、考镜源流”的理论体系十分完备而书目控制技术与方法相对匮乏。

---

① 汪荣祖．论梁启超史学的前后期［J］．文史哲，2004（1）：20-29.

② 彭斐章等．目录学研究文献汇编（修订版）［M］．武汉：武汉大学出版社，1996：57.

古希腊文明没落之后，西方进入了宗教与神学主宰的黑暗的中世纪。16 世纪开始的文艺复兴、宗教改革和资产阶级思想启蒙运动，打破了禁锢人们思想的枷锁，促进了个性解放和科技进步。为了在商品竞争和殖民地争夺中获得有利地位，英、法等资本主义国家竞相发展科技。资本主义文化欣欣向荣，科技在交流与传播中迅速发展，社会文献总量急剧增加。普赖斯曲线反映了文献指数增长规律，但是有意思的是这条曲线的起点（1665 年）① 正是资本主义文化的初创期。文献供给与文献需求矛盾剧增，图书目录工作日益受到重视。西方目录工作与目录学，有别于我国的"考镜源流"，形成了轻理论重应用的传统与特色。我国典籍浩如烟海，无名氏屡见不鲜，更有甚者无书名，曾几何时连《水浒传》和《红楼梦》等名著的作者都争论不休；西方注重个性解放，突出"作者"的版权制度与专利制度很快形成。于是，我国书名目录占据主流，而西方著者目录十分发达。我国文献分类注重理论渊源，四部书目分类体系以贯彻儒家经典为宗旨，中华人民共和国成立后书目分类体系以马克思主义为指导；西方文献分类讲究科学实用，一般不会刻意追求完整理论，但求解决实际问题。文摘、索引、卡片、MARC、元数据等，无不是西方目录工作和目录学重视文献揭示与报道的结果。总之，西方目录学从产生起就是循着以图书为对象，以"关于图书的描述"为核心，以方便检索为目的的思想发展；并形成了强调个人价值观和方法技术的研究风格②。

多元文化培育了诸多目录学流派，文化融合促进了目录学发展。春秋战国时期，道、儒、墨、名、法、阴阳等诸家思想相继登场，出现了我国历史上第一次思想大交锋和文化大融合。孔孟之道在"百家争鸣，百花齐放"中脱颖而出，逐渐成为我国封建社会的正统思想。儒家思想对世界文化产生了积极影响，东南亚文化圈实际上就是中华文化辐射之下的儒家文化圈。在社会文化嬗变的春

---

① 严怡民. 情报学概论 [M]. 武汉：武汉大学出版社，1983：148.

② 彭斐章. 中西目录学的比较研究 [J]. 武汉大学学报（社会科学版），1993（6）：141-147，99.

秋战国，校勘、训诂及注解皆已出现，孔子及其弟子整理和编订了六经①。这些说明作为原始的文献组织、揭示与报道方式，典籍的收集与整理已经流行。春秋战国时期我国目录工作已经存在，我国目录学已经萌芽。但是，社会长期处于兵戎不止和动荡不安的激烈变革时期，缺乏安定的文化环境。尽管私家著述大量产生和书目工作已经形成，目录学还没有走完经验总结和知识积累的历程。西汉《别录》与《七略》相继成书，先秦呼之欲出的目录学终于问世。

南北朝时期，“五胡乱华”加速了胡汉文化的融合，北方士族南迁促进了中原文化与南方文化的交流。隋唐王室都有少数民族的血统，文武大臣中出身少数族的人更是不可数计②。鲁迅亦说：“唐室大有胡气”③。隋唐采取开放包容的民族政策，民族融合与文化交流继续发展。东汉后三百余年的社会动荡，极大地削弱了汉代独尊的“儒术”文化。魏晋时期，玄学是一批知识精英对宇宙、社会、人生所作的哲学反思，是道家和儒家融合而出现的一种文化思潮④。佛教的广泛传播，佛经的翻译、整理与传播，必然产生了佛教目录。道教开始从“术”向“道”转化，道教目录逐渐兴盛。胡汉交流与中印交流，形成了儒玄释道并存发展的多元文化格局。这一时期，尽管政权更替频繁和毁书之事屡屡发生，我国目录学在文化交流与碰撞中阔步前进。题录书目、学术书目、专科（专门）目录和佛道目录等编纂成绩突出，产生了《中经》、《中经新簿》、《晋元帝四部书目》、《七志》、《七录》、《隋书·经籍志》、《大隋众经录目》、《群书四部录》、《开元释教录》等一大批书目。四部书目分类体系经由郑默发轫、荀勖初创、李充确定次序，到《隋

---

① 洪湛侯．中国文献学新编［M］．杭州：浙江大学出版社，1994．

② 张国光．隋唐五代史研究概要［EB/OL］．[2006-05-20]．http://www.guo-xue.com/tangyanjiu/xszz/wds/wdsxu.htm.

③ 唐风与大唐女服［EB/OL］．[2006-05-20]．http://202.114.224.30:8080/pub/znjjslt/xxyd/zggdjjs/t20051223_1383.htm.

④ 玄学［EB/OL］．[2006-05-20]．http://www.guoxue.com/gxrm/gx_xxue.htm.

书·经籍志》而基本确定了类名和相关细目①，我国古代书目分类体系完成了从“七略”经“甲、乙、丙、丁”到“经、史、子、集”的演化。

鸦片战争之后，中国文化受到从所未有的挑战，国人被迫睁眼看世界。从“师夷长技以制夷”到“洋务运动”、“戊戌变法”、“君主立宪”、“新文化运动”、“三民主义”、“马克思主义”，再到“改革开放”，西方“蓝色文明”为“中华文明”的变革提供了强大的外部动力。在向西方学习的社会背景下，目录学走过了极不平凡的“西学东渐”历程。我国传统文化与西方文化不断地产生冲突与碰撞，其激烈程度绝不亚于春秋战国的“百家争鸣”。这一时期，西方科学技术、经济制度、政治理念、思想观念，源源不断地传入中国。翻译书籍、开办报馆、兴办学校等一系列活动，产生了大量“经世致用”的文献，封建社会传统“四部”文献所占的比重逐年下降。社会急剧变革，儒家经典和封建礼教的神圣地位轰然倒塌。1896 年，梁启超的《西学书目表》采用学、政、杂三分法，初步具备了自然科学、社会科学、综合类的雏形②。20 世纪初，徐树兰创办了我国第一所公共图书馆——古越藏书楼；徐氏书目彻底冲破四部书目分类体系的樊篱，将藏书分为政、学两部，以适应新旧书籍的类分，并将新学之书与“经”并列；在编目方法上著录详明，有分析、互著、参见，充分揭示了馆藏③。1876 年问世的《杜威分类法》首创类目与类号的对应体系，在文献分类法发展中具有极其重要的意义。随着文献数量急剧增长和图书馆向社会开放，文献分类法“仿杜”“补杜”“改杜”并行，馆藏目录体系普遍建立，索引、文摘、综述等书目控制方法开始流行。20 世纪 30 年代和 80 年代，我国先后出现了两次目录学研究高潮。在西方

---

① 彭斐章，乔好勤，陈传夫编著．目录学（修订版）[M]．武汉：武汉大学出版社，2003：64.

② 彭斐章，乔好勤，陈传夫编著．目录学（修订版）[M]．武汉：武汉大学出版社，2003：117.

③ 高学安，蒋替征．徐树兰和古越藏书楼的故事 [EB/OL]．[2006-05-20]．http：//news. xinhuanet. com/book/2003-03/26/content_ 800348. htm.

学术思想和技术方法影响下，我国目录学逐步成为一门具有现代意义的“中西合璧”的学科，即既继承了古代目录学的优良传统，又吸收了西方目录学的精华。

三、文化建设与目录学创新

人们在社会活动中形成的生活习惯、行为方式、共同理想、价值观念等，就是文化的集中体现。文化的创造、传承与积淀是人类超越动物的根本，它具有规范导向与教育教化功能。书目是一种文化系统①，基于文献载体的文化积累、整理与交流是书目活动的前提条件，文化理论是目录学理论基础的构成要素之一。目录学产生与发展的根源在于社会文化，“经世致用”是中华文化的价值核心。书目作为传播知识信息的利器，科学地揭示与有效地报道文献信息，为人们特定的信息需求提供路径。这决定了我国目录学是一门致用之学，是人们读书治学的入门之学。传统书目遵循“辨章学术、考镜源流”的信条，是“周知一代之学术”的治学工具。网络书目主要表现为网络检索系统，诸如数据库、网络目录、站点导航、主题指南、搜索引擎等，仍然是人们利用网络信息的“门户”与“通道”。

1990 年，美国约瑟夫·奈提出了“软实力”概念，他认为软实力是一种精神性力量，是指一国的文化、价值观念、社会制度、发展模式的国际影响力和感召力，它通过文化和价值观念的对外输出、道德和意识形态的说教、国际组织的规则制定等渠道，向他国发挥“影响”、“吸引”和“说服”的作用，本质上是一种合作性权力，是通过同化形式而非高压形式在国际事务中达到目的的能力②。软实力是相对于硬实力而言的，如果说硬实力主要表现为国际社会中军事、经济与科技等强制性或对抗性能力，那么软实力主

---

① 彭斐章，陈传夫等编．目录学教程［M］．北京：高等教育出版社，2004：27-29.

② 陆继鹏．软实力与中国对东南亚外交［J］．东南亚之窗，2007（2）.

要反映了国际交流中文化因素的影响力。冷战对抗全面体现硬实力的较量，冷战终结后不能忽略软实力的作用。西方文化价值观念渗透、扎根与扩张，是“和平演变”前苏联及东欧国家的软实力。文化是软实力的主要载体和具体体现，“就其广泛的民族学意义来说，是包括全部的知识、信仰、艺术、道德、法律、风俗以及作为社会成员的人所掌握和接受的任何其他才能和习惯的复合体”①。文化软实力，是指文化所具有的创造力、凝聚力、生命力、传播力以及由此而产生的影响力和感召力②。先进文化具有强大的吸引力，进而表现为“文化霸权”。现代化折射出西方文化扩散的趋势。

文化的生命力在于传播，文献一直是文化最重要的核心载体。软实力很大程度上取决于信息的诱惑③，文献信息传播是文化扩散的主要途径之一。文献信息传播只有经过必要的书目控制，才能成为满足用户信息需求的有序传播。因此，文化交流与传播有力地促进了目录学的发展。此外，规范化与标准化是书目控制的内在要求，即书目控制必须遵循一定的技术标准与规章制度。当前，美国标准主导着世界标准，计算机技术标准与网络技术规则深深地打上了美国烙印，英美编目条例、MARC 与 DC 元数据、Z39.50 传播协议等也是地道的美国标准。毋庸置疑，美国文化的影响力还将长期存在，基于数字技术的书目控制内置了美国文化基因，目录学的发展与变革已经而且必须吸收美国先进文化的乳汁。

文化传播是决定文化软实力的重要因素，文化产品流通承载文化传播，文化产业越发达越有利于文化传播。我国历史发展轨迹昭示：每次由乱变治之后，都会不同程度地出现“盛世修书”。这是统治者标榜“文治武功”的产物，然而深层次原因是文化大发展

---

① ［英］泰勒．原始文化［M］．连树声，译．上海：上海文艺出版社，1992：1.

② 董中锋．出版业与文化软实力［J］．出版发行研究，2007（12）：14-18.

③ Joseph S. Nye Jr. The Chanllege of Soft Power［J］. *Time*, 1999（2）：30.

促进文献整理的必然规律。2006 年,《国家“十一五”时期文化发展规划纲要》正式公布,其方针原则之一为:坚持以人为本,保障和实现人民群众的基本文化权益,使广大人民群众共享文化发展成果;以科学的理论武装人,以正确的舆论引导人,以高尚的精神塑造人,以优秀的作品鼓舞人,促进人的全面发展①。文化大发展促使文献急剧增长,促进了书目数据建设与提高了书目服务水平。

我国古籍浩如烟海、汗牛充栋、博大精深,它们是华夏文化孕育的优秀成果,也是华夏文化传承的重要载体。2007 年,《国务院办公厅关于进一步加强古籍保护工作的意见》明确规定:建立由文化部牵头,发展改革委、财政部、教育部、科技部、国家民委、新闻出版总署、宗教局、文物局等部门组成的全国古籍保护工作部际联席会议,联席会议办公室设在文化部②。文化传承是文化发展的基石,为了充分发扬中华民族优秀的传统文化,中央要求切实加强古籍整理工作,这必然促进历史文献目录学的发展。

2002 年 4 月,《全国文化信息资源共享工程实施方案》下发,标志着“全国文化信息资源共享工程”正式启动。这项工程利用现代信息技术对文化信息资源进行数字化整合,建设社会公众共享的大型公益性文化网络,其总体目标是:实现网络联网“135”计划,即实现 1 个国家中心、30 个省级分中心和 5 000 个以上的县、乡、街道和社区基层网点的联网;完成以百万册件文献共建和“四个一优秀作品”为核心的数字资源建设,并提供网上服务;通过文化信息资源联合目录,建立网上文化信息导航系统,利用国家

---

① 国家“十一五”时期文化发展规划纲要 [EB/OL]. [2008-08-26]. http://news.xinhuanet.com/politics/2006-09/13/content_5087533.htm.

② 国务院办公厅关于进一步加强古籍保护工作的意见 [EB/OL]. [2008-08-26]. http://www.china.com.cn/policy/txt/2007-01/30/content_7733274.htm.

中心、省级分中心以及基层中心组成的网络开展服务①。文化信息资源的共享服务，离不开网络联合目录和网上文化信息导航系统。文化资源共建共享过程，必然极大地促进大众文化目录学的发展。

进入20世纪以来，目录学经历了由少数人的治学工具演化为大众文化普及的传播手段的过程②。在世界因信息技术引发的横向联系不断加强的时候，着重于信息检索与获取、交流与传播的书目工作，无疑成为促进世界文化交融和理解的重要渠道。网络时代的书目已经成为维系文化之间关系的纽带③。互联网络是支撑网络文化的中流砥柱，它改变了文化交流的内容与方式，拓展了文化交流的广度和深度。

四、网络文化与目录学变革

计算机技术和网络通信技术，造就了人类文明史上意义深远的信息革命。光电设备为信息资源数字化存取提供了保障，互联网络为信息资源数字化传播提供了通道。信息海量存储并非浮夸，假如把一个人的一生全部记录下来，以图像方式存储需要1P (1000T)④，以非图像方式存储只要1T (1000G)⑤；而把世界上发生的每一件事，2005年全世界的出版物，全世界所有的电影，

---

① 全国文化信息资源共享工程简介 [EB/OL].[2006-08-26]. http://lib. sx. cn/secdir/gxgc. htm.

② 王桂兰，沈弘，李远景．论20世纪中国目录学的公共应用性特征 [J]. 高校图书馆工作，2005 (3)：18-22.

③ 万德芬，杨仁英．网络时代目录的科学价值 [J]. 情报科学，2004 (5)：562-567.

④ 陈波．搜索引擎在Web2.0中的崛起 [EB/OL].[2006-05-18]. http://news. ccidnet. com/art/1032/20051227/401229_ 1. html.

⑤ 渡渡．拥有“完美记忆”的人：1000G就能记录人的一生 [EB/OL].[2006-05-18]. http://www. nsfc. gov. cn/nsfc/desktop/kjkx. aspx @ infoid =7900. htm.

所有人说的话都存储起来，只有八点几个 E（1E＝1000P）①。“数字地球村”初现端倪，数字社会已启帷幕。美国未来学家泰普斯科指出：“网络不仅结合了科技，更连接了人类组织及社会。”②由于自然环境的限制，古代文化不可避免地呈现明显的地域性和民族性。现代网络突破了时空限制，数字信息流引起了不容忽视的文化效应。诸多传统文化在网络上交流与互融，形成了地域性与民族性边界逐渐缩小与消失的全球性网络文化。截至 2008 年 6 月底，我国网民数量达到了 2.53 亿人，首次大幅度超过美国，跃居世界第一位③。调查机构 IDC 发表的《数字市场模式与预测》报告称，今年全球经常网民将达 14 亿人，占全球总人口的 1/4；到 2012 年，这一数字有望超过 19 亿人，约占全球总人口的 30%④。电子政务、电子商务、远程教育、虚拟学习、在线工作和数字娱乐等疯狂扩张，网络文化迅速崛起。数字信息海量剧增，创造了神话般的网络文化。目录学是人类文化发展到一定阶段的产物，人类文化的进步必然促进目录学的发展。随着网络信息“爆炸式”增长，用户信息需求已经发展为个性化的全球多元数字信息需求。网络文化环境下，数字信息整体无序性和人们特定的信息需求之间的矛盾日益尖锐，书目工作和目录学创新任重而道远。

网络文化是一脉相承的人类文化的新阶段，是数字代码“0 和 1”影响下的整个人类社会活动。数字文献与印刷型文献将长期并存发展，两者的揭示与报道不可偏废。我们既要加强传统纸质文献的书目工作，充分利用网络平台来满足用户信息需求；又要对海量网络信息进行书目控制，把无序的信息杂烩变成有序的 Cyber 宝

---

① 陈波．搜索引擎在 Web2.0 中的崛起［EB/OL］.［2006-05-18］．http：//news. ccidnet. com/art/1032/20051227/401229_ 1. html.

② ［美］泰普斯科特．数字化成长：网络时代的崛起［M］．大连：东北财经大学出版社，1999.

③ 网民数、国家域名数均居世界第一 互联网大国规模初显［EB/OL］.［2008-08-26］．http：//www. cnnic. cn/html/Dir/2008/07/23/5233. htm.

④ IDC：2012 年全球网民将超 19 亿占总人口 30%［EB/OL］.［2008-08-26］．http：//www. weamax. com/articles/8/2008-07/20080721120339．html.

藏。网络环境下，馆藏资源共享卓有成效，获取全球任一馆藏信息已无地域障碍。MARC 通过 Z39.50 协议与 Internet 成功对接而转化为 OPAC，初步实现了传统印刷型文献在网络中的书目控制。印刷型馆藏资源书目控制只是网络信息的沧海一粟，MARC 与其他元数据、HTML 及 XML 的衔接也有待加强。网络信息组织、控制与检索工具，是网络信息资源目录控制的有效途径。

资源定位（URL，网址）、信息链接、网络目录、搜索引擎和元数据，是目前网络信息组织与检索的基本方式。1969 年美国诞生世界上第一个分组交换试验网 ARPANET，1994 年我国第一个全国性互联网——中国教育和科研计算机网（CERNET）初步建成①。三十余年的历史，网络已经成为人类社会的一个基本要素，网络时代已经悄然来临。网络文化环境下，信息无序生产、无序分布和无序流动，导致信息海量剧增和人们“认知过载”。目前，搜索引擎是网络信息书目控制的主要工具，然而网络信息检索结果与人们特定信息需求之间的差距不容乐观。据世界权威期刊 Nature 报告：最大的搜索引擎覆盖了现有网络资源的 16%，即使把被调查的 11 个搜索引擎加在一起，覆盖面也只增加到 42%②。美国新泽西州 NEC 研究所 Steve Lawrence 博士和 C. Lee Giles 博士研究表明现在搜索引擎漏掉大约 84% 的内容③。智能检索技术、知识检索技术、多媒体检索技术、自然语言处理技术和基于内容的检索技术等，为人们对网络信息资源进行书目控制提供了技术保障。网络信息的搜集、分类、标引、组织、存储、检索与利用，是网络信息的目录控制。网络信息目录控制是目录工作发展的新阶段，是当代

---

① 下一代互联网的光荣与梦想［EB/OL］.［2006-05-19］. http：//www.weic.gov.cn/2004/12-27/162547.html.

② Lawrence，S. & Giles，C. L. Accessibility of Information on the Web［J］. *Nature Science Journals*，1999（8）：107.

③ 张廷华 . Web 元搜索引擎的改进［J］. 计算机应用，2002（2）：105-107.

目录学研究最重要、最现实的课题①。继承目录学优良传统，利用书目控制的原理、方法与手段，研究网络信息的目录控制，是目录学发展的新阶段。对网络信息目录的研究，乔好勤称之为网络信息目录学或网络目录学；同时，亦有学者类似地把“知识资源总目录”谓之为“知识目录总览”或“知识地图”②。或许，网络文化时代目录学新领域的称谓还难以统一，但是网络目录控制的理论研究与实践应用却势不可当。人类文化已经步入网络文化阶段，目录学必然具有鲜明的“网络”特征。

文化是人类社会活动的反映与再现，文献是文化的精华与记载。人们特定的文献需求和社会文献的整体无序的矛盾演变，为书目工作和目录学发展提供了不竭动力。文献是目录工作产生的前提条件，目录是一批相关文献的著录。在“文化—文献—目录学”关系链中，文化始终居于主导地位。文化的兴衰、交流与融合，都会通过“文献活动”来推动或阻碍目录学的发展。文化的地域性、民族性和阶段性，形成了目录学的理论流派和时代特征。当然，作为人类文化的一分子，目录学的发展有利于文献生产、交流与利用，有利于文化的传播与繁荣。信息技术导致地理终结和历史终结，形成了时空趋同的网络文化。网络文化具有多元性、众声喧哗性、非权威性等三个特性……提供了一个可贵的平台，那就是最大可能的平民化、圆桌会议化、多元多种声音化③。文化的国际传播与交流融合加剧，文化的全球一体化与冲突竞争并存。目录学发展不可能脱离文化母体的怀抱，也不应该割裂文化因素的影响。网络文化环境下，数字信息无序剧增与人们特定信息需求之间的矛盾，要求我们继承与发扬目录学的优良传统，努力探索网络信息的书目

---

① 李锦兰．“网络信息资源管理与目录学”学术沙龙综述［J］．图书馆论坛，2001（6）：104-105．

② 知识管理与数字图书馆资源建设的优化［EB/OL］．［2006-05-19］．http://www.chinalibs.net/bbs/dispbbs.asp?boardid=18&rootid=40385&id=40385&skin=1．

③ 王岳川．网络文化的价值定位［J］．江苏社会科学，2005（1）：192-194．

控制，积极开拓网络目录学理论研究新领域。

第二节 学术传播模式

一、正式渠道与非正式渠道

信息不是客观事物本身，而是事物基本属性的表征。人们往往从两个方面考察信息，一是没有任何约束条件的本体论，二是受主体约束的认识论。无论从哪一个角度出发，信息传播始终是信息研究的基本构件和重要内容。信息具有高度的共享性和传递性，因共享促进传播范围，因传播提升共享程度。英国文学家萧伯纳生动地阐述过思想交流的作用与意义："倘若你有一个苹果，我也有一个苹果，而我们彼此交换这些苹果，那么，你和我仍然是各有一个苹果；但是，倘若你有一种思想，我也有一种思想，而我们彼此交流这些思想，那么，我们每个人将各有两种思想。"① 信息通过传递实现共享，并依靠共享来实现信息价值。

信息传递需要承载信号的介质，即信息载体。自然物质是天然的信息载体，譬如日月星辰之光、猪狗牛羊之声、山雨欲来之风等。人类不仅善于利用现存物质存储与传播信息，而且创造了丰富的人造信息载体。劳动创造了人，人在劳动中创造了语言。语言是人类交流的基本工具，是人们传递信息的首要载体。语言的重要性无论怎样讴歌都不过分，没有语言就不可能产生真正意义上的人类社会。远古时期，先人信息交流依靠口耳相传、结绳记事、刻画图案，信息载体主要是口语和实物。后来，人们逐步创造了用来表达与记录口头语言的文字符号，兽皮、泥块、石头、甲骨、简牍、丝帛、纸张、磁带、磁盘等先后成为信息载体。人类的发展史，亦是

---

① ［苏］A. И. 米哈依洛夫等著．科学交流与情报学［M］．中译本．徐新民．等译．北京：科学技术文献出版社，1980：47，49-52.

一部信息不断生产、积累与交流的历史。口头语言和书面语言，是人们进行信息传递的两种基本工具。口头交流长期在社会信息扩散中居于主导地位，书面交流曾经常常被僧侣、官员、士族所垄断。随着造纸术和印刷术的扩散，主观与随意的口头信息交流逐步分化出客观与正式的文献信息交流，这在信息记录与传播史上具有划时代的意义。

人类社会中提供、传递和获取科学情报的种种过程是科学赖以存在和发展的基本机制，这些过程的总和被 A. И. 米哈依洛夫称之为科学交流①。如果没有科学交流，科学家就如浩瀚海洋中的孤岛；他们天才般的见解只不过是个体自生自灭的私有意识，不可能产生社会效益。科学交流保障知识在生产者与接受者之间不断传递与共享，从而不断产生新的增值知识，并推动人类社会向前发展。16 世纪以来，文献信息指数递增，学术交流异常活跃，社会生产力急剧变革。学术交流与科技创新，使“资产阶级在它不到一百年的阶级统治中所创造的生产力，比过去一切世代创造的全部生产力还要多，还要大”②。学术交流过程，实质是知识交流、利用与增值的过程。

传统的科学交流途径主要有：一是以图书与期刊为代表的正式出版物——科技文献的公开发行；二是专家学者的直接对话、现场考察、试验参观、科技展览、口头讲演、会议报告、书信传递、内部交流、预印本与单行本交换以及研究成果发表前的准备工作等。显然，前者是以图书和期刊等正式出版物为依托的学术交流，无论内容深度、扩散范围、获取方式、传播规模、稳定程度，都已经超脱个体交流的限制而成为广泛的社会交流。后者带有十分明显的个体性质，被交流的学术内容不能与研究工作本身分开，往往是研究者个人的思想观念或独创见解，同时人们难以通过正式方法获取这

① ［苏］A. И. 米哈依洛夫等著．科学交流与情报学［M］．中译本．徐新民，等译．北京：科学技术文献出版社，1980：47.

② 李瑞娥，李映青，薛峰光．时间价值的升华：从马克思经济论析中的时间思想到当代时间资源的拓展［J］．人文杂志，2004（3）：77-81.

种还没有完全向社会公开的学术信息。20世纪中叶，美国社会科学家H. 门泽尔将后者统称为“非正式”过程，以区别于利用科学文献为基础的“正式”过程①。在此基础上，苏联情报学家A. И. 米哈依洛夫构建如图2-1所示的广义的科学交流系统图。

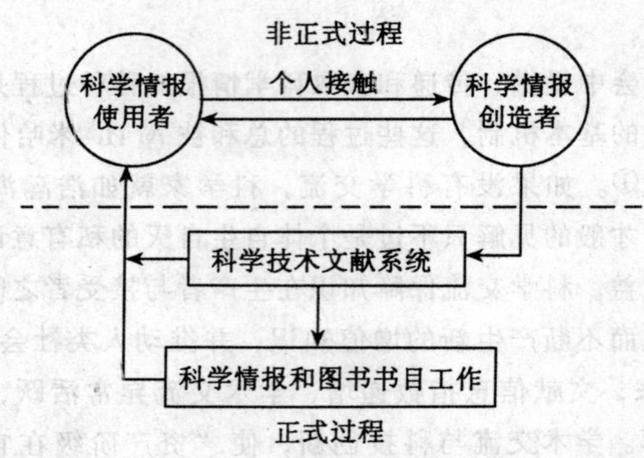

图2-1 广义的科学交流系统

资料来源：［苏］A. И. 米哈依洛夫等著．科学交流与情报学［M］．徐新民，等译．北京：科学技术文献出版社（中译本），1980：49．

在传统的科学交流系统中，非正式交流通过“个人接触”来完成，并有一定的主观性、隐秘性和不稳定性；正式交流离不开图书、期刊、会议论文、学位论文、特种资料等组成的科学文献系统，这种交流过程具有客观性、公开性和稳定性。在前网络时代，科学交流控制主要针对正式交流过程中的科技文献。科技信息“爆炸式”增长，科技文献以“普赖斯”指数递增。没有科学的方法，我们就不可能在喜马拉雅山似的文献面前有效地检索信息。于是，书目工作架起了人们与文献之间的桥梁，调和或缓解了用户信息需求与信息无序供给的矛盾，保障了科学交流正式过程的畅通。书目、文摘、索引等书目控制工具，是“正式”的科学交流顺利

① ［苏］A. И. 米哈依洛夫等著．科学交流与情报学［M］．中译本．徐新民，等译．北京：科学技术文献出版社，1980：49．

进行的尖兵利器。清人金榜曰："不读破天下书，不能治《汉书·艺文志》；不读《汉书·艺文志》，亦不能读天下书"①。这简明扼要地阐述了书目与治学的关系，即精通书目知识是严谨治学的基础，良好的学术素养又有助于梳理书目知识。王鸣盛认为目录学是"学中第一紧要事"和"凡读书最切要者"，余嘉锡认定"目录学为读书引导之资"②。学术交流是学术研究的前提，学术研究则为学术交流注入新鲜血液。学术交流主要表现为知识跨越时空传播，有纵向交流与横向交流两种方式，即"古为今用"与"洋为中用"。没有学术继承与扩散，就不可能有学术创新。科学巨匠牛顿生动地指出："我之所以比别人看得更远，是因为站在巨人的肩膀上"。如何利用学术交流获取充足的知识资源，借助巨人的肩膀更上一层楼，这是无数专家学者梦寐以求的理想。

二、稳定渠道与不稳定渠道

纸质文献时代，学术传播受到社会因素、时空环境和技术条件的限制。"学富五车"和"汗牛充栋"，既表明当时社会文献总数有限，多的时候不过使用牛马之类的"畜力车"装载而已；又反映文献交流的效率比较低下，最快也莫过于"驿马"的速度。Internet 集海量信息存储和即时传播信道于一体，这从根本上改变了人们获取和交换信息的方式。美国加州大学伯克利分校的报告表明，每年世界生产的信息量在千兆兆以上，即世界上每人平均生产大约 250MB。这些信息多数为图像、声音和数字数据，印刷型资料只占总量的 0.003%③。"数字地球村"时代，信息以每秒 300

---

① 彭斐章等．目录学研究文献汇编（修订版）[M]．武汉：武汉大学出版社，1996：93-94．

② 彭斐章．书目情报需求与服务组织 [M]．武汉：武汉大学出版社，2000：1．

③ 2002 年"数字图书馆——新世纪信息技术的机遇与挑战"国际研讨会背景介绍 [EB/OL]．[2002-12-12]．http：//www.nlc.gov.cn/dloc．

万公里（绕地球7圈半）① 的速度传播，“用时间消灭空间”的预言已经成为不争的现实。显然，Internet开创了人类信息存储与交流的新纪元，它不仅是各种文本、图像、音频、视频及多媒体信息的载体，而且彻底改变了人类信息交流的方式，诸如E-mail、BBS、QQ、P2P、Blog、Newsgroup、http、ftp、telnet等。

前网络时代，非正式交流主要依靠“个人”的直接接触，正式交流一般需要信息中介（科技文献系统）。专门的出版机构（出版社、编辑部）组织科技文献出版，是正式交流不可或缺的组成要素。网络环境下信息出版的门槛非常低，任何合法的组织和个人都可以自由地发布信息。网络出版形式多样，数字媒介图文声并茂，实现了评审、编辑、出版和传播的无缝链接。譬如，维基百科（Wikipedia）动态编辑，数字论文稿件即采即排，数字新闻零时间传播。具体来说，网络出版物大致有三种：一是传统印刷型出版物的数字版本，传统出版机构同时出版数字图书、数字期刊、数字预印本等；二是纯粹的在线出版物，这种出版物只有数字版本，没有对应的印刷型出版形式；三是在线动态信息交流，诸如电子邮件、公告板、论坛等。印刷型出版物的数字版本是科技文献出版的继承与发展，纯粹的在线出版物则是科技文献出版的变革与创新，它们都是网络环境下正式交流的表现形式。E-mail、BBS、QQ等交互式的在线动态信息交流，及时性、会话性与随意性较强，是非正式交流在网络环境下的发展。

随着印刷载体向数字载体转化，人类信息存储和交流逐渐依赖网络。网络是现实信息世界的虚拟物，社会、生活、娱乐、就业、工作、新闻、教育、学术等各类信息竞相涌现。黄纯元指出：“网络环境中的信息传播只是非网络环境中信息传播功能的一种延伸和发展……网络环境中也存在通过使用共同的软件进行会话、交谈、会议、信件往来等纯粹私人的或集团性的传播方式，同时也存在着有社会集团所控制的、各类社会组织所提供的、比较制度化的传播

① 杨丽．网络对国际关系的影响［EB/OL］．［2006-05-18］．http：//cirs. jlu. edu. cn/common/show. php？taskid = 10&id = 16.

方式”；第一种方式传播流动、即时和变化的“不稳定的信息资源”，第二种方式是印刷信息传播制度在网络上的延伸，传播来源、内容和存取可靠的“稳定的信息资源”①。董小英认为“非正式信息交流、半正式信息交流和正式信息交流汇集在一个网络上”，并把网络信息资源归纳为三大类型：“①非正式信息，如电子邮件、专题讨论小组和论坛，电子会议、电子布告板新闻等；②半正式出版物，如从各种学术团体和教育机构、企业和商业部门、国际组织和政府机构、行业协会等单位的网址或主页上，我们可以查询在正式出版物系统所无法得到的‘灰色’信息；③正式出版物，通过万维网，用户可以查询到各种数据库、联机杂志和电子杂志、电子工具书、报纸、专利信息等。”②

正式交流与非正式交流的划分依据不是学术信息交流的内容，而是学术信息交流的形式。学术信息资源处于动态变化之中，根据其来源稳定程度，就有稳定的学术资源和不稳定的学术资源之分。正式交流之学术信息保存在科技文献中，是具有相对稳定性的学术资源；而非正式交流之学术信息，难以客观、持续、稳定的传播，就是不稳定性的学术资源。黄纯元经过对现实信息世界和网络信息世界的充分比较，将网络信息资源分为不稳定的信息资源和稳定的信息资源两种③。在H. 门泽尔和A. И. 米哈依洛夫时代，“非正式交流与正式交流”和“不稳定信息与稳定信息”基本上处于一一对应的关系。从某种意义上说，他们的“科学交流论”揭示了科学信息资源的不稳定交流与稳定交流。

在传统学术交流的非正式交流与正式交流之间，必然存在一个具有两者特性的过渡态的半正式学术交流。譬如，某些传播范围甚广的“会议直播”犹如正式交流，某些发行量过小的出版物传递

---

① 黄纯元．图书馆与网络信息资源［J］．中国图书馆学报，1997（6）：13-19．

② 董小英．网络环境下的信息资源管理［D］．北京：北京大学，1997．

③ 黄纯元．图书馆与网络信息资源［J］．中国图书馆学报，1997（6）：13-19．

就像非正式交流。网络环境下正式交流和非正式交流之间的界限日益模糊，非正式交流在网络技术支持下复兴①，正式交流在信息表现形式与信息传递方式上也发生了巨大变革。非正式交流经由虚拟网络这个“信息中介”,在某种意义上有正式交流的特点。正式交流的科技文献转换为 Internet 上即时传递的科技信息流,又有明显的非正式交流痕迹。于是,在网络环境下,我们完全可以虚化学术交流的“非正式”、“半正式”和“正式”之分,而代之以学术信息交流渠道的“非稳定性”、“半稳定性”和“稳定性”。几年之内席卷全球的 Blog,既是继 E-mail、BBS、ICQ 之后出现的第四种网络交流方式,又是一种特别的网络出版和发表文章的方式;它极具个性化和互动性,通过网络传达实时信息,积极倡导思想的交流和共享,还包含许多其他网站的超级链接和评论②。Blog 既不同于“非正式或非稳定”的 E-mail 等网络会话工具，又有别于“正式或稳定”的网络出版物。部分动态性很强的 Blog 资源是“非稳定的信息资源”，某些权威学者提供的 Blog 资源可看作是“稳定的信息资源”，而大多数 Blog 资源则可以归属于“半正式或半稳定”的信息资源。

三、渠道变化与书目控制

何郁冰指出：“科技传播经历了口语传播、文字传播、印刷传播及电子传播四个漫长的发展过程……以往的方法和手段并未为新的方法和手段所取代，而只是为新的方法和手段所补充……科技传播的历史进程并非传播媒介依次取代的表现，而是一个依次叠加的过程。一部科技传播史，就是人类在科技发展进程中不断创造和使用新的传播媒介，使科技信息系统不断走向发达和完善的历史。”③

① 方卿．基于网络的科学信息交流载体整合与过程重构研究［D］．武汉：武汉大学，2001.

② 张莉．Blog：图书馆组织管理的新模式［J］．情报杂志，2005（4）：89-90.

③ 何郁冰．科学社会学视野中的科技传播和知识创新［J］．自然辩证法研究，2003（7）：61-64，79.

在学术传播的口语传播阶段，语言是人们最主要的交流工具。此时，文献处于萌芽状态或数量极其稀缺，书目控制当然还缺乏生长的空间。当学术传播逐渐过渡到文字传播时代，书目工作日益受到重视，目录学也开始登上人类文明的历史舞台。我国古代官修书目、私修书目、史志书目以及专科书目相对成熟，开创了以“辨章学术、考镜源流”为核心的目录学优良传统。

随着铅与火的革命，印刷型文献成为了传播科技信息的主角，学术交流进入了印刷传播时期。据有关资料显示，在信息传播、学术交流方面，无论是科学研究还是经济建设，其信息源70%以上来自期刊，有的学科领域则高达90%以上①。基于文献传播的正式学术交流，推动了书目控制的实践活动，促使传统目录学步入了顶峰。科学交流的非正式过程基本上由科学家和专家自己来完成，如彼此之间关于所作研究或研制的直接对话，参观自己同行的实验室和科学技术展览，对各类听众作口头讲演，交换信件、出版物预印本和单行本，研究或研制成果在发表前的准备工作。这种非正式交流具有随意性和不可控性，很难通过书目控制来整理与组织。非正式的科学交流往往闪烁真理的光芒，其意义丝毫不亚于正式的科学交流。M. H. 哈尔伯特和 R. L. 阿克夫认为，全部科学情报的大约1/3是通过非正式渠道传递的；D. 普赖斯指出：“从那些激励着每位科学家并作为使其研究成为可能的情报来源所提供的资料中……80%左右是他在这些资料正式报道之前通过非正式渠道从其他研究人员那里得到的，即通过代表会议、讨论会、预印本或者通过现在被称为‘无形的集体’的其他一些场合和手段得到的。”②然而，传统书目工作在非正式科学交流控制方面无能为力或无所作为，不能不说是一个遗憾。

① 王立名主编．科学技术期刊编辑教程［M］．北京：人民军医出版社，1995：50.

② ［苏］A. N. 米哈依洛夫等著．科学交流与情报学［M］．中译本．徐新民，等译．北京：科学技术文献出版社，1980：50-52.

Internet为人们提供了一个自由、方便、快捷的信息交流平台，人类信息交流越来越依靠“电子传播”。网络交流的范围不受时空限制，交流的双方不一定同时在场，交流的内容可以囊括图文声像，交流的方式可以“一对一、一对多或多对一”。传统学术传播的正式交流渠道与非正式交流渠道的界限已经模糊，网络数字信息资源显现出完全不同的特征。稳定性信息资源、非稳定性信息资源和介于两者之间的半稳定性信息资源，共同构成纷繁芜杂的网络数字信息资源体系。图书馆、联机检索系统、数据库公司及其他正式的信息机构，往往能够提供稳定的或权威的信息，这类信息资源无疑是网络书目控制的重点。图书馆的OPAC、数字信息的MARC等，就是卓有成效的网络书目控制。各类门户网站、网络信息整序机构和网络Blog等半稳定的信息揭示，近年来取得了巨大的成绩。譬如，网络信息编目、网络分类目录与各种搜索引擎，对此类信息的书目控制进行了很好的尝试。尤其令人关注的是：传统的不可能实现书目控制的非正式交流渠道的信息资源，在网络环境下却能够奇迹般地进行书目控制。搜索引擎依靠“蜘蛛Spider（Robot或Crawler）”，自动标引搜索到的网络数字资源。诚然，目前的搜索引擎还有诸多的不足，搜索结果常常受到人们的诟病。但作为仅仅存在10余年的新型书目工具，为非正式交流信息资源的书目组织提供了途径，这无疑具有划时代的意义。

传统目录学与学术交流密切相关，目录学的发展过程折射出学术活动的历史轨迹，学术思想的变迁亦给目录学打上了深刻的烙印。实体文献时代，书目控制局限于正式交流渠道。网络信息资源的书目控制包括两个方面：一个是指导读者读书治学的“学术型”书目情报的组织与服务，另一个是服务社会日常活动的“信息型”书目情报的搜集与供给。前者是传统书目控制借助现代技术的新发展，后者则是书目控制原理应用在不稳定的“不登大雅之堂”的信息领域的新创举。网络时代信息交流的渠道与类型的变化，已经引起了书目控制手段、方法和技术的变革，这必然推动目录学的创新与发展。

四、数字传播与目录学变革

互联网络迅猛发展，全球网户数量急剧增加，数字信息传播突破时空限制并在最大限度上实现共享。读者面对浩如烟海的网络信息往往不得要领，他们渴望有一条事半功倍的读书治学的捷径。读者特定信息需求与网络信息海量无序供给的矛盾日益增长，书目控制活动面临数字传播带来的巨大挑战，目录学发展也面临数字传播带来的历史机遇。书目控制是利用共轭控制原理将某一文献信息浓缩为某一款目并将其作为这一文献信息的替代品，将款目组织排列成书目，成为文献信息群的替代品，进而通过书目对文献信息进行揭示、识别和检索，最终达到对海量文献信息有效控制的目的①。书目控制的实际对象不是文献本身，而是文献所包含的知识（信息）。众所周知，书目控制是传统文献存储与检索的有效方法，达到了实现知识资源的有序传播的目的。网络环境下，尽管知识载体已经虚化成看不见的电信号，但是书目控制作为知识传播的控制工具，其作用不仅没有削弱，反而更加不可或缺。网络信息编目、网络搜索引擎和学科信息门户，都是书目控制原理在网络信息传播中的具体应用。

网络信息编目继承了文献信息编目的优良传统，主要是通过一系列的元数据格式来组织网络信息资源。元数据是一种结构化的数据，即是一种描述与组织数字化信息资源的数据结构标准。它通过对网络信息资源的准确描述，达到发现、识别、定位、开发、整合、组织、评价、选择网络信息资源并对其进行有效管理与长期保存的目的。在众多用来描述、组织与检索数字信息的元数据格式中，MARC 和 DC 是网络信息资源编目与控制的基础与核心。MARC 主要用于图书馆书目记录数据，是图书馆描述、存储、交换、处理、控制以及检索信息的书目数据标准。DC 元数据采用 15

---

① 蔡宇宏．网络环境下的信息资源控制：制度安排、书目控制、计量评价［J］．现代情报，2002（8）：168-169.

个核心元素描述知识对象的概念与属性，这些元素是：标题、著者、主题、资源描述、出版者、其他责任者、日期、资源类型、格式、标识、信息来源、语言、关联、资源的覆盖范围和版权等。OCLC CORC 使用完整的 MARC 格式和 DC 元数据格式编目，通过合作建立高质量的经图书馆挑选的 Web 电子资源描述型数据库，该库现有 Web 电子资源的目录记录 23 万条①。网络分类目录主要有两类：一类是以 Yahoo 为代表的人工编辑的网站分类目录，另一类是以 AltaVista 为代表的自动标引的网页全文索引目录。

网络搜索引擎又称导航站点，是网络信息传播控制的重要手段，也是用户检索网络信息的强有力工具。它通过对整个网络信息资源进行搜集、理解、组织和处理，建立指向 Web 服务器的索引数据库，为用户提供包括检索词的信息片断与网址链接。搜索引擎将分散在各个 Web 服务器上的信息资源，进行有效整合、合理组织与集中控制，是传统书目控制原理与技术的新发展。85% 的用户通过使用搜索引擎来寻找需要的信息，现在仅 Google 的索引网址就超过了 80 亿②。搜索引擎按索引库组织技术，可分为分类目录搜索引擎和全文索引搜索引擎。前者以超文本链接按分类或主题方式组织信息，建立树状结构的可供检索和查询的等级式主题目录索引数据库。后者利用“蜘蛛 Spider”自动搜集网站网页，建立提供关键词、主题词或自然语言查询的全文信息检索的索引数据库。除了独立搜索引擎之外，集成多个成员搜索引擎的元搜索引擎不断涌现。元搜索引擎是关于搜索引擎的搜索引擎，指在统一的用户查询界面与信息反馈形式下，共享多个搜索引擎的资源库为用户提供信息服务的系统③。元搜索引擎运用查询分派、数据库选择、文本选择和结果综合等技术，将多个搜索引擎有机整合，最终输出经过去

---

① 伍宪．美国图书馆界如何对因特网信息资源进行编目［J］．图书情报知识，2001（1）：55-57.

② 为什么选用 Google［EB/OL］．［2008-08-26］．http：//www. google. cn/intl/zh-CN/why_ use. html.

③ 张俭恭等．关于搜索引擎与元搜索引擎的讨论［J］．现代图书情报技术，2002（2）：36-38.

重、组合、排序等处理的检索结果。

学科信息门户是按照一定的资源选择和评价标准、规范的资源描述和组织体系，将特定学科或主题领域的信息资源、工具与服务集成到一个整体中，对具有一定学术价值的网络资源进行搜集、选择、描述、组织和整合，并提供浏览、检索、导航等增值服务的专门性信息门户。① 这是一种分散、灵活、深入的信息供给方式，在网络信息传播中发生着越来越重要的作用。学科信息门户深入描述与组织某一特定学科领域或主题领域的网络资源，形成某专业学科的信息导航系统，为用户提供具有检索和浏览功能的一站式“信息超市”。网络信息资源发现、选择、描述、分类、编目、组织与评价的标准规范，是学科信息门户建设成功与否的关键。

网络时代数字比特横流，“非稳定性”、“半稳定性”和“稳定性”的传播渠道同台竞技，“学术型”和“信息型”的书目控制相互辉映。数字信息书目控制的技术与方法日新月异，规范管理的网络信息编目、集中控制的网络搜索引擎以及分散控制的学科信息门户等取得了长足进展。数字资源书目控制的专深度、关联度、便捷性能与服务性能等逐年提高，目录学必然随着书目控制的发展而不断创新与变革。

第三节　知识管理理论

一、知识社会与知识创新

知识是人们在改造世界的实践中所获得的认识和经验的总和②。

---

① 祝忠明，吴新年．学科信息门户元数据格式的选择与设计［J］．大学图书馆学报，2002（2）：2-4.

② 中国社会科学院语言研究所词典编辑室编．现代汉语词典（2002年增补本）［M］．北京：商务印书馆，2002：1612.

它既是人类认知的结果，又是人类进一步认知的基础。知识就是力量，社会发展进程中的每一小步都离不开知识的贡献。布鲁克斯的知识方程“K（S）＋ΔI＝K［S＋ΔS］”，深刻地表明了知识的功能与作用。知识创新→知识累积→知识扩散→知识利用→知识创新，这是一个周而复始的知识流程。正是这个知识流程，推动人类文明以加速度的方式从初级阶段向高级阶段迈进。知识作为生产要素，一直是社会经济活动的基础，譬如农业生产、牲畜养殖、工业生产等需要相应的知识。尽管知识资源在经济活动中如此重要，但是农业经济的第一生产要素是土地，工业经济的第一生产要素是资本。只有在知识经济时代，知识资源才真正成为主导和支配性的生产要素。

当今社会是以“数字化的信息与知识”为本质特征和核心要素的社会，故称“信息社会（时代）”、“数字社会（时代）”、“知识社会（时代）”或“知识经济社会（时代）”。武旖在《知识经济与人力资本》中，对“知识经济（Knowledge-based Economy）”和“知识形态”做了如下的概述①：1996年，经济合作与发展组织（OECD）发布一系列报告，在国际组织文件中首次正式使用“知识经济”概念。其中，《以知识为基础的经济》的报告认为：知识经济是建立在知识和信息的生产、分配和使用之上的经济，并把知识分为四大形态（“4W”）：事实知识（know-what），原理知识（know-why），技能知识（know-how）和人力知识（know-who）。有中国学者主张用“6W”和“1Q”概括“知识”，即在“4W”之上，再加“知道什么时间（know-when）”，“知道什么地点（know-where）”和“知道是多少（know-quantity）”。

尽管人们对于“创新”有不同的阐释，我们还是认为创新的主体是人类，创新的客体是知识。知识创新是一个周而复始的复杂体系，它包括制度创新、管理创新和技术创新等。张凤与何传启认为：知识创新是为了经济和社会利益获取或创造新知识的过程，知

---

① 武旖．知识经济与人力资本［J］．云南社会科学（理论专辑），2003：210-212.

识创新出现在知识的生产、传播和应用的全过程中；知识创新是在世界上首次发现、发明、创造或应用某种新知识，首次引入知识要素和知识载体的一种新组合以及新组合的首次应用；它包括科学发现、技术发明、知识创造和新知识首次应用等4种表现形态①。知识的生产、组织、传递、利用与再生产循环往复，形成了完整的知识流程。知识创新是知识流程的起点和终点，知识流程是知识创新的加工厂并孕育新的知识创新。

知识经济时代，不仅是一个知识资源占据首要地位的时代，而且是一个知识创新形成核心竞争力的时代。知识是一种重要的战略资源，比资本更为重要。科技进步对经济增长的贡献率，20世纪初只有5%～20%，20世纪70—90年代就达到了70%～80%，而到了21世纪初的现在已达到90%以上②。有专家指出，用Z、a、b、c、x分别代表生产力、劳动者、劳动工具、劳动对象和科技知识，在工业社会，Z＝（a＋b＋c）x，即科技知识对生产力起倍增作用；而在信息社会，Z＝（a＋b＋c）x，即科技知识对生产力起指数增长作用③。没有知识创新就没有创新知识（有自主知识产权的知识），就谈不上高新科技成果的转化与应用，就不可能立足于知识社会。

二、知识需求与知识服务

知识社会，人们比以往任何时代都更加依赖知识，知识取代资本与土地而成为第一位的资源。人力资本的开发、储备与利用，是当今世界各国竞争的焦点。纵观西方发达国家，没有哪一个不重视国民教育，没有哪一个不重视人才培育。构建“终身教育”与

---

① 张凤，何传启．知识创新的原理和路径［J］．中国科学院院刊，2005（5）：389-394．

② 高连和．知识经济条件下经济增长的创新策略［J］．改革与战略，2004（9）：33-35．

③ 姜振儒等．论信息资源开发与中国信息经济的发展［J］．情报杂志，1998（2）：40-41．

"全民学习"的学习型社会，已成为知识社会的基本要求与时代潮流。20 世纪 60 年代，联合国教科文组织成人教育局局长、法国教育家保罗·郎格朗率先提出终身教育的观点①。1968 年，美国学者哈钦斯（Hutchins，R. M.）出版了《学习社会》一书，积极倡导"学习化社会"；1972 年，联合国教科文组织国际教育发展委员会发表的《学会生存——教育世界的今天和明天》报告，多次回应与肯定"学习化社会"②。1994 年，在罗马召开的首届全球终身学习大会上，欧洲终身学习促进会提出：终身学习是 21 世纪的生存概念③。20 世纪 90 年代，美国创造了经济发展史上的"高增长、高就业、低通胀"的"新经济"神话，这无疑是知识经济与信息技术拉动的结果。

任何人都是特定知识的欠缺者，都有获取知识的内在动力。美国未来学家阿尔温·托夫勒曾预言：未来的文盲不再是不识字的人，而是没有学会怎样学习的人；管理学家彼得·圣吉在其名著《第五项修炼》中明确指出：未来唯一持久的优势，是有能力比你的竞争对手学习得更快④。彼得·圣吉还告诫人们："一个人学习过的知识，如果每年不能更新 70% 的话，那么这个人便无法适应社会的变化"⑤。当今世界，知识总量急剧增加，任何人都不可能掌握本专业领域的全部知识，哪怕只是肤浅地浏览一个十分狭小学科的专业文献都比登天还难！事实上，与其我们奢求占有大量的知识，不如我们切实掌握检索知识的方法。据美国科学基金委员会、

---

① 张小京．关于终身学习问题的研究［J］．当代经济，2002（1）：41-43.

② 叶忠海．试论学习化社会的基础——学习化社区［J］．教育发展研究，2000（5）：38-41.

③ 付翠玲．21 世纪的图书馆与终身教育［J］．现代情报，2000（3）：58-59.

④ 谭世芬，侯洁．依托网络 变革学习［J］．经济论坛，2003（17）：94-95.

⑤ 罗玲．培育图书馆可持续发展的核心能力［J］．图书馆论坛，2002（1）：91-92.

凯斯工学院研究基金会初步统计，一个科研人员在一个研究项目中，查找和阅读情报资料的时间要占完成该项研究课题时间的50.9%，而计划思考时间占7.7%，实验室和研究时间占32.1%，编写研究报告的时间占9.3%①。正如美国某大学图书馆大门上的雕刻词所言："知识的一半就是知道在哪里去寻求它。"② 由此可见，知识获取在知识创新中的作用和地位是何等的重要！

知识需求呼唤知识服务，知识服务保障知识需求。知识服务分为两种形式：公益性的知识服务和经营性的知识服务。一方面，知识是一种具有高度共享性的人类共同拥有的财富，国家和社会应当尽可能地提供公益性的知识服务，各种图书馆就是公益性知识服务的典型代表。另一方面，知识生产是一项需要大量智力资源投入的创新活动，需要个人或组织不断追加劳动。因此，知识又是一种特殊的商品，世界各国纷纷制定知识产权制度来保护和鼓励知识创新。于是，社会上普遍存在经营性的知识服务，各类咨询公司和情报机构就是经营性知识服务组织。

知识服务的发展过程，主要表现为一部文献服务的历史。文献是记录有知识的一切载体，载体始终是文献的外在形式，而知识才是文献的实际内容。文献传播是知识交流的表象，知识交流则是文献传播的本质。因此，文献采访是知识聚集，文献整理是知识组织，文献排列是知识分类，文献服务是知识传播。知识存取伴随文献活动的每一个环节，即通过文献的"生产—传播—利用"来完成。甲骨文献、缣帛文献、简牍文献甚至手抄纸质文献，生产与复制十分困难，整体数量较少而且流传范围有限。印刷文献批量生产，在一定程度上缓解了文献供需矛盾。但是受到制作工艺、生产程序及其费用的限制，印刷文献的出版与传播仍非易事，知识存取的障碍并没有完全消除。非数字文献是物质载体和精神内容的高度

① 刘振民，李菡．知识经济时代科技期刊的信息传播作用［J］．中国科技期刊研究，1999（3）：187.

② 雷树德．21世纪读书活动的环境和任务略论［J］．高校图书馆工作，2004（1）：34-36.

统一，知识的出版与利用不能离开文献而独立存在。第三次信息技术革命，对人类社会的知识生产、知识整理和知识交流产生了深远影响。网上任何一台计算机都是 Internet 的一分子，都有知识出版、传播与接收的功能；除了知识产权的限制之外，知识复制几乎不存在技术或物质限制；一切时空因素似乎蒸发，知识传播在地球上难觅禁区。

目前，网络学术性知识资源主要有：①国家职能机构或社会公共部门提供与资助的学术资源，如数字图书馆、全国文化信息共享工程、中国高等教育文献保障中心、中美百万数字图书馆项目等；②学术型数据库资源，图书馆购买的数据库、商业公司在线服务的数据库或联机检索系统的数据库；③国内外提供浏览、检索与下载服务的学术性开放资源与公共存储资源，如 DOAJ（Directory of Open Access Journals）、DOAR（Directory of Open Access Repositories）、CORE（China Open Resources for Education）、OA 学术仓储、科技论文在线、预印本服务系统、电子期刊网站或电子文库等；④其他学术性的个人网站、专业论坛、博客等。其中，前两类学术资源占据主导地位，服务时一般有版权限制。后两类学术资源近年来生机勃勃，往往由著者让渡版权。譬如，英国诺丁汉大学 OpenDOAR 机构库导航目录，能够帮助全球学者获取最原始的研究成果，发现学科发展趋势及全球学科创新点；中国科技论文在线是一个综合性学科 e 印本文库，所投学术论文文责自负，版权归作者本人所有，它为科研人员提供了一个学术观点、创新思想和技术成果的发布与共享平台；中国预印本服务系统是一个提供预印本服务的实时学术交流系统，用户可以自由提交、检索、浏览或评论预印本资料；奇迹电子文库主要收录原创科研论文、综述、讲义及专著的预印本及电子书，资料全部为注册用户自行上传，版权归原作者所有，提供分类浏览、关键词检索、奇迹论坛、奇迹百科、奇迹日记等学术交流与服务。

在虚拟的网络交互社区，信息资源具有高度的即时性、交互性、有序性与共享性。信息内容频繁更新、按时间倒序排列、超级链接及附加评论等，其实都是网络信息的组织形式。以 Yahoo 为代表的网络分类目录，在网络信息的分类组织方面积累了丰富的经验；以 Google、新浪爱问、百度知道为代表的搜索引擎，在网络信息的主题组织方面进行了很好的实践；而以 DC 为代表的元数据标准，则在网络信息的揭示报道方面发挥着越来越重要的作用。当然，随着网络信息技术的不断进步，知识存取的趋向是更加方便、快捷、准确、高效与安全。此外，文献服务以文献为单元，所有知识用户都享受同样内容的服务；知识服务以知识为单元，能够为不同知识用户提供有差别的服务。

三、知识组织与书目控制

从知识角度研究目录学由来已久，谢拉（Shera，J. H.）和布鲁克斯（Brookes，B. C.）就是两位杰出的开创者。谢拉提出“社会认识论（Social Epistemology）”，认为有关知识通信的理论是目录学的本质；布鲁克斯提出“知识基础论”，主张从图书馆学与情报学的协调上来探索目录学的理论基础，认为知识是书目的本质①。20 世纪 90 年代，我国关于“知识”的研究持续升温，图书情报界“知识管理”更是炙手可热。刘洪波的“知识组织论”提出：图书馆内部活动的实质是社会化的知识组织，即通过“知识标记”体系（分类表、主题词表等）处理文献知识单元，为读者提供一个整序化的文献知识体系②。王子舟的“知识集合论”认为：图书馆的实质就是知识集合，图书馆学研究对象应转向知识集合，知识集合对图书馆学发展将会产生影响③。梁灿兴的“可获得性论”，把图书馆学的研究对象定义为“文献群中知识单元的可获

---

① 彭斐章，陈传夫等编．目录学教程［M］．北京：高等教育出版社，2004：27-29.

② 刘洪波．知识组织论——关于图书馆内部活动的一种说明［J］．图书馆，1991（2）：13-18，48.

③ 王子舟．知识集合初论——对图书馆学研究对象的探索［J］．中国图书馆学报，2000（4）：7-12.

得性"①。知识组织是知识管理的重中之重，书目控制则是知识组织的直接产物。

知识组织的最终目标是促进知识流通，保障知识利用与创新。知识就是力量，然而"知识的力量不仅仅取决于本身价值的大小，更取决于它是否被传播以及被传播的深度和广度"②。别林斯基说："读书，阅读一本不适合自己阅读的书，比不阅读还要坏。我们必须学会这样一种本领，选择最有价值、最适合自己所需要的读物"③。知识传播的理想结果是人们既能够跨越时空共享知识，又能够在知识海洋中获取自己需要的特定知识。知识管理涉及制度、技术与人员等诸多方面，其关键因素是知识资源的书目控制。纸质文献时代，人们为了有效地组织或查找文献知识，编纂了专门揭示与报道一次文献的书目文献。网络时代，数字知识资源的书目控制方兴未艾，传统目录学正面临变革与发展的巨大机遇与挑战。

20 世纪 50 年代，国外开始研究 bibliographic information（书目情报）。美国目录学家 J. H. 谢拉在讨论系统书目时指出"布里格姆为目录中遗漏了一些书目情报如出版地和出版时间感到痛惜"，前苏联目录学家 E. И. 沙穆林则对"书目情报"进行释义④。20 世纪 80 年代，"书目情报"移植到我国并迅速开花结果。专家学者通过对书目情报的深入考察，逐步揭示了书目情报的知识属性。譬如，柯平提出书目情报是"经过分析和综合处理并用于浓缩和记忆的知识"，彭斐章认为"书目情报是关于文献的知识和效用信息的集合"⑤。

---

① 卢儒珍．浮出水面的可获得性论［J］．图书馆，2002（4）：29-33.

② 王一心．试论学术期刊对知识创新的主要功能［J］．大学图书馆学报，2001（5）：79-80.

③ 雷树德．21 世纪读书活动的环境和任务略论［J］．高校图书馆工作，2004（1）：34-36.

④ 彭斐章．书目情报需求与服务组织［M］．武汉：武汉大学出版社，2000：1-2.

⑤ 彭斐章．书目情报需求与服务组织［M］．武汉：武汉大学出版社，2000：3.

彭斐章积极探讨在书目文献具体概念基础上的抽象概念——书目情报，并以此为学科基点构建目录学理论体系，对我国目录学的变革与发展做出了贡献。一般来说，目录、索引、文摘、提要、综述等书目文献都属于二次文献或三次文献，它们揭示与报道的却是一次文献，即关于一次文献的知识和效用信息的集合。信息是对自然现象和社会现象的表征与反映，知识是信息加工与序化的产物，而情报则是知识被激活与吸收的结果①。知识性和传递性是科学情报的基本属性，情报就是作为人们传递交流对象的知识②。蕴含于书目文献的书目情报具有知识性与传递性，因此书目情报是特定类型的情报。书目情报既处于“信息—知识—情报”社会层次“生态链”的末端，又位于“信息—知识—情报”动态关系“金字塔”的顶端。因此，我们不难得出：书目情报是一种描述原始文献的特定知识，即高度浓缩的揭示与报道一次文献知识的效用知识。

分类法与主题法不仅是纸质文献知识书目控制的基本方法，而且是网络知识书目控制的基本方法。网络信息的两大检索工具——分类目录与搜索引擎，是传统的分类法与主题法的继承与发展。即使是由超级链接组成的 Internet 信息体系，也不过是“参见、参照”的应用罢了。分类目录导航是网络知识书目控制的重要工具，譬如国家科技图书文献中心网站导航和中国高等教育文献保障系统（CALIS）重点学科网络资源导航等就是知识用户有效获取知识的绿色通道之一。同样，基于主题法的搜索引擎，也是网络知识书目控制不可或缺的工具。科学搜索引擎 scirus（http://www.scirus.com/），提供 Journal sources、Preferred Web sources、Other Web sources 等检索途径；Google 学术搜索（http://scholar.google.com），可广泛搜索来自学术著作出版商、专业性社团、预印本、各大学及其他学术组织的经同行评论的文章、论文、图书、

---

① 王知津，栗莉．信息、知识、情报——再认识［J］．情报科学，2001（7）：673-676.

② 严怡民主编．情报学概论［M］．武汉：武汉大学出版社，1983：8-9.

摘要和文章①。当然，分类法和主题法各有所长，分类主题一体化一直受到人们的重视。网络知识书目控制为分类主题一体化提供了契机，众多的导航站点或搜索引擎充分利用了两者的长处。

传统学术交流依赖于文献传播，书目控制对象主要是实体文献资源。人们获取知识，首先必须得到特定的文献。知识搜集、揭示、组织、检索与服务等工作，都以文献单元为具体操作对象。尽管用户只需要某一个知识点，但是文献服务机构提供的却是笼统的书刊。数字时代，书目控制充分结合了分类法与主题法的优势，深入到文献的知识单元以管理知识资源。基于知识单元的知识聚类与知识链接，打破了传统书目控制文献单元的边界，这是人类进行知识组织历程中的一次巨大的飞跃。

四、知识管理与目录学变革

曾经让人欢呼的信息社会并非完美无缺，其最大问题是信息获取的两难困境：一方面网络信息海量供给，诞生了人类有史以来最佳的信息保障体系；另一方面网络信息无序剧增，产生了信息过剩、信息超载、信息污染、信息安全、信息迷失、知识产权等一系列棘手的问题。奈斯比特谆谆告诫："大量但无序的信息，不但不是财富，反而是灾难。"这样，我们不得不面临一个尴尬的现状：拥有丰富的信息，却缺乏需要的知识。在信息泛滥的社会背景下，诸多有识之士积极行动，从各个领域研究基于"信息管理"的"知识管理"。于是，企业界、图书馆、情报部门以及其他学科领域的知识管理，已成星火燎原之势迅猛发展。

知识管理发展要求书目控制与时俱进，这促使目录学产生了三个层面的变革：书目控制专深化、书目控制综合化和书目控制个性

① 关于 Google 学术搜索［EB/OL］.［2007-05-24］. http://scholar.google.com/intl/zh-CN/scholar/about.html.

化。目录学是研究目录工作形成和发展的一般规律的科学①，是一门有效地揭示与报道信息资源并满足人们特定信息需求的科学。前知识管理时代，目录工作的处理对象是文献资源整体，因而形成了"辨章学术、考镜源流"的传统目录学。知识管理在人类发展史上具有极其重要的意义，它实现了书目控制从文献整体深入到知识单元，甚至深入到数字信息片断。网络信息的多元化、动态性与碎片化，对书目控制提出了更高的要求。网络平台为信息选择、分析、标引、组织、演绎与存储提供了有利条件，在传统书目、文摘、综述与索引等基础上，建立面向用户信息需求的倒排文档数据库。虚拟社区与专家系统逐步推广，知识管理从客观知识深入到主观知识。知识挖掘技术的兴起，充分揭示了网络信息资源的次要主题与隐含主题，书目组织、索引格式、检索途径等综合运用保障了书目控制的专深化。

知识资源有序整合是知识共享的基本要求，实际上就是对知识资源进行标准化、规范化与综合化的书目控制。数字网络的疯狂扩张，为用户查找、浏览、获取与利用知识资源提供了有利条件。如果无序的网络知识资源没有经过书目控制，那么人们面对"知识海洋"就只能兴叹，知识共享亦是可望不可即的泡沫。信息处理、信息存储与信息传播等技术进步，促进了知识资源的整合，推动了书目数据库的大发展。当前，书目控制范围空前扩展，跨越时空的集目录、文摘、索引、全文等于一体的大型综合性书目数据库层出不穷。Dialog、OCLC 等联机数据库不断增多，Google、Baidu 等网络搜索引擎日益壮大，Yahoo、Sina 等综合性网站快速发展。书目控制功能不断增强，通常能够提供主题、分类、题名、著者、代号等检索途径，支持布尔、截词、加强、限定等检索技术。知识供需矛盾是书目工作的动力，书目工作的目的是有效地揭示与检索知识。智能标引、自动文摘、知识挖掘、知识推送、知识网格等现代技术的广泛应用，为网络知识资源整合做出了不容忽视的贡献。当

---

① 彭斐章，乔好勤，陈传夫编著．目录学（修订版）［M］．武汉：武汉大学出版社，2003：4．

然，知识网格还是美妙的蓝图，网络知识整合以及书目控制综合化仍然任重道远。

个性化知识推送服务主要指根据用户订阅的主题或类目，向他们推介新书目、发送最新期刊目录、开展书目导读和提供最新知识资源等。针对用户的个性化知识需求，知识服务部门应该积极利用数据仓库、超级链接、信息推送、人工智能等技术，构建个性化的主动服务机制，适时向特定用户推送最新最全的书目信息与提供个性化知识服务。RSS 可视为“Rich Site Summary（丰富站点摘要）”、“RDF Site Summary（RDF 站点摘要）”或“Really Simple Syndication（真正简易聚合）”的词头缩写①，是一种基于 XML 的信息内容描述、发布和聚合技术，可以将最新信息即时主动地推送到用户桌面，使得用户不必直接访问网站就能够获得更新的内容②。RSS 推送服务是定题服务新发展，书目分类推送与关键词定制推送是个性化推送服务的基本方式。图书馆利用 RSS 技术编制的开放目录个性化 Feeds，一般包括标题、摘要和 URL 共享数据等。用户通过自由订阅特定主题/类目的 Feeds，就能够方便地获取个性化书目服务。知识管理系统通常包括用户兴趣模块、数据挖掘模块、知识过滤模块、智能代理模块和机器学习模块等，这些模块的有机整合提供了高质量的书目控制，也促进了目录学的变革与发展。

参考文献

[1] 彭斐章，陈传夫等编．目录学教程［M］．北京：高等教育出版社，2004：27-29.

① 李书宁，纪高飞．RSS 及其在图书馆的应用［J］．图书馆理论与实践，2006（5）：96-98.

② 赵阳，杨慧，林容，姜爱蓉．清华大学图书馆 RSS 服务实践［J］．图书馆杂志，2006（6）：52-55，72.

[2] 冯天瑜，何晓明，周积明．中华文化史（上）(第2版)［M］．上海：上海人民出版社，2005.

[3] 刘光裕，陈静．最早书籍与简书［J］．出版史料，2005（1）：98-112.

[4] 杨宝顺．安阳殷墟考古与前瞻［J］．中州今古，1999（5）：49-50.

[5] 彭斐章，乔好勤，陈传夫．目录学［M］．武汉：武汉大学出版社，2003.

[6] 彭斐章．彭斐章文集［M］．武汉：武汉大学出版社，2005.

[7] 卷五十三 萧相国世家第二十三［EB/OL］.［2006-04-27］．http：//www．wenhuacn. com/lishi/shiji/01shiji/053. htm.

[8] 朱晓峰．谈中国古代文献散失的原因［J］．山东图书馆季刊，1999（1）：9-12.

[9] 陆湘怀．论宋代四大书的文献价值［J］．图书馆学刊，1996（6）：50-52.

[10] 苑书义．李鸿章历史定位论纲［EB/OL］.［2006-05-23］．http：//info. westpower. com. cn/cgi-bin/GInfo. dll？DispInfo&w = westpower&nid = 939466.

[11] 王新才．中国文化与目录学发展研究［D］，武汉：武汉大学博士学位论文，1994.

[12] 彭斐章等编．目录学研究文献汇编［M］．武汉：武汉大学出版社，1996.

[13] 旧唐书卷五十［EB/OL］.［2006-05-16］．http：//www．wenhuacn. com/lishi/shiji/16jiutangshu/050. htm.

[14] 杨子慧．中国历代人口统计资料研究［M］．北京：改革出版社，1996.

[15] 李刚．唐高祖创业与道教图谶［EB/OL］.［2006-05-23］．http：//www．siwen. org/XXLR1. ASP？ID = 307.

[16] 华方田．唐代诸帝与佛教的社会发展［J］．佛教文化，2003（2）：29-38.

[17] 曹世瑞．《四库全书》的功与过［J］．百科知识，2005

(20): 46-48.

[18] 汪荣祖. 论梁启超史学的前后期 [J]. 文史哲, 2004 (1): 20-29.

[19] 严怡民. 情报学概论 [M]. 武汉: 武汉大学出版社, 1983.

[20] 洪湛侯. 中国文献学新编 [M]. 杭州: 浙江大学出版社, 1994.

[21] 张国光. 隋唐五代史研究概要 [EB/OL]. [2006-05-20]. http: //www. guoxue. com/tangyanjiu/xszz/wds/wdsxu. htm.

[22] 唐风与大唐女服 [EB/OL]. [2006-05-20]. http: //202. 114. 224. 30: 8080/pub/znjjslt/xxyd/zggdjjs/t20051223_1383. htm.

[23] 玄学 [EB/OL]. [2006-05-20]. http: //www. guoxue. com/gxrm/gx_ xxue. htm.

[24] 高学安, 蒋替征. 徐树兰和古越藏书楼的故事 [EB/OL]. [2006-05-20] http: //news. xinhuanet. com/book/2003-03/26/content_ 800348. htm.

[25] 陆继鹏. 软实力与中国对东南亚外交 [J]. 东南亚之窗, 2007 (2).

[26] 泰勒. 原始文化 [M]. 上海: 上海文艺出版社, 1992.

[27] 董中锋. 出版业与文化软实力 [J]. 出版发行研究, 2007 (12): 14-18.

[28] Joseph S. Nye Jr. The Chanllege of Soft Power [J]. *Time*, 1999 (2): 30.

[29] 国家"十一五"时期文化发展规划纲要 [EB/OL]. [2006-08-26]. http: //news. xinhuanet. com/politics/2006-09/13/content_ 5087533. htm.

[30] 国务院办公厅关于进一步加强古籍保护工作的意见 [EB/OL]. [2008-08-26]. http: //www. china. com. cn/policy/txt/2007-01/30/content_ 7733274. htm.

[31] 国家文化信息资源共享工程简介. [EB/OL]. [2006-08-26]. http: //lib. sx. cn/secdir/gxgc. htm.

[32] 王桂兰，沈弘，李远景．论20世纪中国目录学的公共应用性特征［J］．高校图书馆工作，2005（3）：18-22.

[33] 万德芬，杨仁英．网络时代目录的科学价值［J］．情报科学，2004（5）：562-567.

[34] 陈波．搜索引擎在Web2.0中的崛起［EB/OL］．[2006-05-18]．http：//news. ccidnet. com/art/1032/20051227/401229_1. html.

[35] 渡渡．拥有“完美记忆”的人：1000G就能记录人的一生［EB/OL］．[2006-05-18]．http：//www. nsfc. gov. cn/nsfc/desktop/kjkx. aspx@ infoid =7900. htm.

[36] 泰普斯科特．数字化成长：网络时代的崛起大连［M］．东北财经大学出版社，1999.

[37] 网民数、国家域名数均居世界第一 互联网大国规模初显［EB/OL］．[2008-08-26]．http：//www. cnnic. cn/html/Dir/2008/07/23/5233. htm.

[38] IDC：2012年全球网民将超19亿占总人口30%［EB/OL］．[2008-08-26]．http：//www. weamax. com/articles/8/2008-07/20080721120339. html.

[39] 下一代互联网的光荣与梦想［EB/OL］．[2006-05-19]．http：//www. weic. gov. cn/2004/12-27/162547. html.

[40] Lawrence，S. & Giles，C. L. Accessibility of Information on the Web［J］．Nature Science Journals，1999（8）：107.

[41] 张廷华．Web元搜索引擎的改进［J］．计算机应用，2002（2）：105-107.

[42] 李锦兰．“网络信息资源管理与目录学”学术沙龙综述［J］．图书馆论坛，2001（6）：104-105.

[43] 知识管理与数字图书馆资源建设的优化［EB/OL］．[2006-05-19]．http：//www. chinalibs. net/bbs/dispbbs. asp？boardid =18&rootid =40385&id =40385&skin =1.

[44] 王岳川．网络文化的价值定位［J］．江苏社会科学，2005（1）：192-194.

[45] 倪波，荀昌荣．理论图书馆学教程［M］．天津：南开大学出版社，1986.

[46] 侯金川．物质·能量·信息统一论［J］．湘潭大学学报（哲学社会科学版），1997（5）：110-114.

[47] A. И. 米哈依洛夫．科学交流与情报学［M］．北京：科学技术文献出版社，1980.

[48] 李瑞娥，李映青，薛峰光．时间价值的升华：从马克思经济论析中的时间思想到当代时间资源的拓展［J］．人文杂志，2004（3）：77-81.

[49] 彭斐章，陈传夫．书目情报需求与服务组织［M］．武汉：武汉大学出版社，2000.

[50] 2002 年"数字图书馆——新世纪信息技术的机遇与挑战"国际研讨会背景介绍［EB/OL］．［2002-12-12］http：//www. nlc. gov. cn/dloc.

[51] 杨丽．网络对国际关系的影响［EB/OL］．［2006-05-18］．http：//cirs. jlu. edu. cn/common/show. php？taskid = 10&id = 16.

[52] 黄纯元．图书馆与网络信息资源［J］．中国图书馆学报，1997（6）：13-19.

[53] 董小英．网络环境下的信息资源管理［D］．北京：北京大学，1997.

[54] 方卿．基于网络的科学信息交流载体整合与过程重构研究［D］．武汉：武汉大学，2001.

[55] 张莉．Blog：图书馆组织管理的新模式［J］．情报杂志，2005（4）：89-90.

[56] 何郁冰．科学社会学视野中的科技传播和知识创新［J］．自然辩证法研究，2003（7）：61-64，79.

[57] 王立名．科学技术期刊编辑教程［M］．北京：人民军医出版社，1995.

[58] 蔡宇宏．网络环境下的信息资源控制：制度安排、书目控制、计量评价［J］．现代情报，2002（8）：168-169.

[59] 伍宪．美国图书馆界如何对因特网信息资源进行编目 [J]．图书情报知识，2001 (1)：55-57.

[60] 为什么选用 Google [EB/OL]．[2008-08-26]．http：//www.google.cn/intl/zh-CN/why_ use.html.

[61] 张俭恭等．关于搜索引擎与元搜索引擎的讨论 [J]．现代图书情报技术，2002 (2)：36-38.

[62] 祝忠明，吴新年．学科信息门户元数据格式的选择与设计 [J]．大学图书馆学报，2002 (2)：2-4.

[63] 中国社会科学院语言研究所词典编辑室编．现代汉语词典 (2002 年增补本) [M]．北京：商务印书馆，2002.

[64] 武旖．知识经济与人力资本 [J]．云南社会科学，2003 年理论专辑，210-212.

[65] 张凤，何传启．知识创新的原理和路径 [J]．中国科学院院刊，2005 (5)：389-394.

[66] 詹招君，詹美珠．论图书馆人力资源的开发与管理 [J]．图书馆论坛，2004 (3)：19-20.

[67] 高连和．知识经济条件下经济增长的创新策略 [J]．改革与战略，2004 (9)：33-35.

[68] 姜振儒等．论信息资源开发与中国信息经济的发展 [J]．情报杂志，1998 (2)：40-41.

[69] 张小京．关于终身学习问题的研究 [J]．当代经济，2002 (1)：41-43.

[70] 叶忠海．试论学习化社会的基础——学习化社区 [J]．教育发展研究，2000 (5)：38-41.

[71] 付翠玲．21 世纪的图书馆与终身教育 [J]．现代情报，2000 (3)：58-59.

[72] 谭世芬，侯洁．依托网络　变革学习 [J]．经济论坛，2003 (17)：94-95.

[73] 罗玲．培育图书馆可持续发展的核心能力 [J]．图书馆论坛，2002 (1)：91-92.

[74] 刘振民，李菡．知识经济时代科技期刊的信息传播作用 [J]．

中国科技期刊研究，1999（3）：187.

[75] 雷树德.21世纪读书活动的环境和任务略论［J］. 高校图书馆工作，2004（1）：34-36.

[76] 刘洪波. 知识组织论——关于图书馆内部活动的一种说明［J］. 图书馆，1991（2）：13-18，48.

[77] 王子舟. 知识集合初论——对图书馆学研究对象的探索［J］. 中国图书馆学报，2000（4）：7-12.

[78] 卢儒珍. 浮出水面的可获得性论［J］. 图书馆，2002（4）：29-33.

[79] 王一心. 试论学术期刊对知识创新的主要功能［J］. 大学图书馆学报，2001（5）：79-80.

[80] 彭斐章. 书目情报需求与服务组织［M］. 武汉：武汉大学出版社，2000.

[81] 王知津，栗莉. 信息、知识、情报——再认识［J］. 情报科学，2001（7）：673-676.

[82] 严怡民主编. 情报学概论［M］. 武汉：武汉大学出版社，1983.

[83] 关于 Google 学术搜索［EB/OL］.［2007-05-24］. http://scholar.google.com/intl/zh-CN/scholar/about.html.

[84] 李书宁，纪高飞.RSS 及其在图书馆的应用［J］. 图书馆理论与实践，2006（5）：96-98.

[85] 赵阳，杨慧，林容，姜爱蓉. 清华大学图书馆 RSS 服务实践［J］. 图书馆杂志，2006（6）：52-55，72.

第三章 中国目录学传统与目录学发展的大众化趋势

第一节 中国目录学传统

传统本身是一个令人难以捉摸的概念，人们对目录学传统往往并没有一个明确而全面的认识，一般只笼统地称“辨章学术，考镜源流”是中国目录学的优良传统，或采用列举方式，以为有叙录、小序、互著、别裁之类。1989 年，有人将中国目录学传统概括为强调学术价值、重视教育作用、注意理论研究、忽略情报职能 4 个方面①，但这更像是在概括古典目录学的特点，而不是在表述一般意义上的目录学传统。对中国目录学传统的语焉不详或详而不类，使我们认为对它有进行重新探讨的必要。

一、传统与目录学传统

统，是指事物之间彼此联系的关系，其本义是丝的头绪。《说文解字》谓：“统，纪也。”而纪者，“别丝也”，段玉裁注称：“一丝必有其首，别之是为纪。众丝皆得其首，是为统。”引申为世代相继的系统。《释名·释典艺》称：“统，绪也。主绪人世类相继，如统绪也。”《尚书·微子之命》：“统承三王，修其礼物。”《孟子·梁惠王下》：“君子创业垂统，为可继也。”《战国策·秦策

① 王锦贵. 试谈中国目录学传统 [J]. 晋图学刊，1989 (5).

三》："天下继其统，守其业，传之无穷。"古无"传统"一词，言"统"足矣。"传统"一词出现于近代。据张立文先生的研究，"它在中国的古典含义，是指历代沿传下来具有根本性的模型、模式、准则的总和"，而其现代含义，则可以规定为"人类创造的不同形态的特质经由历史凝聚沿传下来的诸文化因素的复合体"①。

传统是一种十分典型的文化现象，它首先是一种世代相传的东西，而这种东西以什么方式取得它在现在的地位？它在现在又如何发挥作用？由此而引起的争论连篇累牍。美国著名学者希尔斯为此写了一本《论传统》的专著。希尔斯对传统的定义相当简明。他说："传统意味着许多事物。就其最明显、最基本的意义来看，它的含义仅只是世代相传的东西（traditum），即任何从过去延传至今或相传至今的东西。……决定性的标准是，它是人类行为、思想和想象的产物，并且被代代相传。"希尔斯的传统概念十分宽泛，在他看来，过去的东西，只要它存留到了现在，就是传统，"它涵括一个特定时期内某个社会所拥有的一切事物，而这一切在其拥有者发现它们之前已经存在"②。希尔斯对传统有一个十分形象的比喻："如果整个一座历史纪念碑在几乎同一时间内建成，那么传统所经历的时间就像这座纪念碑那样持久；或者说，它就像一座旧建筑，人们长年住在里面，使用它，并对它进行翻修。然而，它仍然基本保持原来的面貌，人们也不会把它说成是另一座楼房。"③

不过，这座"旧建筑"很快就引发了问题。现在的人们一般并不是住在旧建筑里，他们新建了高楼大厦，旧建筑总是被拆除，它的砖瓦被混凝土凝结之后当做了地基，它的旧木料如果有用就被制成门窗。因此，所谓传统，往往只是改头换面之后的古代的东西。旧建筑经过翻修后，作为新时代的古迹，也许会继续存在。但

---

① 中国文化与中国哲学［M］. 北京：三联书店，1991：295-296.

② 希尔斯著. 论传统［M］. 付铿，吕乐，译. 上海：上海人民出版社，1991：15-16.

③ 希尔斯著. 论传统［M］. 付铿，吕乐，译. 上海：上海人民出版社，1991：62.

新时代总是更多地拆除它们，给它们在新建筑中安排某个部分的位置。所以，伽达默尔说："传统并不是我们继承得来的一宗现存之物，而是我们自己把它生产出来的，因为我们理解着传统的进展并且参与在传统的进展之中，从而也就靠我们自己进一步地规定了传统。"①

以现在为立脚点，可以这样说，传统是过去出现的、以某种方式作用于现在的事物或精神。它可能是一座形貌依旧的或有所翻新的旧建筑，以一种完整或不太完整的方式出现并作用于现在，更可能已被拆除，只有零散的成分在现在发挥着与以前不太一样的作用。

中国目录学传统是中国目录学过去形成的并在现在仍发挥着作用的事物或精神。基本上，整个古典目录学，其各种成分由于对现在的影响，都成为目录学的传统。更广义上，对于初入目录学门径的人来说，目录学的一切对他都构成传统，他悠游其中，直到他接受某种观念，而这观念的接受实际上就是传统作用的典型体现。

二、中国目录学传统分析

通常，对于整个目录学来说，传统一般被认为是古典目录学的某些东西。事实上，近代目录学对现代目录学来说，也构成传统。传统并非一成不变，中国目录学本身也是在不断地吸纳各种"传统"的基础上形成、发展并成熟的。因此，我们分析中国目录学传统，也就必须结合中国目录学本身的形成发展过程。

（一）目录学方法传统

目录学方法是指整理文献的方法。汉代刘向父子等人在整理文献的过程中，采用了校雠、编制叙录及小序、分类等方法。文献校雠在刘向之前即已流行。《国语·鲁语》记载："大夫正考父者，

① 文化：中国与世界（第一辑）［M］. 北京：三联书店，1987：25-26.

校商之名颂十二篇于周太师，以《那》为首，归以祀其先王。”正考父是孔子的七世祖。孔子也曾开展大量的校雠工作，据《史记》等书记载，他曾辑《书》、删《诗》、定《礼》、正《乐》、述《易》、作《春秋》。但由于校雠学独立成学，这一传统便逐渐与目录学分道扬镳了。

编写叙录的方法始于孔子及其弟子。余嘉锡说："目录之学，由来尚矣！《诗》、《书》之序，即其萌芽。"① 一般认为，《诗》、《书》之序是孔子及其弟子做的，其中介绍一篇诗、文的写作背景和意图者，为小序。这里的小序，实际上相当于目录中的叙录。这种方法，经过淮南王刘安、司马迁、扬雄，特别是司马迁在《史记》中发展成熟，经刘向等人综合而完备。

《诗》、《书》之序还有大序，为诸篇之总纲。由《诗》、《书》之大序，发展成目录中的小序（或称类序）。作为一种方法，目录小序主要是在各大小类下用一段文字说明该类学术发展之源流。这种方法到后来又有所发展。隋许善心之《七林》"各为总叙，冠于篇首。又于部录之下，明作者之意，区别其类例焉"②，即篇首有总序，而于各类，也有小序，说明作者立类意图，以相区别。至《四库全书总目》，则"四部之首各冠以总序，撮述其源流正变，以挈纲领。四十三类之首亦各冠以小序，详述其分并改隶，以析条目。如其义有未尽，例有未该，则或于子目之末，或于本条之下，附注案语，以明通变之由"③。

在目录中，小序是与类例结合在一起的，有类才有类之小序。《七略》之分类是书目分类，即针对所校雠的具体图书而相应予以立类。如刘向未校雠律法，故《七略》立类有法家而无律令。并且立类之时还考虑到图书之多寡等实际情况，如史书不多，故《史记》附于"春秋"类，而诗赋多有，故不隶于"诗"类而独

① 余嘉锡．目录学发微［M］．成都：巴蜀书社，1991：1.

② 隋书卷五八·许善心传［M］.

③ 四库全书总目·凡例［M］.

立门户。所以,由于“书类不全”而“勉强依附”① 的情况是存在的。从汉成帝诏令“光禄大夫刘向校经传、诸子、诗赋,步兵校尉任宏校兵书,太史令尹咸校数术,侍医李柱国校方技”② 的记载来看,则《七略》中的六个大类先已实际存在,表明了当时人们对学术的总体概括。这样书目分类也就带着学术分类的性质。不过,《七略》最终仍是一种现实图书的分类。从六分、七分之演变为四分,更体现了由于图书增长的实际情况而最终不得不然的趋势。

在实际类分文献的过程中,《七略》不自觉地采用了互著法和别裁法。王重民先生认为:“目录理论和方法的历史发展,在西汉末年刘歆等第一次建成系统目录的时候,不可能懂得互著法,而且,他们编的是藏书目录,都是著录的现实藏本,在这种情况之下,就更不容易使用互著法,而把别裁单行之本夹杂著录在各个类目之内,倒是很难避免的(著录的是别裁本,而不是有意识的裁篇别出,以‘辨著述源流’)。所以谈到互著的起源,就我现在掌握的材料,暂可以马端临的《文献通考·经籍考》作为滥觞,到祁承㸁才纯熟地使用,到章学诚才提到一个较高的理论高度。”③

(二)书目范式

范式是库恩科学哲学的一个重要概念,他曾在其著作中多次以不同含义表述或使用该概念。总的说来,库恩之范式大致有三种含义:其一,范式是处理问题的规范;其二,范式是科学共同体共同遵守的准则;其三,给出具体的范例,以作科学研究的示范④。库恩将科学的发展看做是范式的演变,范式无疑就成为传统。

在目录学史上,因刘向父子等人的书目活动,《七略》就成为一种最好的范式,给整个古典目录起了一种良好的示范作用。这个

---

① 章学诚. 校雠通义·补校汉书艺文志[M].

② 汉书·艺文志序[M].

③ 王重民. 校雠通义通解[M]. 上海:上海古籍出版社,1987:20.

④ 中国科学院《自然辩证法通讯》杂志社编. 科学传统与文化[M]. 西安:陕西科学技术出版社,1983:42.

范式一直作为古典目录的主流而发生作用，我们现在所说的目录学传统，很大程度上就是指这一范式及其演变，以及对它们的概括和总结。

这个范式包括这样几个组成部分：一、有一个分类体系，二、有一个总说明，三、每类之下有小序，说明各类的学术源流（一般认为小序和总说明即总序在《七略》中合为“辑略”），四、每书都撰有叙录（解题或提要）。

这个范式对整个古典目录学产生了深刻影响，它与它的变形共同组成了古典目录系统。刘纪泽在论目录体例时说：“目录之书，盖有三类：一曰部类之后有小序，书名之下有解题者；二曰有小序而无解题者；三曰小序解题并无，只著书名者。”① 前一类可称为“俱全”目录，后一类可称为“并无”目录。“俱全”目录和“并无”目录从表面上看是一种对立。因此，有人认为，“并无”目录是书目编纂的另一种传统，亦即另一种范式。但将“并无”目录看做是“俱全”目录的变形也是成立的，郑樵的类例说就证明这种目录也能通过详明类例而明辨学术源流。

（三）理论传统

范式的作用不仅仅在于给出范式，更重要之处还在于范式蕴含着一种思想，对它予以总结便形成理论。范式蕴含着理论，它本身的出现就意味着在它的背后有一种理论的存在。我们说古典目录学在西汉末年随着《七略》等书目范式的出现而产生，就是这个意思。

自刘向父子给出了具体的目录范式之后，至唐已发生了很大的变化。书目分类从六分、七分演变为四分；叙录后来又出现了注释体（省叙录为简注）和传录体（但于书名之下每立一传），甚至有很多目录，叙录及小序并皆不用。《隋书·经籍志序》开始对这种现象作出反应，以为《中经新簿》“但录题及言，……至于作者之

① 刘纪泽．目录学概论［M］．中华书局，1934．见：彭斐章等编．目录学文献汇编［M］．武汉：武汉大学出版社，1986：140．

意，无所论辨"，不满之意，溢于言表；王俭《七志》"但于书名之下每立一传，而又作九篇条例，编乎首卷之中。文义浅近，未为典则"；自刘向父子之后，"不能辨其流别，但记书名，博览之士，疾其浑漫。故王俭作《七志》、阮孝绪作《七录》，并皆别行，大体虽准向、歆，而远不逮矣"。对于有无叙录及小序，以及是否采用刘向刘歆范式，魏征的意见是很清楚的。

唐毋煚《古今书录序》说："苟不剖判条源、甄明科部，则先贤遗事，有卒代而不闻，大国经书，遂终年而空泯。使学者孤舟泳海，弱羽凭天，衔石填溟，倚仗追日，莫闻名目，岂详家代？不亦劳乎！不亦弊乎！将使书千帙于掌眸，披万函于年祀，览录而知旨，观目而悉词，经坟之精术尽探，贤哲之睿思咸识，不见古人之面，而见古人之心，以传后来，不其愈已！"

唐代通过对刘向刘歆范式及其流变的总结，得出了目录必须"剖判条源、甄明科部"，必须有"录"，且"录"须达"旨"，不能"文义浅近"，否则就不能"辨其流别"的目录学思想。这一思想源于刘向刘歆范式，并直启宋郑樵的"会通"和清章学诚的"辨章学术、考镜源流"的目录学理论①。

（四）方法论传统

一般来说，方法论与世界观是统一的，用世界观去认识世界、改造世界，就是方法论。各具体学科也有方法，如何利用方法指导实践，形成理论，即构成学科的方法论。

在古典目录学形成之初，目录学理论蕴含在目录范式之中，人们通过对目录范式及其演变的领悟、比较分析、概括总结而形成理论，并用之指导具体的书目实践。这样在目录学理论的形成过程中，方法论也就随之出现了。无疑，在理论形成之初，方法论是极其混沌的，也需要领悟才能了解方法如何形成理论。

基本上，唐代通过对目录范式及其演变的领悟与比较分析而形

① 王心裁．从会通到辨章学术考镜源流到书目控制论［J］．图书馆，1995（5）：12-16.

成了一种浅显的目录学理论。至宋代，郑樵对整个书目实践进行了总体概括与总结，从具体的现象而抽象成理论，所以他采用了归纳法。他的“编次必谨类例论”、“编次必记亡书论”、“泛释无义论”以及“会通精神”等，使目录学理论达到了一个相当的高度。

到明清之际，由于受当时学术思潮的影响，在目录学领域也出现了“义理”与“考据”之争。考据充分注重对具体事物探本溯源，基本上属于一种对事物的描述性解释研究，但这种研究往往流于繁琐无聊。考据之对目录学的影响，便是在清代出现了对文献的大规模和深入的爬梳整理，目录之叙录体、辑录体得到了全面发展，而补史艺文志工作更使各朝文献本末源流清晰可见。不过，这种方法只能使目录范式更为完美，却难以在理论方面有所建树。

义理基于考据而来，讲究对大义的探讨。所谓“说经主明义理，然不得其文字之训诂，则义理何自而推?”① 义理是一种对事物进行的探索性解释研究，即由已知深入至未知，从事实上升到理论。章学诚对古典目录学思想的总结，便是这种义理方法的体现。

因此，考据着眼于事实分析，义理着重于理论构建。从《校雠通义》看章学诚目录学理论的构建之法，显然也是在基于对目录范式的领悟与分析上的归纳。由义理与考据之分，我们也可发现，对目录学理论与实践的侧重本身已在事实上形成了一种传统。

（五）价值观传统

所谓价值观一般是指对待事物的态度、观念。价值观一旦形成，就往往成为一种信仰，成为人们判断事物的标准以及行动的依据。人类的价值观一般不能直接保存下来，必须依附于某种具体形态才能超越时间，长期地再现自己。目录学价值观主要是从《七略》范式及其演变过程中生发出来的对目录作用认识的观念。

中国目录学本是致用之学，正因为注重致用，目录学价值观也就倾向于功利主义。但中国目录学所致之用乃辨考学术源流，而不是方便地获取与共享文献。与之相适应，人们偏重于做实际的文献

---

① 四库全书总目·凡例［M］.

整理工作，而缺少从理论上进行总结研究。古代目录学家最看重的就是目录的作用，亦即目录所达致的效果。这种效果在郑樵看来，就是使学术自明；在章学诚看来，就是辨章学术，考镜源流。古典目录学通常孜孜以求的，就是希望达致这种目的。这使他们将重点放在了对整体文献的分析整理上而忽略了具体的文献需求。他们关心的是详明类例与编撰叙录和小序，但却完全不理会读者如何方便地获取所需图书。而且编撰叙录和小序等目录方法在实际操作上有较大难度，“非深明于道术精微、群言得失之故者，不足与此”①；更重要的是，这些方法需要人类智慧的参与，从而难以方便地利用计算机。

西方目录学同样注重实用，但由于西方目录学追求方便地获取文献，他们成功地发展出了一系列的排检方法。这些具有极强的实际可操作性的方法依据科学的方法得出，能成功地用之于计算机，从而能方便地实现书目工作及书目情报服务的自动化②。

不难发现，同样是功利主义的价值观，由于追求的目标不一样，中西目录学在发展方向上也就大异其趣。

三、关于“辨章学术、考镜源流”的论争

“辨章学术、考镜源流”一直是目录学研究的焦点。王国强1991年和1994年分别对这一问题进行了评判和再评判。在“再评判”中，他认为，“辨章学术、考镜源流”是传统中国目录学对于目录学的局部认知，是经验时代中国目录学有价值的总结，符合传统中国文化的要求。然而，绝对化导致了它成为一种封闭的自我循环系统，它的内在局限是没有涵盖目录学的基本内容，没有解释目录学基本现象，含有否定目录学学科价值的危险③。

---

①　校雠通义序［M］.

②　彭斐章，王心裁.20世纪中国目录学：发展历程、成就与局限［J］.高校图书馆工作，1999（2）.

③　王国强.“辨章学术考镜源流”之再评判［J］.图书与情报，1994（1）.

程焕文直接把“辨章学术、考镜源流”定为中国目录学传统的核心，道器关系则是这一核心的哲学基础。他认为，受中国经济结构、政治结构乃至传统文化的制约，中国传统目录学在以下两个方面体现出其特殊性：第一，书目工作与学术研究互相涵摄；第二，目录学与史学互相涵摄。更进一步，中国目录学传统还在以下方面内在地蕴含着不同于其他民族目录学的特点，一是着眼辨章学术，忽视学科建设；二是重道轻器，古代目录学家们大多通过类例、类序和解题等方式来追求至善至美的“辨章学术、考镜源流”的“小道”境界，且还以这一“小道”来最终“申明大道”，即为古代社会的正统“大道”服务；三是重书目的学术价值，轻书目的情报职能；四是在价值取向上崇古守旧；五是妄自尊大，抬高目录学的地位或夸大书目的作用①。

傅荣贤也认为，从刘向、刘歆到郑樵再到章学诚，中国古代传统目录学逐步形成了一个有核心、分层次的完整而严密的思想体系。在这个博大精深的体系中，存在一个总的、纲领性的理论核心，即章学诚提出的“辨章学术，考镜源流”。这一理论分三个层次，第一层次是对文献文本的整理和维护，第二层次是文献文本内容的梳理，第三层次是对文献的超文本内涵之“道”的梳理②。辨考理论否定了目录学实践的纯粹技术性，也对目录学的学科性质作了质的规定与说明，或者说辨考理论确立了目录学的文史性乃至哲学性。这一理论与其他目录学理论方法相比，具有理论公设的性质，使目录学理论和方法的各个层次得以统一③。目录学在整序文献的同时，也整序了文献背后的文化。传统目录学的文化价值集中体现在“重主体轻客观”、“重内涵轻形式”和“重整体轻部分”三个方面④。

---

① 程焕文．中国目录学传统的继承与扬弃——“辨章学术，考镜源流”批判［J］．图书馆工作与研究，1996（4）．

② 傅荣贤．“辨章学术考镜源流”层次论［J］．四川图书馆学报，1997（5）．

③ 傅荣贤．传统目录学的核心理论［J］．图书馆，1996（6）．

④ 傅荣贤．传统目录学的文化价值［J］．图书与情报，1995（2）．

如何对待“辨章学术、考镜源流”，或中国目录学传统，或如何对待传统目录学，事关目录学的发展，研究者在此表现出的倾向性通常是很明显的。正像王国强所总结的，有赞同者，认为这个命题绝对正确，是一个预设或自明性的问题。有反对者，分三种意见，一种认为这个命题只是目录学的客观效果（蒋伯潜《校雠目录学纂要》），另一种认为这个命题根本不是目录学的内容，或者说它只是古代目录学的内容（杜定友《校雠新义》），还有一种认为这个命题无多少实际价值，迂腐不合理，且又难以掌握（吕绍虞《中国目录学史稿》）①。目前一些年轻的研究者对这一问题所持的看法越来越清醒客观。王国强在上引文中说，在当代和未来，辨考的价值已经很小，且会越来越小。经过创造性转化，它仍将在中国目录学中占据一席之地，但不会是重要地位。与王国强“创造性转化”类似，程焕文以为对中国目录学“辨章学术、考镜源流”的传统，既要继承，也要扬弃，其关键不在于进行新的诠释，而在于创新，比如，扬弃“学术史”、“申明大道”等任务，将目录学建设成一门致用的科学②。王京山对程焕文的“道器说”进行了充分的发挥，认为“辨章学术、考镜源流”是中国目录学的形上之道，是中国传统目录学的至高追求；中国目录学的形下之用表现在中国目录学本是致用之学。要辩证看待“辨章学术、考镜源流”③。

第二节　中国目录学传统的传承机制

古典目录学传统主要是在清以前的历史发展过程中形成的，它

---

①　王国强．“辨章学术考镜源流”之再评判［J］．图书与情报，1994（1）．

②　程焕文．中国目录学传统的继承与扬弃——“辨章学术，考镜源流”批判［J］．图书馆工作与研究，1996（4）．

③　王京山．中国传统目录学“辨考”与“致用”的辩证思考［J］．图书与情报，2002（2）．

不是一成不变的，而是在形成的过程当中就体现出了变化；并且随着文化的演进，这种变化更为明显。

一、中国目录学的近代化历程

中国古典目录学一向注重文献整理，重分类，轻编目，强调"辨章学术、考镜源流"，但鸦片战争以来，随着西方列强用枪炮敲开清政府的大门，西方文化也随之与中华本土文化发生白热化的冲突。在这次冲突初期，虽然西方目录学正处于其形成发展阶段而并没有传入中国，但中国目录学却受这次冲突本身的影响而开始了其近代化的转变。

其影响主要表现在两个方面。

其一，西学图书剧增，使书目分类体系受到了直接的冲击。梁启超 1896 年所撰《西学书目表》共收有关西学图书达 644 种，其正表部分，著录鸦片战争以后所译西书 352 种，附录通商以前西人译著 85 种，近译未印西书 88 种，国人所著与西学有关的书籍 119 种。仅从西学图书数量来看，不难发现鸦片战争前后的差别是显而易见的。西学图书尽管早在明末就有翻译，但那时毕竟数量少，《四库全书总目》可以轻松地将其套入经史子集之中。而随着西译图书的增多，随着人们对声光化电等西方科学技术的逐步了解，人们越来越感到四部书目分类体系的不适用。一些人开始尝试采用新的书目分类体系，梁启超即把西学图书分为学、政、教、杂四类，并在《西学书目表》中实际采用了学、政、杂三分法，初步具备了自然科学、社会科学、综合类的雏形，是对四部书目分类体系的一次强有力冲击。

其二，西方文化是与中华本土文化不同质的文化，在冲突中，中华文化一直处于弱势。中华士大夫一则羡其强大，亟欲学之，出现了如西化论、中体西用论等理论；一则惧其强大，亟欲拒之，出现了如顽固派之礼教观，保存国粹之国学等说教，各种思想纷纷出笼。而要传播其思想，教育之外，目录就是最好的工具。目录本身就具有控制文献、辨考学术的功能，用它来推荐文献、传播思想、学术，实际上只需略作变通。正是在这种文化的急剧冲突期，人们编制目录，不再是为了整理文献，而是为了指导阅读，目录的导读功能被突出放大，从而成为文化冲突期的一种特殊现象，并使目录学也由整理文献转向了推荐文献，传播思想、学术，目录学之读者一端得到重视，进而成为目录学由古典走向近代的转折点①。

中国目录学的近代化虽然发生于19世纪后期，而其演变最激烈的时期却是在甲午战争后至20世纪初期。1925年，梁启超在《佛家经录在中国目录学之位置》一文中说："著书足以备学者顾问，实目录学家最重要之职务也。"② 这可以看做是近代目录学家对目录功能的一个最好总结。近代目录学是中国目录学由古典向现代转变的一个过渡期，其时间并不很长，其理论也不系统，但却意义深远。

在近代，从《七略》范式及其演变所生发出来的目录学传统发生了较大的变革。在这次变革中，文献整理让位于文献推荐，并逐渐循此而展开了对读者的研究。从封建藏书楼到近代图书馆，文献不再仅仅是藏而难用甚至藏而不用的特藏，而逐渐成为读者可以自由使用的宝藏，目录工作也由此开始全面转向图书馆而展开，便于读者查寻和利用图书成为图书馆学目录学的主题。

在近代文化冲突与交融期，新旧目录学也展开着尖锐的冲突，实质上也就是传统与新目录学的冲突。在这一冲突中，据李小缘的看法，目录学家共形成了四个流派，即史的目录学家、版本目录学家、校雠目录学家，以及介于三者之间的新旧俱全者。至于目录学如何在新的形势下发展，1948年黎锦熙在《新目录学论丛》中提出了其"四化一元"观，即在"读书指导"与"图书管理"渐发生"对立的矛盾性"时，应当用"部类"去"控制"一切文献，

---

① 王心裁．文化冲突与交融中的导读目录［J］．图书情报知识，1998(4)．

② 梁启超．佛家经录在中国目录学之位置［M］．见：饮冰室合集·饮冰室文集之六十七．北京：中华书局，1989（据上海中华书局1936年版影印）：24．

目录学应当“世界化”，适应“世界之统一趋势”；应当“现代化”，要对文献按“时代标准”进行“客观的分析”；还应当“科学化”与“工业化”。这就是“四化”。“一元”指的是对图书进行统一部类，统一管理①。

二、中国目录学的现代化历程

中国目录学的现代化进程是与西方目录学的传入紧密相连的。最早译介西方目录学的是孙毓修，1909 年，《教育杂志》上连载了他所撰《图书馆》一文，文中介绍了西方目录工作和杜威十进分类法，从此，西方目录学与中国传统目录学开始了冲突与融合的历程，且直到现在仍是方兴未艾。这一历程可分为三个阶段。从 20 世纪初至 40 年代为第一阶段。在这一阶段，由于西方目录学的冲击，出现了新旧并呈的局面。李小缘将这一时期的目录学家分为史的目录学家、版本目录学家、校雠学家和界于三者之间的新旧俱全者四个流派②，典型地反映了中西目录学初步接触的概貌。

中华人民共和国成立后至“文革”为第二阶段。在马列主义指导下，中国目录学借鉴苏联目录学，开始了全新的理论建设历程。目录学的研究对象和范围等问题，成为这一时期理论研究的重点。

从 20 世纪 70 年代末至今为第三阶段。“文革”的动乱，与对外开放，使人们蓦然发现了自己的落后，人们为美国的机读目录技术等所炫惑，开始了新一轮的对欧美目录学的引进。MARC、书目控制论、书目计量学、书目情报服务等，一时成为研究的热点，而与此同时进行的，还有对传统目录学的反思。

古典目录学注重文献整理，强调辨考学术源流，近代目录学注

① 乔好勤．中国目录学史［M］．武汉：武汉大学出版社，1992：379-391．

② 乔好勤．略论 1911—1949 年我国目录学［J］．云南图书馆，1982（1）．

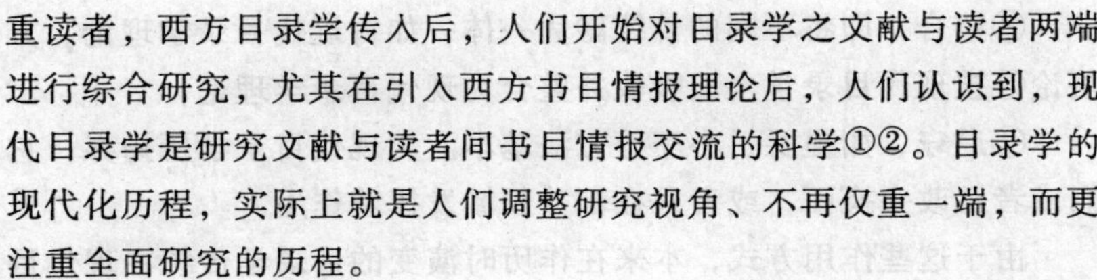

重读者，西方目录学传入后，人们开始对目录学之文献与读者两端进行综合研究，尤其在引入西方书目情报理论后，人们认识到，现代目录学是研究文献与读者间书目情报交流的科学①②。目录学的现代化历程，实际上就是人们调整研究视角、不再仅重一端，而更注重全面研究的历程。

三、目录学传统的传承机制

目录学国际化、科学化、实用化是大势所趋，尤其是当文献增长日新月异甚至呈指数增长时，就更是如此。在近现代的文献增长中，中国传统的古籍由泱泱大国而沦为沧海一粟，以古典文献为依托、注重文献整理的古典目录学也因固守一角的古籍而退守，虽然有不少学者曾试图发扬光大古典目录学传统，但由于西方目录学的传入、文献环境的改变，古典目录学的那种“显学”风光无疑是一去不复返了。

古典目录学注重文献整理，近代目录学开始把目光转向读者，现代目录学则恰当地处理了文献整理与读者需求的关系，讲求两者之间的书目情报交流。因此，古、近代目录学极其恰当地融进了现代目录学之中。在现代文化影响之下的现代目录学，根据目录学本身的矛盾，重建了目录学理论，实际上如同一座新建筑，古、近代目录学被基本拆解，根据其各自的特点被赋予不同的用途。

大致上，目录学传统在现代的命运有如下几种作用方式：

①吸收，即一些好的、有用的方面被现代目录学完全利用，如互著、别裁等；

②深化，即发展传统中的某些成分，使之更适合于现代，如导读等；

---

① 王心裁．论目录学是研究文献与读者间书目情报传通的科学［J］．武汉大学学报（社会科学版），1995（2）．

② 王心裁．从古典目录学到现代目录学——中国目录学产生发展演变的轨迹［J］．图书情报工作，1999（4）．

③整合，即将不同的传统融为一体，如古近代目录学理论、方法论等被现代目录学全面吸收并整合为现代目录学理论；

④退守，如提要、小序等方法基本上为现代目录学所扬弃，它们或者已改头换面，或者只在部分领域发挥着作用。

由于这些作用方式，本来在作历时演变的目录学传统在现代目录学中取得了较为和谐的共时状态。

第三节　目录学变革中的传统实现

一、从文献整理与控制看目录学的科学化

中国古典目录学一向注重文献整理，并发展了诸多的方法来整理文献。这些方法是与古代文献的形式与数量等状况相适应的。中国古代书目方法重校雠，重分类，而于排检几无所贡献。越往后，文献的增长速度越快。人们发现，一段时间里文献呈指数增长。随着信息与通信技术的发展，文献不可避免地电子化了。网络成为新型的重要媒体。英国《金融时报》2000 年 5 月 18 日的文章《随着因特网的接通，新的篇章开始了》写道，因特网和文件的数字式传输被看做是对传统图书业的严重威胁。据估计，每天网上刊载的免费阅览的新信息将近有 100 万页，这是世界上英文图书出版业产量的 10 倍多。而今后 3 年内网上刊载的东西可能将超过自印刷机发明以来以印刷形式出版文字的总和。因特网的交互性和在线信息刷新的轻而易举，意味着因特网具有明显优势①。迄今已有 237 年历史的《大不列颠百科全书》32 册百科全书，收录了 8 万个条目，而“维基百科”在短短 4 年间就收录了近 50 万个条目。这个完全开放式的、免费的网上百科全书是电子阅读时代“最大胆的网络

---

① 朱光烈．传统媒体，你别无选择［N］．中华读书报，［2008-08-20］．

实验"①。

随着网络的发展，人们开始利用网络来从事目录工作。OCLC是一个典型的通过网络开展合作的世界上最大的提供文献信息服务的机构之一。到目前为止，超过 69 000 个图书馆，在 112 个国家和地区都在使用 OCLC 服务来查询、获取、出借和保存图书馆的数据并为其编目。各图书馆的收藏共达 1 299 688 603 件，编目记录则达 110 291 437 条②，并可以按作者、内容（学科）、载体形态、语种、出版年来限定检索。

中国高等教育文献保障系统（China Academic Library & Information System，简称 CALIS），从 1998 年开始建设以来，其管理中心引进和共建了一系列国内外文献数据库，包括大量的二次文献库和全文数据库；采用独立开发与引用消化相结合的道路，主持开发了联机合作编目系统、文献传递与馆际互借系统、统一检索平台、资源注册与调度系统，形成了较为完整的 CALIS 文献信息服务网络。迄今参加 CALIS 项目建设和获取 CALIS 服务的成员馆已超过 500 家。

除了在线开展收藏上的网际合作外，网络的发展也促使人们关注网络资源，并在组织方法与检索方法上进行创新研究。互联网发展早期，以 Yahoo 为代表的网站分类目录查询非常流行。网站分类目录由人工整理维护，精选互联网上的优秀网站，并简要描述，分类放置到不同目录下。用户查询时，通过一层层的点击来查找自己想找的网站。后来有了搜索引擎，尤其是全文搜索引擎，可以从网站提取信息建立网页数据库的概念。搜索引擎的自动信息搜集功能主要通过定期搜索完成，即每隔一段时间（比如 Google 一般是 28 天），搜索引擎主动派出"蜘蛛"程序，对一定 IP 地址范围内的互联网站进行检索，一旦发现新的网站，它会自动提取网站的信息和网址加入自己的数据库。这样通过抓取与处理网页，就能提供方

① 吕云．"大众生产时代"到来［N］．广州日报，［2006-10-22］．

② WorldCat Watch［EB/OL］．［2008-08-28］．http：//www. oclc. org/asia-pacific/zhcn/worldcat/default. htm.

便的网络信息检索。Google和百度两个是典型的搜索引擎。全文数据库解决了信息揭示的深化问题。人们可以对网页包含的任何知识单元进行检索。由于网页众多，搜索引擎需要解决的是包含检索对象的网页的排序问题。Google利用相互链接的PC来快速查找每个搜索的答案。这一创新技术成功地缩短了响应时间，提高了可扩展性，并降低了成本。Google使用PageRank™技术检查整个网络链接结构，并确定哪些网页重要性最高。然后进行超文本匹配分析，以确定哪些网页与正在执行的特定搜索相关。在综合考虑整体重要性以及与特定查询的相关性之后，Google可以将最相关、最可靠的搜索结果放在首位。

二、从读书治学工具看目录学的古典化

目录学古典化的精髓在于辨章学术，考镜源流。辨章学术、考镜源流是清代学者章学诚在《校雠通义》序中提出的。他说："校雠之义，盖自刘向父子，部次条别，将以辨章学术，考镜源流，非深明于道术精微、群言得失之故者，不足与此。"一些基本的书目方法，如著录，仅仅只能录文献之实，而不能考学术之微。要探明学术源流，需要对各时代各学者们的研究有充分的了解，对道术之精细微妙有深入的探究。辨考学术源流是目的，对道术精微、群言得失之故的深明是基础，而利用目录部次条别、辨源溯流是手段。

最先从理论上强调分类之明辨学术作用的是郑樵。郑樵认为，欲明书者，在于明类例。类例犹持军也，若有条理，虽多而治。若无条理，虽寡而纷。并认为类例既分，学术自明①。如果在图书分类上有条理，收书越多越好。学术在图书目录通记古今的前提下，可以通过分类的方式得到整理。

而章学诚进一步认为应该通过编写小序、叙录以及应用互著和别裁等书目方法来揭示学术之间的联系，并进一步"折衷六艺，

① 郑樵．通志·校雠略［M］．

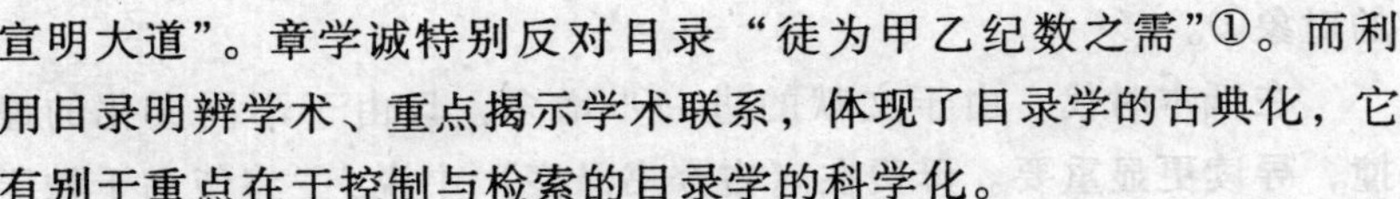

宣明大道”。章学诚特别反对目录“徒为甲乙纪数之需”①。而利用目录明辨学术、重点揭示学术联系，体现了目录学的古典化，它有别于重点在于控制与检索的目录学的科学化。

辨考学术源流是否是目录的功能，不同的人有不同的看法。一种意见认为是。这派意见特别强调辨章学术、考镜源流是中国古典目录学的精华。反对意见则认为辨考根本就不是目录的功能。目录的功能是网罗控制文献，提供检索。章学诚对目录校雠寄予了很高的期望，以为可以用它来折衷六艺，宣明大道。这当然过于夸大了目录的作用。但通过采用一定的辅助方法，目录的功能在网罗文献、提供检索之外而适当扩展是可能的。目录可以有多种，比如国家目录、联合目录、专题目录、版本目录等。不同的目录因为不同的目录方法的应用其功能完全可以有所不同。章学诚极力主张和推崇目录不仅仅为甲乙纪数之需。在目录的甲乙纪数功能而外，通过叙录、小序、互著、别裁等方法的应用，目录的功能自然扩大。在今天，采用这些相关方法仍然具有较广泛的适用性。在学术史研究、文献学研究，尤其是专科文献学研究、版本研究、人物研究等领域，这些方法是最基本的方法。也正是在这种意义上，目录学被视作读书治学的工具。

三、从阅读指导看目录学的大众化

在简帛时代，由于文献的增多，导读的重要性就日渐体现出来。导读最初是与教育紧密相关的。要获得知识就需要阅读，因而就需要阅读指导。目录出现后，导读逐渐与之结合。目录之能用于导读在于以下两点：第一，目录收录一定范围的图书；第二，目录用叙录等方法揭示图书内容、版本情况及学术源流，可以“览录而知旨”。基于这两点，任何目录便都具有一定的导读作用。后来一些目录编者通过在目录中指定善本和读书先后等方式使得导读全面为目录所利用，而使导读目录成为教育学者和目录学者共同关心

① 章学诚．校雠通义·原道第一［M］．

的对象①。

在纸本时代，由于文献的进一步增多，且由于不同文化的碰撞，导读更显重要。毋煚在《古今书录序》中说："将使书千帙于掌眸，披万函于年祀，览录而知旨，观目而悉词，经坟之精术尽探，贤哲之睿思咸识，不见古人之面，而见古人之心。"张之洞在《书目答问》中说："读书不知要领，劳而无功；知某书宜读而不得精校精注本，事倍功半。"梁启超在《佛家经录在中国目录学之位置》一文中则说："著书足以备学者顾问，实目录学家最重要之职务也。"目录的一个重要作用在于备学者顾问，在于对学者的读书治学有所帮助。纸本时代由于文献相对较少，所以可以做到精挑细选。《书目答问》分经史子集丛五类（另有两个附录）。其选书原则是："凡无用者、空疏者、偏僻者、淆杂者不录，古书为今书所包括者不录，注释浅陋者、妄人删改者、编刻讹谬者不录，古人书已无传本、今人书尚未刊行者不录，旧椠旧抄偶一有之、无从购求者不录"，另外，"各类详分子目，以便类求。一类之中，复以义例相近者使相比附。再叙时代，令其门径秩然，缓急易见。凡所著录，并是要典雅记，各适其用（皆前辈通人考求论定者）。总期令初学者易买易读，不致迷惘眩惑而已"，总的来说，"经部举学有家法实事求是者，史部举义例雅饬考证详核者，子部举近古及有实用者，集部举最著者"。

随着时代的发展，尤其是当经济达到一定程度后，人们对文化的需求会明显增加。这其中增加的一个重要方面体现在阅读。但在当代，一个奇怪的现象是，目前人们的阅读率却呈下降态势。

中国出版科学研究所 2006 年 8 月发布了第四次"全国国民阅读与购买倾向抽样调查"。结果显示，中国国民图书阅读率 6 年持续走低，国民阅读率首次低于 50%；与此同时，网络阅读率正在迅速增长，上网阅读率从 1999 年的 3.7% 增加到 2003 年的 18.3%，再到 2005 年的 27.8%，7 年间增长了 7.5 倍，每年平均

① 王心裁．文化冲突与交融中的导读目录［J］．图书情报知识，1998（4）．

增长率为107%。

阅读的环境在变。阅读正稳步地从书本移向网络，或者说，网络正在吸引越来越多的阅读注意。迈克尔·格德哈伯1997年提出了“注意力经济”的概念。他认为，在互联网上，金钱以及信息都不是稀缺资源。在网络上，只有注意力是稀缺的。每个在网上的人所极力争取的一种稀缺资源就是注意力①。诺贝尔经济学奖获得者赫伯特·西蒙更早也说：“信息会消耗掉接受者的注意力。因此，过量的信息会导致注意力的贫乏。”正是为了吸引注意力，网络就千方百计弄些千奇百怪的东西，就像一些地方的习俗，在儿童周岁时摆上各色物品让孩子随意抓取，以判断孩子未来的命运。网络的这种抓周式的百色杂陈方式，实际上更加分散了人们有限的注意力。数字阅读，尤其是网络阅读主要是浅阅读，具有明显的快餐式、浏览式、随意性、跳跃性、碎片化的特征。

作为Listen. com的创建人之一的Rob Reid说，在一个无限选择的年代，称王的不再是内容，而是查找内容的方式②。虽然抓周式的百色杂陈分散了人们的注意力，但搜索引擎却因为关键词搜索而使得人们的注意力能相对集中。尤其是有了RSS，人们再也不用一个网站一个网站、一个网页一个网页去逛了。只要将那些需要的内容，也就是那些关键词，订阅在一个RSS阅读器中，这些内容就会自动出现订阅者的阅读器里。人们也不必为了一个急切想知道的消息而不断地刷新网页，因为一旦有了更新，RSS阅读器就会自己通知你③。RSS或搜索引擎所改变的生活方式使“定制”浅阅读成为可能，它要求你用“关键词”进行检索和思考，在定制关键

---

① Goldhaber, M. H. The Attention Economy and the Net [EB/OL]. http://www. firstmonday. dk. issues/issue2_ 4/goldhaber. 转引自：冈特利特主编. 网络研究：数字化时代媒介研究的重新定向. 彭兰，等译. 北京：新华出版社，2004.

② In a World of Infinite Choice, Context-not Content-is King [EB/OL]. [2008-09-18]. http://craigrandall. net/archives/2006/07/the-long-tail/.

③ RSS [EB/OL]. [2008-09-17]. http://baike. baidu. com/view/1644. html? wtp = tt.

词后，你的阅读视界才能被打开。于是，“定制”成为阅读的新法则，但在定制的同时，“碎片化”的信息迷宫形成，事物的整体风貌被打破，而细节先于整体出现了，通过阅读提取信息之海变成了由点到线再到面的过程。这更接近于国际的通信方式惯例，先有精确定制的人名和街道，然后有区和城市，省份和国家，而在此之前，人们的习惯思维是相反的①。

抓周式的百色杂陈是网络出于对各色用户兴趣的判断而主动在网页上设置吸引眼球的内容，RSS 订制服务则是主要基于用户主动的订制。另有一种情形，即服务提供者根据用户的需求主动提供相应服务。这种服务就是个性化服务。在网络环境下，个性化服务是一种网络信息服务的方式，这种服务方式的实现主要是根据用户的设定，借助于计算机及网络技术，对信息资源进行收集、整理、分类、分析，向用户提供和推荐相关信息，以满足用户对信息的需求。受商业性网站提供的个性化服务的影响，图书馆界开始了对这一问题的关注。1999 年 1 月，美国图书馆学会 ALA（American Library Association）下属的来自图书馆和信息技术领域的专家小组 LITA（Library and Information Technology Association）对图书馆技术的发展做出了预测。其中定制与个性化位于七大趋势之首。2000 年康奈尔大学图书馆率先推出了 My Library 个性化信息服务，此后 My Library 个性化服务开始逐步发展起来。目前，国外比较有影响的 My Library 个性化服务系统有北卡罗莱那州立大学图书馆的 My Library @ Ncstate 系统、洛杉矶国际研究实验室研究图书馆 My Library @ LANL 系统、康纳尔大学图书馆 My Library @ cornell 系统和多伦多大学 My Library 系统等，这些系统经过不断的优化和服务的更新，已经成为了比较成熟的个性化服务系统。Mylibrary 个性化服务的工作原理是，用户从图书馆网站所提供的全部馆藏数字资源里，选择自己需要的信息组织在 Mylibrary 中，之后访问 Mylibrary，便获取与此相关的最新内容。其根本点在于为每一个用户建立策略

---

① 胡纠纠．浅阅读现象学：从潜阅读到浅阅读［J］．新周刊，［2006-02-22］．

文件，内容包含用户的账号、密码和代表用户选择的一些常用的、专业相关的或者他们认为有必要的电子资源清单的参数。这个文件以 Cookie 的形式被保存在用户使用的计算机硬盘中，或者保存于服务器端的数据库中。当用户以后访问 Mylibrary Web 页面时，策略文件中的参数被提取出来，通过 Web 服务器返回定制的页面内容①。

虽然有诸多的方式指引读者获取信息，但由于网络信息量的巨大，以及超链接等信息组织方式，极易导致信息迷航。Elm 率先研究了网络迷航，提出了迷航的 3 种情况，即：①不知道自己在哪里，②不知道自己要去哪里，③不知道怎样去自己的目的地。有人曾就我国大学生的网络迷航做了更详细的调查，总结了大学生迷航的几种情况：①被网上目标以外的内容所吸引而迷航；②因为与目标相符的站点太多，无法正确选择而迷航；③网上信息太多太杂，思路被非相关信息打断而迷航；④有关链接的层次太多，越走越远，终至迷航。

读者在网络上是极易迷航的。因此，除了要采取一定的方法解决人们的信息获取外，还要关心读者阅读力的提高。柳斌杰认为，阅读力是指国民的阅读能力，即看书学习、更新知识的自觉程度和实际能力。衡量阅读力的关键指标是阅读率，即有经常阅读行为的国民在全体公民中所占的比例。一个国家国民阅读率的高低，直接关系到国家综合国力的强弱，影响到全社会的总体文明程度和创造能力。许多国家都把全民阅读作为软实力建设的重要措施，通过国家行为加以推动②。因此，要把阅读力当作国力来抓，要利用书目来指导阅读，利用导读、专架、评论、阅读调查等方式来推进阅读，要利用网络导航、个性化服务推进网络阅读，要倡导全民阅读，构建和谐社会。首都图书馆每半年举办的新书评介和国家图书

---

① 郭琳．国内 My Library 个性化服务系统优化研究［J］．图书馆学研究，2007（7）．

② 李鹤．专访新闻出版总署署长柳斌杰：全民阅读［N］．人民日报，[2008-04-08]：15．

馆文津图书奖都是在进行书目导读，倡导阅读。书目工作者的任务就是要使目录学成为最通俗的人人都可以学可以用的知识。

内容和查找内容的方式都很重要。在信息不足的时代，人们很难获取充分的信息来做决策。我们基于前人的经验依赖推荐而指导我们避开这种不足。而在今天信息是充分增多了，但具讽刺性的是，推荐变得更具价值了。所以青蛙设计（frog design）的生产策略指导 Adam Richardson 说，我们正离开信息时代，迈入推荐时代①。

参考文献

［1］王锦贵．试谈中国目录学传统［J］．晋图学刊，1989（5）．

［2］希尔斯著．论传统［M］．上海：上海人民出版社，1991：15-16，62．

［3］余嘉锡．目录学发微［M］．成都：巴蜀书社，1991：1．

［4］王心裁．从会通到辨章学术考镜源流到书目控制论［J］．图书馆，1995（5）：12-16．

［5］彭斐章，王心裁．20 世纪中国目录学：发展历程、成就与局限［J］．高校图书馆工作，1999（2）．

［6］王国强．“辨章学术考镜源流”之再评判［J］．图书与情报，1994（1）．

［7］程焕文．中国目录学传统的继承与扬弃——“辨章学术，考镜源流”批判［J］．图书馆工作与研究，1996（4）．

［8］傅荣贤．“辨章学术考镜源流”层次论［J］．四川图书馆学报，1997（5）．

［9］傅荣贤．传统目录学的核心理论［J］．图书馆，1996（6）．

① Richardson. A. From the Information Age to the Recommendation Age [EB/OL]. http://designmind.frogdesign.com/articles/early-articles/from-information-age-recommendation-age.html.

[10] 傅荣贤．传统目录学的文化价值［J］．图书与情报，1995（2）．

[11] 王京山．中国传统目录学“辨考”与“致用”的辩证思考［J］．图书与情报，2002（2）．

[12] 王心裁．文化冲突与交融中的导读目录［J］．图书情报知识，1998（4）．

[13] 饮冰室合集·饮冰室文集之六十七［M］．北京：中华书局，1989：24.

[14] 乔好勤．中国目录学史［M］．武汉：武汉大学出版社，1992.

[15] 乔好勤．略论 1911—1949 年我国目录学［J］．云南图书馆，1982（1）．

[16] 王心裁．论目录学是研究文献与读者间书目情报传通的科学［J］．武汉大学学报（社会科学版），1995（2）．

[17] 王心裁．从古典目录学到现代目录学——中国目录学产生发展演变的轨迹［J］．图书情报工作，1999（4）．

[18] 朱光烈．传统媒体，你别无选择［N］．中华读书报，［2000-08-20］．

[19] 吕云．“大众生产时代”到来［N］．广州日报，［2006-10-22］．

[20] WorldCat Watch［EB/OL］．［2008-08-28］．http：//www. oclc. org/asiapacific/zhcn/worldcat/default. htm.

[21] 王心裁．文化冲突与交融中的导读目录［J］．图书情报知识，1998（4）．

[22] Goldhaber，M. H.，1997. The Attention Economy and the Net［EB/OL］．［2008-08-28］．http：//www. firstmonday. dk. issues/issue2_ 4/goldhaber.

[23] In a World of Infinite Choice，Context-not Content-is King［EB/OL］．［2008-09-18］．http：//craigrandall. net/archives/2006/07/the-long-tail/.

[24] RSS［EB/OL］．［2008-09-17］．http：//baike. baidu. com/

view/1644. html? wtp = tt.

[25] 胡纠纠．浅阅读现象学：从潜阅读到浅阅读 [J]. 新周刊，[2006-02-20].

[26] 郭琳．国内 My Library 个性化服务系统优化研究 [J]. 图书馆学研究，2007 (7).

[27] 周英．网络时代的阅读与图书馆阅读指导工作 [J]. 科技情报开发与经济，2005 (4).

[28] 李鹤．专访新闻出版总署署长柳斌杰：全民阅读 [N]. 人民日报，[2008-04-08]：15.

[29] Richardson. A. From the Information Age to the Recommendation Age [EB/OL]. [2008-09-18]. http://designmind. frogdesign. com/articles/early-articles/from-information-age-recommendation-age. html.

第四章　目录学研究学科基点与方法

第一节　目录学研究的学科基点

科学的进步和发展总表现为旧“范式”或科学传统的打破和新“范式”或科学传统的确立。具体到每一学科，则表现为对学科基点的选择。随着学科研究的进步和发展，学科基点问题日益成为各学科理论研究中的一个重要问题而备受关注。人们对基点在学科理论体系构建过程中的重要作用给予了极大的重视，对基点理论进行了许多研究，并纷纷对各自学科的基点问题提出自己的观点。但是，对于同一学科的同一发展阶段，人们却提出了不同的学科基点。存在这种情况的主要原因是研究者没有弄清楚基点的基本问题。因此，要弄清楚目录学的基点问题，首先必须弄清楚基点的基本问题。

一、学科研究基点相关问题概述

（一）学科研究基点及其相关概念

“基”在古代为“基础、开始”之意。《诗·周颂·丝衣》曰：“自堂徂基”。《国语·晋语九》曰：“基于其身”。韦昭注曰：“基，始也。”在现代汉语中，以“基”为词头构成的名词继续保留了其“基础”、“开始”之含义。“基点”在《现代汉语规范词典》解释为：①“（名）作为开展某项事业或活动的基础的地方”；

②“（名）根本；起点。”① 在《新现代汉语词典》中“基点”解释为：“起头的、根本的，事物发展的根本、基础、中心、重点”②。将基点这一概念用在学科理论体系构建中后，便有了学科研究基点或学科基点概念。那么，学科基点就是学科建设发展的根本、基础、中心、重点、起点等。任何一种理论，要想成为一门科学的理论，这种理论本身必须具有严密的、内在的联系，必须形成一种理论体系。而要建立理论体系，就必须先确定一个最基本的范畴作为学科基点，这样，全部理论才能逐步展开。学科基点不是研究起点、研究对象，也不是研究的任务、意义、目的，而是对理论体系的基本问题进行回答所必须使用的关键概念。学科基点是理论体系中最简单和最抽象的概念，和历史起点具有一致性，是对“认识角度”、构成事物的基本矛盾、事物的“细胞”或“细胞形态”、构成事物的“原始的基本关系”等的集中体现和高度概括。③ 为了更好地理解学科基点，需要对学科基点的相关概念进行区分。

1. 学科基点与逻辑起点

逻辑起点是指学科结构的起始范畴及其理论体系的始发对象。任何一门学科的产生，必须有一个逻辑起点，任何一门学科都必须有一个严密的逻辑结构或体系。逻辑起点是“按照从抽象上升到具体的方法构建科学理论体系的起始范畴，它是对象领域内最一般的抽象规定，但这种抽象又不超出它的对象领域并且包含了对象领域全部矛盾的萌芽”④。逻辑起点主要强调的是科学理论的系统性和内在联系性。一种理论只要是科学的系统，它就必定是按照客观规律的要求进行排列的，这种规律性也就是逻辑性。任何一门学

---

① 李行健．现代汉语规范词典［M］．北京：外语教学与研究出版社，2004：605．

② 王同亿．新现代汉语词典［M］．海南：海南出版社，1992：728．

③ 周越，徐继红．逻辑起点的概念定义及相关观点诠释［J］．内蒙古师范大学学报（哲学社会科学版），2006（9）．

④ 韩建新．古典经济学的逻辑起点及其意义［J］．锦州医学院学报（社会科学版），2004（1）．

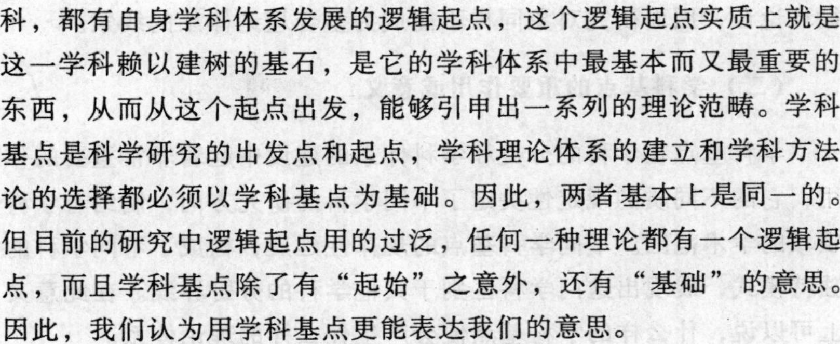

科，都有自身学科体系发展的逻辑起点，这个逻辑起点实质上就是这一学科赖以建树的基石，是它的学科体系中最基本而又最重要的东西，从而从这个起点出发，能够引申出一系列的理论范畴。学科基点是科学研究的出发点和起点，学科理论体系的建立和学科方法论的选择都必须以学科基点为基础。因此，两者基本上是同一的。但目前的研究中逻辑起点用的过泛，任何一种理论都有一个逻辑起点，而且学科基点除了有“起始”之意外，还有“基础”的意思。因此，我们认为用学科基点更能表达我们的意思。

2. 学科基点与研究起点

研究起点是我们着手研究、开始认识某一事物的起点。由于不可能一开始就认识事物本质，只能从外在表现着手，所以研究起点应是事物内在矛盾的外在表现，是一把钥匙，通过它才能由表及里地发现事物的内在矛盾和本质。而且研究起点受研究者的知识背景、时代背景等因素影响而具有一定的偶然性和个体差异性。学科基点是对理论体系进行叙述的起点，是理论体系的开端，是理论体系建立的基础，是理论和实践中“一切矛盾的胚芽”，并贯穿于理论和实践过程的始终。因此，研究起点和学科基点是两个不同的概念。任何一门学科都有其自身的理论基础和学科体系，这种学科体系的特殊性就在于不同的学科其学科基点是不同的，相同的学科基点是没有的。

3. 学科基点与研究对象

研究对象是一门学科区别于其他学科并由此形成自己独特的实践领域与理论体系的基础。对研究对象“从表现中的具体达到越来越稀薄的抽象”，可以寻求到科学的学科基点。对学科基点进行从抽象到具体的分析，能够形成科学的理论体系，演化出一系列的范畴。研究对象并不适于作为学科基点，原因在于：①学科理论的研究对象是相对稳定和统一的，但跨学科理论则有着多个研究对象；②学科理论是对研究对象的解释和说明，其中的不同部分指向研究对象的不同侧面，由于研究对象不同侧面之间的关系需要理论来说明，以研究对象作为线索时会出现用研究对象解释研究对象的循环论证，因而研究对象同样不能成为整合理论体系的线索。①

（二）学科基点的重要作用或意义

学科基点在学科的分类和学科体系的建设中起着非常重要的作用，它的不同质的规定性决定了不同学科的研究方向，制约着学科领域的学术范围。不同学科基点的规律性延展，构成了不同学科的独特模式，展现出这门学科区别于其他学科的分野界线。在此意义上可以说，什么样的学科基点便会产生什么样的理论体系。

任何一门学科都是基于某一学科基点，并依据科学的方法论展开思维而形成的，组合有序的，符合逻辑推理的概念和原理的体系。"学科的科学理论体系，一般认为首先应当确定它的学科基点，从学科基点出发，借助逻辑手段，按照学科的内在规律，层层推导，逐步展开，构成严谨的逻辑系统。"② 由此可见，一门学科的学科基点就是这门学科产生的源头，它既是整个学科体系形成和发展的关键，又是准确反映该学科赖以存在和发展的核心要素。学科基点如构筑学科大厦的砖块，如果欠缺或模糊，那么它的结构或体系肯定是松散的、无序的，其理论也肯定是经不起推敲的，也是失之严密且缺乏科学的。因此，准确地把握一门学科的学科基点是我们掌握其理论精髓，拓展其理论体系并用于指导科学实践的重要前提。

（三）学科基点随时代的发展而不断发展

人类认识是从简单到复杂、从具体到抽象、从肤浅到深刻的演变过程。在学科初创时期或知识积累时期，学科基点的抉择表现出极大的直观性。当学科发展到理论建设时期时，迫切需要提升学科研究层次，提高学科地位。研究者开始重新审视和探索学科基点，

① 周越，徐继红．逻辑起点的概念定义及相关观点诠释［J］．内蒙古师范大学学报（哲学社会科学版），2006（9）．

② 瞿葆奎，喻立森．教育学逻辑起点的历史考察［J］．教育研究，1986（11）．

并放眼世界，通过对相关理论的移植、比较、吸收，最终将之改造成本学科的指导思想。

因此，学科基点的选择因时代而异，往往表现为一个历史的过程，在这一过程中，一定时代的政治、经济、文化和科技因素作为一种环境因素直接或间接地通过书目工作和实践的中介作用，影响着基点的选择，从而规定着目录学的理论基础、方法论、价值观、研究范畴与深度、研究重点、研究路向和学术风格等各个方面。

同时，学科基点也具有相对稳定性。学科的发展过程，是学科知识的积累、演变、发展的过程，也是学科基点经历检验、淘汰的过程。不同的学派从各自不同的学科基点出发建构出自己独特的理论框架，这又表明某一学科的学科基点也存在着多样性和发展性的特征。

对某一个特定的学科来说，唯一的、绝对的、静止的学科基点是不存在的。学科基点的确定是一项艰巨的任务。一般说来，一门科学只有到了相对发达和成熟的阶段，才便于发现它的学科基点，作为起点的范畴也才能为自己的合理性和必然性找到充足的理由和根据。对于一门科学理论的学科基点，在开始时往往是不清楚的，只有经过认真地研究探索之后，才能逐步明确起来。①

二、目录学研究的学科基点

现代科学认为：一门学科的产生，一般有两个明显的标志。一是已经基本上确定了其研究对象的内涵和处延；二是已经形成了初步的理论。我们之所以把基于某种专门的实践活动之上的科学称为学科，一是因为它在“理论”上有自己独特的研究对象、方法和理论体系；二是因为它在“实践”方面有自己的代表人物、著作、学术组织、学术刊物等。无论从哪种角度来看，目录学都是一门科学。

① 冯振广，荣今兴．逻辑起点问题琐谈［J］．河南社会科学，1996（4）．

（一）目录学研究基点相关问题

科学发展史表明，一门学科要在整个科学体系中占有一席之地，必须既有科学的研究基点，又有理想的学科研究目标。这样，才能以学科基点为基础，以内涵发展为原则，选择适合本学科发展的研究方法，拓展学科的研究内容，从而构建科学的学科体系。目录学作为一门学科，其学科基点是一个毋庸置疑的客观实在。它既不是高悬于学科之上，或游离于学科之外的外加因素，也不是人们头脑中固有的纯思辨性的先验产物。它的认识与揭示，是对目录学范畴体系进行严密的逻辑推理和哲学思考之后，所凝成的思想结晶。基点的选择和制高点的确立不是随心所欲的，“时代特征必然要体现在作为社会产儿和社会进步推动力量的科学身上，使它具有时代性。科学的整体是这样，各门具体学科也是这样”。① 目录学也是一门具有鲜明时代特征的科学。目录学是时代的产物，它的产生和发展来自于时代的需要，又服务于时代的需要。目录学的时代特征贯穿于书目工作、书目方法以及目录学研究之中。各个时代的书目工作有其管理体制，各个时代的书目有其编制目的，有其收录和报道的内容范围和编制方法。各个时代的目录学有其指导思想、研究方法和研究重点。

目录学是一个随着时代前进而不断发展着的科学理论体系。目录学的时代性首先体现在目录学研究的学科基点的选择上。目录学是对文献的整理，通过对文献的整理来解决文献的不断增长与人们对文献的特定需求之间的矛盾。目录学的发展与文献的生产环境和技术条件、文献传播手段和方法技术、文献整理的手段和技术、文献利用的手段和技术等问题密切相关。所以对于目录学不同时期学科基点的选择也要以当时的各种环境条件为前提，要根据当时的历史条件来选择合适的学科基点。认清社会环境和形态是选择学科基点和确立学科制高点的前提。

---

① 卿家康．目录学的时代性与当代中国目录学的特征［J］．图书情报知识，1995（6）．

其次，目录学研究者反映客观世界的世界观不同，可以形成不同的学科基点，加上各自涉及的广度不一，研究的深度不一，即使在相同的世界观和方法论指导下仍可能出现对目录学学科基点的不同表述。正是由于这些正常的学术分歧与争鸣才启发思考，开阔视野，推动目录学研究的轨迹不断向纵深地带延展。

最后，目录学学科基点的认识与揭示，还同目录学的成熟程度，同目录学相关学科的发展水平乃至同整个时代的科技水准、整个社会的政治经济状况，都有着千丝万缕、或明或暗的内在联系。时至今日，目录学理论已逐渐成熟，相关学科也有了较大发展，因此，我们进一步探讨目录学学科基点的主客观、内外因条件已经具备。

中国目录学按照时间断限可划分为古代、近代、现代和当代几个部分。由于近代目录学属于新旧目录学转型交替时期，当代目录学是现代目录学的继续发展，因而中国目录学实际上可分为古代与现代两大部分。“如果我们考察一下目录学发展的历史，就不难发现，古代目录学研究说到底，仍停留在不自觉的、无意识的‘自在’阶段，并没有上升到‘自为’阶段”。“20世纪以来……这时的目录学研究已逐渐摆脱以往那种不自觉的自在状态，开始注重学科自身的认识，具有本体论上的意义”。① 因此，我们在探讨目录学的基点时，着重讨论古代和现代目录学的学科基点。

（二）古代目录学研究的学科基点

余嘉锡说：“目录之学，由来尚矣！《诗》、《书》之序，即其萌芽。”可见中国目录学萌芽于春秋战国时期。当时，诸子百家蜂起，文献急剧增长，人们开始寻找图书、阅读图书并收藏图书。孔子及其弟子们对部分文献进行了整理并编写了序录。在整理诗、书、易、礼、乐、春秋六经时，“为之作序”、“言其作意”的书写提要，首创了揭示图书内容的方法。到了汉代，陈农求遗书于天下，继而，书积如山。成帝下诏整理图书，并开始进行大规模的、

① 彭斐章，曾令霞．论当代目录学的发展趋势［J］．图书情报知识，1991（4）．

系统的文献整理。刘向、刘歆父子在整理当时官府藏书的基础上，总结了前人目录工作实践的经验，编撰了反映先秦至西汉文化概貌的综合性书目《别录》和分类目录《七略》，正式产生了中国古典目录学。

但是，“目录学”一词的正式出现在文献中则是在公元11世纪。北宋仁宗时期，苏象先在《苏魏公谭训》卷四中曰：“祖父谒王原叔，因论政事，仲至侍侧，原叔令检书史，指之曰：‘此儿有目录之学’”。清代学者王鸣盛（1722—1794）称目录学为读书治学的入门之学，他在《十七史商榷》中说：“目录之学，学中第一紧要事，必从此问途，方能得其门而入。”江藩在《师郑堂集》中说：“目录之学，读书入门之学也。”目录学家章学诚在其代表作《校雠通义》一书中提出了“辨章学术，考镜源流”的观点。这个观点可以说总结性地概括了中国古典目录学的思想精华。中国古典目录学以此为核心，形成了独具特色的中国古典目录学之理论体系。

中国古代目录学是整理目录的科学，目录学的对象也就是文献或者说是图书。目录学主要是作为读书治学的门径和工具。目录学的理论研究一直停留在无意识、无组织的“自在”阶段，并没有上升到“自为”的阶段。期间尽管有郑樵、章学诚两个理论高峰，至清末目录学更被尊为学中之学，但也无法使目录学摆脱经验目录学的状态。它始终停留在对事物的描述、对经验的总结阶段，而不具备完整的理论形态。因而没有形成自己完整的理论体系。

中国古代目录学以分类目录为其主体，类别标准是把文献内涵在政治教化和人伦上的功能大小作为首选标准，类表结构是二维线性的平面铺排，仅用文字字符作为分类标识，兼起类号的作用，而且特别注重题解和小序。① 中国古代目录学的这些特征也正说明古代目录学对文献整理的重视，它主要以文献整理为核心。同时，古代目录学也非常重视分类、题解和小序，其目的是辨别学术源流。

因此，中国古典目录学的学科基点的选择是与古代书目工作实

① 陈爱燕．目录学今昔谈［J］．图书馆学研究，2000（4）．

践单一、文献生产技术和保存技术落后分不开的。由于手抄或刻版印刷文献的复本少、错误多，加之古人经常随意改动或伪造文献，使得“文献整理”就理所当然地成为目录学的研究基点，古代学者离开了目录学简直无法做学问。“辨章学术、考镜源流”也就自然而然地成为古典目录学的制高点。古典目录学发展到清代被尊为学中之学，是与古典目录学研究不失时机地、成功地选择学科基点和确立学科制高点分不开的。

古代目录学以文献整理为学科基点，以“辨章学术、考镜源流”为学科制高点。其学科基点只是停留在事物表面，没有深入到事物最基本的结构，这与古代文献的实际状况以及人们对事物的认识程度密切相关。从文献整理出发，人们自然而然地将“辨章学术、考镜源流”当做了目的，也就是目录学的学科制高点。

（三）近代目录学研究的学科基点

虽然中国目录学早在西汉时期就已达到了极高的水平，中国古代社会特定的政治、经济和文化造就了古代目录学的强大生命力，至清末目录学被尊为学中之学。但是，进入近代社会后，铅字印刷技术使文献的复本量剧增。在新的交流环境中，古代目录学的大部分知识和技能逐渐失去了作用。这种状况似乎已决定了中国传统目录学的没落。不论从何方面分析，目录学都不像一个能成为前沿的领域。① 但是，中国目录学走过漫长的知识积累和经验总结后，从20世纪开始踏上理论目录学的里程。20世纪的目录学在得天独厚的历史契机中走向现代化，发生了前所未有的巨大变化发展，成为一门真正独立的科学。20世纪30年代中国目录学全面复兴了，“各大学中国文学系课程内多有‘目录学’一科开设”②，“高级中

---

① 贺修铭.20世纪目录学研究的两次高潮及其比较［J］.图书馆，1994（5）.

② 何多源.论“目录学”及“参考书使用法”应列为大学一年级必修课程［J］.教育杂志，1939（8）.

学以上学校，多列为必修课，学子重视，几埒国学”。①

20世纪30年代的目录学研究也形成了20世纪中国目录学研究的第一次高潮。这次高潮形成的契机是异域目录学的输入，两个关键因素是中国出版业的现代化相对世界来说比较迟缓和科学革命迟迟在中国不能发生。西方目录学的传入对我国书目工作实践和目录学理论研究产生了深刻的影响，研究者开始对西方目录学理论和方法进行移植、借鉴和吸收，产生了一系列目录学专著，并对中国目录学史进行了总结，对目录学定义和对象进行了探讨、对目录学方法进行了创新、对书目种类进行了拓展、变化了书目工作组织形式等，使中国目录学在十余年的时间里取得了令人瞩目的成就。在这一高潮中形成了许多理论流派，李小缘曾把这些理论流派归纳为四派：史的目录学家、版本学家、校雠学家和界于三者之间的新旧俱全者。“史的目录学家”本着“辨章学术、考镜源流”的宗旨，重点研究古典书目和总结古典目录学史，目的在于发扬我国古典目录学的优良传统，以作为新目录学的借鉴。“版本目录学家”重在古籍版本的考订和版本研究历史与理论的总结。“校雠目录学家”则将目录学和校雠学融为一体，强调把目录学作为整理和阅读古代文献的方法。“新旧俱全者”是既强调中国目录学的优良传统，又吸取西方目录学中的一些新的方法技术，在继承和借鉴的基础上开辟新的方法。但是，也许是由于20世纪30年代后期中国抗日战争的开始，这些理论流派的理论研究领域的成就对当时的书目工作实践并没有产生很大的影响，因此，有人将这次高潮中理论研究的成就仅仅称为“传统目录学的回光返照”。近代目录学的理论成就始终未能超出“辨章学术、考镜源流”的体系，而对“辨章学术、考镜源流”的认识只是对郑、章思想的具体阐释，在书目工作中很少身体力行，只不过是做些“簿属甲乙”的工作。

中国出版业的现代化相对世界来说比较迟缓。正是中国出版业现代化的迟缓，并未使文献数量剧增成为目录学理论和实践所要面临的首要问题，而版本、文献校勘和学术导引仍是从学者必经的首

---

① 汪辟疆．目录学研究·自序［M］．上海：商务印书馆，1934．

要难关，更兼考据学风的学术背景，使古代目录学在近代时期缺乏研究基点和学科制高点更新的催生力量，这样使古典目录学的研究和学科制高点获得了延续的空间和时间。以文献整理为基点，以"辨章学术、考镜源流"为学科制高点的古典目录学仍以其固有的魅力独领风骚。从李小缘对当时目录学四个流派的归纳中可以看出，古典目录学的影响差不多占据了其中的"三个半"。而且，科学革命迟迟不能在中国发生，使古典目录学理论的近代化也很难实现，其研究基点和学科制高点也就明显缺乏更新机制，这在一定程度上又强化了古典目录学的生命力，同时也为古典目录学成为20世纪目录学第一次高潮的中心提供了机遇。因此，中国有近代之目录学，而无目录学的近代化，近代目录学还是秉承古代目录学的研究基点和学科制高点，其理论始终未能超出"辨章学术，考镜源流"的体系。

（四）现代目录学的研究基点

1949年以前的中国近代目录学，由于缺乏本土科学革命的契机，也就不能形成属于自己的科学传统，研究基点和学科制高点的更新更是无从谈起，在书目实践日新月异与理论体系陈旧不堪的矛盾困扰中，中国目录学迎来了1949年目录学变革的曙光。

中华人民共和国成立后，中国目录学需要顺应中国社会环境和意识形态的新变化改造它原有的理论和方法，这是一场规模宏大的理论变革。这场变革要求对第一次研究高潮进行反思和扬弃，按新中国的价值观念建立起现代目录学的内容和体系。

虽然实践越来越迫切需要理论的指导，但从20世纪50年代起，由于意识形态的影响，我们主要学习的是前苏联，以至于在目录学论著中所举的例子也多是前苏联书目，西方和传统一时都被前苏联目录学所替代和遮掩。20世纪六七十年代，目录学难逃厄运。20世纪70年代末，人们从噩梦中惊醒，忽然发现自己真的落伍了，理论与技术的陈旧，使得人们以久违的心情又一次重新看待西方目录学理论。于是出现了20世纪70年代末开始酝酿并在80年代形成的目录学研究的第二次高潮。在这次高潮中，目录学理论、历史、方法诸方面的研究均取得了较大进展，大量目录学论文的发表，一批教材、专著也相继出版。

这次高潮的成就是研究内容的拓宽和实用性的加强，目录学研究的方式方法及其学科体系结构随之也日臻完善起来。具体表现在：①对中国传统目录学和目录学史进行全面、系统地总结，尤其对我国古代不同时期目录的编纂、著述及其当时社会文化的联系、作用和影响等进行了系统的总结与评述；②对基础理论的研究除了关于目录学的对象外，还集中在“目录学理论基础”、“目录学理论体系”、“目录学的任务、内容范围及功用”、“书目工作与目录学的联系与区别”、“书目工作在文化发展中的地位和作用”、“目录学与其他学科的联系”、“目录学发展的规律”等方面；③关于书目情报需求与服务研究引起重视，特别是在对文献资源和读者文献需求研究的同时，加强了书目情报服务的社会效果的分析、不同读者群对书目情报服务需求的预测、书目情报部门科学技术发展的对策与措施，以及书目情报服务体制的优化与改革等课题的研究；④目录学应用研究和专科目录学研究成果丰硕、方兴未艾。

在这些研究领域中，对目录学研究对象的研究，可以说是起到了至关重要的作用。因为，研究对象决定研究方法，一门学科的研究对象是否确立是一门学科成熟的重要标志。人们充分认识到目录学研究对象的重要性，纷纷对其进行了研究，各抒己见。在这次大讨论中，面对“图书说”、“目录说”、“图书和目录说”、“关系说”等诸认识，以彭斐章、谢灼华为代表的中国当代多数目录学家认为“图书不是目录学的研究对象”，因为“研究图书的一切方面的科学是没有的”；“把目录作为研究对象的观点是比较表面和形式的”，“目录是目录工作的成果”，“具体的感性事物不能构成目录学的研究对象”。他们用唯物辩证法的观点，从哲学层面分析了目录学领域的矛盾，主张从目录工作的本质特征来认识目录学的研究对象，认为“科学地揭示与有效地报道文献信息与人们对它的特定需要之间的矛盾，构成了目录学研究的对象”。“矛盾说”决定了目录学的逻辑起点的范围和界限，并确定了应当从目录学学科自身发展的特殊矛盾及目录活动的本质与发展规律的角度去探讨

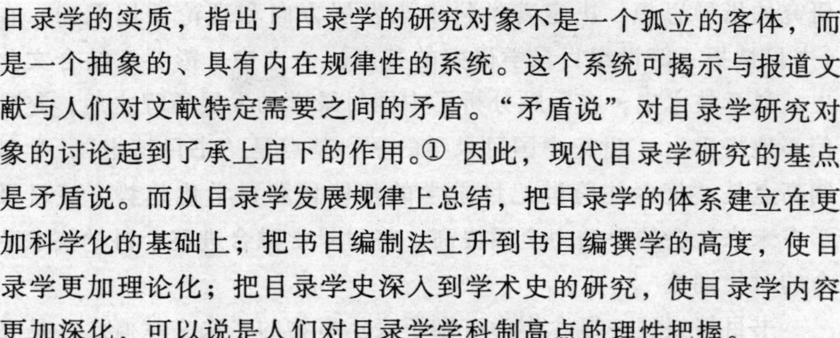

目录学的实质，指出了目录学的研究对象不是一个孤立的客体，而是一个抽象的、具有内在规律性的系统。这个系统可揭示与报道文献与人们对文献特定需要之间的矛盾。“矛盾说”对目录学研究对象的讨论起到了承上启下的作用。① 因此，现代目录学研究的基点是矛盾说。而从目录学发展规律上总结，把目录学的体系建立在更加科学化的基础上；把书目编制法上升到书目编撰学的高度，使目录学更加理论化；把目录学史深入到学术史的研究，使目录学内容更加深化，可以说是人们对目录学学科制高点的理性把握。

（五）当代及未来目录学研究的学科基点

人类正在步入一个以智力资源的占有、配置，知识的生产、分配、使用为最重要因素的时代，高速互联网将全球紧密地联系在一起，构筑了一个庞大的、虚拟的网络世界。作为一门脱胎于文献整理和传播，有着悠久历史和优良传统，致用性及时代性非常明显的学科，面对信息时代的到来和知识经济的提出，目录学被赋予了新的内涵和使命。当代及未来目录学基点问题作为本学科的一个前沿课题和热点问题引起了人们广泛地重视。面向未来的目录学首先要解决的就是学科基点选择和学科制高点确立的问题。

目录学研究者们不断探讨当代及未来目录学的学科基点，并在实践上呈现出一派自由争鸣的景象。陈光祚教授提出了“目录学是研究文献流的整序、测度和导向的科学”；朱天俊教授强调应用目录学的作用；马国华等人提出以“书目”为基点建立当代目录学的基础理论；彭斐章等人提出书目情报是跨世纪目录学的研究基点。这些研究成果力图把握住时代脉搏和精神，将目录学的发展和社会、经济的发展紧密联系起来，突出目录学的致用性和时代特征。

彭斐章认为，21世纪目录学要健康发展，关键是要选准学科基点和确立学科制高点。学科基点和制高点一旦形成，便构成学科

---

① 胡萍．我国目录学研究对象的发展轨迹［J］．中南民族大学学报（人文社会科学版），2003（4）．

研究的指导思想，决定着学科未来发展方向和理论功用取向。在《书目情报：跨世纪目录学研究的基点》一文中，彭斐章结合文化史、科学技术史，在回顾分析了中国目录学的发展历程之后，充满信心地指出，21世纪中国目录学的学科基点是“书目情报”，学科制高点是“把握住跨世纪目录学的整体化和科学化趋势，使目录学在未来社会的渗透力全面提高，将目录学融合进整个科学技术革命的时代潮流”。

书目情报这一概念作为有别于表示事物的二次文献概念，是书目文献这种具体事物的抽象概念，是书目文献中关于文献及其识别的情报，是关于文献的知识和效用信息的集合，具有压缩性、二次性、知识性等特征。它吸收了文献的揭示（解题、提要、互见、分类、分析）和文献的挖掘、整序（搜索引擎、标引等）的方法，成为检索、交流、评价信息的工具。书目情报一方面表示文献的物质性存在，即可以通过这种信息查找文献；另一方面还可用来揭示文献的功能性存在，即这种信息能用于体现文献的内容。①

把书目情报作为当代及未来目录学的基点，是基于以下考虑的：第一，科学地揭示与有效地报道文献信息与人们对文献信息的特定需求之间的矛盾，是目录学领域里诸矛盾现象中最基本、最主要的矛盾。第二，目录学领域最基本矛盾的解决有赖于文献信息交流。第三，书目情报不仅存在于正式的文献交流系统中，而且出现于书评、图书介绍以及一般的学术研究中，它是目录学研究中的一个新的深度。②

以书目情报作为当代及未来目录学研究基点，具有十分重要的意义：它是矛盾说在新时代条件下的升华，体现了信息时代目录学的本质特征；必将引起目录学研究者知识结构的更新，催生一批新的目录学研究方法，有利于扩张目录学的渗透力，提高目录学的社会地位；将会使目录学融合现代科学的发展潮流，强化目录学的整

---

① 柯平．关于书目情报的几个问题［J］．图书情报知识，1995（2）．

② 彭斐章，陈传夫．目录学教程［M］．北京：高等教育出版社，2004：10-11．

体化和科学化趋势，培育出目录学理论的新体系。

20世纪90年代以来，我国目录学界对书目情报理论开展了深入的研究，取得了可喜的成绩，出版了一系列论著：《书目情报需求与服务研究》、《书目情报服务的组织与管理》、《书目情报系统理论研究》、《书目情报需求与服务组织》等。这些著作都以书目情报为研究基点，对读者书目情报需求的特点和规律，书目情报服务体系的优化与改革，书目情报系统运行和发展的一般规律以及书目情报服务管理体制等问题进行了系统深入的研究，大大地拓宽了目录学研究领域，丰富了目录学研究的理论基础。

彭斐章等人不仅提出书目情报是目录学的基点，还对书目情报理论进行了系统地研究。主要成果有《书目情报需求与服务研究》、《书目情报服务的组织与管理》、《书目情报系统理论研究》、《书目情报需求与服务组织》等。这些著作以开阔的眼界、独到的见识对读者书目情报需求的特点和规律、书目情报服务体系的优化与改革、书目情报系统运行和发展的一般规律以及书目情报服务管理体制等问题进行了深入系统的研究，开拓了目录学研究的新领域。同时，这些著作通过对经济学说、组织与管理理论和现代认知科学等相关理论的引入和应用，丰富了目录学研究的理论基础，扩充了目录学的学科制高点的内涵。

第二节 目录学研究方法论

数字时代的到来，使各门学科的发展跨入了一个新的历史时期。现代科学发展的一个显著特征是学科的分化与综合，即学科越分越细，而同时又越来越综合。现代科学的这一发展趋势必然影响到目录学领域，使得目录学也呈现出分化与综合的发展趋势。目录学的综合趋势是指目录学与其他学科相互渗透、相互移植其科学的理论和方法的现象，目录学的综合化趋势就是移植法的体现，具体表现在两个方面：一是目录学移植借鉴其他学科的方法理论，形成研究目录工作各专门领域问题的理论，导致分支学科的产生，如计量目录学、比较目录学、书目控制论等；二是其他学科移植、借鉴目录学的方法理论，使目录学作为方法学科渗透到其他学科领域，与其他学科相结合而产生分支学科，组成各专门学科的文献目录学，如文学文献目录学、历史文献目录学等，统称为“专科文献目录学”。

数字时代的目录学研究面临着前所未有的机遇和挑战，方法论研究也显得十分迫切。因为科学化是目录学发展成熟的标志，目录学科学化的实现基本上是一个方法论问题，目录学名词术语的标准化、目录学理论体系的建立以及书目情报工作实践经验的理论升华都需要一套科学的研究方法。这就需要目录学研究工作者从科学化原则出发，深入探讨目录学方法论问题。

一、目录学研究方法论概述

（一）研究方法论定义

方法论是有关方法的理论与学说，它是一种概括性的知识，或者是一种特殊类型的知识，也是人造的思想体系，属于主观辩证法的范畴，同时也是客观辩证法的反映，若离开认识主体也就没有方法论可言。由于任何劳动都有方法论，那么，从事科学劳动，在精神产品生产中的方法论，就称为科学方法论。科学方法论是有关科学知识的精神生产理论，不涉及精神生产过程中的其他条件，只是研究精神生产过程本身的规律性，研究科学创造方法的问题。人类的创造性精神生产过程分为两个方面：一是科学创造的心理学问题，如科学创造中的想象、直觉、灵感等，这个方面同人的天赋、才能关系较大；二是科学认识的逻辑方法论问题，包括从获得关于对象的信息到加工这些信息，形成概念和理论的一系列问题，这方面主要取决于后天的教育、培训和培养。至于科学中敏锐的洞察力和鉴赏力，则是以上两个方面结合的产物。在实际的科学研究中，这两个方面是互相交叉、互相补充的。可以说，人类有科学劳动之日，就是方法论建立之时，迄今为止，科学方法论的发展经历了三个阶段：自然哲学时代、分析方法论时代和综合方法论时代。

科学方法论能正确地指导我们运用和寻求适当的方法来解决问题，它是有关科学研究方法的理论与学说。一般来讲，科学研究方法不等同于工作方法，也不是对具体科学研究方法的分门别类的介绍，而主要是进行科学研究的理论、原则、方法和手段，必须能够进一步对各类方法的性质及其相互关系做出分析、综合与评价，并且上升到更高的理论层次。同时，科学研究方法作为主体对研究对象的一种思维活动，研究对象也直接制约着科学研究方法：研究对象的多样性决定了研究方法的多样性；研究对象的层次性决定了研究方法的层次性；研究对象的特殊性决定了研究方法的规定性。① 研究一门科学，肯定要采用一些方法，包括本学科的方法与借鉴的其他学科方法，这些方法是学科研究与学科发展的润滑剂。不同的学科有不同的研究对象，其科学研究方法也是不同的。

（二）研究方法论是目录学理论体系的重要组成部分

一门学科的理论体系是建立在一种方法论基础之上的许多理论、概念彼此密切相连的一个有机整体。因此，一门学科有它的方法论，其方法论离不开其理论体系，是其理论体系的一个极重要组成部分。目录学的研究方法论也是目录学理论体系的重要组成部分。早在20世纪30年代，姚名达先生在《目录学》中首创了“理论－历史－方法”的目录学结构体系。1982年，武汉大学、北京大学合编的《目录学概论》也采用“论、史、法”体系，并第一次将书目方法提到方法论的高度，把它作为目录学的基本理论问题来研究，在吸收古代目录学优良传统的基础上，进一步提出改进和完善目录学研究方法对于提高目录学科学水平的重要作用，并介绍了国外将社会学方法、数学方法、系统方法等用于目录学实践的情况。朱天俊也认为“目录学作为一门科学，是由目录学理论、

---

① 马芝蓓．当代目录学方法论体系探讨［J］．图书情报工作，1994（2）．

目录学历史和目录学方法组成的。"① 1986 年，彭斐章等编写的《目录学》根据书目情报服务、现代化技术和组织管理的发展以及时代的需要创立了"基础理论 - 方法技术 - 组织管理"这一新的目录学结构体系。

从上述论述可以看出：目录学方法在目录学的理论体系中占有非常重要的地位，它是目录学理论体系的重要组成部分，已经得到了大家的共识。但是，需要指出的是，无论是"论史法"体系中的"法"，还是其他体系中的"法"，多指的是书目编制法，所研究的是对原始文献进行情报加工的方法，而不是目录学的方法，不是从事目录学学科研究的方法研究。对目录学研究方法的研究，不仅要研究具体的方法，而且要在研究个体方法的基础上，研究如何归纳目录学的方法、内容、体系及其结构，最终达到建立、架构目录学方法论体系的目的，从而指导目录学研究与实践逐步向规范化、科学化的方向迈进。

（三）目录学研究方法的研究

对目录学研究方法的研究多见于少量的著作中。1980 年，彭斐章、谢灼华发表的《关于我国目录学研究的几个问题》一文强调"开展目录学方法研究，使之真正建立在科学方法论的基础上"，并提出应注意比较目录学、书目计量学、书目控制论等目录学新的分支学科的研究动向。1982 年，乔好勤在《现代科学技术与目录学的发展》一文中提出目录学要"吸收其他学科领域里的知识，移植科学史上出现的各种方法，根据本学科的特点，形成自己的方法论体系"，并在 1988 年的《我国近十年目录学研究的回顾与思考》一文中进一步认识到"目录学方法是一个整体"。1984 年，彭斐章、谢灼华发表《对当前目录学研究的思考》一文，在研究方法上，强调目录学知识数学化，目录学运用新的科学方法、调研方法、统计方法的改进提高，传统方法改进与深化，建立书目

① 朱天俊．目录学研究中若干问题的思考［J］．中国图书馆学报，1992（4）．

计量、书目控制和比较目录学等。1986 年，彭斐章等在《目录学》教材中提出“目录学应拥有现代研究方法，以提高学科水平”，并在 1991 年的《论当代目录学的发展趋势》一文中进一步提出要“促进目录学研究方法的科学化”，“应从目录学这块沃土中寻找各种方法的生长点，使目录学方法的应用更加科学化、多样化，形成一个系统化的方法论体系”。1990 年，柯平在《当代中国目录学研究的评论》中提出：“我国目录学的研究模式正向多种方法的整体发展，进而形成目录学的方法论体系”，“目录学方法论体系必然由哲学、一般科学方法和专门研究方法 3 个层次组成”，并于 1991 发展了自己的观点，认为目录学的核心方法首先是系统方法。1994 年，马芝蓓的《当代目录学方法论体系探讨》一文对目录学方法论体系进行了详细的探讨，认为目录学研究方法根据普遍性程度差异，从高到低分为 3 个层次，即哲学方法、目录学一般方法和专门方法。这些对目录学方法论的研究丰富和发展了目录学的研究方法体系。

我国对目录学研究方法的运用，经历了从自发运用到逐渐开始自觉运用，从定性方法向定性与定量方法相结合的历程：1949—1976 年，定性研究方法占有明显优势，确立了马克思主义在目录学领域的指导地位；1977—1979 年，研究方法与前一时期无大的变化；1980—1983 年，定性方法仍占优势，新方法尚处于引进与认识阶段，运用较少，是新旧交替时期；1984—1994 年，具有方法论意义的目录学各分支学科的较为系统的介绍与一定程度的运用，初步形成了目录学的专门方法的核心。① 随后，人们对目录学研究方法的认识逐渐深化，运用也逐渐灵活。目录学研究方法最终实现了经验描述与科学方法的结合、定性方法与定量方法的结合、本学科方法与其他学科方法的结合和具体方法与方法论的结合。

---

① 马芝蓓．当代目录学方法论体系探讨［J］．图书情报工作，1994（2）．

二、目录学研究方法论

正如上文所述，一门学科的研究方法具有多样性、层次性和规定性，在目录学领域内，研究方法也同样具备多样性、层次性和规定性。一般来说，任何一门科学的方法论都应对其所使用不同层次的科学方法有所揭示，而每门科学使用的科学方法通常又被划分为三个层次：①最低一层是本学科专门方法，它们是独特的、具体的，具有较强的针对性、有效性、可操作性；②处于中间层次是各门学科所通用的一般科学方法，它们对各门具体科学大多通用，是对第一层次的概括与总结；③处于最高层次是哲学方法，是适用于一切科学最普遍的科学方法，是对第一层次、第二层次的再抽象。① 因此，目录学的科学研究方法同样也有三个层次，即哲学方法、一般科学方法和目录学专门方法。这三个层次的方法构成的是相互联系、相互制约的整体，即目录学方法论体系。

（一）哲学方法

哲学是理论化、系统化的世界观和方法论，是对自然、社会和思维知识的概括和总结，是以最一般的概念、逻辑的形式反映社会存在的特殊的社会意识形态，是一门关于人类思维及其规律的学说。它不是一般的思维科学，既不同于实证性的经验科学思维，也与数学等纯逻辑形式科学思维有较大区别，它是最高层次的理论思维，是对人类思维成果多层次及高层次的抽象，具有思辨性、超越性特征。

马克思主义哲学的创立，为全部科学提供了合理的世界观和先进的方法论，使整个社会科学第一次有可能真正成为科学。马克思主义哲学体系与以往一切有关“绝对真理”并凌驾于各门科学之上的哲学体系不同，它是指导人们探索和认识真理的世界观和方法

① 王子舟．图书馆学基础教程［M］．武汉：武汉大学出版社，2003：259-260.

论，它要求人们从现实的联系和过程出发来认识世界，它强调整个理论研究必须从实践中来，到群众中去。马克思主义的广泛传播，使它在社会主义科学领域中起到了任何具体科学所不能替代的和越来越重要的作用。马克思、恩格斯建构的唯物辩证的科学方法论不仅研究了最一般的哲学方法，而且总结了科学研究许多具体方法，如观察方法、实验方法、数学方法、假说方法、分类方法、比较方法、归纳和演绎方法、分析和综合方法、抽象和具体方法、历史和逻辑方法、理性化方法等，在科学方法论的发展过程中占有极其重要的地位。马克思主义哲学方法是哲学原理在社会实践、科学研究中的应用，如实事求是的方法、对立统一的方法、透过现象看本质的方法、理论与实践相结合的方法等。马克思主义哲学作为迄今最为先进的认识方法论，是认识和改造世界的一般方法，既不能代替具体科学的特殊方法，也不能为具体科学的特殊方法所取代。马克思主义哲学方法对于具体科学来说是具有指导意义的根本方法。目录学的发展离不开马克思主义哲学的指导。目录学研究要在马克思主义哲学的指导下，客观辩证地研究目录工作及目录事业，使目录学的发展建立在科学的基础之上。

（二）一般科学方法

一般科学方法是指对大多数科学都适用的科学方法。有些科学中的专门科学方法甚至发源于一般科学方法，后经反复应用与矫正，逐步演化成为具有特殊性的专门科学方法。目录学中最常使用的一般科学方法主要有：观察实验法、调查分析法、归纳演绎法以及一些横断科学方法。

1. 观察实验法

观察法是指通过感官或仪器对自然状态下的研究对象进行考察认识的方法。观察法是最古老的一种科学方法，有些科学就是以观察法为基础发展起来的。观察法有直接观察（观察者与观察对象间不存在中介物）和间接观察（观察者与观察对象间存在中介物，如观测仪器等）两种。现代科学发展中，观察法因借助于各种高科技手段，依然是科学研究中的一种基本科学方法。由于观察对象在自然状态下的情况能真实表现，较少受环境的干扰，因而观察者能搜集到可靠的第一手资料，这是观察法的优点。其不足之处在于观察资料的质量容易受观察者能力、心理因素以及观察对象所处的时空的影响，并且观察到的资料也有限，往往不易做出概括性的总结。在目录学研究中，观察法的运用也是十分常用的。如图书馆和图书发行部门的书目工作者在长期的书目工作实践中观察到：读者的需要随着环境和时代的变化而变化，读者的需求是多种多样的，不同的读者其需求也不同。

实验法是在可控制的条件下，主动使某种变量发生变化进而对其他变量施以影响，再考察其受影响的结果的一种科学方法。从根本上说，实验方法是一种实证的方法，对任何学科都具有方法论上的意义。实验方法不仅在自然科学研究中被广泛应用，在当代社会科学的研究中也积极使用实验的方法去获取可靠的研究结论。目录学的研究有时也需要实验法。如要了解一部书目的编制质量，除了采用各种从形式和内容两方面的方法来考察外，还可以使用试验法，对其质量进行检验。实验常常从假设开始。在实验中，实验者必须有能力、有条件、人为地改变某种变量；必须对实验的变量有所干预。研究者操纵、控制的变量为自变量，受影响而发生反应的变量为因变量。在实验中，研究者能有意识地安排和控制自变量，测量其对结果影响的程度。一项完整的实验即经典实验方案(Classical experimental design）一般含有四大要素，即自变量与因变量、前测与后测、实验组与对照组以及随机分配。当然，在具体的实验中，我们不一定会百分之一百地遵循经典实验方案。实验最大的优点就在于它能够排除众多的干扰因素，达到检验实验中自变量与因变量之间是否存在因果关系的目的。但是，实验的规模一般较小，应用范围也有限制。

观察和实验的区别在于：观察是控制的感觉；实验是控制的观察。在简单的观察中，被观察的现象是社会自然产生的；实验的现象却是被人们人为制造出来的。观察意在将事件查明，实验则通过对有意产生事件接受外界刺激的变化，来考察诸因素之间的因果关系。观察的环境往往超出了我们能够涉及的控制范围；而实验的环境却是按要求有意安排的。同时，由于我们在实验的观察中，往往采用技术设备，所以观察是有约束的。观察是被动性的经历，实验则是主动性的实践。观察中我们几乎没有企图控制自然发生的事件；实验中我们必须选择条件制造现象，而且还要尽可能地控制环境。也就是说，观察是一种被动行为，实验是一种主动行为；观察搜集的是自然状态提供的东西，实验提供的是自然状态应给的东西；实验比观察更具严密性、非局限性、简单化、可重复性。

观察较实验的优势有：①观察几乎在所有情况下都能进行，它不要求更多的条件，既安全又经济。实验却不能随意进行，有时不能进行，甚至会产生危险。②实验的准备依赖于观察。最先的观察是实验的先决条件。观察可以在无实验的基础上径直地进行，而实验没有观察就只能停顿。③在观察中，我们有从原因到结果，或者从结果到原因的理由和结论，亦即结论可能在前，也可能在后。实验时，却决不会出现这种情况。实验是从原因到结果依次进行的。观察中我们必须查明结果的原因，或者原因的结果。实验时只要有结果，可以置原因于不顾。①

实验较观察的长处有：①在实验中，能够隔离现象中的因素；但在观察中却很难做到这一点。②在实验中，我们能比较容易地制造一个现象，甚至可以无限制地改变环境，但在观察中不得不依赖于现有的现实。③在实验中环境多在控制的范围内，所以能够镇静而认真地沿着现象的变化来跟踪观察；观察却是匆忙而紧迫的，以捕捉那种稍纵即逝的现象。

很明显，实验离不开观察，观察须经实验才更能发挥方法的效能，观察法和实验法两者的优缺点是相互对应的，两者结合起来正好相互补充和完善。因此，它们可以统一并兼容在一次科学研究中。

2. 调查分析法

调查分析法是在自然状态下通过询问被调查对象、获取事实材

① 林聚任，刘玉安．社会科学研究方法［M］．济南：山东人民出版社，2004：233-238.

料并加以统计分析、得出某种结论的科学方法。调查分析法从其方式上可分为口头调查法（访谈法）和书面调查法（问卷法）两种，从其调查范围上可分为全面调查法和非全面调查。

口头调查法，即访问调查法，是指访问员通过面对面地口头交谈等方式向被访者了解情况、获取信息的方法。整个访谈过程是访问者与被访问者互相影响、互相作用的过程。因此，在访问调查中，访问者应努力掌握访谈过程的主动权，积极影响被访者，尽可能使被访者按照预定的计划回答问题。在访问过程中，最关键的问题是如何使被访者讲真话，减少访问者的个人因素对所搜集资料的不良影响。访问法具有较好的灵活性、适应性、深入性，且回答率和效率都很高。但使用访谈法的经济费用较大，受场景影响较大，标准化程度也较低。所以，访谈法一般应用于那些偏重私人情况和对准确性要求较高的问题的观测上，或者应用于探索性观测活动。

书面调查法，即问卷调查法，是用精心设计的问卷的形式用同样的问题对不同的对象进行调查以搜集资料的方法。问卷法大多通过邮寄、个别分送或集体分发等多种方式发送问卷，由被观测者按照问卷所问的问题来填写答案。采取何种调查形式主要取决于调查经费的多少、预定完成调查项目的时间长短以及欲采集的数据质量的高低。在问卷调查中，问卷中的问题都有具体的回答范畴（Response categories）。在设计问卷时，要避免使用术语和缩略语、含义不清的字眼、带有偏见的问题、双向问题、带有导向性的问题、超越被调查者回答能力的问题、双重否定的问题、不平衡或重复的回答范畴。对一些敏感性问题的提出、开放式或封闭式问题的选择、回答范畴的安排以及问卷中问题的编排顺序等问题也要有所考虑。由于人们对问题的回答都被规范在一定的回答范畴之内，所以不管问卷调查的范围有多大，对问卷结果进行数据分析都同样便利。问卷调查使用非常广泛，其成功取决于如何有效地从选入样本的被调查者中获得需要的信息。但是，由于问卷调查采用规范的问题与规范的回答范畴，问卷调查也并不是万能的。

全面调查，就是对调查对象的全部单位所进行的调查。普遍调查（简称普查）就是一种全面调查，是对调查对象的全部单元无一例外地逐个进行的调查。由于调查对象有宏观、中观、微观之分，因而，普查也有宏观、中观、微观之别。大至全球，小至某一具体单位，只要是对其中每个个体所进行的调查，都是普查。普查方式有两种：一种是由上级制定普查表，由下级根据已经掌握的资料进行填报；另一种是组织专门的普查机构，派出专门的调查人员，对调查对象进行直接的登记。普查的优点主要在于资料全面、准确。但普查也有其缺点，即工作量大，调查内容有限，时效性差，代价大、组织工作异常复杂等。正因为如此，普查的应用范围较为狭窄，一般只适用于对事关全局的基本情况进行调查。由于普查涉及面广，工作量大，为了提高普查的效率，进行普查时必须注意所设立的普查项目必须简明；普查时间必须统一、适当，不宜过长；普查应尽可能按一定周期进行；普查人员应受过相应的培训并有严密的组织；对普查的精确度应进行科学的鉴定和实事求是的说明。

非全面调查，就是对调查对象总体中的一部分单位所进行的调查。如重点调查、个别调查、抽样调查等，都是非全面调查。重点调查，是指对某种现象比较集中的、对全局具有决定性作用的一个或几个对象进行的调查，其主要目的是为了对某种现象总体的数量状况做出基本估计，即主要是作定量调查。重点调查可以是直接调查，也可以是间接调查，如电话调查、通信调查、通过各种登记表进行调查等。它的优点在于调查单位不多，付出的代价较小，却能掌握到对全局具有决定性影响的情况。因此，重点调查是一种具有广泛用途的调查类型。个别调查，也称个案调查，是指为了解决某一具体的问题而对特定的个别对象所进行的调查。个别调查的对象都是特定的、不可代替的，具有非选择性。这种调查的目的在于就事论事，解决具体问题。抽样调查，是指从调查对象的总体中，一般按照随机原则抽取一部分单位作为样本，并以对样本进行调查的结果来推断总体的方法。这里所说的“总体”，是指调查对象的全部单位；“样本”则是指抽取出来进行调查的一部分单位。随机原则是指在抽取样本时，总体中的每一个单位都有同等可能被抽中的机会，因而又称同等可能性原则。抽样调查的对象是作为样本的一部分单位，它们不是由调查者主观选择或确定的，而是一般按照随机原则抽选出来的。不过，在调查对象总体的内涵和外延无法具体确定或者不需要准确推断总体的情况下，也可以按照非随机性原则抽取样本。抽样调查具有“客观、准确、节约、便利”的鲜明优点。但是，抽样调查主要适用于作定量调查而不大适用于作定性研究；对于调查总体的范围尚不很明晰的调查对象，就不可能进行抽样调查；抽样调查要求调查者要具有较深广的数学知识，特别是概率论和数理统计方面的知识；由于样本单位的数量仍然相当庞大，因而调查内容的广度和深度仍会有较大局限①。

调查分析法在目录学中已经得到了很好的运用。比如，从20世纪80年代以来美国已进行了多次对读者利用机读目录情况的调查。英国图书馆研究发展部BLRD在20世纪80年代资助了一系列用户需求与用户调查研究，对象包括工业、农业、商业、金融、社会福利及社会科学学术研究者与实际工作者等社会各行各业人士。我国也进行了许多相关调查。彭斐章承担高校社科博士点基金项目“图书情报需求分析与读者服务效率研究”时，为了获得读者书目情报需求特点及其影响因素，对700名情报用户进行了问卷或跟踪调查，获得了用户书目情报行为的大量数据。

而且，随着计算机技术的飞速发展以及互联网络的出现，社会调查方法出现了新的方式——网络调查。网络调查亦称在线调查，有别于面访、邮寄问卷等离线调查方式。网络调查法最初以电子邮件发送回复调查问卷为主，现已发展为以网上问卷（Web问卷）为主，网络聊天、网络论坛的非正式交流等形式为辅。目前，各类网络调查软件和网上调查网站层出不穷，许多网站、论坛或网页也能方便、实时地进行各种简单的调查。网络调查成本低，可避免邮寄和回收问卷的费用支出；调查速度快，可迅速得到被调查者的反馈；隐蔽性好，可使被调查者的心理防御降到最低程度；具有互动

---

① 林聚任，刘玉安．社会科学研究方法［M］．济南：山东人民出版社，2004.

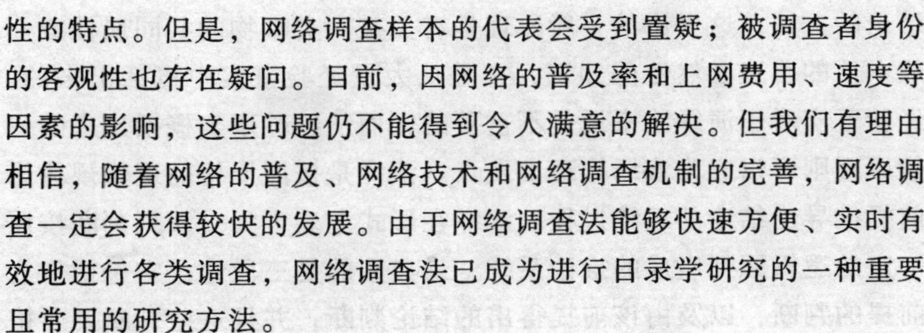

性的特点。但是，网络调查样本的代表会受到置疑；被调查者身份的客观性也存在疑问。目前，因网络的普及率和上网费用、速度等因素的影响，这些问题仍不能得到令人满意的解决。但我们有理由相信，随着网络的普及、网络技术和网络调查机制的完善，网络调查一定会获得较快的发展。由于网络调查法能够快速方便、实时有效地进行各类调查，网络调查法已成为进行目录学研究的一种重要且常用的研究方法。

3. 归纳演绎法

认识运动的一般程序是："由特殊到一般，又由一般到特殊。"这就是归纳与演绎，是被人们很早就总结出来的两种思维推理形式，也是普遍运用、又是非常传统的科学研究方法。

社会科学的科学研究，大多数是从对社会生活个别事实的直接经验感知而开始的。科学研究的最终目的是要揭示有关事物的一般属性和本质，揭示它们普遍的必然性和规律性，使我们有可能解释和预见事物的现状和发展趋势。显然，直接经验并不全等于事物的一般属性和本质。从对个别事实的直接经验跃进到对事物一般性和本质、规律性和必然性的揭示与掌握就需归纳法。可见归纳法就是这样一种推理：从个别事实中推演出一般原理的逻辑思维方法。这个方法的主要特点是：①归纳法是思维对记录下来的经验事实的加工与处理；②归纳法的结论是客观事物概率统计的结果。③归纳法具有强烈的方法配伍性。归纳在实际实施时，并不是简单地、机械地把大量的个别经验事实罗列出来或重组起来，表现为数字的机械增加，而是兼容了其他逻辑思维方法的；④由于归纳是以直观的感性经验为基础，因而归纳法不能深刻揭示事物的深层本质规律。另外，归纳只能根据已经把握的一部分经验事实的某些属性来进行，无法穷尽同类事物的全部属性，因而做出的结论不是完全可靠的，带有很大的不确定性，甚至有与经验事实相矛盾的现象发生，这种情况一经出现甚至会将原来的结论推翻。

单纯的归纳法对科学研究的发展是不充分的，如果要正确的运用该方法，还要与演绎方法联系起来，归纳和演绎本来就是相辅相成的。与归纳法相反，演绎法是一种由一般原理推导出特殊或个别结论的方法。这里讲的一般原理是有关某一类事物的共同属性或一般本质的普遍必然性的知识，它是从大量经验事实中概括出来的。经验事实对于演绎法来说是不重要的，而从经验事实概括出来的一般原理则可以成为演绎推理出发点。演绎是按照严格的逻辑规律为前提推导出结论的思维过程。演绎在形式上表现为一系列判断按照一定的逻辑原则组成的推论系统，最典型的是三段论。它包括作为前提的判断，以及由该前提得出的结论判断，并且这些判断要严格按照一定的逻辑规则来排列，缺少其中的任何一个因素，都不能形成正确的演绎推理。演绎法能否科学地展开，能否得出可靠的结论，关键在于能否严格遵守一定的逻辑规则。一个成功的演绎系统，本身就是对个别、特殊和普遍之间客观的必然联系的反映，这个反映如果没有严格的逻辑原则来保证是无法实现的。演绎是一般原理向实践转化的重要逻辑形式。

归纳与演绎看起来是相反的，但不是两种绝对对立、各自孤立的方法。正像恩格斯指出的那样，归纳和演绎是必然相互联系着的。归纳是演绎的基础。演绎是从归纳结果之处展开的，演绎的一般知识来源于经验的归纳结果。归纳需要以演绎为指导。人类的认识活动是从研究个别对象开始的，这种情况表明归纳推理有一定的独立性。但是完全脱离演绎的归纳将是盲目的。人们如果要克服盲目性，增强自觉性，必须以演绎作为归纳的指导。演绎与归纳互相渗透，互相兼容。演绎与归纳作为人类认识客观事物的方法，与研究各种实际和理论问题方法常常是密不可分的，而且交融在一起。所表示的不分明性，亦此亦彼与非此非彼性是常见的。

因此，演绎是从普遍到个别的过程，而归纳则是从个别到普遍的过程。在社会科学研究中，“普遍”指的是理论，而“个别”则指具体的观察资料；理论为社会现象与活动提供解释或预测，观察资料则为了解社会现象提供依据。从理论开始，通过假设到观察资料的过程为社会科学研究中的演绎过程；而从观察资料开始，通过概括性模式到理论的过程为归纳过程。理论与研究之间的关系是一个永不停息的从归纳到演绎，又从演绎到归纳的互动过程。目录学理论的发展、目录学研究对象的确定、目录学规律的发现同样离不

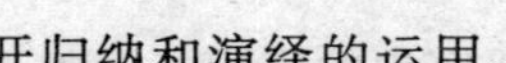

开归纳和演绎的运用。

4. 横断科学方法

横断科学是以不同层次物质运动或不同学科中某些共同点作为研究对象的一类科学。它能将自然界、人类社会和人类思维的各个领域横向地贯通，并在各个领域中验证和发展自身的理论。“老三论”（信息论、系统论、控制论）和“新三论”（耗散结构论、协同论、突变论）都是横断科学。横断科学覆盖面广，对多门学科进行综合与概括，因此具有很强的方法论特征，它的一些概念、理论、方法，很容易被其他学科所吸收。

科学研究的过程，自始至终贯穿着对认识客体信息进行有组织的加工、改造和整合的过程。产生于20世纪40年代的信息论，就是一门深入研究信息的产生、获取、传输、处理、检测、识别和利用的综合性学科，它揭示了事物之间的相互联系，把系统的过程抽象为信息传递的过程，考察信息流程，达到对事物运动过程的规律性认识。与传统的科学研究方法相比，信息方法既不是通过割断对象的内部联系去分析对象的各个部分，也不是在这种剖析的基础上进行机械的综合，而是从整体观念出发，用联系和转化的观点综合研究对象运动的信息及其变换过程。随着现代信息科学的发展和日益完善，信息方法已经成为现代科学研究事物的复杂性、系统性、整体性的一般科学方法，它对于深入开展现代科学研究具有不可或缺的重要价值。信息论的方法对目录学研究具有十分重要的意义。随着环境的变化，传统目录学要适应和指导现代实践，必须与时俱进，跟上时代发展的需要。于是，书目工具在性质和功能上“异变”的同时，用户使用这些工具所需掌握的规范也大大增加，并在两者之间逐步形成了突出的矛盾。这就需要我们使用信息分析法、综合法、引导法等，对其进行认真研究并加以解决。

系统方法是运用系统理论的基本原理，研究和处理有关对象的整体联系的一般科学方法论。它从系统与要素之间，要素与要素之间，以及系统与外部环境之间的相互联系、相互作用中精确地考察对象，从而达到正确地认识对象和有效地处理与对象有关的问题的目的。与传统方法相比较，系统方法具有整体化、最优化、定量化、模型化等显著特点。系统方法在目录学研究中的应用，引起了科学认识的思维形式、思维方法的重大变革，其结果无疑将对目录学的传统概念、内容体系产生重大的影响，并促成研究水平的重大突破。目录工作是一项社会活动，运用系统工程的知识和方法来研究目录工作的组织与管理，产生一门新的知识门类——目录系统工程。目录系统工程把目录工作作为一项社会活动系统，研究建立和实施这个系统的技术方法，促使目录工作组织管理水平和效率的提高。

以上列举的几种一般科学方法，是目前目录学中应用较为显见或有待深入借鉴的方法。需要注意的是：一般科学方法的数量不仅仅局限于此，其他诸如历史的方法、预测的方法等，都具有普适性，也适合于目录学研究。但各种一般科学方法在目录学领域的适用度是有差别的。目录学关注的是书目情报运动规律，它需要既研究信息资源，又研究读者用户，仅靠一种科学方法是无法实现的，需要不断借鉴各种不同的科学方法来从事研究。广泛采用不同的科学方法，不能仅仅停留在肤浅借用或照搬的层次。如果简单地将其他学科的名词、概念嫁接到目录学中，那就不是以它们来丰富我们的学科体系，而是以我们的陈旧体系来同化它们。有些科学方法只有经过深入透彻的理解和应用，方能显示其巨大威力。

（三）目录学专门科学方法

专门科学方法是本学科必须具有的，因此不同的学科才有不同的科学方法。有无专门科学方法亦成为衡量该学科发展是否成熟的一个重要标志。目录学专门方法是指具有本学科意义的方法，它既可以由本学科体系内部产生，也可以移植其他学科方法并且经过目录学改造后所形成的方法。目录学有着悠久的历史和优良的传统，在其发展过程中也逐步形成了自身的一套方法。目录学专门方法的形成与长期的书目实践活动有着密切关系。我国古代书目实践就曾孕育出某些文献选择、文献整理、文献揭示以及文献控制的科学方法，它们和现代书目实践所催生出来的一些科学方法共同组成了目录学专门方法的完整体系。在这个体系中，目录学专门科学方法有两大类：一类是目录学在自身的发展过程所形成的具有自身特色的研究方法，如文献选择方法、文献揭示方法、书目编制方法；另一类是目录学移植其他学科的方法和理论所形成的独特的目录学研究方法，如书目计量学、书目控制论、比较目录学。

1. 文献揭示及其深化方法

文献的揭示是书目方法论的重要内容，是书目方法论的理论基础,是目录学方法论的核心内容,也是贯穿于目录学理论体系中的一个基本问题。随着各学科日趋交叉、复杂以及读者对文献需求的专深与准确,文献揭示的方法必须不断改革和完善。而现代信息技术为文献揭示的深化提供了技术支持,使得文献揭示的深化成为可能。

文献揭示及其深化思想在我国起源很早：叙录即提要的撰写始自西汉刘向刘歆父子编纂的《别录》、《七略》，“互著”“别裁”的方法在《汉书·艺文志》中已有所反映，后经郑樵、章学诚在理论上加以系统化形成了“辨章学术，考镜源流”的古典目录学思想精华。“主题法和索引法在我国也有1000余年的历史”，我国古代的目录学已经注重文献内在知识单元的揭示和整序，古代书目文献就是最好的证明。在当代，二次文献工作的核心问题仍然是对文献的揭示及其深化。这说明文献揭示及其深化方法是根植于目录学的沃土中，具有顽强生命力的方法。

“文献揭示深化论”是由谢德雄首次从方法论的意义上加以论述的。文献揭示深化方法是通过对文献信息的科学揭示，向需求者有效地报道文献记载的所有知识单元或某一知识系统的信息的一种认识方法，它是人们获取所需信息，了解某一门类的知识体系的一种特殊的认识文献的方法，是科学研究的门径之学，它已普遍地向各门学科渗透，被人们所广泛使用。

作为连接文献与需求者的中介——书目情报服务，正是运用文献揭示及其深化法向用户提供所需信息。文献揭示及其深化的基本方法有文献著录法、文献提要法、文献摘要法、文献索引法、文献评价法、文献注释法、文献综述法。

文献著录法：著录是按照一定的规则，对文献的形式特征和内容特征进行分析、选择、记录的方法与过程，它是通过著录事项

（书名项、著者项、版本项、附注项等）来实现的。著录是确认某一文献的基本依据，也为获得文献提供了检索的初步途径；是揭示文献基本特征的重要方法，目的是为了揭示和报道有关文献的基本特征，为读者提供某一特定文献的信息；也是文献揭示最简明、最基本的方法。

文献提要法：提要又称解题，我国最早称为叙录。它是简明扼要地解释文献题意、介绍作者生平与学术思想以及揭示文献内容与评价学术得失的方法。提要有助于了解作者生平事迹与学术渊源；方便读者熟悉、鉴别、选择与利用文献，获得读书的门径。它被广泛应用于文献的编辑、出版、发行、宣传、书目编制与文献编目、古籍整理、读书治学与科学研究中。

文献摘要法：文摘是对文献的内容所做的简略而准确的描述，是用简要准确的、不加任何评论的文字摘述文献主要内容的方法。其用途在于向读者报道最新科学文献，深入揭示文献内容。查阅文摘，可以节约阅读时间，避免阅读无关紧要的原文，可引导读者选择文献，确定原文与查找课题的相关程度；还可克服语言、时空障碍，了解多种文字文献的内容精粹。它是揭示文献内容、传递有关文献情报的重要方式。

文摘索引法：索引是把一种或多种书刊文献里的事项或知识单元，如字、词、名（包括人名、地名、书名、篇名等）与主题等，按照有利于寻检的方式加以编排，注明出处，并提供文献资料线索的一种文献揭示的方法。它通常不提供信息或知识内容本身，只提供一种指示系统，使读者能够准确地找出文献或信息集合中的特定信息，起着“向导”或“指路人”的作用。

文献评价法：文献评价是对一篇文章或一部著作的介绍与评论的方法。评论学术论著，就具有学术评论的内容和特点。作为揭示文献内容的重要方法，文献评价对于了解、认识、熟悉文献来讲是必要的情报源。同时，也是开展书目情报服务不可缺少的工具。文献评价常常是评中有介、介中有评。它既可推荐优秀图书、论文，也可抨击粗劣出版物，在辅导阅读、推动图书出版发行工作以及促进学术交流与提供等方面，都是很有意义的。

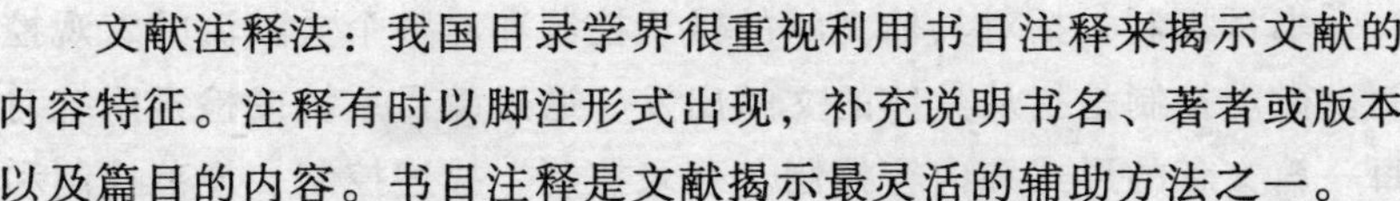

文献注释法：我国目录学界很重视利用书目注释来揭示文献的内容特征。注释有时以脚注形式出现，补充说明书名、著者或版本以及篇目的内容。书目注释是文献揭示最灵活的辅助方法之一。

文献综述法：综述是在对某一特定学科或专题的文献进行搜集、整理、分析研究的基础上撰写出的关于某学科或某专题的具有报道性（概述性、评价性）和资料性的科学。它对相关的文献群进行分析研究，概括出该学科或该主题的研究现状、问题以及未来发展趋势。综述的显著特点在于，它通过对相关的文献群进行分析研究，逻辑推导出原始文献中并未直接表达出来的信息。因此，综述是文献揭示的深化，可节省科学工作者或专业工作者的阅读时间，帮助他们系统了解一批相关文献的内容，获取大量文献信息，有助于他们捕捉科研课题。又由于综述中包括某一领域的历史与现状、趋势与展望，所以也常常被领导部门用作决策的参考。①

2. 书目控制论

控制论起初是关于动物与机器中的控制和通信的科学，现已发展成一门对动物、机器和社会不同系统进行控制的、具有普适性的科学。它主要由信息过程、反馈机制、控制技术三个主要内容组成。控制论方法不是单一的方法，而是由功能模拟方法、黑箱方法和反馈控制方法等具体方法组成的。

书目控制论是应用控制论的原理，对文献信息系统进行模拟、调节、控制的过程与方法，是将控制论原理应用于目录工作而逐渐形成的一门目录学分支学科，其目的在于探讨书目情报运动规律，开展书目工作的组织与协调，以促进信息资源共享。书目控制思想虽然起源很早，但作为概念首次出现是在1949年芝加哥大学著名学者伊根和谢拉发表的 *Prolegomena to Bibliographical Control* 一文。伊根和谢拉将控制论的一些定律和公式引入目录学，从内容和物质形体两个方面探讨了书目控制的手段和方法。从此，人们对书目控制研究不断地深入和加强。

---

① 彭斐章，陈传夫等编．目录学教程［M］．北京：高等教育出版社，2004：124-125.

书目控制包括对具体文献的微观控制和对整个文献流的宏观控制。微观控制是指从具体的文献出发，通过编目系统或检索系统对每一篇文献的形式和内容控制。著录控制、描述控制、规范控制和标引控制都属于微观控制。著录控制是依靠著录规则对文献形式进行描述；描述控制是通过对文献形式特征的揭示来实现的，其重点是对每一种具体的书目文献进行记录、描述、排列，每一条记录就是关于某一书目文献的载体特征及内容的信息记录，所有的记录按一定的规则严格编排，形成书目数据库；标引控制是通过对文献内容特征的揭示来实现的，其重点是在对文献资源进行形式特征描述的基础上，对信息资源内容进行分类标引和主题标引，其目的是在文献资源和用户之间建立一种特定的对应关系，并通过特定的语言来交流，满足用户对特定信息资源的需求；规范控制又称作权威控制，它是一个与描述和标引都密切相关的问题，是目录发展成熟至一定程度的产物，一般用来指与保持标目的唯一性、系统性有关的一系列活动，其重点是通过确定标目范围、统一标目形式及建立参照关系来实现目录的揭示与集中和查询功能，目的是给使用者提供更多更有效的查询途径，适应大范围内资源共享的需求。宏观控制是对文献流的数量和质量的控制，包括书目情报流控制和书目情报源控制。整序控制和选择控制是书目情报流的控制。整序控制主要是控制文献流的数量，目的在于列举文献并供读者利用；选择控制是根据特定的要求围绕某些学科或课题组织文献，使文献流从辐射式流动转为定向流动，其重点是对冗余文献的控制，实质是以质量为中心的控制。书目情报源控制包括文献的生产控制和文献的传播控制。版权控制、出版物登记、CIP控制和文献评论控制都是文献的生产控制；选择性传播、最新通报和浓缩性传播是文献的传播控制。①

随着科学技术的进步、计算机互联网突飞猛进的发展，数字信息资源急剧增长，一方面为读者提供了丰富的信息源；另一方面因

① 彭斐章，陈传夫等编．目录学教程［M］．北京：高等教育出版社，2004：207-211.

其巨量、无序，且质量良莠不齐，给读者有效利用信息资源带来了许多困难与障碍。数字信息资源更需要进行书目控制，才便于读者检索和利用。数字信息资源书目控制是以数字信息资源为控制对象，以书目系统为控制手段，以存储和检索出读者特定需求的信息资源为目的的一种控制行为。它同样包括对具体文献的控制和对整个文献流的控制。柯平的“网络信息资源的书目控制三级别”说（即：第一级是一般网络资源的书目控制，通过搜索引擎、网络资源导航等解决；第二级是网络出版物的书目控制，通过网络目录、网络文献评价系统等途径解决；第三级是网络知识与学术资源的书目控制，通过网络知识提炼与加工、知识挖掘等技术与智能的综合方案解决）为我们研究数字资源书目控制提供了参考和借鉴作用。但由于数字环境下文献、信息资源、读者以及读者的需求都发生了很大的变化，数字环境下的书目控制还面临着一系列亟待研究的问题。

3. 书目计量学

现代科学技术一个显著的特点，就是科学知识日益定量化。数学舍弃了客体的具体内容，从事物量的关系出发，具有高度抽象性。自然界的一切现象和过程都有其量的方面和定量关系，这也决定了数学方法的广泛适用性。目录学不仅要研究书目活动质的方面，也要研究其量的方面，研究量的关系和量的变化。书目情报活动所呈现出的“量”、“关系”、“结构”、“系统”，取决于它们之间相互联系所形成的不同层次的空间形式和数量关系，为数学方法的运用展示一个新的领域。随着社会信息需求量的剧增，书目情报工作将越来越注重传递的速度和效率。能否达到高速和高效，在很大程度上取决于管理水平的高低。利用数学和统计学方法对书目情报工作系统的诸因素进行计量分析和预测，是优化系统管理的重要途径。比如，对书目情报工作系统中的文献分布、需求状况、智力结构、人员配备以及经费、工作成果的质量和效益，通过数量统计予以分析和评价，可以确定系统的优化设计和最佳管理方案；对书目情报活动中大量存在的随机现象进行数学处理，将有助于对这些现象进行定量描述；对书目情报活动过程进行数学模拟，可以揭示其内在规律，为书目实践提供更坚定的理论基础。

数学和统计学的方法被引进目录学使目录学从定性分析向定量分析发展的标志是“统计目录学”的出现。“统计目录学”（Statistical Bibliography）是由英国伦敦专利局的图书馆学家休姆（Hulme，E. W.）于1922年在其编著的《统计目录学与现代文明增长的关系》中首次提出的。休姆利用《国际科学文献目录》（从1901年至1913年）进行简单文献计数并用常规的统计方法统计了各学科文献及其著者的分布，从而分析了现代科学技术和人类文明的发展趋势，来揭示“人类文明进程的定量研究手段”。自从休姆提出统计目录学以来，统计目录学在实践应用中发挥了巨大的潜力，统计目录学的概念和方法越来越得到学术界的承认和重视，不少科学家积极投入到该学科领域的理论方法和实践应用方面的研究，并取得了许多颇有影响的成果。

1926年，美国人寿保险公司统计师洛特卡（Lotka，A. J.）在美国有影响的学术刊物《华盛顿科学院杂志》上发表了题为《科技生产率的频率分布》的论文，在这篇论文中，洛特卡通过对文献有关特征的统计分析，第一次揭示了著者和论文量之间的关系，并建立了这种关系的数学模型。

1934年，著名的英国文献情报学家布拉德福（Bradford，S. C.）阐述了关于文献分散定律的基本思想——布拉德福分散定律，并把这一成果收入其晚年（1948年）完成的专著《文献工作》中。布拉德福在长期的文献工作中，对科技论文的分布特征进行了大量的统计分析工作，掌握了文献分散的特点，并用定量的形式描述了文献分散的客观规律，开拓了布拉德福分布理论。

1935年以后，美国语言学家齐普夫（Zipf，G. K.）通过对词频的大量统计分析工作，充分验证了贡东、文思杜等人研究结果的可靠性，并验证了这些结论（数学模型）中的各个参数的性质和范围，从而圆满地宣告了齐普夫定律的正式诞生。

1943年，美国学者戈斯内尔在其纽约大学毕业时的学位论文《文学图书馆藏书的老化率》中使用了“统计目录学”术语，该文用数学方法表示了藏书的老化率，并以此揭示藏书老化的发展趋势。

20 世纪 40 年代，著名的美国科学计量学家普赖斯（Price, D. J.）和另外一些科学家通过对文献数量随时间变化的统计研究，证实了文献累积数量与时间的关系呈指数曲线增长，从而建立了著名的普赖斯指数增长理论。

20 世纪 50 年代后期，著名的美国情报学家尤金、加菲尔德（Garfield, E.）开始了关于科学论文引证方面的分析研究，他用计算机列出了引自 89 万篇论文的 130 万条参考文献（被引证文献），并精选了其中的 2 096 篇，编成了《一九六一年遗传学引证索引》，这部索引是《科学引证索引》（Science Citation Index，简称 SCI）的前身，它对充实书目计量学理论方法的宝库做出了巨大的贡献。

1960 年，美国巴尔顿（Burton, R. E.）和凯普勒（Kebler, R. W.）在对文献出版年代统计的基础上提出了文献老化的巴尔顿-凯普勒方程，从而把书目计量学的研究推向更深入的一步。

1962 年，雷西在其发表于《医学图书馆协会通报》第 50 卷的题为《卫生科学中的统计目录学》论文中论述了统计目录学的潜在作用，他认为，统计目录学在实践中已受到应有的重视，其主要原因是它能定量揭示过去的某些科学规律，尤其是期刊论文的引证统计分析更能揭示学科文献的内在关系。

1969 年，英国情报学家阿伦·普里查德（Alan Pritchard）在其发表于《文献工作杂志》第 25 卷上的题为《是统计目录学还是书目计量学?》论文中首先提出用“书目计量学”（Bibliometrics，我国翻译为书目计量学或文献计量学）这一新名称来代替“统计目录学”一词。① 普里查德的建议很快得到了同行的普遍承认和接受。书目计量学的含义是：通过计算和分析学术论文交流等不同方面，揭示学术论文交流过程和该学科发展的本质及发展（通过学术论文所展示的范围）；收集并解释与书刊有关的统计资料、论证

① 罗式胜．文献计量学概论［M］．广州：中山大学出版社，1994：2-5.

它们的历史演变、探讨书刊的国内外研究，以及弄清许多地区范围中书刊资料的一般使用情况。书目计量学的研究范围为：一是研究文献之间的关系（即引文研究）；二是研究对一篇文献的描述，这些描述一般都集中在包含着作者、专题文献、杂志或主题/语词的一致模式上。布拉德福分布、洛特卡分布以及齐普夫分布，被认为是书目计量学的基本定律。引文分析法是书目计量学的主要方法。

我国书目计量学最早的应用研究是1935年陆节达的《清代著述统计之研究》一文。随后，我国对书目计量学进行了相关的理论和应用研究。彭斐章主编的《书目情报需求与服务研究》一书就是运用此方法来研究读者需求，优化书目情报服务的范例。现代计量工具和方法的发展，特别是模糊数学、概率论和数理统计的引入，使我们有可能对目录学和书目情报工作中一些具有随机性和模糊性的现象进行定量描述，揭示其内在规律。如引进关系矩阵理论所产生的引文索引，可以帮助我们从被引文献去检索引用文献。通过这种“滚雪球”式的检索，不但可以确定各门学科的核心期刊和文献，掌握某一领域的研究动态和进展；而且还可以通过它追根溯源，进行科学文献的结构研究，掌握文献动态规律，为建立读者文献利用行为模型提供量化依据。利用模糊数学进行书目情报分析，则有助于消除主观因素，增强评价的客观性和准确性。①

目前，虽然书目计量学已经发展到了信息计量学（Informetrics）、网络信息计量学（Webometrics或Cybermetrics）时代，但其基本规律即文献信息增长规律、文献信息老化规律、文献信息集中与离散分布规律（布拉德福定律）、文献信息词频分布规律（齐普夫定律）和文献信息作者分布规律（洛特卡定律）仍然是重要的组成部分。

4. 比较目录学

比较法是一种逻辑思维方法，也是一种具体的研究方法。人们认识客观事物常常是从区分事物开始的，即先进行比较，有比较才

---

① 彭斐章，曾令霞．论当代目录学的发展趋势［J］．图书情报知识，1991（4）．

能鉴别。通过比较分析，人们能够把杂乱的感性材料分门别类，区分其真假、精粗、彼此、表里，这样才能找到事物中比较稳定的联系，为更深入的研究奠定基础。比较方法将个别事物属性纳入广阔的背景，从而更好地揭示事物的普遍规律；可以激化思维，产生新的发现；可以追溯事物发展的历史渊源和确定事物发展的过程。比较方法本质上是一种在联系中把握特定事物的方法。比较方法是多种多样的，有结构比较分析、功能比较分析、数量比较分析、质量比较分析、原因比较分析、外形比较分析、系统比较分析、纵向比较分析、横向比较分析、历史比较分析等。在实际应用中，这些比较方法常常是综合性地交织在一起发挥作用。

比较方法很早就应用于目录学。在魏征《隋书·经籍志·序》、郑樵《通志·校雠略》、章学诚《校雠通义》中，都可以看到典型的例证。这些篇章"辨章学术、考镜源流"，评论历代目录学家目录学思想及实践之是非得失，在一定名义上已经具有比较目录学的某些因素。至于后人研究目录学史，无论是考察某一学者，某一著作，某一观点，都喜欢同先辈和左右同辈进行比较，这在方法上也为现代的比较目录学做了一定的准备。但现代的严格意义上的比较目录学，虽然和比较方法紧密地联系在一起，却不仅仅是比较方法在目录学研究中的应用。比较目录学是比较不同国家和不同文化环境中具有某种联系的目录学理论与实践问题，探索目录学发展与交流影响规律的分支分科。

比较目录学使得目录学的发展突破了传统的古老的民族界限、国家界限，把各民族各国家目录学发展的样式和变异，都以整个世界画面为背景，联系起来进行考察。比较方法的主要功能是同中求异和异中求同。通过有意识的主动的比较，从错综复杂的现象中，总结目录学理论与实践的异同点，这是比较目录学的最基本目的。目录学领域的共同和差异不是偶然的。同，必须有联系的因素；异，必然有影响的因素。寻找影响目录学领域异同的原因，也就是对异同点做出解释，才更有价值。各个差异点和相似点一一置于直接的对照之下，联系社会环境中历史的、地理的、经济的、文化的及其他决定性背景因素并加以阐释，由此而"明是非、辨高下"，挖掘造成同异的根源，探索目录学发展长远的趋势和模式。比较目录学重在比较，但比较并不是这门学科的目的，而是它研究方法的特征。由于目录学的发展，除了受社会条件制约外，还受其自身内在规律的支配，并且社会条件的制约性是通过目录学内部的自身发展规律起作用。因此，比较目录学研究的最终目的，自然是要揭示目录学发生发展的内在规律，其中包括世界范围内共同的普遍规律，也包括各个国家发展的特殊规律。

比较目录学是目录学研究的一种主要方法，对目录学传统方法的更新具有重要意义，对目录学研究人员的思维方法有重要的启示作用。比较目录学能够探讨目录学的发展、交流与影响规律，这对于打破时代的局限性和国别的限制有重要意义。比较目录学通过总结异同点，指出其优劣，可提供可供借鉴的经验和方法，对于各国的书目工作具有指导意义。比较目录学还能够促进世界各国目录学的交流和发展。比较目录学要坚持可比性原则和客观性原则。可比性是指构成比较的若干事物或现象或理论具有某种共性，或者说，只有同类的事物或现象或理论才能构成比较。客观性原则包括目的客观性、分析客观性和结论客观性。①

参考文献

[1] 马克思，恩格斯著．马克思恩格斯选集（第三卷）[M]．中共中央马克思恩格斯列宁斯大林著作编译局，编译．北京：人民出版社，1972.

[2] 马克思，恩格斯著．马克思恩格斯全集（第二十卷）[M]．中共中央马克思恩格斯列宁斯大林著作编译局，编译．北京：人民出版社，1971.

[3] 毛泽东．整顿党的作风 [M]．北京：人民出版社，1975.

[4] 辞海编辑委员会．辞海[M].上海:上海辞书出版社,1979.

---

① 柯平．文献目录学 [M]．河南：河南大学出版社，1998：325-334.

[5] 李行健．现代汉语规范词典［M］．北京：外语教学与研究出版社，2004．
[6] 王同亿．新现代汉语词典［M］．海口：海南出版社，1992．
[7] 彭斐章．书目情报服务的组织与管理［M］．武汉：武汉大学出版社，1996．
[8] 彭斐章，乔好勤，陈传夫．目录学（修订版）［M］．武汉：武汉大学出版社，2003．
[9] 彭斐章，陈传夫等编．目录学教程［M］．北京：高等教育出版社，2004．
[10]（清）章学诚著；刘公纯校点．校雠通义［M］．北京：古籍出版社，1956．
[11] 武汉大学、北京大学《目录学概论》编写组．目录学概论［M］．北京：中华书局，1982．
[12] 柯平．文献目录学［M］．开封：河南大学出版社，1998．
[13] 韩寿根等．学科大全［M］．沈阳：沈阳出版社，1989．
[14] 王子舟．图书馆学基础教程［M］．武汉：武汉大学出版社，2003．
[15] 罗式胜．文献计量学概论［M］．广州：中山大学出版社，1994．
[16] 来新夏．古典目录学［M］．北京：中华书局，1991．
[17] 姚名达．中国目录学史［M］．北京：商务印书馆，1957．
[18] 刘纪泽．目录学概论［M］．中华书局，1934．
[19] 汪辟疆．目录学研究［M］．上海：商务印书馆，1934．
[20] 徐国仟．目录学［M］．中国医药科技出版社，1994．
[21] 陈克晶，吴大青．科学分类问题［M］．北京：人民教育出版社，1980．
[22] 谢灼华．中国文学目录学［M］．北京：书目文献出版社，1986．
[23] 郑鹤声．中国史部目录学（修订第2版）［M］．上海：商务印书馆，1956．
[24] 陈秉才，王锦贵．中国历史书籍目录学［M］．北京：书目

文献出版社，1984.
[25] 王锦贵．中国历史文献目录学［M］．北京：北京大学出版社，1994.
[26] ［苏］M.П. 加斯特费尔，Г.К. 贝斯特洛娃．自然科学文献目录学［M］．北京：书目文献出版社，1989.
[27] 李孟楼．科学研究方法［M］．北京：中国农业出版社，2009.
[28] 韦克难．社会调查研究方法［M］．成都：四川人民出版社，2002.
[29] 高燕，王毅杰．社会研究方法［M］．北京：中国物价出版社，2002.
[30] 林聚任，刘玉安．社会科学研究方法［M］．济南：山东人民出版社，2004.
[31] 彭斐章，谢灼华．关于我国目录学研究的几个问题［J］．武汉大学学报（哲学社会科学版），1980（1）.
[32] 彭斐章，郭星寿．加强马克思主义文献目录学研究［J］．图书馆杂志，1983（1）.
[33] 彭斐章，曾令霞．论当代目录学的发展趋势［J］．图书情报知识，1991（4）.
[34] 郭星寿．试论马克思主义文献目录学的产生与发展［J］．图书馆工作，1983（3）.
[35] 王心裁．文化冲突与交融中的导读目录［J］．图书情报知识，1998（4）.
[36] 乔好勤．当前我国目录学研究的方向和任务［J］．图书馆界，1982（2）.
[37] 柯平．中国目录学的现状与未来［J］．图书馆杂志，2005（3）.
[38] 柯平．关于书目情报的几个问题［J］．图书情报知识，1995（2）.
[39] 周越，徐继红．逻辑起点的概念定义及相关观点诠释［J］．内蒙古师范大学学报（哲学社会科学版），2006（9）.

[40] 韩建新．古典经济学的逻辑起点及其意义［J］．锦州医学院学报（社会科学版），2004（11）．
[41] 瞿葆奎，喻立森．教育学逻辑起点的历史考察［J］．教育研究，1986（11）．
[42] 冯振广，荣今兴．逻辑起点问题琐谈［J］．河南社会科学，1996（4）．
[43] 卿家康．目录学的时代性与当代中国目录学的特征［J］．图书情报知识，1995（6）．
[44] 陈爱燕．目录学今昔谈［J］．图书馆学研究，2000（4）．
[45] 贺修铭．20世纪目录学研究的两次高潮及其比较［J］．图书馆，1994（5）．
[46] 何多源．论“目录学”及“参考书使用法”应列为大学一年级必修课程［J］．教育杂志，1939（8）．
[47] 胡萍．我国目录学研究对象的发展轨迹［J］．中南民族大学学报（人文社会科学版），2003（4）．
[48] 马芝蓓．当代目录学方法论体系探讨［J］．图书情报工作，1994（2）．
[49] 朱天俊．目录学研究中若干问题的思考［J］．中国图书馆学报，1992（4）．
[50] 傅荣贤．传统目录学的核心理论［J］．图书馆，1996（6）．
[51] 陈秉才．试论目录学，专科目录学，情报学的关系［J］．吉林省图书馆学会会刊，1981（1）．

第五章 目录学价值及其在专科目录学中的体现

第一节 目录学核心价值

中国目录学是一门有着悠久历史和优良传统，同时又具有鲜明时代特征和广泛应用价值的学科。古典目录学经郑樵与章学诚等学者的发展与完善，形成了以"辨章学术，考镜源流"为核心的理论体系。目录学在清代一度被尊为显学。今天，信息资源管理的环境发生了很大变化。目录学发展成为一门科学地揭示与有效地报道文献信息，以解决巨量的文献与人们对其特定需要之间的矛盾的学科，它在科学研究、读书治学、信息资源管理、出版发行等领域具有广泛的应用前景。目录学在发展过程中形成了自己独特的价值体系，这些价值体系是目录学产生和发展的基础，也是目录学存在的前提。在目录学的价值体系中，目录学的致用价值是其核心。

一、目录学的价值体系

目录学作为一门科学，是在记录文献、控制文献、传递文献的过程中实现着自身的价值，也是在解决科学地揭示与有效地报道文献信息与人们对特定文献信息需要之间的矛盾中实现着自身的价值。

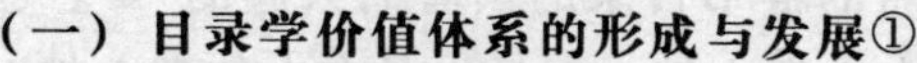

（一）目录学价值体系的形成与发展①

任何一门学科的发展，一般包括理论和实践两个方面，学科价值的形成和体现，是在学科的发展过程中形成的，是从学科的理论和实践两个方面来体现。目录学也是如此，因此，我们在目录学的发展过程中，从目录学理论和实践的发展来考察目录学的价值体系。

1. 从先秦到两汉：古典目录学的产生

目录学的产生是时代发展的产物，是文献发展到一定的阶段的产物。春秋战国时期，文献已经有了相当程度的积累。孔子为了讲学的需要，对文献进行了整理，整理出了《易》、《书》、《诗》、《礼》、《乐》、《春秋》六艺。他们不仅采用了不同的编排方法，而且还为《诗》、《书》撰写了“序”，“序”有大序和小序，小序介绍一篇诗、文的写作背景和意图，大序为诸篇之总纲。

孔子之后，文献显著增长，特别是百家争鸣导致文献日益丰富。汉代比较重视文献的收藏和整理，汉代大规模的文献整理是汉成帝时刘向领校图书。刘向等人综合利用前人的成果对文献进行了整理，刘向领衔校书19年，未竟而卒，其成果为《别录》。《别录》是我国最早的综合性提要目录，即别集附于所校各书中之叙录而成。刘向去世后，其子刘歆在汉哀帝诏命下又用年余时间，编成了《七略》——我国最早的综合性分类目录。

《七略》是我国最早的分类目录，它被尊为范式，给整个古典目录起到了一种良好的示范作用。这个范式包括：①有一个分类体系；②有一个总说明；③每类之下有小序，说明各类的学术源流（一般认为小序和总说明即总序，在《七略》中合为“辑略”）；④每书都撰有叙录（解题或提要）。来新夏认为，刘向父子等人“把单纯的编目工作提高到了学术研究的高度，使编制群书目录的过程成为建立学科的过程，为后学创建了规制。因此，我国古典目

---

①　此部分参考引用了彭斐章等编著的《目录学（修订版）》一书中的第二章《目录学的产生与发展》的内容。

录学是伴随着这几部著名的群书目录的撰著而兴起的”①。也就是说，这些目录不仅仅是在整理文献，而且也是在由整理文献而整理学术。这一主题形成了古典目录学的努力方向，而古典目录学也就随着这些目录范式的出现而产生。

2. 三国两晋南北朝与唐宋：古代书目工作的开展与古代目录学理论的初步探讨

从三国开始，在整理图书文献并编制目录时，出现了两种情形：其一，一些学者以《七略》为典范，继续学术性书目的编撰传统；其二，一些学者根据现实的变化，积极探索新的类分图书的方式，开创了新的题录性书目编撰范式。而对这两种不同书目范式的认识与探析，便形成了这一时期目录学理论的主要内容。

题录性书目是便于检索的简单登记性书目，这种书目可以说肇端于班固的《汉书·艺文志》，《汉志》“删其（指《七略》）要，以备篇籍”。题录性书目主要采用四部分类法，该法产生于魏晋之时。“魏秘书郎郑默始制《中经》，秘书监荀勖又因《中经》更著《新簿》。分为四部，总括群书”(《隋书·经籍志序》)。与《中经新簿》之甲乙丙丁相对应的类名为经子史集。东晋时，李充“因荀勖旧簿四部之法，而换其乙丙之书，没略众篇之名，总以甲乙为次”(《七录序》)。“五经为甲部，史记为乙部，诸子为丙部，诗赋为丁部”（任彦升：《王文宪集序》注）。“秘阁以为永制”(《晋书·李充传》)，“自尔因循，无所变革”(《隋书·经籍志序》)。《隋书·经籍志》是现存最早的四部目录，而且是首先采用经史子集而不是甲乙丙丁作类名的目录，它的二级类目也因善于继承前此各目，而成为后代四部目录增删改订的基础。至此，四部分类法经由郑默发轫、荀勖初创、李充确定次序，到《隋书·经籍志》而基本确定了类名和相关细目，它是顺应当时文化典籍的实际变化而提出的，所以称为三国以后目录所采用的主要分类法。

但是，在四部简要目录盛行一时之际，也有一些学者坚守《七略》传统。王俭就是非常著名的一位，他不顾四部分类的流

① 来新夏．古典目录学［M］．北京：中华书局，1991：8.

行，在《七志》命名与分类上，坚持七分，并且鉴于《七略》名为七分而实为六分还特增图谱一类，成为名副其实的七分体系，其他类名没有实质性的变动；在叙录与小序等方法的运用上，也沿袭《七略》，并创立了“传录体”提要。另一位则是阮孝绪，他的《七录》也是这一时期非常重要的学术性书目。《七录》在分类上采用七分法，但与《七略》及《七志》相比，它使史部独立，合诸子与兵书为子兵录，不立图谱类，佛道图书作为外篇，等等。许多人推测它还有简单的提要和类序。

当然，学术性书目并非只见于七分体系。四分体系的目录如荀勖《中经新簿》多达 14 卷或 16 卷，《隋志序》称其录有“题及言”，其言虽未论辩作者之意，但对图书内容等当有简单介绍。《隋书·经籍志》于各大小类都撰有小序，对辨考学术源流极有助益。《群书四部录》继承《别录》、《七略》传统，采用小序、叙录辨考学术源流、揭示图书内容的方式仍是后代一些目录效仿的对象。《崇文总目》各部类之下皆有小序，各书之下皆有提要。《郡斋读书志》和《直斋书录解题》也有四部部序，部下各类之小序根据实际需要撰写，著录各书皆有提要，于作者、卷帙、图书内容、学术源流等多有考订。

汉以后，除了各种官藏与私藏目录外，各种专科与专门目录也不断产生与发展。这些目录与七分或四部目录的关系是部分与整体的关系。两汉及两汉以后出现的很多专科目录都可看作是七分目录或四部目录中的某一或某几大类或小类裁篇别出的结果。

在目录学理论上，对目录学的探讨在郑樵以前并不系统，而是散见于各书目之序等论述中。总的来看，主要对文献作用、书目分类、书目方法与书目作用进行了初步的探讨。郑樵是对目录学作系统理论探讨的第一人。郑樵在总结利用前人思想和研究成果的基础上，注重会通，其目录学会通思想是其对《七略》范式及其演变所做出的一个理论总结，也与他的史学会通思想相一致。郑樵的“通记”、“类例”、“以人类书”、“泛释无义”论共同形成了一个严密的书目编撰理论，这个理论直接为他的目录应反映学术源流的目录学观服务。

自《七略》而后，目录反映学术源流的方式由类例、小序和叙录逐渐演变：类例是一直保持着的，其演变是由六分、七分等而基本定型为四分；小序时遭删除；叙录则一删为注，再变为传录，再省至无。

3. 元明清：古代书目工作的进一步发展与古代目录学理论的总结

元明时期，政府对文献整理很少，且编制的目录也很简陋。而清代在官修目录的编撰上则显得极其隆重，尤其是《四库全书总目》的编撰，无论是在图书分类上，还是在小序与提要撰写上都显示出一种总结前代、开启后来之特征，它力返《别录》、《七略》范式，使目录与学术的关系问题成为学者们关注的焦点。

自《汉书》设艺文志，自唐以后每朝修前代史都设有经籍或艺文志，多据前朝官修书目增删而成，故多反映一代之收藏。自欧阳修撰《新唐志》首创著录与不著录例，始兼及一代之著述。《文献通考·经籍考》考订极详，引证丰富，开创了与所著录图书之下汇集相关文献的“辑录体”提要。至明时修《元史》未设艺文或经籍志，清修《明史》于艺文志亦无官目可据，《明史·艺文志》在《千倾堂书目》的基础上，删去每类所附之宋辽金元著述，再删去“其幽僻不传与无卷帙氏里可考者”，成为专录明一代著述之志，这也导致一些学者展开了补史艺文志工作。正是由于补史志学者的努力，我国古代散佚失纪之文献有了书目记录。正史艺文志与补史艺文志，就形成了我国古代文献之总目录。

私人藏书盛于宋雕版印刷流行之后，宋已编有不少私藏目录，元藏书家虽有而编有目录者则不多，明私人藏书盛行，私人藏书楼多有题录性书目，少有提要，或加注释，在分类上有显著特色。清代藏书家之多超过前代，且并不纯粹为了藏书而藏书，而是供校勘研究用的资料，以质量相标榜，多相互流通，校刻印行，以广流传，并且多编有学术性书目，读书记等提要型目录也盛行一时。

元明时期经史等专目不彰，而戏曲、医药等目多显，元至顺元年钟嗣成撰《录鬼簿》2卷，并形成了一种特殊形式的提要，该书也是元代戏曲散曲的初步总结，后世欲知元戏曲散曲者，无不从此问津。明代专科与专门书目秉承明代官目，多简略。至清则经学、史学、文学、丛书等多目并举，且多鸿篇巨制，还为一些新兴或兴盛的科学门类编有专目，如天文学。

明代目录学思想上承郑樵、下启章学诚，体现出继往开来的特征，对目录学有所论述的学者有胡应麟和祁承㸁。胡应麟受郑樵影响颇深，其目录学思想主要体现在《经籍会通》，重在探讨图书文献与书目发展源流，其间总结书目分类从七分演为四部之大势、讨论官私史目之作用与编撰得失多有创见。祁氏对书目得失的探讨与胡应麟的论述相似，他的“通”、“互”即别裁与互著理论对后世目录学影响极深。清初孙从添《藏书纪要》从藏书的角度系统总结了古代藏书编目理论，十分重视著录项目与书目体例，论述极详，他首次对著录事项问题作了系统的理论总结。而章学诚则是从理论上系统探讨目录与学术关系的第一人，其《校雠通义》是一部从目录文献入手探寻目录学义理的会通之作。他认为，目录校雠的主要目的在于通过部次条别而辨章学术，考镜源流，这是一项学术性极强的工作，如果对道术精微、群言得失之故不能贯通明白，就难以胜任。他关于书目当部次条别、辨考学术源流的论述与郑樵关于书目当明类例、究本末、探源流沿袭的思想几乎如出一辙。他认为书目不仅当通过甲乙部次辨章流别，更应当通过小序叙录等方式折衷六艺，宣明大道。他除了强调类例、注重小序与叙录外，还特著《互著》篇与《别裁》篇，作为解决类例间学术相互联系现象的一种方法。

从刘向、刘歆以后到章学诚时代的目录学基本上都是基于对《七略》范式及其演变的领悟、归纳和阐发，所以姚名达说中国目录学“时代之精神殆无特别之差异”①。这个时代精神主要是指目录应辨考学术源流的精神。整个书目编制存在三种体例：一是有类例，也有小序和提要，如章学诚甚至还强调互著和别裁；二是只重类例，可以无小序和提要，如郑樵；三是有类例，有小序，可以无提要。而“以此三者互相比较，立论之宗旨，无不吻合，体制虽

① 姚名达．中国目录学史［M］．北京：商务印书馆，1957：19.

异，功用则同，盖吾国从来之目录学，其意义皆在辨章学术，考镜源流，所由与藏书家之簿籍，自名赏鉴，图书馆之编目，取便检查者异也”。① 因此，辨章学术，考镜源流实为我国古典目录学思想之精华，自唐领悟、宋郑樵归纳、清章学诚阐发后，即为广大学者所认同。

4. 中国目录学的近代化历程

鸦片战争以来，西方列强用炮舰敲开了清政府的大门，西方文化也随之与中华本土文化发生了激烈的冲突。在冲突初期，虽然西方目录学正处于其形成发展阶段而并没有传入中国，但中国目录学却受这次冲突本身的影响而开始了其近代化的转变。首先，西学图书剧增，使书目分类体系受到了直接的冲击。一些人开始尝试采用新的书目分类体系，梁启超曾把西学图书分为学、政、教、杂四类，并在《西学书目表》中实际采用了学、政、杂三分法，初步具备了自然科学、社会科学、综合类的雏形，是对四部书目分类体系的一次强有力的冲击。

其次，公共图书馆的出现及其藏书目录的编制。1904 年徐树兰编《古越藏书楼书目》，宗旨在于存古与开新，平等对待古今中外书籍，于中外学术基本做到了平等立类，开近代图书馆编目之先河。作为兼收中西图书的目录，它首次采用学政 2 部 48 类 332 子目的分类体系，这一方面反映了晚清学术中外并行的概貌，另一方面对传统分类进行了实质性的改造，影响很大。其他公共图书馆一般也编有书目，不过建馆之初，编目从简。因各馆一般以收藏中国古典图书为多，故多采用经史子集分类体系。随着图书馆各项业务活动的逐步展开，编目部也成为图书馆的一个常设部门，编制卡片目录、书本式目录等各种形式及分类目录、书名目录、作者目录等各种类型的目录以及索引，目录编制遂无可挽回地朝向取便检稽的路向发展。

最后，西方文化不同于中华文化，在冲突中，中华文化一直处于弱势。中国士大夫一则羡其强大，亟欲学之，出现了西化论、中

① 刘纪泽．目录学概论［M］．北京：中华书局，1934：38.

体西用论等理论；一则惧其强大，极欲拒之，出现了顽固派之礼教观，保存国粹之国学等说教。各种思想纷纷出笼，而要传播其思想，除教育外，目录是最好的工具。目录具有控制文献、辨考学术的功能，用它来推荐文献，传播思想、学术，实际上只需略作变通。正是在这种文化的急剧冲突期，人们编制目录，不再是为了整理文献，而是为了指导阅读，目录的导读功能被突出放大，从而使目录学有整理文献转向推荐文献，传播思想、学术，目录学之读者一端得到重视，使目录学由古典走向近代。① 从戊戌变法前后到中华人民共和国成立，是导读目录最辉煌的时期，各种思想、思潮或运动都充分利用目录来做宣传武器，导读目录是这一时期最具时代特征的目录。

中国目录学的近代化虽然发生于19世纪后期，但其演变最激烈的时期却在甲午战争后至20世纪初期。1925年，梁启超在《佛家经录在中国目录学之位置》一文中说："著书足以备学者顾问，实目录学家最重要之职务也。"② 这可以看做是近代目录学家对目录功能的一个最好总结。近代目录学是中国目录学由古典向现代转变的一个过渡期，其时间并不很长，其理论也不系统，但却意义深远。

5. 中国目录学的现代化历程

中华人民共和国成立后，在马列主义指导下，中国目录学借鉴前苏联目录学，开始了全新的理论建设历程。目录学的研究对象和范围等问题，一时成为理论研究的重点。但因"文革"而停滞。"文革"后，我国开始对欧美目录学进行引进，MARC、书目控制论、书目计量学、书目情报服务等，尤其是数字环境下目录学的理论与实践问题，成为研究的重点，同时也有对传统目录学的反思。

中国古典目录学注重文献整理，辨考学术源流，近代目录学注

---

① 王心裁. 文化冲突与交融中的导读目录 [J]. 图书情报知识，1998(4).

② 梁启超. 佛家经录在中国目录学之位置 [M]. 见饮冰室合集·饮冰室文集之六十七：24.

重读者，西方目录学传入后，人们开始对目录学之文献与读者两端进行综合研究，尤其在引入西方书目情报理论后，人们认识到，目录学是解决研究科学地揭示与报道文献信息与人们对其特定需要之间的矛盾的一门科学。目录学的现代化历程，实际上就是人们调整研究视角，不再仅重一端而更注重全面研究的历程。

在书目工作实践方面，书目方法和各类型书目有了较大的发展，各种适应读者需要的书目方法和书目类型应运而生，书目工作标准化也得到了推广，包括文献著录与编目标准、分类标引标准、文献数据库标准、文献生产和代码标准、信息处理与交换标准、数字化信息组织标准等。在目录学理论研究方面，目录学基础理论、书目控制论、书目计量学等领域得到了深入的研究。尤其是关于目录学研究对象的讨论、目录学学科基点的探索、目录学致用性等的认识，确立了“矛盾说”作为目录学的研究对象，认为书目情报是目录学的学科基点，认为目录学是一门致用科学，可以说是20世纪目录学理论研究最突出的成就。而且为了适应各学科发展以及人们对专科信息的需求，专科目录学也在这一时期取得了巨大的成就，建立了许多具体学科文献目录学，为目录学的发展提供了丰富的实践领域，目录学的价值也得以更好地体现。

随着网络的发展，目录学得到了更广泛的应用，数字环境不仅给目录学提出了严峻的考验，也给目录学的发展带来了很好的机遇。目录学在网络环境下一定会发展得更好。

（二）目录学价值体系的构成

目录学的价值体系是逐渐形成的，不同时期的目录学对目录学价值体系的认识也不相同。

宋代学者郑樵说：“学之不专者，为书之不明也；书之不明者，为类例之不分也。有专门之书，则有专门之学；有专门之学，则有专门世守之业。人守其学，学守其书，书守其类；人有存没，而学不息；世有变故，而书不亡。”又曰：“类例既分，学术自明，观其书可知其学之源流，或旧无其书而有其学者，是为新出之学，非古道也。”

清代学者王鸣盛在《十七史商榷》一书中指出“目录之学，学中第一紧要事，必从此问途，方能得其门而入”，又说“凡读书最切要者，目录之学。目录明，方可读书，不明终是乱读”，对目录学具有读书治学的功用进行了高度的评价。

清代学者章学诚认为“著录部次，辨章流别，将以折衷六艺，宣明大道”①，“古之著录，不徒为甲乙部次计。如徒为甲乙部次计，则一掌故令吏足矣；何用父子世业，阅年二纪，仅乃卒业乎！盖部次流别，申明大道，叙列九流百氏之学，使之绳贯珠联，无少缺逸，欲人即类求书，因书究学”②。又曰：“校雠之义，盖自刘向父子；部次条别，将以辨章学术，考镜源流，非精明于道术精微，群言得失之故者，不足与此。后世部次甲乙，纪录经史者，代有其人，而求能推阐大义，条别学术异同，使人由委以溯源，以想见于坟籍之初者，千百之中，不十一焉”③。他以为学术及其源流需要辨章和考镜，认为书目不仅应当通过甲乙部次辨章流别，更应当通过小序叙录等方式折衷六艺，宣明大道，对辨章学术，考镜源流进行了系统的阐述和总结。

汪辟疆总结前人目录学之界义，认为有四说：（一）纲纪群籍簿属甲乙之学也；（二）辨章学术剖析源流之学也；（三）鉴别旧椠雠校异同之学也；（四）提要钩元，治学涉径之学也。主张纲纪群籍簿属甲乙者，则目录家之目录是也；主张辨章学术剖析源流者，则史家之目录是也；主张鉴别旧椠校雠异同者，则藏书家之目录是也；主张提要钩元治学涉径者，则读书家之目录是也。最后他总结道：“目录之学，乃由纲纪群籍范围，而略涉辨章学术范围。”④

---

① （清）章学诚著．校雠通义［M］．刘公纯校点．北京：古籍出版社，1956：2.

② （清）章学诚著．校雠通义［M］．刘公纯校点．北京：古籍出版社，1956：5.

③ （清）章学诚著．校雠通义·叙［M］．刘公纯校点．北京：古籍出版社，1956.

④ 汪辟疆．目录学研究［M］．上海：商务印书馆，1934：1-10.

《目录学》一书认为书目的社会作用是学术价值、情报价值和教育职能：学术价值体现在书目的辨章学术，考镜源流；情报价值表现在指导科研动态，报道最新研究成果和提供文献线索；教育职能主要表现在指导读书治学和进行政治思想教育方面①。

刘纪泽认为，“目录之书，既重在学术之源流，后人遂利用之以考辨学术，此其功用，固发生于目录学之本身，而利被遂及于后学，然亦视其利用之方法如何，因以判别其收之厚薄”，即，治目录学之功用，在于编次图书为纲纪一也；目录学之功用，在于考证典籍之存亡二也；治目录学之功用，在于稽核私家之庋藏三也；是治目录学者，稽核私藏之外，更可连类以求也；此目录学之功用，在于鉴别书籍之真伪四也；目录学之功用，在于存验书名之异同，部居之出入，卷帙之增减，作家之讹夺，又其五也；目录学之功用，在于辨章书籍之版刻与缪本之流传六也；目录学之功用，在于购书之便给七也②。

徐国仟认为目录学的意义是多方面的，主要体现在：图书馆工作的指导，利用目录学知识对图书进行分类典范，向读者介绍图书，编制目录、运用目录；读书治学的入门向导，纲纪群籍、簿属甲乙、便于寻检，辨章学术、考镜源流、学有所承，指示要籍、提要钩玄、学有侧重；科学研究的指南，制定科研规划的重要依据，搜集与利用资料的工具，利用书目文献掌握科学动态，开阔视野、活跃思维；目录学在文献研究中的作用，掌握古籍总概况、制定整理规划，考辨古籍的依据③。

《目录学》（修订版）认为，目录学的功能是多方面的，其功能体系由以下几个方面构成：指导书目事业建设的功能，发挥途径为解释与总结书目现象，为书目事业发展提供理论依据，对书目事业进行评价；促进知识交流的功能，作用机制是情报报导和情报检

---

① 彭斐章，乔好勤，陈传夫．目录学［M］．武汉：武汉大学出版社，1986：84-97.

② 刘纪泽．目录学概论［M］．北京：中华书局，1934：41-72.

③ 徐国仟．目录学［M］．北京：中国医药科技出版社，1994：4-8.

索；对文献记载的知识进行评价的功能，主要应用于学术研究，达到“辨章学术，考镜源流”的目的，应用于图书文献管理，应用于文化教育；对目录学知识的整体综合功能，包括对目录学知识体系化的功能和对目录学整体性预测的功能①。

柯平认为，21世纪的目录学应该考虑新的定位，即不局限于文献，而确立“信息资源-知识”的定位。这一定位可延伸为三个方向，并发展为目录学的三大功能：一是从文献出发，在传统目录学的方法基础上，将书目深入到书目情报，发展文献生产与整理研究，形成目录学的书目情报功能，这一层面的目录学可称之为文献目录学；二是从信息出发，将文献目录的概念拓展到信息目录的概念，以网络信息资源的组织管理为基础，发展信息检索研究，形成目录学的信息加工功能，这一层面的目录学可称之为信息目录学；三是从知识出发，以提要、类序、综述和述评等为基础，发展目录学在读书治学的作用，发展学术交流与知识分类、导读和知识资源管理研究，形成目录学的知识记忆功能，这一层面的目录学可称之为知识目录学②。

综上所述，不同时期的目录学家对书目以及目录学价值有着不同的认识，这一方面反映出不同时期人们对目录学认识和研究的水平，另一方面也映照出目录学随着时代的发展，其自身处于不断发展变化中。在传统目录学研究中，人们注意的最多的是书目的学术价值和指导阅读的作用。这主要是因为过去编制的大多是回溯性书目，书目在揭示文献时大多强调学术源流之考辨，图书价值之评价，版本沿革之介绍，而对反映最新文献信息，加快报道速度均不甚重视。现代人们在对传统目录学价值认识的前提下，在继承和发扬我国古典目录学的优良传统、引进和学习国外目录学理论和方法等基础上，已经认识到目录学具有反映一定历史时期科学文化发展概貌、读书治学门径、科学研究指南以及全社会文献信息管理和控

---

① 彭斐章，乔好勤，陈传夫．目录学（修订版）［M］．武汉：武汉大学出版社，2003：42-51．

② 柯平．中国目录学的现状与未来［J］．图书馆杂志，2005（3）．

制手段等功用。人们对目录学的功能、目录学的意义、书目的功能、书目的社会作用等的认识，都是对目录学价值体系的部分或全部的思考，对我们全面认识目录学的价值体系具有很好的借鉴作用。

正如前文所述，目录学的价值体现在目录学的理论和实践两个方面：目录学理论方面的价值是总结和解释书目现象，寻找目录学领域的规律，为学科的发展及其全社会的进步作出贡献，这与其他学科的理论价值基本相同，不同的只是研究的领域而已；目录学实践方面的价值是解决文献的增长与人们对特定信息的需求之间的矛盾，满足人们对文献的各种特定需求，这体现着目录学价值的独特之处。目录学实践方面价值的实现主要依靠于各种书目工具，如书目、索引、文摘等。通过这些工具的编制和运用来发挥目录学实践方面的价值，体现目录学的价值。人们在编制这些工具时，编撰目的、编撰水平、编撰方法、提供文献线索的范围、数量、质量、速度等的不同，造成了不同类型的书目工具，这些不同类型的书目工具，发挥着不同的功能，体现着不同的价值。

目录学价值的发挥与体现是一个不断发展不断完善的过程。目录学价值的发挥以及人们对目录学价值的认识是一个从单一到多功能，从表面到深层的过程。发展到今天的目录学，它的价值已经形成一个具有严密联系的体系，它不仅要能辨章学术，考镜源流，方便寻检，还要发挥与时代发展同步的其他价值。目录学的价值体系主要包括：

1. 目录学的理论价值

（1）总结书目工作经验，推动目录学发展。目录学是一门研究书目情报运动规律的科学。书目事业有自身的运动规律，但它受社会环境的制约。由于这种矛盾运动，使目录学发展出现不平衡。在一定历史时期书目事业呈现出不同的状况。目录学就是要及时总结书目工作发展的经验教训，发现运动规律，形成由概念、原理、学科结构、范畴组成的整体。这些概念、原理、结构、范畴本身具有作为一个相对独立的研究领域的价值。目录学是对书目工作实践经验的概括和总结，是将一定时空范围内的目录工作知识加以组织，使这些知识在目录学核心内容的周围形成一个集合体，使这个集合体在整体上发挥更大的功能和价值，并通过内部的机构调整，向科学理论化方向进化，使目录学在理论上称为真正的科学。

目录学的发展先有书目实践活动，然后才有目录学理论原理。目录学理论的进化就是要经过经验知识阶段向理论科学时期的过渡。早期的目录学知识理论体系化，成为古典目录学体系。在当代，目录学知识与信息科学相结合渗透到一切文献记录知识处理领域。在以记录知识为主要工作对象的科学与实践活动领域中，不断出现新的书目情报工作的方法、技术、成果。这些知识的发现有时是偶然的，知识元素之间并无必然联系。但经过人们长期的实践和观察研究，发现这些知识元素之间存在着必然的联系，目录学领域的文献信息增长规律、文献信息老化规律、文献信息集中与离散分布规律、文献信息词频分布规律、文献信息作者分布规律等也是在人们的实践和观察试验中得出的。

目录学与多种学科相关联、相交叉，形成了其他学科的研究内容以及新的分支科学，目录学也是在这种联系和交叉中发展的，目录学为这些交叉和联系建立起了知识之间的联系。目录学与图书馆学、情报学、出版发行学、档案学、文献学、版本学、史学以及各门专科目录学等都存在着密切的联系，这些学科中均有目录学的知识。目录学也要将这些零碎的目录学知识进行理论的体系化，以更好地发挥这些知识的功能，使目录学理论具有更强的适应各科要求的能力，加深理论的层次。

目录学具有不同的学术流派，从宏观上可以分为以中国古典目录学为基础的东方目录学体系和以古希腊目录学为基础的西方目录学体系。各派的目录学核心不同，建立的理论体系也具有各种不同的特征。目录学要将这些不同流派的目录学理论看作整体的有机组成部分，各个组成部分又都有自己的内核。这些内核代表了某一理论体系的特征及研究的侧重点与方法，在某一领域内，目录学家必须遵循共同的准则。目录学将这些内核看成自己内核的一部分，然后在这一基础上形成统一的内核。

书目情报交流是任何类型书目工作的本质，各个流派的目录学内核可看作书目情报交流的不同形式的变通。国外“关于书的抄写”的理论内核是关于文献形式信息的交流；“辨章学术，考镜源流”一派的内核是关于文献中学术内容的交流。人们在进行理论研究时，往往容易造成目录学知识的分化，使目录学的整体性和层次性不能显现出来。人们一般把目录学分为基础的、应用的、发展的、比较的等四个研究领域，国外称作科学的、工艺的、产品的等几部分。科学研究的不同方面有着不同的目的与功能，体现着目录学的不同价值。但这种科学研究的划分在一定程度上就割裂了目录学的整体性，目录学科学体系将这几个领域的知识组织起来，成为一个研究体系，协调各研究领域，促进目录学的研究和社会的繁荣。

目录学体系作为对目录学各部分知识的概括，具有宏观描述的功能。各种概念、原理在体系中显示了不同的地位，目录学体系根据外部环境对体系的反馈信息，预测目录学体系各部分的未来发展，包括对目录学知识生产的预测，对目录学分支学科的预测，对目录学功能的预测和对目录学发展趋势的预测。

（2）指导书目工作实践和书目事业建设。目录学是书目工作发展到一定阶段的产物，是对书目事业的运动规律的概括和总结，目录学反过来又指导着书目工作实践，使书目工作的开展更科学、更符合时代发展的需要。目录学理论不仅可以解释书目现象，指导人们解决书目工作中存在的问题，还可以使人们在理论的指导下发挥书目工作的最大效益，指导书目工作沿着科学的方向发展。

目录学可以为书目事业发展提供理论依据。书目事业是各类型书目情报活动的更高层次的概括。目录学总结各类型书目情报运动规律，并对这些规律加以系统化，成为书目事业的发展准则。目录学历史研究的目的在于总结书目事业的历史规律，以史为鉴，总结历史教训，吸收历史经验，指导未来。目录学的发展研究原理为书目事业建设提供具体的方法指导。比较研究的目的是从各种事业、各国事业比较的角度，找出书目事业发展的共同准则，指导各国书目事业的发展，从而促进世界书目事业的整体发展。

目录学还可以对书目事业进行评价。目录学通过研究书目事业

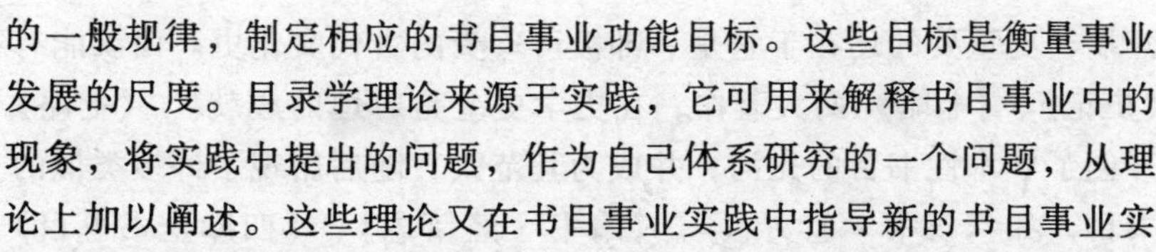

的一般规律，制定相应的书目事业功能目标。这些目标是衡量事业发展的尺度。目录学理论来源于实践，它可用来解释书目事业中的现象，将实践中提出的问题，作为自己体系研究的一个问题，从理论上加以阐述。这些理论又在书目事业实践中指导新的书目事业实践。目录学就这样沿着"实践—理论—实践—理论"的方向发展着，不断地提升自己的理论和实践领域。

2. 目录学的实践价值

目录学不仅在理论上总结书目现象，发现规律，指导书目工作实践，而且在实践上通过各种书目工具以及专科目录学的发展，通过记录文献、整理文献、控制文献、推荐文献、提供文献线索等，在图书情报工作、科学研究、读书治学等领域发挥着对文献记录的知识进行评价和促进知识交流的功能，体现着目录学的学术价值、情报价值和教育价值。

(1) 学术价值。我国目录学从它产生之时就以讲究学术源流而形成了自己独特的优良传统。孔子整理《诗》、《书》之序，《别录》的"辑录"及后来各代书目中的大序是"讨论群书之旨"，小序叙述一书一家之源流，提要是对各书内容的介绍和学术艺术价值的评价。同时还考证作者生平事迹、版本流传、真伪、史料价值，这种学术史的工作，清代学者章学诚概括为"辨章学术，考镜源流"。在这种要求下，书目的编者大多是学有专长的专家，他们在编制书目之前，对各科学术派别及其发展源流都有深入的研究，对一些重要学术问题和文献资料剖析尤深，能高屋建瓴，恰当地选择、评价和组织资料。这样的书目确属一代学术的总结与概括，确能反映某一时期某一学科的面貌。

西汉的《七略》，就是大学者刘向、刘歆等人花二十年之精力，在对西汉文化学术及典籍认真研究的基础上编制而成的，因而它在中国文化史上有着极其重要的地位。范文澜《中国通史》曾经给予它极高的评价："西汉后期，继司马迁而起的大博学家刘向、刘歆父子，做了一个对古代文化有巨大贡献的事业，那就是刘向创始、刘歆完成的《七略》"，"《七略》综合了西周以来主要是战国的文化遗产……是一部完整的巨著。它不只是目录学校勘学的开端，更重要的还在于它是一部极可珍贵的古代文化史。西汉能有《史记》、《七略》两大著作，在史学史上是辉煌的成就。”《七略》开创了学术性书目的先河，并成为其范式，随后出现了许多类似的书目，如《汉书·艺文志》、《隋书·经籍志》、《四库全书总目》等。以书目作为文化史的典型实例是蔡尚思先生的《中国文化史要论》，此书全以书目和人物组成，间有提要和人物介绍，确能以简要的文字反映数千年中国文化史的基本面貌。《中国古代兵书杂谈》从“兵书议始”到“怎样读兵书”，从头至尾皆以各种书目著录为线，分专题通古今而加以叙述。可见，书目不仅在文献学、文史社科诸领域的研究中有重要学术价值，在经济、军事、地理、农医和其他自然科学领域的研究中，同样具有重要的学术参考价值。

（2）情报价值。书目（包括文摘、索引）从其本质、编撰目的及结构来看，传递书目情报应该是其主要的价值。书目的情报价值主要表现在：

第一，报道科研动态。综述是对某一时期特定学科或专题的一批相关文献进行搜集、整理、分析研究，并在此基础上撰写而成的综合、概述性的文献。它系统全面地揭示某学科或技术研究的历史、现状、水平和发展趋势，有助于科研人员系统掌握学科或技术发展的现状和水平，预测发展的趋势。书目资料，特别是专科专题参考书目资料，也比较全面地收录了本学科专题范围内的文献，并且对文献的外部特征和内容特征都作了比较准确的描述，有时还对文献所含的研究成果和文献本身的价值作了恰当的评述。科学工作者，特别是科研领导部门，从中可以了解当今世界科学研究的概貌，有什么学科，各学科的重点课题，主攻方向，进展如何，各国各地区在各研究领域的力量、水平、动向如何，从而确定本国本地区的科研方针政策，选择科研课题，制定科研规划，以决定近期和远期的行动目标。

第二，报道最新研究成果。每一项研究成果都有相应的文献记录，其形式有专著、论文、专利说明书或报告等。书目工具实际上是这些科研成果的“简报”。提要性书目往往详细报道了文献的内容，并做出客观的评价；文摘一般都准确真实地报道原文献的主题、方法、条件、结论和附属资料等。综述一般对文献内容进行浓缩与提炼、优化与重组，从综合与比较的角度，为用户提供科学研究的进展与动态信息。这些工具能使读者有基本了解，识别其价值，判断是否需要查阅原文，而且在一定的条件下（特别是在由于时空限制或语言障碍而无法获得原文的情况下）能够替代一次知识发挥作用。

第三，提供文献线索。记录和传递文献信息，向读者提供文献线索，是书目工具的重要职能。科学研究离不开继承和借鉴。每一个科学工作者在开始从事科学研究以及今后的科学研究活动中，都必须详尽地占有资料，在前人的基础上开拓前进。但信息资料如此众多，要想准确、及时、有效地找到自己所需要的信息并非易事，而书目工具恰恰是为了解决揭示和报道文献信息与人们对其特定需求之间的矛盾的，因而，书目工具除了提供有价值的信息外，还提供文献来源，包括原文出处，馆藏地址等，以帮助人们更方便快捷地获取信息。

(3) 教育价值。书目的教育价值主要表现在指导读书治学、进行思想教育和普及科学文化知识等方面：

第一，指导读书治学。书目，特别是一些导读书目，专业参考书目，都是书目编制者经过对某学科某一专题的深入研究，针对读者需要，对图书资料认真鉴别、挑选，而后以学术派别，门分部居，由浅入深编撰而成的。“类例既分，学术自明”，初学者可由此“即类求书，因书究学”。检阅书目，可知学派分野，书有哪些，何书当读，何本为善，从此得到读书治学的门径，少费时日，少走弯路，亦少被茫茫书海所惑。我国无论是过去还是现在都非常重视导读书目的作用，都不时地有专家学者编制的导读书目出炉，这些书目为人们指示着读书门径，引导着人们的阅读。

第二，进行思想教育。利用书目进行宣传，影响青少年思想的发展，确实能起到思想教育的作用。任何书目的编制，编制者都带有一定的思想倾向，这些思想倾向会体现在书目的各个方面，包括书目的选材、书目的编写等，人们在利用这些书目时也就会或多或少受到这些思想倾向的影响，书目也就在这种程度上实现了思想教育。20世纪初，在中西学的冲突中，中西学人士都开设了一定的书目，来宣传自己的思想。张之洞的《书目答问》是为了宣传旧学，抵制新思想的传播；梁启超、康有为的《西学书目表》、《日本书目志》也完全是为了宣传西学新学，为改良主义政治作舆论的准备。书目在我国宣传马列主义、促进马列主义的传播、引导青年思想健康发展、指导文艺书籍阅读等方面，发挥了积极的作用。

第三，普及科学文化知识。阅读是人们获得知识和进行教育的重要途径。书目除了给需要信息的人们提供所需的信息外，还能引导具有潜在信息需求的人们通过阅读把潜在的信息需求变成现实的信息需求，并满足自己的信息需求。近一个世纪以来，目录学日益与教育学相联系，目录学成为教育的手段之一。彭斐章不仅要为学生授课，还有为学生开书目的传统，通过这些书目引导学生更好地掌握所学的内容并拓展视野。而且，相对于传统的教育，书目的影响范围更大，活动空间更灵活，它可以影响和引导全体国民，而不仅仅是在校学生。

二、普通目录学的核心价值

（一）“辨章学术，考镜源流”核心论

多数人都赞成中国传统目录学的核心理论是清人章学诚提出的“辨章学术，考镜源流”。从刘向、刘歆到郑樵再到章学诚，中国传统目录学逐步形成了一个有核心、分层次的完整的体系。在这个博大精深的体系中，虽然也有题录性书目的存在和发展，但总的、纲领性的理论核心是章学诚提出的“辨章学术，考镜源流”。所谓“辨章学术”即对门类纷繁的各科学术予以考据、证明，并条分缕析，“考镜源流”，则是对古今学术发展之渊源进行追溯，通过比较、鉴别，得出正确、纯粹的学术观点来。“辨章学术，考镜源流”，即辨别学术及其源流，使学术及其源流彰显、透彻；考订学术源流，使学术源流镜现、明晰。简而言之，即辨别学术和揭示源流。这样，就使得如何更好地揭示出典籍背后的学术文化内涵成为

历代传统目录学著作努力的重要方面，而为揭示典籍学术文化内涵而选用的方式方法以及揭示的正确与否，也就成为评价目录学著作优劣得失的重要指标。

而且，“辨章学术，考镜源流否定了目录学实践的纯粹技术性”；“辨章学术，考镜源流对目录学的学科性质作了质的规定与说明”；“辨章学术，考镜源流理论与传统目录学的其他一些理论、方法相比，具有理论公设的性质，它使得目录学理论和方法的各个层次得以统一”。① “辨章学术，考镜源流” 的这些特性使得它成为传统目录学的核心理论，成为我国古代目录学的独特传统，成为中国目录学特有的学术功能。中国目录学通过“辨章学术,考镜源流”,分清学术流别,考究学术渊源,进而在学术史上和科学分类上寓于目录的内容之中，以便使目录学能更有效地为学术研究服务。

必须明确的是，目录学的“辨章学术，考镜源流”与学术史研究是不同的，二者既相近又有区别，“学术史是通过各门学科产生和发展的历史过程，探讨学术领域的形式，学科的产生，学派的建立和重要学者的贡献，并评介重要学术著作的流传和影响。……目录学的辨章学术、考镜源流是通过提供学术文献的手段来完成的，而学术史的研究学术发展和源流是通过研究学术文献达到目的的”②。目录学的“辨章学术，考镜源流” 主要着眼于学科学术文献的报道，文献内容梗概与学术价值的揭示，进而为学术研究提供线索和材料。而且古代除了辨考目录外，也有其他类型的书目。

近代和现代以来，面对知识的激增，目录学对文献内容和形式的揭示比传统目录学更全面。它研究目录工作中不断变化着文献的类型，文种的多样化，内容的复杂性和文献的变异性，以及服务的跨学科、跨地区等特点，同时还探讨不同类型读者对文献需求的针对性。它采用了多种著录形式，充分运用提要、文摘、索引、述评、综述、注释等方法向使用者显示所需范畴的信息含量和分布位

① 傅荣贤．传统目录学的核心理论［J］．图书馆，1996（6）．

② 武汉大学、北京大学《目录学概论》编写组．目录学概论［M］．北京：中华书局，1982：12．

置。数字环境下，目录学有着更广阔的应用空间，搜索引擎、主题指南、学科信息门户等都是目录学在数字环境下的应用。

因此，虽然古典目录学的传统历来受到人们的重视，无论是古代还是现代的人们，许多人都认为中国目录学的优良传统也正在此，主张现代目录学也应该“辨章学术，考镜源流”。但是正如汪辟疆所言，“不明第一说（即主张纲纪群籍簿属甲乙）之所主张者，则忘目录为记载书籍之事，而以编纂学术史之天职，认为编纂目录之天职，而目录之本旨失矣。不明第二说（即主张辨章学术剖析源流）之所主张者，则视目录为尽人所能为，而以纲纪簿录之能事，责之于掌故胥吏之手，而目录学之效用去矣。是必酌于二者之间，则目录之学，乃由纲纪群籍范围，而略涉辨章学术范围。质言之，则以目录家之目录而兼有史家之目录。本此以言目录之学，则前所言不标举辨章道术之旨，而自能神其紬绎寸心之用者，或庶几矣。其界义奈何？曰：目录者，综合群籍，类居部次，取便稽考是也。目录学者，则非仅类居部次，又在确能辨别源流，详究义例，本学术条贯之旨，启后世著录之规。方足以当之。此目录学之界义也。”① 目录学除了有“辨章学术，考镜源流”外，还有取便稽考等价值。“辨章学术，考镜源流”并不能涵盖目录学的价值体系，因此，它不能作为目录学的核心价值。

（二）致用核心论

多数人同意，西方目录学与中国古典目录学的根本差异在于目的的不同，中国目录学的目的在于“辨章学术，考镜源流”，而西方目录学思想的精髓在于方便地获取图书。由于目的不同，中西目录学所采用的方法也就各异。为达到辨考学术源流的目的，中国目录学重分类，重小序，重提要；而为了方便地获取图书，西方目录学重编目，重索引，重排序法，重书目控制。实际上，中西目录学都主张致用，中国传统目录学所致之用乃辨考学术源流以指导读书治学，西方目录学所致之用乃方便获取文献及共享文献，致用是目

---

① 汪辟疆．目录学研究［M］．上海：商务印书馆，1934：10-11．

录学的目的。

目录学是以研究揭示与报道文献的外形和内容特征来解决人们对文献的特定需要的矛盾。西方目录学自不必说，中国古典目录学虽然一向注重文献整理，重分类，轻编目，强调“辨章学术，考镜源流”，但这也是在有意或无意地考虑当时的社会环境和人们的需要的情况下而做出的“辨章学术，考镜源流”。因为，目录学是一门具有鲜明时代特征的科学，“任何时期的目录工作和目录学思想都是那个时代的经济、政治和文化的产物，是整个社会文化的组成部分，与同时代的各种学术思潮有着特别密切的联系。目录学研究在理论基础、方法论、价值观、研究范畴与深度、研究重点、研究路向和学术风格等方面要受到时代诸因素的影响，并反映了时代的精神，形成了显示时代特征的内容。也就是说，目录学是根据时代的发展需求而不断发展的一门致力于致用的学科，致用是目录学的核心价值。

从上文对目录学价值体系的形成与发展以及目录学价值体系的构成的论述中也可以看出，不同时期目录学的价值体系虽不尽相同，但其价值体系的本质和核心一直并没有改变。目录学价值体系一直是围绕致用价值这条主线展开的。目录学理论是书目工作实践经验的总结，它来源于书目工作实践又指导着书目工作实践，是为书目工作实践服务的，这体现了目录学理论的致用性。而书目工作实践则通过各种书目工具以及书目事业的发展致力于满足人们对信息的特定需要，它的致用性特征更加明显。也就是说，无论是目录学理论方面，还是目录学实践方面，无论目录工作的方法、技术手段等如何改变，都没有也不会影响目录学这一核心价值的改变，相反，技术的发展为目录学的致用创造了更加有利的条件。因此，致用是目录学的核心价值，目录学本是一门致用学科（在 1983 年中国目录学第一届会议上，朱天俊撰“中国目录学本是致用之学”一文），致用是目录学的生命线。

人们历来重视目录学的致用价值。无论是古典目录学“辨章学术，考镜源流”，指导读书治学的理论，还是现代目录学提供书目情报服务的理论，都体现了目录学的致用性质和特点。先秦时期，图书文献有限，信息资源匮乏，书目工作处于萌芽状态，因而还没有真正意义的目录学。秦汉以后，随着科学技术的进步和图书文献的大量增加，人们特定需求与大量信息之间的矛盾日益尖锐，书目工作的基本功能便日益凸显出来，一向默默无闻的目录学地位也开始逐渐提升，以至清代一跃而成为“显学”。目录学的发展历史告诉我们，“与时俱进”一直是目录学的一大特点，致用一直是目录学的生命线。古代目录学服务范围有限，最主要的是“读书治学”。古代之确立目录学为“显学”，主要也是由于目录学在“读书治学”方面较好地发挥了致用功能。近代以来，特别是进入现代以来，书目工作的基本阵地日益扩大，社会作用也日益重要起来。目录学不仅在传统的“读书治学”方面继续发挥着“入门之学”的重要作用,而且在科学研究、资源管理和出版发行领域的社会功能也日益凸显出来，在这些领域中都做出了引人注目的重要贡献。尤其是在数字环境下，目录学的致用功能更加明显。各种文献数据库、文摘数据库、书目数据库、搜索引擎、主题指南纷纷登台亮相，发挥着前所未有的作用，突出地体现着目录学的致用价值。

第二节　目录学价值与专科目录学

随着科学技术的迅速发展以及文献的大量涌现，目录学知识已经不能满足某一特定学科的需要，这就出现了目录学和某一学科相结合的专科目录学。专科目录学成为目录学的一个发展方向。加强专科目录学的研究，构建科学的专科目录学体系，是目录学发展和具体学科发展的需要。在我国专科目录学还是一门很年轻的科学，其科学体系还很不完善，同时其基本理论和基本内容还需要丰富和发展。

一、专科目录学的产生与发展

目录学是研究目录工作发生和发展（即书目情报运动）一般

规律的科学，是各门具体科学的共同指导。专科目录学是目录学发展的分支，是目录学与其他学科相结合的产物，是指导专科目录工作的科学，是指导各学科书目情报研究与服务的理论，是现代目录学的主要发展趋势之一。

专科目录学是在专科目录的基础上产生和发展的。专科目录是为了适应人们的专门需要，将某一专门学科的书籍汇编而成的一种目录。初始的目录就是专科目录。公元前2世纪，张良、韩信对先秦兵书进行整理，共得182家，经删取，选定了35家，这时专科目录已具雏形。汉武帝时，杨仆编的《兵录》是公认的我国历史上第一部具有完整目录形式的专科目录。而我国历史上第一部综合目录，刘向、刘歆父子的《别录》、《七略》是由各学科专家分别编撰，向、歆父子总其成而已，实际上是由专科目录汇总而成的综合目录。此后，经学、算学、医学、农业、佛学、文学、史学等各专科目录发展很快，专科目录历代均有流传，通史艺文志中屡有记载，流传至今的亦为数可观。国外专科、专题目录也早在公元前2世纪就产生了，如古希腊学者、诗人卡利马赫编的《各科著名学者及其著作一览表》即是。真正的专科目录，到16世纪才出现了意大利法学家乔万尼·内维扎诺德的《法学文献目录》。专科目录，是专载某一特定知识部门文献资料的目录，是和综合目录相对应的一种目录，是专为某一专门学科而编的有关文献资料目录，这种目录是随着学术发展和目录学产生分支而发展增多起来的。专科目录对于学术研究、文献利用裨益很大，而且从目录学发展趋向看，急需丰富编制专科目录的实践经验和加强专科目录的研究。

我国专科目录学最早形成于20世纪20年代初。1928年郑鹤声的《中国史部目录学》是中国第一部专科目录学专著。新中国成立后，我国出版和翻译了许多专科目录学专著和教科书，如《马克思列宁主义书籍目录学（草稿）》（1957年）、《文艺书籍目录》（1959年）、《文学文献目录学》（1960年）、《文艺书目学（初稿）》（1961年）、《经济目录学》（1975年）、《技术书籍目录学》（1975年）、《苏联专科目录学》（1979年）、《政治书籍目录学》（1976年）、《技术文献目录学》（1978年）、《文学书籍目录学（中国古代部分）》（1982 年）、《马克思主义文献目录学》（1983 年）、《文学书籍目录学（中国古代部分）》（1984 年）、《中国历史书籍目录学》（1984 年）、《中国文学目录学》（1986 年）、《自然科学文献目录学》（1989 年）、《档案目录学》（1991 年）、《图书发行目录学》（1992 年）、《中国法制古籍目录学》（1993 年）、《中国历史文献目录学》（1994 年）、《中国文学目录学通论》（2001 年）等，也发表了大量的研究论文。这些著作的出现，推动了中国专科目录学的发展，对指导读者阅读专科文献资料和利用专科书目起到了很大的作用。

学校教育中开设的专科目录学课程，也在很大程度上推动了专科目录学的发展。美国各图书馆学学校重视专科目录学的研究和教学，在 20 世纪六七十年代就开设有“科学、工程、工艺目录学”、“医学与生命科学目录学”、“非美目录学”等课程。我国高等院校在 1995 年左右，不仅开设目录学作为图书馆学专业的必修课，而且把专科目录学（特别是中国历史文献目录学、中国文学文献目录学）也作为其中的重要课程，甚至专科目录学还成为中文、历史等其他许多专业学生的选修课。①

纵观中外目录学，其发展轨迹是沿着“专科目录—综合目录—目录学—专科目录学”方向发展。也就是说，目录学是目录工作发展到一定阶段的产物，专科目录学是目录学发展的结果。

二、专科目录学的基本理论问题

专科目录学是目录学知识渗透到其他学科领域的成果，是目录学的组成学科，又是专门学科的辅助学科，它由目录学与某一专门学科结合而成。虽然关于专科目录学的研究由来已久，但是对于专科目录学，目前还没有一个能够描述得十分准确、完整且精炼的定义，它的研究对象、研究范围也未明确。从上述的著作名称中也可以看出，专科目录学还有许多问题有待解决，如学科名称的规范、

① 乔好勤．现代科学技术与目录学的发展．图书情报工作，1982（5）．

研究对象的确立、研究内容的确定等，这些问题的解决有待于专科目录学理论的研究和发展。要弄清这些问题，首先要弄清它的基本理论问题。

（一）专科目录学的相关概念

在对专科目录学的研究过程中，许多人都对专科目录学进行了界定，对其下了定义，归纳而言，主要有以下几种：

彭斐章、谢灼华认为，专科目录学“是以特定读者群的需要，以揭示和报道某一专门学科的文献的内容，文献的种类和特点，具体研究这一专门学科出版物和书目的历史、现状与发展趋势”①。武汉大学、北京大学《目录学概论》编写组指出，专科目录学“是从特定的读者群需要出发，揭示和报道某一专门学科文献状况的学科”②。陈秉才认为，“所谓专科目录学，就是研究某门学科图书资料及其书目的科学，它以指导编制专科书目工作，为读者阅读专科图书、资料，利用专科书目指示门径为目标”③。乔好勤将专科目录学与某一学科目录学作了区分，“专科目录学是目录学和其他学科结合所形成的边缘科学，某学科的专科目录学是研究本学科图书资料的过去和现状，根据本学科读者的特定需要，来鉴别、部次、著录，揭示报道图书资料的规律”④。陈国锋认为，专科目录学“是在目录学理论和方法指导下，结合某一专门学科的特点，研究如何全面系统地指导这门学科的文献状况，对具体文献的内容价值和学术源流作出简要精当的揭示，以服务于特定对象的学

---

① 彭斐章，谢灼华．关于我国目录学研究的几个问题［J］．武汉大学学报（哲学社会科学版），1980（1）．

② 武汉大学、北京大学《目录学概论》编写组．目录学概论［M］．北京：中华书局，1982：88．

③ 陈秉才．试论目录学，专科目录学，情报学的关系［J］．吉林省图书馆学会会刊，1981（1）．

④ 乔好勤．当前我国目录学研究的方向和任务［J］．图书馆界，1982（2）．

科”①。韩寿根等认为，专科目录学是研究某专门学科的图书资料及其书目规律的学科。② 柯平认为，专科文献目录学不仅仅是各门学科文献目录学的总称，而且包括各门学科文献目录学共同的理论与方法，是将目录学知识运用到其他学科中，并与其融合而产生的研究揭示与报道某一专门学科文献的理论和方法的新分支学科。③

我们比较赞同把专科目录学看成既是各门学科文献目录学的总称，又是包括各门学科文献目录学共同的理论和方法的总结。专科目录学是目录学的一个重要组成部分，它与目录学不是彼此孤立存在的，而是有必然的联系，两者存在着普遍性和特殊性、一般和个别的关系。目录学是研究文献工作与书目工作的一般规律，研究书目情报工作中带有普遍性的问题，总结一般的书目情报规律，它的理论与方法对于专科目录学有着普遍的指导意义。然而，目录学不研究或不着重研究各种专科目录学中的特殊性的问题，只有专科目录学才能深入到各个学科中进行研究，总结个别的书目情报规律，这种个别的研究为目录学的研究提供材料源泉和实践证明。专科目录学与目录学既相互交叉又相对独立，是相互依赖、共同促进的一种关系，目录学不能取代专科目录学，专科目录学也离不开目录学的指导。

（二）专科目录学的研究对象与方法

目录学以解决文献资料增长的无限性、复杂性同人们对文献资料需求的针对性、专门化之间的矛盾为对象，以报道学术文献，揭示各种学术文献内容梗概和学术价值，为读者指引读书治学门径，进而为学术研究提供资料线索。那么，专科目录学应当是根据特定读者需要，研究揭示与报道某一专门学科文献状况并为之服务的辅助学科。专科目录学的研究离不开专科目录的发展史与现状，以及某一专门学科文献的揭示、报道与利用，研究的重点应在于某一学

① 陈国锋．略论专科文献目录学［J］．四川图书馆学报，1984（4）．

② 韩寿根等．学科大全［M］．沈阳：沈阳出版社，1989：522．

③ 柯平．文献目录学［M］．河南：河南大学出版社，1998：298-301．

科文献的揭示和报道，着眼点是学科文献与书目情报以及人们的特定需求，而不是那门学科本身，研究的是揭示和报道专科文献与人们对专科文献的特定需要之间的矛盾。

裴成发总结1949—1994年40多年的目录学研究成果①，发现关于专科目录学研究方法的论文共发表了7篇，就其数量而言，寥寥无几，但就其内容而言，水平较高，主要包括比较法、借鉴法、层次分析法、提要法、综合评估法等。不过需要指出的是，在专科目录学研究方法的研究中，多沿用目录学方法，这在一定程度上当然是可以的。但是如果专科目录学一成不变地沿用目录学方法，不能真正体现“专科”之特点，不能很好地将某一特定学科中的研究方法进行引进，那么，专科目录学研究就会回到传统目录学的老路上去，也就无法适应现代文献信息工作飞速发展的需要，目录学的“辨章学术，考镜源流”功用以及致用功用更无法充分发挥。

（三）专科目录学的研究范围

专科目录学作为目录学和某一专门学科相结合的产物，对于它的研究范围，不同的人也有不同的看法。

彭斐章、谢灼华等将某一学科文献目录学的内容分为4个部分：一是学科基本著作的出版情况，如出版简史、出版物类型、出版物数量等，了解这方面的情况主要是提供熟悉文献的基础；二是学科基本著作简介，本学科基础科学的著作情况，各分支学科的著作情况，各有关边缘学科的著作情况等，了解这些情况是作为掌握文献的条件；三是学科重要文献介绍，如国内外有关本门学科的图书、资料、文献等；四是学科重要工具，如书目、索引、文献快报等。② 对此，黄景行认为其范围过于宽泛，首先学科基本著作的出版情况似乎不必包含出版简史、数量两项；其二，学科基本著作简介与学科重要文献介绍，两项内容基本相同，可以合并。因此他作

---

①　裴成发．建国以来我国专科目录学之研究［J］．图书馆，1994（6）．

②　彭斐章，谢灼华．关于我国目录学研究的几个问题［J］．武汉大学学报（哲学社会科学版），1980（1）．

了修改补充，认为应分为三个部分：学科目录学的历史发展与现状，学科基本文献介绍，学科工具书介绍。①

陈国锋认为专科目录学的内容包括：专科文献的类型，专科基础文献，专科研究资料，专科工具书，专科文献目录史，专科文献目录的编制方法，专科文献目录学学科的研究，等等。②

徐立认为，专科目录学的内容包括：专科目录学理论；专门书籍、书目发展史及分类方法演变；专门书籍及书目的基本内容及价值；专科书目工作的历史与现状；专科书目的类型等五个部分。③

陈国铮认为，专科目录学就其研究内容而言，主要包括：专科目录学史，专科文献，专科文献目录编制方法，专科工具书以及专科文献目录学学科研究等。④

韩寿根等认为，目前专科目录学着重研究的内容包括：专科目录学理论；专科书籍、书目发展史及分类方法的演变；专科书籍及书目的基本内容与价值；专科书目工作的历史与现状；专科书目的类型和结构，等等。⑤

马龙壁在《谈计量目录学》一文中认为专科目录学有三个新的研究领域，即计量目录学、书目控制论和比较目录学。陈东和张洪元认为专科目录学理论研究包括：书目控制论、计量目录学、比较目录学研究，总论专科目录学理论的研究，各学科目录学理论的研究等。⑥ 但朱滋生和沙勇忠认为，目录学新的分支学科主要有专科目录学、书目控制论、书目计量学、比较目录学以及对索引、文

---

① 黄景行．论专科目录学的研究对象与内容［J］．江苏图书馆学报，1984（2）．

② 陈国锋．略论专科文献目录学［J］．四川图书馆学报，1984（4）．

③ 徐立．专科文献目录学和它的现实意义［J］．图书馆员，1988（1）．

④ 陈国锋．略论专科文献目录学［J］．四川图书馆学报，1984（4）．

⑤ 韩寿根等．学科大全［M］．沈阳：沈阳出版社，1989：522．

⑥ 陈东，张洪元．我国目录学研究四十年［J］．高校图书情报学刊，1989（2）．

摘等的研究。① 这说明他们认为计量目录学、书目控制论和比较目录学并不属于专科目录学的研究范围。

柯平认为，专科文献目录学的内容有两个方面：专科文献目录学的一般理论与方法和某一学科文献目录学。专科文献目录学的一般理论与方法主要包括：①研究专科文献、书目情报；②研究专题书目文献的产生与发展；③研究专题书目、专题索引、专题文摘的编制；④研究专科书目情报工作的组织；⑤综合分析、评价各专科文献目录学的现状。某一学科文献目录学应当研究两个方面的内容：①某一学科文献，包括某一学科文献出版史、某一学科文献类型与数量、某一学科文献概况、某一学科重要文献及其版本；②某一学科工具书，包括某一学科工具书的历史与现状、某一学科工具书的类型、某一学科学术分类与文献分类、某一学科工具书编制与利用的特殊方法。②

我们认为，柯平把专科目录学的研究内容分为专科目录学的一般理论与方法和某一学科文献目录学是比较科学的，也赞同他对专科目录学一般理论与方法所包含内容的界定。但我们认为，某一学科文献目录学的研究内容除了包括某一学科文献和某一学科工具书外，还应该把某一学科信息检索包括在内。专科信息检索与专科目录学有着密切的关系。信息检索来源于工具书利用。工具书是书目文献的延伸和发展，从工具书到文献检索再到信息检索，都是目录学的范畴。随着文献检索教学与研究的发展，特别是高等学校“文献检索与利用”课的普遍开设，出版了一大批专科文献检索教材和著作，这种专科文献检索有两大内容：检索工具和检索方法，是从利用的角度讲专科文献与专科工具书，所以它们也应该看做是专科目录学的组成部分。

---

① 朱滋生，沙勇忠．1990年以来中国目录学研究综述（下）[J]．图书馆杂志，1995（6）．

② 柯平．文献目录学［M］．河南：河南大学出版社，1998：302．

（四）专科目录学的地位和作用

专科目录的编制是为了使读者通过它去了解学科著作及其源流，掌握学科文献种类，发挥目录学的指引读书治学门径，提供学科文献的线索。专科目录学是专科目录工作的概括和总结，是把专科目录实践上升到理论，并进而指导专科目录实践的一门学科。各科专科目录学都是目录学的分支学科，也是各门学科的辅助学科，它们都是为读书治学和科学研究服务的。

正如上文所述，目录学的核心价值是它的致用功能。目录学通过对书目工作实践和书目事业的总结和概括，形成目录学的理论，这些理论指导着书目工作实践；书目工作实践通过各种活动发挥着学术价值、情报价值和教育价值。因此，目录学致力于满足人们对特定信息的需求，它不仅能辨章学术，考镜源流，欲人即类求书，因书究学，还能指导阅读、辅助科研等。作为目录学组成学科的专科目录学也必然具有这样的功用和价值。而且，由于专科目录学具体结合了某一专门学科，并成为这门专科的辅助学科，因此，它的“辨章学术，考镜源流”、“即类求书，因书究学”、“致用”的功能将比总论意义上的目录学突出得多。目录学与专科的结合，实际上就是把目录学的理论和方法运用于专科文献，而目录学的功能也正是在这种运用过程中得到充分的体现和发挥。专科目录学的产生是目录学发展到一定阶段的结果，同时，它的建立又使目录学在真正的意义上成为一门独立学科。因此，专门研究某一学科的图书文献的发展变化，根据某学科特定的需要，来查寻、鉴别、著录、部次图书文献，并探求专科目录工作发生与发展的规律，建立具体实现目录学功用的专科目录学，并使其系统化，具有非常重要的意义。①

三、专科目录学体系

专科目录学是目录学与其他具体科学相结合而产生的学科，是

---

① 陈国锋．略论专科文献目录学［J］．四川图书馆学报，1984（4）．

目录学的理论和方法应用于具体科学而产生的学科。因此，从理论上讲，专科目录学不仅包括专科目录学的一般理论和方法，还包括与具体科学相对应的专门学科目录学。那么，专科目录学体系也就包括专科目录学的一般理论和方法以及各专门学科目录学。专科目录学的一般理论和方法上文已简略介绍，这里不再累赘。对于各专门学科目录学，人们对其划分不一。有的认为应该分为社会科学文献目录学和自然科学文献目录学；有的认为应该分为人文科学文献目录学、社会科学文献目录学和科学技术文献目录学。这些不同的划分，归根结底是由于人们对科学分类的认识不同造成的。

科学分类是根据各门科学研究的对象，或知识的领域，分析其特征性质及其相互关系和相互转化的形态，把它们归纳为若干门类。科学分类的对象是学科知识本身，是人们对客观知识世界的认识。千百年来无数哲学家、科学家研究科学分类，提出了一套分类原则，这些丰硕的成果成为人们认识和改造客观世界的工具。科学分类是随着科学知识的发展而变化发展的，它的发展水平基本反映了一定时期内科学知识的结构和内容体系。在古代，亚里士多德把知识分为理论哲学、生产哲学和实用哲学；我国的庄子把知识分为儒、墨、名、法、道、小说等几类。到了近代，培根把知识分为记忆、想象和理性三层，并根据当时的知识体系提出“知识树”的概念。现代科学的发展，又有一些专家提出了新的观点，如于光远的立体分面图，钱学森的六大部门体系等。任何历史时期的科学分类体系都是由当时的科学发展水平和哲学思想决定的。因此，对于现代科学，只有从实际出发，以马克思主义理论为指导，才能做出正确的分类。现代科学在不断地向微观和宏观两极进军，向着分化和综合发展，彼此相互渗透、联系密切、日趋整体化。因此，在进行科学分类时，必须考虑到这些特点。①

迄今为止，对于科学这一人类知识的整体结构如何分类问题尚未完全解决。一般说来，现代科学体系按其研究对象可分为自然科学、社会科学两大类，哲学则是二者的概括和总结。毛泽东说过，

① 陈克晶，吴大青．科学分类问题［M］．北京：人民教育出版社，1980.

“什么是知识？自从有阶级的社会存在以来，世界上的知识只有两门，一门叫做生产斗争知识，一门叫做阶级斗争知识。自然科学、社会科学，就是这两门知识的结晶，哲学则是关于自然知识和社会知识的概括和总结。”① 过去习惯做法是将哲学包括在社会科学之中。近来兴起了重在强调人文精神和思维的人文科学研究。在西方，人文科学多用于表示文学、语言、艺术、历史、哲学等研究领域，新版《苏联大百科全书》中将哲学科学与社会科学合称为人文科学。考虑到我国的传统做法以及各种图书分类法中对图书分类所做的划分，我们就按照传统的做法，把科学还是分为社会科学和自然科学，将哲学及其分支学科、人文科学包括在社会科学之中。但需要指出的是，马克思主义是关于自然和社会发展规律的科学，是我们的指导思想，把马克思主义归入任何一门科学都会限制它的作用；马克思主义经典著作已成为研究各科学的理论基础；我国历来强调马克思主义的指导作用，并有将马克思主义经典作家的著作及相关文献独立为一个基本部类的先例。因此，我们把科学知识分为：马克思主义、社会科学和自然科学。相应地，专科目录学的体系除了包括专科目录学的基本理论问题外，还包括马克思主义文献目录学、社会科学文献目录学、自然科学文献目录学以及各门专科目录学。

（一）马克思主义文献目录学

对于马克思主义文献目录学的研究由来已久，但人们对此有不同的称谓，有马列主义书籍目录学、马克思列宁主义经典著作目录学或马列主义文献目录学，我们认为马克思主义文献目录学更符合马克思主义的发展以及人们的需要。

1. 马克思主义文献目录学的产生和发展

马克思主义文献目录学，作为目录学的一个分支，正以它独特的内容立于学科之林。众所周知，自从马克思和恩格斯的《共产党宣言》公开发表、宣告了马克思主义诞生以来，马克思主义以

① 毛泽东．整顿党的作风［M］．北京：人民出版社，1975：8．

它所揭示的颠扑不破的伟大真理和不可抗拒的革命威力传播到世界各国。因而马克思主义文献在全世界被大量翻译出版。世界各国伟大的马克思主义者也不断充实和丰富了马克思主义文献宝库，其数量与日俱增。马克思主义文献不仅是无产阶级革命的指南，而且也是涉及众多学科领域不朽的科学著作。彻底的革命性、犀利的战斗性和严谨的科学性使得它在一切科学文献中独放异彩①。马克思主义文献在我国的传播始自 1899 年 2 月马克思的名字在中文报刊上第一次被介绍和《共产党宣言》第一个中文全译本的翻译出版。随后，马克思主义在我国得到了广泛的传播。我国在实践中丰富和发展了马克思主义，并有计划地翻译、出版了大量的马克思主义文献。这些卷帙浩繁的马克思主义文献不仅需要寻求有效的检索途径和方法，而且由于国际领域复杂的斗争情况势必在马克思主义文献的编辑出版工作中反映出来。这就需要进行科学研究工作，既为广大读者指引检索文献的方法、编制和提供各种书目检索工具；也需要通过介绍、宣传等多种方式引导读者正确地利用这些文献。马克思主义文献目录学正是适应社会需要、在科学研究的基础上产生和发展起来的②。

马克思主义文献目录学最早在前苏联建立起来并非出于个别人的研究兴趣，而是时代的产物，是有其社会历史条件的。1892 年，德国《社会政治科学手册》出版人之一的路埃耶特尔，邀请恩格斯撰写“马克思，亨利希·卡尔”条目，恩格斯撰成此条目，刊登在该手册的第 4 卷上。后来，标题改为《卡尔·马克思生平》，在德国《工人报》和保加利亚杂志《社会民主党人》刊登。恩格斯开列的《马克思著作目录》是作为这篇传记的结尾发表的。传记发表后，立刻就在三家报刊发表，当时对马克思主义传播起了很大的作用。同时恩格斯开列的马克思著作目录，也成为目录学史上

---

① 郭星寿．试论马克思主义文献目录学的产生与发展［J］．图书馆工作，1983（3）．

② 彭斐章，郭星寿．加强马克思主义文献目录学的研究［J］．图书馆杂志，1983（1）．

的一件大事。恩格斯精心开列的这部马克思著作目录，具有高度的准确性和科学性，为后人编纂马克思主义书目提供了第一手资料。同时为目录学的新领域——马克思主义文献目录学开辟了道路。而恩格斯则是马克思主义文献目录学的开拓者。恩格斯编制的这部马克思著作目录，还在编排方法、编写体例、著录项目等方面，为后人编纂马克思主义书目，树立了典范①。列宁也进行了马克思主义文献和书目的科学研究工作。他的《马克思主义参考书目》是马克思主义文献目录学的奠基性著作。列宁非常关心马克思恩格斯文献的收集和出版以及读者对文献的利用工作，并为此作过许多重要的指示，还成立了世界上第一个专门的研究机构。十月革命后，马克思主义文献目录学最先在前苏联得到了比较系统的研究，前苏联高校图书馆学系也开设了这一专业课程。事实说明，马克思主义文献目录学实际上已建立起来。

中华人民共和国成立后，马克思主义文献目录学受到我国图书馆界的重视，并被北京大学和武汉大学两校图书馆学系列为本科生的专业课程之一。20 世纪 50 年代这方面的论著问世，如李枫的《马克思列宁主义书籍目录学》（草稿）曾作为省市图书馆工作人员进修班教材于 1957 年内部印刷出版。在此之前，也有相关论著发表。20 世纪 60 年代初期，北京大学和武汉大学两个学校的图书馆学系都先后编出了这方面的教材：北京大学图书馆学系于 1962 年编印《马列主义经典著作目录学（初稿）》；武汉大学图书馆学系于 1963 年编印《马克思列宁主义经典著作目录学讲义（初稿）》。“文革”后，武汉大学图书馆学系于 1980 年恢复了该课程的教学，先用上海师范大学图书馆汪伯淳编的《马列主义经典作家著作集的版本和主要检索工具书介绍》作为主要参考资料，后改用自编教材《马克思主义文献目录学》。这些教材、著作以及教

① 陆建志．恩格斯对马克思主义书目目录学的贡献［J］．图书馆工作与研究，1984（2）．

学实践和相关研究推动了马克思主义文献目录学的发展。①

2. 马克思主义文献目录学的性质和对象

马克思主义文献目录学是运用文献学、目录学的理论和方法，研究、揭示与报道马克思主义文献源及书目文献的一门学科。它既是一门专科目录学，又是马克思主义的辅助科学。主要是为了更好地传播马克思主义，为了解决马克思主义文献的复杂情况与人们对它的特定需要之间的矛盾。

马克思主义文献目录学有它特定的研究对象——马克思主义文献与书目工具。它要以出版物为首要，要推荐图书、指导阅读、辨章学术、考镜源流、因书究学，向读者与研究者介绍最新最好版本的马克思主义著作。它是马克思主义的辅助科学，在研究各类型的重要书籍时，要把书籍的内容特征（思想内容）与书籍的外形特征（版本与文字校勘）联系起来。书籍与目录是相互补充的，由目以识书，用书籍来充实与扩大目录，因书以究学。因此，在研究书籍的同时，也应注意介绍重要目录，要了解重要目录的使用，做到由目以识书，因书以究学。②

3. 马克思文献目录学的研究范围和任务

马克思主义文献目录学的研究对象是马克思主义文献和书目工具。马克思主义文献包括马列主义经典作家著作的出版品和目录、毛泽东同志著作出版品、我国和各国共产党卓越活动家和理论家的著作的出版品与目录，以及阐述和解释马克思主义的出版品与目录等，其中以马克思主义经典作家和毛泽东同志的出版品和目录为主。

研究马克思主义文献目录学的主要任务，是要掌握马克思主义文献源，了解其发表和出版概况及主要版本，以便搜集有关文献。第一，了解马克思主义文献的发表和翻译、出版概况，掌握文献

① 郭星寿. 试论马克思主义文献目录学的产生与发展［J］. 图书馆工作，1983（3）.

② 李枫. 马克思列宁主义书籍目录学（草稿）［G］. 武汉：湖北省图书馆，1957.

源；第二，研究马克思主义文献出版物类型和重要版本及其特点，收集重要出版物；第三，研究和收集马克思主义发展中的新文献。研究马克思主义文献目录学同时肩负着引导广大读者利用文献的重要任务。

研究和收集马克思主义文献的根本目的在于揭示、宣传并引导读者利用：第一，研究马克思主义文献在出版过程中的变异情况并加以揭示，这是引导读者正确利用文献的基本前提；第二，建立马克思主义文献的检索体系；第三，进行宣传报道，开展参考咨询工作，引导读者利用马克思主义文献。①

马克思主义的传播途径很多，主要有：通过对马列著作的介绍、宣传、翻译和出版，让广大群众理解马克思主义基本原理，提高自身的理论水平；通过杰出的宣传活动家和无产阶级革命领袖将马克思主义的基本原理与本国具体的革命实践相结合，使之成为具有本民族特点、群众易于理解并运用的马克思主义，成为广大群众的思想武器；创办报刊、图书馆、俱乐部等阵地传播马克思主义。马克思主义文献目录学作为马克思主义的辅助学科，也是传播马克思主义的重要途径。马克思主义文献目录学的一个重要任务就是传播马克思主义。

总之，马克思主义文献目录学是广大读者，尤其是科学工作者必备的知识，是打开马克思主义文献宝库的钥匙。因此，掌握马克思主义文献源，有目的地收集重要出版物，成为广大读者提供利用这些文献的基础；研究马克思主义文献目录学，是向广大读者普及马克思主义文献目录学知识，是传播马克思主义的重要方式和手段；研究马克思主义文献，揭示其检索途径和方法，是引导读者利用马克思主义文献的先决条件，也是马克思主义文献目录学的主要任务，是具有现实意义的重大课题。

4. 马克思主义文献目录学现实的研究课题与任务

由于马克思主义文献的特殊重要性，编辑、出版和研究马克思

---

① 彭斐章，郭星寿．加强马克思主义文献目录学研究［M］．图书馆杂志，1983（1）．

主义文献就成为一项十分重要而又非常复杂的工作。马克思主义文献目录学现实的研究课题与任务非常广泛，主要有：①研究马克思主义文献的产生或写作与发表的历史背景，揭示其时代意义，从而帮助读者理解文献的内容，正确地运用马克思主义的基本理论；②研究马克思主义的传播途径和基本方法，总结其历史经验，不断提高宣传马克思主义的水平；③研究马克思主义文献写作或发表方式、各种原始文献的特点及科学价值，熟悉和掌握文献源；④研究马克思主义文献的编辑和出版情况，以及各类出版物的重要版本；⑤研究马克思主义文献出版物中的各种变异情况，引导读者正确地加以利用；⑥编制各种检索工具，建立马克思主义文献的检索体系。①

（二）社会科学文献目录学

社会科学是人类知识体系中的一个庞大的门类，是一个包含众多学科的知识群。这些学科从不同的角度对复杂的社会现象进行研究，形成了社会科学研究对象的复杂性。社会科学有着漫长的发展过程，然而，只有到了近代，社会科学才逐渐分化、演变成为独立的科学体系。社会科学在人类的生活中起着巨大的社会作用，可以使人类更好地认识社会，更好地认识人类自己。

社会科学是研究各种社会现象的科学，其任务是研究并阐述这些社会现象及其发展规律。从理论上讲，社会科学以社会为研究对象，这就确定了自己的研究范围。然而，在实际的划分中却有不同的观点和理解。社会科学高度分化，出现了大量新兴学科。与此同时，社会科学也趋向高度综合，出现了大量跨学科的所谓边缘学科。传统的学科范围已被突破，新学科的建立又需要一个过程，就出现了理解不同的情况。对社会科学所包括的范围虽有许多不同意见，但大部分内容是共同的。本部分内容对社会科学包括的范围不作理论上的讨论，而是以《中国图书馆图书分类法》所列学科为

---

① 郭星寿．试论马克思主义文献目录学的产生与发展［M］．图书馆工作，1983（3）．

基础，并适当扩充，来构成社会科学的分支学科。这些分支学科包括有哲学、政治学、军事学、经济学、法学、教育科学、文化学、体育科学、语言学、文学艺术、历史学、地理学、社会学、新兴学科等。

社会科学文献目录学是对社会科学文献及其书目工具进行研究的一门科学，是研究社会科学书目情报运动规律的一门科学，是目录学的分支科学，也是社会科学的辅助科学。它是为了解社会科学文献的增长与人们对社会科学文献的特定需要之间的矛盾而产生的一门科学。社会科学文献目录学的研究对象包括社会科学文献和社会科学工具书。

对社会科学文献目录学的研究，要坚持辩证唯物主义和历史唯物主义，把社会科学文献及其工具书放在一定历史阶段之中，按其本来面貌进行具体分析；要把社会科学文献及其工具书与思想史联系在一起，从而把社会科学文献及其工具书放在具体历史环境中对其内容、外形及历史地位、作用作客观的科学分析；要按知识部门、研究对象、思潮、派别分类客观地、科学地揭示；要请各知识领域、派别专家和代表人物撰写绪论、总序和思潮说明，从而使论战各派保持原来的客观面貌，达到准确而完整，保持客观性和科学性。也就是说，要把社会科学文献及其工具书与一定历史发展阶段的政治、经济、科学文化、书刊资料等客观实际具体地结合在一起进行具体的评价分析，把各阶级、各派别放在具体的历史环境中去考察和分析研究，然后按知识门类、按派别列出参考书目，以便科学地、客观地揭示、报道各历史阶段中各知识部门、各派书籍的内容特点，从而引导读者迅速而准确地找到客观真理。①

人们对社会科学文献目录学的研究热情很高，对文学文献目录学，历史文献目录学的研究尤其重视，成果也最多。

1. 文学文献目录学

文学文献目录学是文学目录工作实践的概括与总结，是反映文学目录工作实践活动发展变化的一般规律的科学。文学文献目录

① 陈耀盛．试论目录学的科学基础［J］．四川图书馆学报，1981（1）．

学，以特定的读者群的需要，研究文学目录如何揭示与报道文学学科的文献内容、种类和特点，研究文学学科目录的历史、现状与发展趋势，评价重要文学目录的编写特点和成就，从而在文学目录领域内促进书目质量的提高，加强书目工作的开展，完善书目工作的组织与管理。文学文献目录学既是文学的辅助科学，又是目录学的一个分支学科，它体现着文学与目录学的结合。所以，文学文献目录学的内容除了包括文学文献目录学的理论研究和历史发展研究外，还应该包括：①文学基本著作的出版情况；②文学基本著作和重要文学文献介绍；③文学目录的历史、现状和趋势；④评价文学目录和研究文学目录的编制方法、技术；⑤研究文学文献检索系统，等等。①

文学文献目录学既是前人治学经验的总结和专科研究成果的反映，又要能够指导读书治学和科学研究，能够“辨章学术，考镜源流”，只有这样，它才能为文学爱好者和研究者服务，才能为学术研究提供真正有价值的文献情报资料。同时，作为一个文学文献目录学的研究者，还必须具有富于直觉和想象的学术头脑，能够灵活有效地搜集、分析和加工文献情报资料，并且经常注意设计和调整自己的知识结构，使其处于最佳状态，以利于有创造性地运用其他学科中的一些科学方法，补充文学文献目录学方法的不足。

我国在对文学文献目录学研究中，主要是对中国文学文献目录学的研究，出现了许多有价值的成果。谢灼华先生的《中国文学目录学》② 是一部具有理论和实用价值的导向之作。它主要梳理了文学文献目录学研究的思路，提出了当时改革开放新时期文学文献目录学研究的意义和方法，对文学文献目录学的发展起了导向作用，其功绩非常显著。该书系统地论述了中国文学目录的产生、发展和价值，详细地分析了文学目录的编制原理、方法和特点，重点介绍了我国古典文学书籍的出现和流传情况，是我国目录学界正式出版的第一部文学文献目录学专著。作者认为，中国文学文献目录

① 谢灼华．中国文学目录学［M］．北京：书目文献出版社，1986.

② 谢灼华．中国文学目录学［M］．北京：书目文献出版社，1986.

学正是在利用文学书目索引解决读者阅读和研究需要的实践中产生的，“中国文学目录学是一门专科目录学，它以中国文学书籍为对象，用目录学的方法研究各个时代文学书籍的存在状况及其目录资料”。该书第一章至第三章是文学目录学通论，主要讨论文学目录的种类和功用，阐述文学目录学的基本原理与研究范围，并介绍古代文学书籍的出版情况，分析公私书目记载文学书籍的部类和特点；第四章至第十章是分体目录研究，分体裁评介文学总目和文学论文索引，分总集、别集书目索引、文艺理论与批评、诗歌、小说、戏曲、民间文学等类书目索引，分别介绍重要书目索引 861 种，并对其中 227 种作了提要；第十一章是文学目录方法论，讨论了文学书目索引的编制原则与方法；书后还附征引参考书目举要和书名索引。该书理论与应用并重，系统地探索了文学文献的出版发行史，评介分析了各种文学目录，并探讨了文学目录的编制原理，著作的结构合理、严谨，初步建立起了中国文学目录学这一专门学科的体系。《中国文学目录学》是专科目录学的早期著作之一，它为专科目录学的研究内容、范围及学科体系的确定积累了宝贵的经验。

2. 历史文献目录学

任何一门专科目录学都是目录学和其具体学科相结合的产物。历史文献目录学就是目录学和历史学相结合的产物。历史文献目录学的内容是对历史文献目录工作形成和发展规律的研究，是要研究关于历史文献内容和形式的综合描述的过程与成果，总结规律，以提供关于文献的目录学知识。因此，历史文献目录学是研究历史文献及其目录产生与发展规律的一门专科目录学，目的在于揭示历史文献及其目录的历史发展概貌，力求“辨章学术，考镜源流”，为谈史书治史学示门径①。历史文献目录学的任务是以马列主义的原则为指导，运用辩证唯物主义和历史唯物主义的研究方法，研究总结历史文献目录工作的基本理论及工作方法，在批判继承的基础上，研究评价历史上的历史文献目录工作，阐明历史文献目录工作

---

① 柯平. 关于历史文献目录学的研究［J］. 图书馆研究，1985 (1).

的形成与发展的规律及其对社会文化发展的意义，促进历史文献目录工作的开展①。

历史文献目录学既是历史学的辅助学科，又是目录学的分支学科。我国的历史文献目录工作具有悠久的历史，三国时期裴松之的《史目》就是最早的专科史目。但历史文献目录学建立的历史却不长。1928 年郑鹤声先生在南京中央大学讲授《中国史部目录学》，其讲稿于 1933 年出版，这是我国研究历史文献目录学的第一部系统著作，也标志着历史文献目录学在我国的正式建立。

《中国史部目录学》② 成书于中华人民共和国成立以前，重版于中华人民共和国成立初期，重版时作了修订。它集我国数千年史部目录于一书，集中展示各部目录史的分类、收录范围，尤其通过几大家典型的史籍学说的陈列对比，反映了我国史籍学的演变情况，展现了中国历史学科的流派概况。作者称史部目录学是读史之门径，故全书主要讨论史书体裁、类目和分类问题，并集中讨论史部目录诸体。重版时的篇目有：古史渊源，介绍了有关古史的几个学术流派；史部之形成，阐述了史部经由《七略》、《晋中经簿》、《七志》、《七录》到《隋书·经籍志》诸目录的演变而正式形成史部目录的过程；史部源流，作者以正史、通史、古史、纪事本末、别史、杂史、霸史、诏令奏议、起居注等史体分别探源，给读者辨析各体史书的特征及其概况；史目正录，用例表反映了《隋书经籍志》等十五部大型藏书目录，并将它们作了分析比较；史目别录，以表的形式分析比较了《遂初堂书目》、《玉海艺文目》等十九部目录；史目变录，介绍《江苏国学图书馆总目》、《生活书店总书目》两部大型近代书目；史部分类说，介绍了刘知几、章学诚、杨槩等人的史部分类说，并对他们的分类学说作了评论；史料分类法；历史科学图书分类之新趋势，介绍了《中国人民大

---

① 陈慧杰．历史文献目录学的对象、内容及其任务［J］．吉林省图书馆学会会刊，1981（2）．

② 郑鹤声．中国史部目录学（修订 2 版）［M］．上海：商务印书馆，1956．

学图书分类法》。《中国史部目录学》是一部有实用价值的专科目录，它对于目录工作者和史学工作者都是有益的工具书。

“五四”以后，我国高等学校历史系，相当普遍地开设了史部目录学这门课程，内容主要讲述史书的分类和著作的介绍。新中国成立后，有不少大学历史系曾开设过“史料学”、“史籍介绍”等课程，向学生介绍目录学等方面的知识。北京大学图书馆学系还开设了《中国历史书籍目录学》课程。这在相当程度上促进了历史文献目录学的研究和发展。

人们对历史文献目录学进行了大量的研究，但大多是对中国历史文献目录学的研究，且多是分散的研究，系统的研究并不多见。在系统的论述中，《中国历史书籍目录学》和《中国历史文献目录学》堪称佳作，对中国历史文献目录学的发展起着指导和推动作用。

《中国历史书籍目录学》① 原是北京大学图书馆学系专科目录学教材之一，书中重点论述了中国史籍发展史、中国史部目录的产生及发展过程、史部类目源流、史籍分类思想史及目前趋向并结合史籍体裁源流的论述，介绍了古今一些重要的史籍。作者认为，“中国历史书籍目录学是以目录学原理为指导，以中国历史书籍发展源流和历史书籍的类型为研究对象的一门专科目录学。它是研究中国历史书籍产生和发展规律的一门科学。它通过揭示历史书籍及其目录的演变过程，力求‘辨章学术，考镜源流’，阐明中国历史书籍的编纂形式、内容与价值，以便为史学爱好者提供学习门径，为历史科学研究提供基本的书目资料”。本书的主要内容为：中国史籍发展简史；中国史部目录的产生与发展；史部类目源流；中国史籍分类趋势；中国古代史籍体裁源流；史籍体裁的变革及古代史新体裁史籍举要；近代史新体裁史籍举要；现代史新体裁史籍举要；中国历史书籍书目参考工作。与其相配套的资料有《中国历史书籍目录学参考资料》、《中国历史书籍目录学参考资料选》。

---

① 陈秉才，王锦贵．中国历史书籍目录学［M］．北京：书目文献出版社，1984.

《中国历史文献目录学》① 是吸收以往的研究成果，并在作者教学和科研的基础上编写而成的。作者认为，中国历史文献目录学的产生和发展是以读者对历史文献的特定需要为前提的，是研究中国历史文献的目录、类型和目录工作的产生及发展规律的一门科学，是一门实践性较强的致用之学，具有重要的教育职能、学术价值和情报（即信息）职能。它的研究对象是文献类型和史籍目录，研究内容包括理论部分、古代研究部分、现代研究部分和应用部分。它是对历史文献目录工作经验的概括和综合，历史文献目录工作是其赖以产生和发展的源泉，它不仅要在历史文献目录工作实践中受到检验，同时对历史文献工作还具有重要的理论指导作用。该书共分为四编：概要编，阐述历史文献及历史文献目录学的有关理论，对文献、历史文献、历史文献目录学的知识以及中国历史文献的发展、中国历史文献的特点等进行了介绍；旧体编，对中国古代各类历史文献进行了介绍，并剖析典型范例，如编年体、纪传体、纪事本末体、政书体以及其他常用体裁，还介绍了文献注释及著名历史目录学家郑樵和章学诚；新体编，对新型历史文献进行了介绍，包括新型古代史文献、新型近代史文献和现代史文献；检索编，属于方法论，对史部类目、历史文献书目类型和中国历史文献信息源都作了详细的介绍。

（三）自然科学文献目录学

自然科学是人类研究自然界的现象、性质及其规律的一门学问。人类为了生存和发展，对自然界必须进行了解和改造，这些实践活动可分为两类，一是生产实践，二是科学实验。这两种实践活动是自然科学的根本源泉，自然科学就是在这些实践基础上产生和发展起来的。它产生后又不断服务于生产实践和科学实验，指导生产，促进生产的进一步发展。自然科学是一种生产力，它的进步、发展及其应用必然会引起政治、经济、文化、教育和人类生活等方面的变化，促进社会的变革，自然科学是人类发展史上起推动作用

① 王锦贵．中国历史文献目录学［M］．北京：北京大学出版社，1994.

的革命力量。

自然科学一般可划分为三个层次，即基础科学、技术科学和生产科学三个层次。基础科学是一般的基础理论，是研究自然界中物质的结构和运动的科学；技术科学是将基础科学知识向实践应用的中间环节，是研究通用性技术理论的科学，它一方面是基础科学的应用，另一方面又是生产科学的理论基础；生产科学的研究对象是具体的技术原理、结构和工艺。但是，现代自然科学把基础科学、技术科学和专业技术三个部分紧密联系在一起，它们不断分化又不断综合，互相交错又互相联结，不断出现一些新的学科，共同构成了一个统一而庞大的自然科学体系；其研究方法互相渗透、互相影响、互相转移，并且向着高精度地认识自然规律和揭露事物的本质方向发展；而且科学、技术、生产三者之间的联系比以往更加密切，逐渐形成一个完整的体系。因此，自然科学成为彼此间相互联系由多门学科构成的一个整体。

自然科学知识发展到一定阶段，出现了方便人们利用自然科学知识的相关工具，如各种书目、索引、文摘、综述等。随着自然科学目录工作的开展以及自然科学文献的急剧增长，自然科学文献目录学应运而生。自然科学文献目录学是研究自然科学领域的文献增长与人们对自然科学文献特定需求之间的矛盾的一门科学。它既是自然科学的辅助学科，又是目录学的理论和方法应用于自然科学领域而形成的一门目录学的分支学科。自然科学文献目录学对于目录学功能的发挥起着非常重要的作用，是目录学指导读书治学，辅助科学研究，“辨章学术，考镜源流”的基础。同时，自然科学文献目录学又是为自然科学服务的，它能满足人们对自然科学文献、自然科学知识的需求，并可以引导人们学习和利用这些文献和知识。

在自然科学文献目录学的发展过程中，人们对它的研究并不多。在这些不多的研究中，《自然科学文献目录学》是一部很重要的著作。《自然科学文献目录学》① 是前苏联高等学校图书馆学系

① ［苏］M. П. 加斯特费尔，Г. К. 贝斯特洛娃著．自然科学文献目录学［M］．中译本．孙华东，译．北京：书目文献出版社，1989.

的教科书。作者认为，自然科学文献目录学的对象是文献档和文献流，主要社会功能是科学辅助性和推荐性，也可细分为：检索功能、报道文献内容的功能、总结功能、教育功能、宣传功能和普及功能等。自然科学目录学有自身的理论和方法原则，这些原则是在总结多年实践经验以及研究目录工作的过程和成果而形成的，揭示了目录学的对象、目录学与科学的从属关系、工具书的分类、编目方法、目录的提供与宣传等各方面的特征。目录工作的内容、格式、方法、设备及其组织原则，在某种程度上均是随着自然科学各学科的特性、机构和相互关系而变化。自然科学领域内的目录工作要保证科学研究的需要，要充分地满足学者、专家的职业需要，满足人们日益增长的要求，以及对他们的教育和培养。全书共分三编十章，主要介绍：自然科学文献目录学的基本特征和发展阶段；自然科学题录情报的编制；自然科学题录情报的利用。书中还全面总结了前苏联各有关图书馆和情报机构在组织自然科学文献目录工作方面的经验和方法。该书为自然科学文献目录学的研究提供了许多值得借鉴的地方，且内容系统、充实，对我国广大读者以及自然科学文献目录学研究者具有一定的参考价值。

我国对于自然科学文献目录学的研究也非常欠缺，研究领域主要集中在科技文献目录学和医学文献目录学。对于自然科学的其他领域，研究的却很少。

1. 科技文献目录学

自从出现科技书目工作以来，在长期的实践活动中，积累了丰富的经验，形成了大量的科技目录。这些科技目录是积累、报道与检索科技文献的有力工具，是科技文献工作不可缺少的组成部分。对科技书目工作实践活动及其成果，作全面、系统的概括与总结，分析其现象，找出内在联系与发展规律，以形成一套完整而系统的理论知识体系，就是科技文献目录学。科技文献目录学研究的是科技书目工作实践活动的整个过程。

在科技书目工作实践活动中，一般包括有两个方面：一是科技书目的编制，就是搜集、鉴别、著录、分类、主题标引、编排的过程；二是科技书目的组织与利用，就是科技书目体系的组织和科技书目的使用，也就是我们通常所说的检索体系与过程。科技文献目录学是以记录、揭示、通报、宣传一定范围的科技出版物的内容为手段，中心是研究科技书目的编制、组织与利用的理论与方法，以研究解决资料众多与特定读者群需要之间矛盾运动发展规律的一门学科。简言之，科技文献目录学是研究以科技书目的编制、组织、利用的理论与方法为中心的一门学科。

科技文献目录学的研究任务是以马克思主义为指导，以辩证唯物主义和历史唯物主义为武器，全面、系统地总结、概括古今中外科技书目工作的实践经验，研究搜集、鉴别、分析与评价科技出版物内容、种类、特征的方法；研究科技书目的编制、组织与利用的理论与方法；研究科技书目以及科技书目事业的发展历史、现状与动向；评价科技书目的优劣，科技书目学家的成就与贡献；特别要研究如何应用现代科学技术，建立各种类型的科技书目体系，实现高度的自动化与网络化。通过其现象的分析，探索其内在联系、本质关系以及矛盾运动的规律性，以建立比较完整、系统的理论体系，指导科技书目工作实践，进一步适应不断发展的生产、技术的需要，充分满足广大科技人员对资料的需要。

科技文献目录学既要研究科技文献，也要研究科技目录。惠世荣于 1981 年在其硕士学位论文《我国科技目录的过去与现在》中就简要回顾了我国科技目录的渊源及发展，阐述了科技类目录的种类形式和运用范围等，讨论了现有科技目录体系中存在的问题，提出了若干改进的措施，并展望了我国科技目录事业现代化的前景。沈国强在《关于科技文献目录学研究的几个问题》一文中，对科技文献目录学的研究对象、研究任务与内容、方法和科技文献目录学史等问题进行深入的探讨，并提出了许多具有参考价值的见解。他认为，科技文献目录学的内容应包括：①科学技术历史发展概况与现状；②科学技术主要学科、专业出版物概况（数量、类型与特点等）；③古今中外重要的科技参考工具书的出版概况；④古今中外科技书目的类型、形式与特点，编制、组织与使用方法，当代典型科技书目的评述；⑤科技书目事业发展历史与现状，当代各国科技书目中心与体系的建立与完善，现代科学技术在科技书目工作中的应用。① 科技文献目录学的中心是研究科技书目的编制、组织与利用的理论与方法，包括科技书目的选材问题、图书资料的揭示方法问题和科技书目的编排方法问题。

科技文献目录学既是科技文献学的辅助学科，又是目录学的一门分支学科。对于广大科技人员来说，它是非常重要的科技文献指南。加强科技文献目录学研究，不仅可以加快科技文献学的发展，促进科技文献的使用，也可以促进目录学的发展，使目录学的理论更科学，方法更丰富，同时给目录学的发展带来新的研究课题和内容。

2. 医学文献目录学

随着社会生产的发展和科学文化的发展，记载医学的文献剧增。随着祖国医学的发展和国外医学的传入以及我国医学对国外的影响，作为著录医学图书的书目文献也纷纷出现，它们以各种方式记录着医学科学成果，研究医学的书籍，探讨医学科学研究的动态等，以宣传、报道、交流促进医学。在我国，医学文献目录和书目工作历史悠久。我国医学文献目录是沿着两条轨道发展的，即综合性目录中的医书类和医学专科目录。在历代史志目录、官修、私藏目录中，医学类目始终占据重要位置。据考证，秦始皇“焚书”之时，已有医学书目存在；明人殷仲春所编《医藏书目》，是我国现存最早的一部单行医家书目。

医学文献目录学正是面对这种客观形势，在传统医学目录与现代医学文献检索实践的基础上应运而生，它研究如何记录、揭示以及报道和宣传医学文献资料与解决人们对医学文献资料特定需要之间的矛盾运动规律的一门科学。医学文献目录学是专科目录学的一种，是目录学的分支学科，同时也是医学的辅助学科。

医学文献目录学的研究范围包括：医学文献目录学的基本理论，包括这门科学的指导思想、研究对象、研究内容、学科性质、研究方法、基本任务、与相关学科的关系等；医学著作的基本情况

① 沈国强．关于科技文献目录学研究的几个问题［J］．四川图书馆学报，1981（3）．

和出版动态，是了解和熟悉文献的基础，也是揭示与报道医学文献的条件；国内外医学文献的评价，是研究医学文献发展的历史、现状、趋势的重要途径；反映医学文献的重要工具书，是为读者提供教学、医疗、科研文献的主要线索。①

我国对于医学文献目录学的研究由来已久，但研究多集中在中医文献目录学的研究领域，对于有关国外医学理论、医学新技术、新方法即西医文献目录学的研究较少。但是，研究和发展医学文献目录学不仅是为了解决中医文献的增长与人们对中医文献特定需求之间的矛盾，更重要的是要建立起中西医结合的包括中医和西医文献在内的医学文献目录学，从而促进医学的发展和医学文献的利用。因此，我们要建立起中西医结合的医学文献目录学，促进医学的发展，为目录学提供更广阔的实践活动。

在中医文献目录学的研究中，徐国仟主编的《目录学》② 是一部不错的著作。《目录学》是中医院校中医文献专业课教材，是根据中医文献专业本科生教学大纲要求进行编写，供中医文献专业师生教学之用，也可作为从事中医药教学、科研、医疗工作的参考。全书分为上编、下编、附编三大部分。上编为目录学，第一章至第四章介绍目录学的基础理论及历史概况；第五、六章介绍历代各种书目及使用方法；第七章介绍了中医目录的历史、现状及各种中医专科目录和使用方法。下编第八章介绍了类书的源流、概况、类目设置及历代重要类书和使用方法，以及中医类书；第九章介绍了历代重要丛书及检索方法，以及中医专门性丛书。附编包括古代书目序文选读和索引两部分。该书为专科目录学专著的编写提供了新的思路，有许多值得借鉴之处。

① 徐继安．医学文献目录学发展初探［J］．四川图书馆学报，1982（2）．

② 徐国仟．目录学［M］．北京：中国医药科技出版社，1994．

参考文献

[1] 毛泽东．整顿党的作风［M］．北京：人民出版社，1975.

[2] 彭斐章，乔好勤，陈传夫．目录学（修订版）［M］．武汉：武汉大学出版社，2003.

[3] 来新夏．古典目录学［M］．北京：中华书局，1991.

[4] 姚名达．中国目录学史［M］．北京：商务印书馆，1957.

[5] 刘纪泽．目录学概论［M］．中华书局，1934.

[6]（清）章学诚著．刘公纯校点．校雠通义［M］．北京：古籍出版社，1956.

[7] 汪辟疆．目录学研究［M］．上海：商务印书馆，1934.

[8] 徐国仟．目录学［M］．中国医药科技出版社，1994.

[9] 武汉大学、北京大学《目录学概论》编写组．目录学概论［M］．北京：中华书局，1982.

[10] 谢灼华．中国文学目录学［M］．北京．书目文献出版社，1986.

[11] 郑鹤声．中国史部目录学（修订2版）［M］．上海：商务印书馆，1956.

[12] 陈秉才，王锦贵．中国历史书籍目录学［M］．北京：书目文献出版社，1984.

[13] 王锦贵．中国历史文献目录学［M］．北京：北京大学出版社，1994.

[14]［苏］M. П. 加斯特费尔，Г. К. 贝斯特洛娃．自然科学文献目录学［M］．北京：书目文献出版社，1989.

[15] 韩寿根等．学科大全［M］．沈阳：沈阳出版社，1989.

[16] 李枫．马克思列宁主义书籍目录学（草稿）［M］．武汉：湖北省图书馆，1957.

[17] 陈克晶，吴大青．科学分类问题［M］．北京：人民教育出版社，1980.

[18] 柯平．文献目录学 [M]．开封：河南大学出版社，1998.
[19] 沈国强．关于科技文献目录学研究的几个问题 [J]．四川图书馆学报，1981（3）.
[20] 徐继安．医学文献目录学发展初探 [J]．四川图书馆学报，1982（2）.
[21] 王心裁．文化冲突与交融中的导读目录 [J]．图书情报知识，1998（4）.
[22] 柯平．中国目录学的现状与未来 [J]．图书馆杂志，2005（3）.
[23] 傅荣贤．传统目录学的核心理论 [J]．图书馆，1996（6）.
[24] 彭斐章，谢灼华．关于我国目录学研究的几个问题 [J]．武汉大学学报（哲学社会科学版），1980（1）.
[25] 彭斐章，郭星寿．加强马克思主义文献目录学研究 [J]．图书馆杂志，1983（1）.
[26] 陈秉才．试论目录学，专科目录学，情报学的关系 [J]．吉林省图书馆学会会刊，1981（1）.
[27] 陈国锋．略论专科文献目录学 [J]．四川图书馆学报，1984（4）.
[28] 乔好勤．当前我国目录学研究的方向和任务 [J]．图书馆界，1982（2）.
[29] 裴成发．建国以来我国专科目录学之研究 [J]．图书馆，1994（6）.
[30] 徐立．专科文献目录学和它的现实意义 [J]．图书馆员，1988（1）.
[31] 陈东，张洪元．我国目录学研究四十年 [J]．高校图书情报学刊，1989（2）.
[32] 朱滋生，沙勇忠．1990 年以来中国目录学研究综述（下）[J]．图书馆杂志，1995（6）.
[33] 郭星寿．试论马克思主义文献目录学的产生与发展 [J]．图书馆工作，1983（3）.
[34] 柯平．关于历史文献目录学的研究 [J]．图书馆学研究，

1985 (1).

[35] 陈慧杰. 历史文献目录学的对象、内容及其任务 [J]. 吉林省图书馆学会会刊, 1981 (2).

[36] 陈耀盛. 试论目录学的科学基础 [J]. 四川图书馆学报, 1981 (1).

[37] 陆建志. 恩格斯对马列主义书目目录学的贡献 [J]. 图书馆工作与研究, 1984 (2).

[38] 乔好勤. 现代科学技术与目录学的发展 [J]. 图书情报工作, 1982 (5).

第六章　目录学的论争与理论目录学的发展

第一节　目录学理论论争

一、目录学研究对象之争鸣

何为目录学的研究对象，长期以来一直众说纷纭，甚至有否定目录学存在者。

“目录学研究对象的讨论是西方目录学引入后，丰富的书目工作实践对目录学的必然要求，是目录学逐步摆脱经验束缚走向成熟的标志。”① 关于目录学研究对象的讨论起源很早，20 世纪初，当西方目录学传入之时，由于中西目录学的碰撞，使中国目录学研究者们在试图给目录学下一个科学的定义时，就引发了中国目录学家对目录学研究对象的讨论。1928 年容肇祖撰《中国目录学引论》称：“中国目录学简言之为研究中国书的学问；详言之，则研究中国书的（一）材料，即构造成书的；（二）内容，即著作家所论述的；（三）版本，刻本写本皆在研究之列；（四）分类，及其分类的历史。”1933 年，姚名达在所著《目录学》中说：“目录学者，将群书部次甲乙，条别异同，推阐大义，疏通伦类，将以辨章学

① 彭斐章，王心裁 . 20 世纪中国目录学：发展历程、成就与局限［J］. 高校图书馆工作，1999（2）：1-6.

术，考镜源流，欲人即类求书，因书究学之专门学术也。”1930年杜定友在《校雠新义》中更直接探讨了“目录学的对象”问题，认为“目录学之对象为图书，其目的在致用”。汪国垣分析了几种对目录学的看法，归纳为：（一）目录学者、纲纪群籍、簿属甲乙之学也。（二）目录学者、辨章学术，剖析源流之学也。（三）目录学者，鉴别旧椠，仇校异同之学也。（四）目录学者，提要钩元，治学涉经之学也。他认为，对目录学的不同看法，是因为角度的不同，即有目录家之目录，史家之目录、藏书家之目录，读书家之目录。

中华人民共和国成立后，目录学研究对象问题也一直是目录学领域的焦点，曾召开过多次目录学研讨会，许多刊物也发表了一系列对象问题研究的文章，虽然至今仍未有一个统一定论，却活跃了学术气氛，大大促进了目录学基础理论的发展。先后有“图书说”、“目录说”、“图书兼目录说”、“目录工作说”、“矛盾说”、“目录事业说”等多种观点出现。第一种即“图书说”，认为目录学的研究对象是图书；第二种是“目录说”，认为目录学的研究对象是目录，提出目录学是研究目录发生发展规律的科学；第三种认为目录学的研究对象是图书兼目录，认为目录学研究对象首先是图书，其次是书刊目录；第四种是把目录学看做一项社会活动，认为目录学的研究对象是目录工作，即“目录工作说”；第五种观点就是所谓的“矛盾说”，把揭示与报道图书资料与人们对它的特定需要之间的矛盾作为目录学研究的对象；第六种观点认为目录学的研究对象是目录事业，即“目录事业说”。

上述六种观点是较为流行，普遍为人所知的提法，但对目录学研究对象的探讨，已出现不下几十种观点，因此，有人又依其组成结构划分，把这些学派分成三大类：第一类，单元论，如图书说、目录说、读者说、知识说，其研究对象分别为图书、目录、读者和图书中的知识，它们都是单个的实体，是具体的、特定的研究对象。第二类，关系论，如并列说（研究对象是内容与书目编制），矛盾说、复合说（研究对象是图书－目录－读者之间的关系）等，这类认为目录学的研究对象是两个或两个以上要素之间的某种关系。第三类，整体论，如书目实践说（研究对象是书目服务关系和实践活动的变化规律）、目录事业说、目录工作说、宣传图书说（研究对象是用书目索引方式报道和宣传图书的规律）等，显然，这一类把宏观连续的整体作为目录学研究对象，其研究核心是整体发展的规律。①

进入 20 世纪 90 年代以后，“图书说”、“目录说”、“图书兼目录说”、“目录工作说”、“矛盾说”、“目录事业说” 等多种观点的讨论仍然没有停止，而是在不断的探讨中，各派论点渐趋接近。多数同志认识到，离开了对目录学规律性的认识，要将目录学研究对象问题的讨论引向深入是不可能的，因此更进一步地从目录学发展的规律性方面来揭示目录学学科自身发展的特殊矛盾、确立目录学的研究对象成为共识。一般说来，一门学科的研究对象是某一领域或某一方面的规律，感性的具体事物都不能构成某一学科的研究对象。目录学之所以能够构成一门独立的科学，是因为它以研究目录学领域的特殊矛盾而区别于其他学科。目录学领域的特殊矛盾，是揭示和报道文献与人们对它的特定需要之间的矛盾，这就是目录学研究对象的 “矛盾说”。“矛盾说” 最早于 1980 年由彭斐章和谢灼华提出，而后又被写进了 1982 年中华书局出版的《目录学概论》教科书。该说对目录学研究对象的讨论起了承上启下的作用，同时又因其说具有坚实的哲学依据，从而逐渐为大多数同志所接受，影响深远。②

立足于反思的基点，1990 年陈光祚同志提出了“对目录学对象的再认识”，对目录学定义的表述进行了重新修正，认为“目录学是研究文献流的整序、测度和导向的科学。”③ 这一认识突破了目录学是 “目录之学” 的固有观念，研究的视野扩大了，更能容

---

① 肖红．近十年我国目录学基础理论研究概略［J］．西南师范大学学报（哲学社会科学版），1995（2）：114-117.

② 彭斐章，王心裁．20 世纪中国目录学：发展历程、成就与局限［J］．高校图书馆工作，1999（2）：1-6.

③ 陈光祚．目录学是研究文献流的整序、测度和导向的科学［J］．图书情报工作，1990（1）.

纳和反映当代书目活动的实践内容，理论概括的逻辑性也较清晰。此外，罗娟华同志于1993年提出了目录学的研究对象应为“图书文献、目录以及目录生成的相关工具和其他应用条件”的观点，但该观点未能把握目录学的本质特征，也忽略了作为研究对象的东西必须是该领域最基本的东西这样一个事实。① 乔好勤等同志在《我国目录学的回顾与前瞻》一文中，提出了关于目录学对象研究在总体上所呈现出的三个特点：其一，从用孤立的眼光研究对象问题转而运用联系的眼光来分析研究对象问题；其二，从用静止的眼光转而用动态的、发展的眼光来考察目录学的研究对象，体现在开始把人作为一个很重要的因素考虑进研究对象中去；其三，人们开始自觉地用系统观念来看待研究对象，图书、书目与人作为三个有机的系统在研究对象中得到了反映。② 彭斐章等人认为：“作为一门学科的对象，它是客体的运动规律，科学的全部理论问题都由研究对象来演绎限定。书目情报是目录学的研究客体，关于书目情报的运动规律也就构成了目录学的研究对象。”③

上述各派论点都从不同角度探讨了什么是目录学的研究对象，反映了目录学研究的水平，表明了人们对目录学研究对象的认识不尽一致。但是，通过对以往有关研究对象讨论的梳理，我们可以看出目录学的研究指向，包括了图书、目录、目录工作等范畴，这些范畴实际上也就构成了目录学的研究客体。作为目录学的研究对象，必须来自于这些能够反映目录学的本质，包括目录学的全部内容和合乎规律的客体，目录学研究者应对这些客体进行分析、综合，抽象出本质的东西，并将其作为本学科的研究对象。而且，随着讨论的不断深入，各派论点渐趋接近，正如吴裕宪在《试论“目录学研究对象”之分歧》中指出的：“应当看到争论的分歧有

---

① 陈铭，郑建明．20世纪90年代的目录学研究综述［J］．中国图书馆学报，2001（1）：63-66.

② 肖红．近十年我国目录学基础理论研究概略［J］．西南师范大学学报（哲学社会科学版），1995（2）：114-117.

③ 彭斐章，陈传夫等编．目录学教程［M］．北京：高等教育出版社，2004：16.

着共同的基础，这就是从目录学的研究对象和内容是图书众多和人们对图书特定要求之间的矛盾所产生的这一共同认识出发的。也即目录学要解决的问题和要达到的目的是掌握目录工作发生发展运行的规律，从而进一步指导目录工作。”总的看来，近年来的研究，已逐步趋向从目录学发展的规律性方面来探讨目录学的研究对象。

二、目录学理论基础问题的研究

一个学科的理论基础，自学科产生起就存在着；而且随着学科的发展，在不断吸收其他学科理论与方法的同时肯定也带有相应学科理论基础出现。

目录学的理论基础研究，曾经火热过一阵，出现了“马克思主义的辩证唯物主义和历史唯物主义”说、“社会认识论”说、“知识基础论”说、“文化学”说、“文献信息科学”说、“科学交流论”说等多种提法。

20 世纪 80 年代初，《目录学概论》一书主张坚持以马克思主义的辩证唯物主义与历史唯物主义这一科学方法作指导，使人们对这一问题的认识较为一致。

但随着新形势的出现以及目录学研究对象认识上的差异，又出现了不同的观点，因而有了目录学的理论基础是“哲学”，是“信息传播”，是“信息科学”，是“哲学和信息科学”等不同的看法。[①] 程焕文的《关于目录学理论基础研究的几个问题》一文指出：“目录学理论基础是马克思主义哲学”。[②] 刘毅的《目录学理论基础漫谈》一文指出：“目录学理论基础应当是一个内容丰富的多面综合体”。[③] 持这种观点还有石曼同志。葛民在《大众传播理

---

① 肖红．近十年我国目录学基础理论研究概略［J］．西南师范大学学报（哲学社会科学版），1995（2）：114-117.

② 程焕文．关于目录学理论基础研究的几个问题［J］．广东图书馆学刊，1988（2）.

③ 刘毅．目录学理论基础漫谈［J］．广东图书馆学刊，1988（2）.

论与目录学》一文中则认为，无论从“信息传播”角度还是从学科的性质特征来看，目录学与大众传播学有着天然的联系，提出大众传播理论应与马克思主义哲学、信息理论、文化学说一起成为目录学的一种理论基础，并且考察了传播理论对目录学的启示。由于信息论的影响和渗透，目录学界的一些学者，又接受或赞同目录学的理论基础是信息科学这一具时代特征的新观点。如柯平在《信息理论对现代目录学的影响》中提出“信息理论”应成为目录学的理论基础，认为信息理论影响并渗透到目录学领域，正在改变着目录学的知识结构，“引入信息理论建立的书目情报理论是现代目录学的基础理论”，以信息理论为基础的现代目录学必将向信息化方向发展。在此基础上，杨河源认为目录学研究只能是人类社会信息中的一部分，即文献信息，因此，他在《目录学的理论基础是文献信息学》一文中提出：“目录学理论基础是文献信息学。”①他认为“信息科学”太过于笼统，于是将其限定在“文献信息学”的基础之上，可谓探讨更加具体而深入。肖希明提出目录学的理论基础是一个由哲学基础和学科基础组成的层次体系，在与目录学相关的众多学科中，能深刻揭示书目现象本质，对目录学的发展起到确定起点的作用，并始终提供宏观指导和理论支持的基础学科是信息科学和文化学说。②

这些观点均视野开阔，言之有理。从不同角度进行探索，丰富了目录学理论基础的认识。虽然目前对目录学理论基础问题的探讨还不透彻、成熟，认识也没有统一，但讨论有助于目录学理论体系的进一步完善，有利于学科的发展，值得提倡。

三、书目情报理论与现代目录学研究基点的确立

与研究目录学的理论基础问题相比，为寻求目录学的学科制高

① 杨河源．目录学心理论基础是文献信息学［J］．图书情报知识，1991（2）．

② 陈铭，郑建明．20世纪90年代的目录学研究综述［J］．中国图书馆学报，2001（1）：63-66．

点和研究基点所走的道路要漫长、曲折得多。就研究基点而言，在目录学界曾产生过不少观点，概括起来主要有以图书（文献）为基点、以书目为基点、以书目活动或书目实践为基点。凡此种种，各有其理。如以图书（文献）为基点，是以传统目录学为基础而形成的，诸如孔子“校定六经”、刘氏父子整理图书等。尽管上述观点各有其特殊的背景，但大多忽略了“当代”之特征，所以又有其片面性。这些观点“不是局限于对目录学的认识，就是限制了目录学的发展”。基于此，1987 年由彭斐章等翻译的《目录学普通教程》出版，不仅引入了“书目情报”概念与前苏联书目情报理论体系，而且掀开了我国全面研究书目情报理论的序幕。

书目情报概念出现比较早，是前苏联目录学界在 20 世纪 60 年代广泛开展科学情报和科学交流研究的基础上和寻找目录学与情报的联系中提出的，并于 70 年代正式确立的（其思想渊源可追溯到 50 年代美国谢拉和伊根的社会认识论），我国在 80 年代中期引入。但是，将书目情报认定为目录学的“基点”则经历了一个过程。20 世纪 50 年代，谢拉在讨论系统书目时多次运用“书目情报”这一术语，“……布里格姆为目录中遗漏了一些书目情报如出版地和出版时间感到痛惜”，“不同种类的书目情报表明了不同的服务目的，例如塞缪尔·坎贝著录的出版时间和地点对大学、公共图书馆比对购买者个人更为有用和重要”。① 书目情报这一术语于 50 年代初在前苏联目录学领域得到推广，沙穆林在其主编的《图书学术语词典》（1958 年出版）中对书目情报作了较详细的解释。在前苏联国家标准 7.0-77《书目：术语和定义》中，书目情报的定义是“为识别和利用出版物所必需的出版物信息（不论这些信息的提供方式是口头的、阅读的或机读的）”。前苏联著名目录学家科尔舒诺夫随后对“这一内容上正确的定义”作了“发展和订正”，在《目录学普通教程》（1981 年版）一书中，他认为书目情报是书目

① Shera J. H. The Beginning of Systematic Bibliograpy in America, 1642—1797 [M] //Brenni V. I., ed., *Essays on bibliography*, Menchen: The Scarecrow Press, 1975: 110-122.

概念的出发点，“是以具体的历史形成的形式，在文献交流体系中发挥检索、交流和评价功能的关于文献的情报”。① 该书于 1987 年在国内翻译出版后在目录学界产生了重大影响，目录学的许多概念为之一新，书目情报服务、以书目情报为逻辑起点的书目控制研究等为我国目录学研究与书目情报理论的研究输入了新鲜血液。该书被目录学研究者频繁引用，上述关于书目情报的定义亦成为书目情报理论研究的经典之论。1990 年版的《目录学普通教程》对书目情报的定义又作了补充：“书目情报——是以一定的方式在文献交流体系中实现检索、交流、评价的基本社会功能，并以满足和培养社会文献需要为最终目的的,关于文献的有序化(标准的)情报。”

基于科氏的定义，国内学者扩充与发展了书目情报概念的内涵与外延。《论目录学的体系》一文把书目情报定义为“利用二次文献传递的知识”。《试论书目情报系统的结构与功能》将书目情报界定为“对文献的内容信息和形式特征进行筛选、描述、替代、重组和综合而形成的有着特定参考利用价值的有序化文献信息”。《世纪之交的目录学研究》一文指出：“书目情报——关于文献的效用信息。”这一高度概括而简洁明了的定义准确地反映了书目情报作为抽象概念的属性特征与功能范畴，逐渐在目录学界达成共识。《关于书目情报的几个问题》分析了几种关于书目情报的定义，认为书目情报不应限制在文献交流体系中，而应在一个更大的范围内看问题，并认为“书目情报是关于文献的能反映文献存在的效用信息”。② 彭斐章评价说，“书目情报这一概念是建立在对书目活动根本问题的深刻的逻辑分析的基础之上，充分考虑到现代哲学、科学学、情报学、图书馆学、社会学等的成就，奠定在这样一个基础之上的思想，能够完善整个书目活动。”③ 在《书目情

---

① 科尔舒诺夫主编．目录学普通教程［M］．中译本．彭斐章，等译．武汉：武汉大学出版社，1987．

② 王心裁，柯平．关于书目情报的几个问题［J］．图书情报知识，1995（1）：23-26．

③ 彭斐章．苏联目录学研究的现状与前景［J］．武汉大学学报，1983（4）：61．

报：跨世纪目录学研究的基点》一文中，彭斐章指出，21世纪中国目录学的学科基点是“书目情报”，学科制高点是“把握住跨世纪目录学的整体化和科学化趋势，使目录学在未来社会的渗透力全面提高，将目录学融合进整个科学技术革命的时代潮流”。由此，“书目情报”就正式被认定为目录学的学科基点。在《目录学教程》一书中，彭斐章又指出，“在信息化的今天，目录学的这一基点就是书目情报。”①

在《从现代信息环境看书目情报的基点作用》一文中，李丹认为：“书目情报作为区别于书目文献这种具体事物的抽象概念，是书目文献中关于文献及其识别的情报，是关于文献的效用信息，具有有序化、集成性、二次性的特征，它吸收了传统目录学对文献的揭示（解题、提要、互见、分类、分析）和情报学的对文献的挖掘、整序（搜索引擎、标引等）的方法，成为检索、交流、评价的信息获取工具。它一方面表示文献的物质性存在，即可以通过这种信息查找文献，另一方面还可用来揭示文献的功能性存在，即这种信息能用于体现文献的内容。”②

在越来越多学者对书目情报理论进行讨论时，一些学者提出了要关注学术话语问题。如王波的《1990年以来的目录学研究：从“书目情报”谈起》，对书目情报理论作为学科研究的基点持怀疑态度，指出目录学研究应当预防“失语症”，对西方目录学概念的引进应有所节制，否则，当我们已习惯了用西方的概念讨论问题、发言写作时，终究有一天会突然发现自己没有一套独特的话语系统了，离开了西方的学术话语，我们就成了学术哑巴。③

自由的学术空气与活跃的学术气氛是培育科学研究之花的肥沃土壤。科学研究中“百花齐放、百家争鸣”的局面往往带来研究

---

① 彭斐章，陈传夫等编．目录学教程［M］．北京：高等教育出版社，2004：10.

② 李丹．从现代信息环境看书目情报的基点作用［J］．图书馆理论与实践，2003（6）：49-51.

③ 王波，谢秋菊．1990年以来的目录学研究［J］．图书馆，2000（4）：33-36.

成果前所未有的大丰收。虽然人们对书目情报理论作为目录学的研究基点的认识还不很一致，该理论也处在实践检验与探索完善之中，但是，越来越多的研究者们正逐渐达成一种共识，即书目情报这一概念区别于表示事物的二次文献概念，书目情报活动本身早已存在于书目实践和具体的书目之中。

书目情报是传统书目工作迎接新技术革命的新思想，是目录学理论的彻底革命。在现代信息环境下，书目情报的特征和功能，无疑将对信息的组织、整序和传递起决定性的作用。因此，以书目情报作为目录学的研究基点，是信息化社会环境下目录学研究的一个具有渗透性的表现，深化了目录学信息科学的属性，提高了目录学在信息化社会中的地位。“在目录学界，书目情报理论尚没有因为质疑声音的增多而动摇其地位”。①

书目情报理论是20世纪目录学理论的伟大变革，它的出现与发展结束了国外目录学以具体书目成果为核心的历史。② 以书目情报作为现代目录学研究的基点，是“矛盾说”在新时代条件下的升华，体现了信息时代目录学的本质特征。矛盾说展示了目录学根本目标的因果关系，没有文献信息的科学揭示和有效报道，对文献信息的特定需求的满足便无从谈起，但文献信息的揭示和读者对文献信息的接受总是通过书目文献的中介作用来实现的，而书目文献作为连接矛盾两极的桥梁和解决矛盾的手段，不在于书目文献本身，而是依靠其蕴含的书目情报。以书目情报为现代目录学的研究基点，既是对20世纪目录学的一个最深入的总结，同时又为21世纪目录学的发展打下了良好的基础。我们唯有对书目情报系统、书目情报理论、书目情报服务等加以深入的研究，才能解决现代信息环境下资源需求与用户满足的矛盾，才能体现信息时代目录学的本质特征，才能使得目录学表现出越来越强大的生命力。

---

① 王波．目录学．中国图书馆年鉴［M］．北京：北京图书馆出版社，1999：289.

② 彭斐章，王心裁．20世纪中国目录学：发展历程、成就与局限［J］．高校图书馆工作，1999（2）：1-6.

四、目录学理论体系结构之多元化

目录学理论体系是当代目录学研究的重要课题。随着书目工作理论和实践的发展、深入，目录学知识在不断地积累、丰富，当没有明显结构联系的目录学知识单元积累到一定程度时，就必然提出对它们进行系统整理的要求，使之按一定的结构组织起来，建立新的知识体系。正如黑格尔所说，哲学“若没有系统，绝不能成为科学”一样，目录学研究如果不将书目工作实践积累起来的知识元素加以整理和组织，使之成为一个有序的系统，目录学就不能成为科学，也就发挥不了对书目工作实践的解释、指导和预测功能。因此，建立目录学理论体系是目录学自身发展的逻辑要求。

当然，构建理论体系之路比确立书目情报的研究基点要略微好些。中国传统目录学以往一直表现为读书治学的工具，单从学科建设而言，本来就无所谓严整的理论体系。但从 20 世纪 20 年代起，理论体系建设不仅提到议事日程上来，而且步伐也逐渐加快。首开先河的是姚名达先生，他在 1933 年完成的《目录学》中，首创“理论—历史—方法”的目录学结构体系。《目录学》的“原理篇”阐述了什么叫目录学、目录学对图书馆和读者的功用、目录的种类、目录学与各种学科的关系；“历史篇”论述了目录学的起源，评述了我国古代一些主要的目录和几位著名的目录学家，以及西方图书馆学、目录学理论对我国目录学界所产生的影响；“方法篇”对分类、编目、索引、主题目录等目录学的方法提出了自己的见解。尽管姚名达对目录学基本理论的论述有值得商榷之处，但他创立的“论、史、法”的目录学结构体系却是古典目录学与现代目录学的分野。

中华人民共和国成立后，目录学理论工作者运用辩证唯物主义和历史唯物主义的观点和方法，对建立现代化目录学理论体系进行了认真的探索，1982 年出版的《目录学概论》（武汉大学、北京大学合编）便是这一探索的成果。《目录学概论》借鉴“论、史、法”的结构，但它认为目录学学科发展史应当属于目录学基础部分。全书分为目录学基本理论和方法技术两篇，从而形成“理论—方法”的体系。现代科学体系的层次结构观认为，任何一门科学都是由相应的科学理论和方法技术组成的，《目录学概论》的认识与现代科学体系的层次结构观是一致的。

现代科学技术的发展极大地丰富了目录工作的内容，目录学研究也达到空前的深度和广度。1986 年，彭斐章等著的《目录学》根据书目情报服务、现代化技术和组织管理的发展以及时代的需要，创立了“基础理论—方法技术—组织管理”这一新的目录学理论体系。这是根据目录学发展和时代需要，对适应信息社会的目录学体系的有益探索。①

伴随目录学理论体系的形成、发展和更新，对目录学理论体系的研究也成为目录学界关注的课题。自 1986 年彭斐章、谢灼华提出建立目录学科学体系问题开始，不少目录学研究者就尝试从不同角度探索目录学理论体系的模式。进入 20 世纪 90 年代初，在图书馆界出现的“危机感”也波及了目录学的研究，加上新技术革命浪潮的冲击和计算机在书目工作中的运用，极大地震动着目录学理论体系。这种“危机感”带来了一场目录学理论界关于变革目录学理论体系的讨论。许多人提出要重新建立具有中国特色的现代目录学理论体系。乔好勤对此提出了自己的看法：“作为一种理论体系，应该是建立在一种方法论基础上的许多理论，概念彼此密切相连的有机整体。”② 朱天俊也对建立目录学体系提出了一些看法，认为“目录学作为一门科学，是由目录学理论、目录学历史和目录学方法组成的，它们之间有密不可分的联系”。③ 曾令霞运用科学的学科结构理论来探讨目录学理论体系，她认为目录学学科体系应分为经验要素、理论要素、方法要素和结构要素四个方面，并把

---

① 肖希明. 论目录学理论体系 [J]. 中国图书馆学报（双月刊），1994 (3)：18-23.

② 乔好勤. 必须重视目录工作组织管理 [J]. 图书情报论坛，1991 (3).

③ 朱天俊. 目录学研究中若干问题的思考 [J]. 中国图书馆学报，1992 (4).

这一体系归结为两种模式，一是反映学科本身形成、进化的本体论框架；二是反映书目工作流程的过程论框架。① 肖希明遵循认识论原则和方法论原则，依据目录学理论对书目工作实践的影响和作用的直接程度，将目录学理论划分为三个层次：目录学基础理论、目录学理论基础及目录学应用理论，三者相结合构成目录学理论体系。② 程焕文则详尽分析了中国当代目录学的种种局限与困难，认为目录学这一名称过于狭小，已无法与其对象的义域相对应，其变革和发展的前途是“打破当代目录学的程式，以世界文献控制为基础构建新的二次文献学科体系”。③陈传夫对目录学理论体系做了系统研究，他以“书目情报”为起点，根据“知识－文献”的逻辑顺序，对目录学理论体系做了系统研究，将目录学理论体系分为“应用原理、发展原理和理论原理”三个层次，三个部分相互区别又相互联系，共同构成一个原理体系。④ 贺修铭则认为：“当代目录学已形成一个以书目控制为中心，以传统目录学、实用目录学和计量目录学三种亚理论模式所组成的当代目录学理论模式。”⑤ 韩松涛提出了目录学理论体系的新框架，即目录学的双核心说，将目录学分为两个核心内容——“书目学”和“学科目录学”。⑥王心裁将目录学理论体系分为宏观层次和微观层次，他认为：“书目情报是目录学研究的核心……研究书目情报必须研究其运动，这一运动便是书目情报传通，因此，我们将目录学定义为研究文献与读

---

① 曾令霞．关于目录学科建设若干问题的思考［J］．图书情报知识，1991（3）：2-6.

② 肖希明．论目录学理论体系［J］．中国图书馆学报，1994（3）：18-23.

③ 程焕文．论当代中国目录学的变革：关于建立一次文献学初步构想［J］．图书与情报，1991（4）.

④ 陈传夫．论目录学的体系（硕士学位论文）［D］．武汉：武汉大学图书情报学院，1986.

⑤ 贺修铭．新技术革命给目录学提出的课题［J］．图书馆学研究，1985（6）：92-96.

⑥ 韩松涛．目录学基本理论探讨［J］．图书情报工作，2006（9）：40-42.

者间书目情报传通的科学。在书目情报传通中，文献与读者间的关系构成目录学研究的主体，形成目录学的基本理论，即关系理论，这是目录学的宏观层次。目录学的微观层次是书目情报研究，包括方法理论和服务及应用理论两个方面。"① 彭斐章又提出："目录学的体系是目录学的基础理论问题中的一个基本而又重要的领域。理论体系指的是在某一原则指导下的各种相互联系的理论要素的整体。"②

王波同志认为目录学日益淡化与文史的亲缘关系，一步一步地向图书馆学情报学的腹地内收缩。而在历史上，目录学作为文史的辅助学科，向来有较高的地位。在清代之所以还一度成为"显学"，就是因为目录学对当时兴盛的考据学和学术清理活动尤其有用。他觉得，承认目录学是文史的辅助学科对目录学而言既不是耻辱，更不是发展的包袱。与文史的亲缘关系反而使目录学成为国学的一部分，传统文化的一部分。在20世纪90年代国学热兴盛的大环境下，反而能给目录学的发展带来新的机遇。他赞成目录学的体系建设，但不赞成以非学术的功利目的为前提，在他看来，目录学这种"以独立谋地位"的想法是不能成立的。因为目录学是一门致用之学，它的价值和地位主要体现在它的功用上，而与学科的独立性并没有我们想象的那么大的关系。③ 无独有偶，李贺、刘彧在《冷眼旁观目录学——兼论目录学的学科性质及定位》一文中也认为："目录学必须找回自己的定位，我们应该坦然地承认目录学是其他社会科学治学的辅助学科，当前形势下，它的功能应该说是指引获取信息的途径和序次。"④徐建华也认为："目录学从开始出现直到现在，就一直是一门应用性较强、并始终处于学术辅助地位的

---

① 王心裁．论目录学是研究文献与读者间书目情报传通的科学［J］．武汉大学学报，1995（2）：109-115.

② 彭斐章，陈传夫等编．目录学教程［M］．北京：高等教育出版社，2004：16.

③ 王波．1990年以来的目录学研究：从"书目情报"谈起［J］．图书馆理论与实践，1998（1）：30-34.

④ 李贺，刘彧．冷眼旁观目录学——兼论目录学的学科性质及定位［J］．情报资料工作，2006（5）：33-35.

学科。……随着社会的不断发展，目录学的这种处于辅助地位的特质越发明显。”①

虽然这些观点值得商榷，但其探索无疑是积极的，其研究成果为进一步完善目录学理论体系奠定了基础，并将目录学理论体系的研究引入了一个新的思维空间。正如卿家康所说的：“目录学体系是目录学家认识的系统化。任何时候，目录学家的认识都不可能完全一致。”② 目录学体系的多元化，反映了目录学研究的繁荣。多种体系的对话与互促，加快了目录学发展的步伐。

五、古典目录学思想的再审视、再商榷

关于古典目录学思想研究的论文带有明显的学术争鸣的性质，在很大程度上活跃了目录学史研究界的学术氛围。以傅荣贤为代表，对一些根深蒂固的古典目录学思想提出了质疑。傅荣贤在2002年第10期的《图书馆杂志》的头篇，发表了《中国古典目录学是一门成熟的学科吗?》一文。他认为，由于学科领域不明、研究方法不能提供意义创造，导致古代中国目录学尚不是一门成熟的学科，并指出应重新确立古代目录学的研究本体。并积极寻求面向当代文化的共通的表达形式。除了此篇，傅荣贤的思辨性论文还有：《对传统目录学的全新理解》，在对西方形式主义目录学和乾嘉学派思维模式全面反省的基础上，认为学术之宗和明道之要构成了传统目录学的深层意义内涵，并将研究导向人文、历史和现实的深刻主题；《中国古代目录学研究之我见》，指出了有关古代目录学阶段史和方法论研究匮乏的现实，并加以科学的探讨；《中国古代目录学的学科自省》，则是从学科名称、研究对象、研究内容和研究目的诸方面讨论了作为一门科学的古代目录学的一般特征。除

① 徐建华．目录学的学科定位、研究者心态及其他 [J]．图书情报知识，2005 (3)：9-11.

② 卿家康．目录学的时代性与当代中国目录学的特征 [J]．图书情报知识，1995 (2)：2-6.

此之外，商榷类论文中值得一提的还有王京山的《中国传统目录学“辨考”与“致用”的辩证思考》、李冰的《“辨章学术、考镜源流”批评》等。①

20世纪90年代以后，中国目录学史的研究在广度和深度两方面得到了进一步发展。乔好勤的《中国目录学史》代表了这一领域的最新水平。在中国目录学史研究中，一个值得注意的趋向是将中国目录学史与传统文化背景和哲学思考相结合，如李国新用阴阳五行学说对中国传统目录结构体系进行了哲学思考。王国强的《明代目录学新论》、宋宜的《20世纪目录学史的研究》，皆以唯物史观为指导，将中国目录学史与社会发展史、学术文化史紧密相连，历史地总结某一时代目录学的成就和特征。柯平则从理论上探讨了目录学文化研究的有关问题。另外，目录学史的研究方法也有所改进，系统论和计量分析法开始引进。

六、使用概念不够严谨，概念相互混淆的问题

目前，有一些学者将目录学基础理论研究泛称目录学研究，一些目录学研究的文献，主要侧重目录学史（古典目录学）。1994年，肖希明在《论目录学理论体系》（载《中国图书馆学报》1994年第3期）一文中针对有些人对“目录学体系”、“目录学理论体系”等概念模糊不清的认识与解释，曾明确提出：“目录学理论体系和目录学体系往往被当作同一个概念来使用，但这两个概念的含义是不同的。其中目录学体系实际上是目录学学科体系，它是由目录学的各个分支学科以各种方式联系而成的目录学学科整体”。而“目录学理论体系是由目录学的一系列概念、范畴、原理和规律作为知识元素，按一定方式相互联系而构成的整体”。因此，在一些目录学研究的文章中，使用概念不够严谨的现象相当的普遍，严重影响了目录学基础理论全社会范围内的交流与传播，也不利于目录

① 薛旻，王娟．1998年以来目录学史研究综述［J］．图书馆，2004(3)：26-29.

学基础理论内部的整合与提高，不利于巩固目录学的学术声望与社会地位。①

近年来，我国目录学基础理论研究学界还开展了对英语 bibliography（译成“书目”，范围大于一馆的书目）、catalogue（译成“目录”，指一个图书馆的书目）的汉译问题的探讨，希望能找到一个在意义上与之完全对应的中文单词。但由于在翻译西文目录学基础理论的过程中，并没有一个统一的标准，大家都基本上是按照自己的理解，各行其是，因此造成了两个概念的混乱。再者，在国内目录学研究的大量文献之中，也存在着“目录”和“书目”两者概念上的混同。在当代“书目又称目录”是比较普遍的说法，而在中国传统目录学中，“目”和“录”是有差异的，有着分别的内容，即认为“有录者被称作目录，而无录者被称作书目”②，由此可以看到，由于中西、古今目录及书目的概念互有穿插，导致了目录、书目概念上的混乱，需要进一步澄清。

第二节　理论目录学

一、理论目录学的发展进程

（一）古典目录学的理论与成就：自西汉刘向、刘歆父子形成“辨章学术，考镜源流”为核心的思想体系，到宋代郑樵、清代章学诚的两个理论高峰，使目录学成为“显学”

中国古典目录学萌芽于春秋战国时期。当时，诸子百家蜂起，

---

① 徐强平．我国目录学基础理论研究目前存在的问题及相应对策［J］．重庆图情研究，2005（2）：16-20.

② 韩松涛．目录学基本理论探讨［J］．图书情报工作，2006（9）：40-42.

文献急剧增长，人们开始寻找图书、阅读图书并收藏图书。孔子及其弟子们对部分文献进行了整理并编写了序录。在整理《诗》、《书》、《易》、《礼》、《乐》、《春秋》等六经时，“为之作序”、“言其作意”的编写提要，首创了揭示图书内容的方法。到了汉代，陈农求遗书于天下，继而书积如山，成帝下诏整理图书，并开始进行大规模的、系统的文献整理。刘向、刘歆父子在整理当时官府藏书的基础上，总结了前人目录工作实践的经验，编撰了反映先秦至西汉文化概貌的综合性书目《别录》和分类目录《七略》，正式产生了中国古典目录学。① 它置“六艺略”于首位，其“罢黜百家、独尊儒术”的学术倾向为历代所沿袭，使古典目录学行走在官方主流思想和“经世致用”的轨道上。

到了魏晋六朝，目录的编撰和研究就已经形成了一门较为成熟的学问，当时称为“流略”之学。

唐代通过对刘向、刘歆范式及其流变的总结，得出了目录必须“剖判条源、甄明科部”，必须有“录”，且“录”须达“旨”，不能“文义浅”，否则就不能“辨其流别”的目录学思想②，并开始了更深层次的比较系统的有关经籍书录编制理论的研究。其中唐代魏征的《隋书经籍志·序》和同时代毋煚的《古今书录·序》，是这一时期有关目录学的代表性著作，集中反映了唐代在目录学理论研究方面的理论成果。③

北宋仁宗时期，苏象先在《苏魏公谭训》卷四中曰：“祖父谒王原叔，因论政事，仲至侍侧，原叔令检书史，指之曰：‘此儿有目录之学’”。郑樵的《通志·校雠略》则是这一时期有关目录学理论的代表性著作。

清代是我国古典目录学理论发展较快的一个时期，目录学成为

① 胡萍．我国目录学研究对象的发展轨迹［J］．中南民族大学学报（人文社会科学版），2003（4）：159-161．

② 王心裁．试论中国目录学传统［J］．大学图书馆学报，2000（3）：69-73，68．

③ 张红岩．我国目录学发展趋势和研究方向探讨［J］．青海民族学院学报（社会科学版），2006（2）：152-153．

当时学者大儒们最为热衷的“显学”。清代目录学理论的主要特征是编制体例完善并形成众多流派，其主要有专事考辨流传典籍真伪的“校雠目录学派”，偏重鉴别书籍版本的“版本目录学派”，以“辨章学术，考镜源流”为宗旨的“目录学派”。一些著名的学者如王念孙、戴震、段玉裁、章学诚等，在目录学理论与实践方面都有着很深的造诣，取得了很多的理论研究成果。侧重于学术传承及学术史研究的章学诚在其《校雠通义》一书中提出了“辨章学术，考镜源流”的观点，这个观点可以说总结性地概括了中国古典目录学的思想精华。中国古典目录学以此为核心，形成了独具特色的中国古典目录学之理论体系。①

（二）近代目录学的理论与成就：受改良主义思潮冲击，其理论研究着眼于应用的发展整合性研究，创立新的书目分类体系，突出书目的政治和社会作用，强化目录学的指导阅读的功能

中国古典目录学一向注重文献整理，重分类，轻编目，强调“辨章学术，考镜源流”。但自鸦片战争以来，随着西方列强用枪炮敲开清政府的大门，西方文化也随之与中华本土文化发生白热化的冲突。在两种文化背景的冲突下，西方目录学的传入对我国近代目录学的理论研究产生了深刻的影响，开始了目录学近代化的转变，并使中国近代目录学理论取得了令人瞩目的成就。

1. 西学图书剧增，创立了新的书目分类体系

随着西译图书的增多和人们对声光化电等西方科学技术的逐步了解，人们越来越感到古代四部书目分类体系的不适用，一些人开始尝试采用新的书目分类体系。著名变法运动领导人也是目录学家的梁启超1896年所撰《西学书目表》共收有关西学图书达644种，其正表部分，著录鸦片战争以后所译西书352种，附录是通商以前西人译著85种，近译未印西书88种，国人所著与西学有关的书籍119种。由于古典目录学中经史子集的四部书目分类体系不能

① 胡萍．我国目录学研究对象的发展轨迹［J］．中南民族大学学报（人文社会科学版），2003（4）：159-161．

涵盖西学图书的内容，梁启超创立了新的书目分类体系，即把西学图书分为学、政、教、杂四类，并在《西学书目表》中实际采用了学、政、杂三分法，初步具备了自然科学、社会科学、综合类的雏形，是对古代四部书目分类体系的一次强有力冲击。近代目录学由于书目数量的激增和类型的多样，私家藏书目录和版本目录已不再是主导性的东西，而是走向了大众化。

2. 受改良主义思潮的冲击，书目的政治和社会作用日渐增强

从太平天国时的《旨准颁行诏书总目》至戊戌变法时，康有为、梁启超的书目都体现了直接为当时的政治斗争服务的鲜明特点。这一时期的著名书目，如王韬的《西学原始考》、《西国天学源流考》、《泰西著述考》等，康有为的《日本书目志》、梁启超的《西书提要》、《西学书目表》、《东籍月旦》、徐维则的《东西学书录》、顾燮光的《译书经眼录》、《江南制造局译书提要》等，都反映出当时的思想文化运动的动向，宣扬西方的科学技术和思想文化，为当时推行的改良主义政治服务。

3. 通过编制目录来推荐文献、传播思想、指导阅读

西方文化是与中华本土文化不同质的文化，在冲突中，中华文化一直处于弱势。中华士大夫一则羡其强大，亟欲学之，出现了如西化论、中体西用论等理论；二则惧其强大，极欲拒之，出现了如顽固派之礼教观，保存国粹之国学等说教，各种思想纷纷出笼。而要传播其思想，教育之外，目录就是最好的工具。目录本身就具有控制文献、辨考学术的功能，用它来推荐文献、传播思想和学术，实际上只需略作变通。正是在这种文化的急剧冲突期，人们编制目录，不再是为了整理文献，而是为了指导阅读，目录的导读功能被突出放大，从而成为文化冲突期的一种特殊现象，并使目录学由整理文献转向了推荐文献、传播思想与学术，目录学之读者一端得到重视，进而成为目录学由古典走向近代的转折点。① 梁启超不仅在理论上提出了目录学应当成为读者的顾问和向导，力主目录学要为

① 王心裁．文化冲突与交融中的导读目录［J］．图书情报知识，1998（4）：2-6.

宣传西方的现代思想与科学、寻求国家的自强和中国的改革和进步服务，而且以自己的著述实践了这一主张，他的《西学书目表》即为此类著作。在此书中，梁氏揭示了每种书的书名、撰译年号、撰译人、刻印处、价值、本数，并在表上加“圈识”，下加“识语”，指出书的优劣、程度深浅以及读法等。该书最后附有《读西学书法》，叙述了西书翻译的原委，阐明了各科图书之间的联系、得失和译笔优劣，为读者指出阅读顺序，起到了指导阅读的作用。而梁氏类似指导阅读的书目还有《读书分月课程》、《国学入门书要目及其读法》、《要籍解题及其读法》。①

4. 开设目录学必修课，使目录学深受重视

经历了20世纪初一段短暂的沉寂后，中国目录学在二十世纪二三十年代又全面复兴，成为图书馆学研究的前沿阵地。而且“各大学中国文学系课程内多有‘目录学’一科开设”，“高级中学以上学校，多列为必修课，学子重视，几捋国学”。②

近代目录学是中国目录学由古典向现代转变的一个过渡期，其时间并不很长，其理论虽不系统，但却意义深远。

（三）现代目录学的理论与成就：由经验目录学上升到理论目录学，目录学理论体系进一步完善，研究成果层出不穷

现代目录学是由近代目录学发展而来的，研究的重点是继承和发展我国的目录学遗产，目的是建立我国现代目录学的新体系。

中国目录学的现代化进程是与西方目录学的传入紧密相连的。最早译介西方目录学的是孙毓修，1909年，《教育杂志》上连载了他所撰的《图书馆》一文，文中介绍了西方目录工作和杜威十进分类法，从此，西方目录学与中国传统目录学开始了冲突与融合的历程，且直到现在仍是方兴未艾。这一历程可分为三个阶段：

---

① 王桂兰，沈弘，李远景．论20世纪中国目录学的公共应用性特征[J]．高校图书馆工作，2005（3）：18-22.

② 贺修铭．20世纪目录学研究的两次高潮及其比较[J]．图书馆，1994（5）：14-17.

从20世纪初至40年代为第一阶段。在这一阶段，由于西方目录学的冲击，出现了新旧并呈的局面。一批目录学著作如杜定友的《校雠新义》、姚名达的《目录学》等涌现，开始注意合理吸收中外目录学长处，以开放兼容的态度研究中国目录学的问题。李小缘将这一时期的目录学家分为史的目录学家、版本目录学家、校雠学家和界于三者之间的新旧俱全者四个流派，典型地反映了中西目录学初步接触的概貌。“史的目录学家”一本“辨章学术，考镜源流”的宗旨，重点研究古典书目和总结古典目录学史，目的在于发扬我国古典目录学的优良传统，以作为新目录学的借鉴。“版本目录学家”重在古籍版本的考订和对版本研究历史与理论的总结。“校雠目录学家”则将目录学和校雠学融为一体，强调把目录学作为整理和阅读古代文献的方法。所谓“新旧俱全者”是既强调中国目录学的优良传统，又吸取西方目录学中的一些新的方法技术，在继承和借鉴的基础上开辟新的方法。

20世纪初期中国目录学的持续发展，产生了众多的理论著作，形成中国目录学理论研究的第一次高潮。① 现代目录学理论研究形成的契机是缘于对西方目录学的评价。1909年，孙毓修在《教育杂志》上开始连载《图书馆》一文，介绍了西方目录工作和杜威十进分类法，此举被称为是“中国目录学始有新起步的可能”；1922年朱家治在《新教育》杂志发表《欧美各国目录学举要》，推荐介绍了美、英、德、法等诸国各种书目38种；1926年杜定友撰写了《西洋图书馆目录史略》；1928年容肇祖作《中国目录学引论》，对目录学的名词定义、对象和目的等问题提出了新的看法，这是中国从现代学术的视角研究目录学的发端；1930年杜定友作十卷《校雠新义》；1931年有胡朴安和胡道静《校雠学》、程全昌《目录学丛考》、刘纪泽《目录学概论》、至光译《目录学之意义》等著作问世；1932年金敏甫译《目录设计法及印刷目录卡之使用》、余嘉锡作《目录学发微》（1932—1948年讲义）；1933年有

① 贺修铭.20世纪目录学研究的两次高潮及其比较［J］.图书馆，1994（5）：14-17.

姚名达的《目录学》、刘咸昕的《目录学》；1934年有毛坤的《目录学通论》、汪国垣的《目录学研究》、马导源的《书志学》；1935年闵锋译《西洋目录学要籍及名辞述略》、蒋元卿作《校雠学史》、周贞亮作《目录学》；1936年程伯群作《书志目录讲话》，介绍了西方目录学的概念术语和一些理论著述，1936年黄铁球发表《西洋书目谈》；1944年张遵俭撰《中西目录学要论》。

其中最具代表性的有3部，这就是杜定友的《校雠新义》、刘纪泽的《目录学概论》和姚名达的《目录学》。这3部著作不仅在学术成就上，尤其在研究方法和学术取向上对20世纪中国目录学产生了深远的影响。

上述成果可以说是构成20世纪初期第一阶段中国现代目录学理论研究高潮的主流。作为这次高潮的现代目录学主要理论研究成就具体表现在对古代目录学史的总结，对目录学定义和对象的探讨、目录学方法的创新、书目种类的拓展、书目工作组织形式的变化等五个方面。① 像刘纪泽、余嘉锡、周贞亮等目录学名家秉承郑、章遗风，在认识“辨章学术、考镜源流”这一中国古典目录学的根本思想上取得共识。在关于目录学定义和对象方面则通过对书目的功用、方法和研究范围的综述进行了描述，这些描述虽然并没有揭示出书目工作的本质和规律性，但毕竟是一种比以往更全面和具体的理论研究现象。

中华人民共和国成立后至“文革”为第二阶段。在马列主义指导下，中国目录学借鉴前苏联目录学，开始了全新的理论建设历程。目录学的研究对象和范围等问题，成为这一时期理论研究的重点。

从20世纪70年代末至今为第三阶段。经历了“文革”动乱后，当对外开放时，人们蓦然发现了自己的落后，人们为美国的机读目录技术所炫惑，开始了新一轮的对欧美目录学的引进。MARC、书目控制论、书目计量学、书目情报服务等一时成为研究的热点，而

---

① 贺修铭.20世纪目录学研究的两次高潮及其比较［J］.图书馆，1994（5）：14-17.

与此同时进行的还有对传统目录学的反思。90 年代之后，随着计算机互联网的蓬勃兴起，对计算机网络的研究成为热潮。

现代目录学研究的第二次高潮在 20 世纪 70 年代末开始酝酿并在 80 年代形成。① 这次高潮的核心是为适应书目工作现代化需要的目录学。在第二次高潮中，目录学理论、历史、方法诸方面的研究均取得了较大进展，大量目录学论文的发表，一些教材、专著相继出版。

作为第二次高潮的主要成就表现在研究内容的拓宽以及实用性的加强方面，目录学研究的方式方法及其学科体系结构也日臻完善起来。能够代表我国现代目录学理论研究水平的系统的著作，在 20 世纪 80 年代有武大和北大图书馆学系的《目录学概论》、彭斐章等的《目录学》、徐召勋的《学点目录学》、杨沛超的《目录学教程》；在 90 年代有彭斐章等的《书目情报需求和服务研究》和《书目情报服务的组织与管理》、朱天俊等的《应用目录学简明教程》、倪晓健的《书目工作概论》、郑建明的《当代目录学》、柯平的《书目情报系统理论研究》和《文献目录学》、刘国华《书目控制与书目学》、乔好勤的《中国目录学史》、余庆蓉、王晋卿先生的《中国目录学思想史》等。21 世纪有彭斐章等的《书目情报需求与服务组织》（2000 年）和《目录学教程》（2004 年）。而陈光祚的《目录学是研究文献流的整序、测度和导向的科学》、葛民的《大众传播理论与目录学》、程焕文的《论当代中国目录学的变革：关于建立一次文献学初步构想》、马芝蓓的《当代目录学方法体系探讨》等专论则从不同角度展示着中国目录学研究的新硕果。

1982 年的《目录学概论》是新中国正式出版的第一部目录学教材,采用了“论、史、法”的体系结构，全面总结了新中国成立前后目录学研究的成果，基本上反映了当时我国目录学的发展水平。《目录学概论》在当时不失为一部内容丰富、比较实用的教科书。

1986 年彭斐章、乔好勤、陈传夫编著的《目录学》，按照

① 贺修铭 .20 世纪目录学研究的两次高潮及其比较［J］. 图书馆，1994（5）：14-17.

“论、法、管”的基本结构，着重于基本理论和书目方法技术，增加了书目工作管理等方面的内容，但未对目录学史作全面叙述。

1993 年朱天俊先生出版了《应用目录学简明教程》，着重研究与总结了古今整理与编纂文献的经验，理论虽然单薄，却比较的实用。特别是在第一章写了“时代特点”、“民族特点”，在第九章写了“文献编纂中计算机的应用”，使该书颇能紧跟时代。

1994 年出版的郑建明的《当代目录学》是第一部全面阐释“当代目录学”这一概念的专著，该书对“文革”后 20 年的目录学研究的系统总结和对“引文信息的开发与利用”、“书目信息事业产业化”的论述，颇具新意。但是该书未能增加数据库建设、搜索引擎的开发，显得未能紧扣当代目录工作的发展趋势。

1996 年柯平出版了《书目情报系统理论研究》，并于 1998 年出版了概论目录学诸问题的教科书《文献目录学》。前者是专门研究“书目情报系统”的专著，对书目情报系统进行了多方位、多层次、多角度的理论发展，包括书目情报系统的功能、书目情报系统环境的分析与运行机制、书目情报系统的发展路向等问题。书中对“书目情报系统现代化趋势”和“我国书目情报系统建设路向”的探讨均有可取之处，对“未来的展望”中颇多可喜的见解，可以说是近 20 年来目录学理论研究领域最好的著作。之后，他把有关研究成果写进了《文献目录学》教材。其中“书目控制”、“文献数据库”、“书目情报系统”三章为当代目录学教科书增添了新的内容，特别是“文献数据库”和“联机检索系统”、“光盘检索系统”的介绍，使目录学研究更贴近电子信息目录活动。但是该书仍然没有涉及网络信息检索工具——搜索引擎的问题，也未能更清晰地表述当代目录学理论与当代网络信息目录控制的紧密联系这一最重要的时代特点。

彭斐章从 20 世纪 80 年代末期起，就开展了长达 10 多年的“书目情报需求与服务”研究，先后出版了《书目情报需求与服务研究》（1990 年）、《书目情报服务的组织与管理》（1996 年）、《书目情报需求与服务组织》（2000 年）等著作。

1990 年出版的《书目情报需求与服务研究》一书，是我国书目情报理论研究较早的一部重要著作。它不仅探讨了书目情报应用的许多问题，揭示了书目情报需求与服务的规律，开辟了新的领域；而且通过向全国700个单位的读者进行问卷和跟踪调查，获得了读者书目情报意识与书目情报行为的研究结果与结论，为读者服务的研究和工作的开展提供了可靠根据，在研究方法上也是一次突破。但是该书的立足点仍是书本式目录索引工作，对书目情报服务的现代化、联机检索服务、光盘检索服务等没有引起足够的重视。

10年之后出版的《书目情报需求与服务组织》则内容丰富，观念新颖。该书把传统目录学知识和近20年的研究成果吸收进来，统统纳入“书目情报”这一概念体系之中，成为“书目情报派”目录学研究的总结性、代表性著作。该书不仅对“书目情报语义”进行了全面系统的阐述，将“文献揭示”、“书目索引编纂”等都冠以“书目情报……原理”，而且在第四章的第四、五节探讨了“数字技术对书目情报服务发展的影响”，“网络环境下的书目情报服务策略”，第七章第一节介绍了“书目情报数据库”的一些情况，表现出利用网络信息开展书目情报服务的新意向。

2004年《目录学教程》的问世，是20世纪90年代以来目录学界辛勤劳动的新收获，是目录学从传统走向现代的又一尝试。《目录学教程》展示了当前目录学研究的成果。从横向看，全书九章的篇幅涉及了目录学的基础理论、理论体系、书目类型、书目方法论、书目情报服务、书目控制、专科目录学、中外目录学史，以及目录学新的研究方法。从整体上努力突破了以往教材在结构体系上的局限，妥善地处理了理论和应用部分的关系。同时，兼顾中西，并及时汲取科学研究的新成果，最大限度地展现当前目录学研究的全貌。《目录学教程》提出了以书目情报为当代目录学的学科基点、坚持“矛盾说”为目录学始终的研究对象和以社会科学为学科性质，把书目情报需求、服务和工作，以及书目控制等内容吸纳到原有的目录学内容范围中，抽象出由基础理论原理、应用原理和发展原理构成的目录学基本原理，并预测了未来目录学在读者需求变化中的发展趋势，形成了一个综合目录学基础理论的过去、现在和未来的有机体系。

目录学引进西方新观点新技术已经形成浪潮。书目控制、网络文化、知识组织智能化的研究与书目资源重组、元数据（Metadata）研究成为热点。

二、现代目录学的理论成就

20世纪我国的目录学理论研究在目录学基础理论、书目控制论、书目情报等方面进行了深入研究；尤其是关于目录学研究对象的探索、目录学致用性的认识，是20世纪中国目录学理论的最大成果。

（一）目录学理论的突破

中国目录学长期致力于“史”和“书目”的研究传统中。

书目情报理论的突破表现在了以下四个方面：一是将书目情报确立为现代目录学的基点；二是对书目情报基本理论问题包括书目情报结构与功能、书目情报传播等问题进行了探索，提出了文本书目情报等；三是揭示了书目情报需求与服务的规律；四是对书目情报系统进行了深入研究，将书目活动上升到书目情报活动，书目系统、书目工作系统上升到书目情报系统。

书目情报理论成为20世纪90年代以来目录学研究的重点和热点，对目录学特别是现代目录学的理论突破具有重要的意义：①这一理论将目录学的核心思想从传统目录学的书目观转向现代目录学的书目情报观，从而具有划时代的意义。②书目情报理论拓展了现代目录学的研究视野和研究内容，建立了以书目情报理论为基础的现代目录学体系，加强了目录学与情报学及其他相关学科的联系。③这一理论对目录学研究者的思想给予了极大的影响，增强了书目工作者的情报意识，导致了研究方法的更新，促进了目录学研究和书目工作的信息化与科学化。

（二）目录学研究对象的进一步明确

关于目录学的研究对象，学术界一直都在讨论不休。“图书

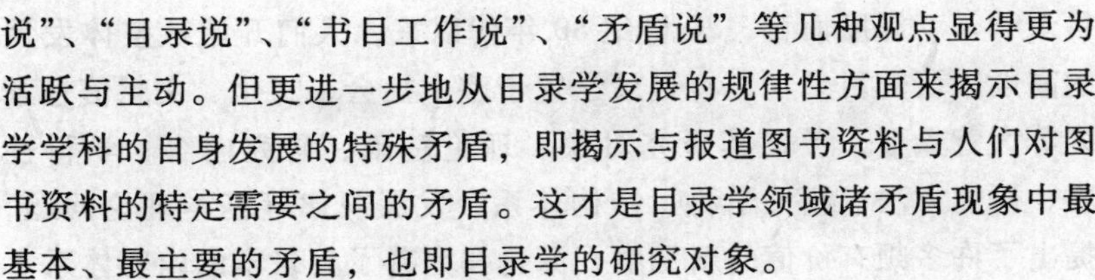

说”、“目录说”、“书目工作说”、“矛盾说”等几种观点显得更为活跃与主动。但更进一步地从目录学发展的规律性方面来揭示目录学学科的自身发展的特殊矛盾，即揭示与报道图书资料与人们对图书资料的特定需要之间的矛盾。这才是目录学领域诸矛盾现象中最基本、最主要的矛盾，也即目录学的研究对象。

（三）目录学方法论的更新

近年来随着对目录学研究的进一步深入，方法论问题得到人们越来越多的关注和重视，成为目录学理论研究的又一大热点。20世纪80年代目录学最突出的就是方法的更新，方法的更新也带来了观念的更新，从而使理论界出现一片繁荣。人们在继承传统方法的基础上，开始引进和移植控制论、系统论、信息论、数学等许多学科的方法。正是这些方法的引入，使得目录学研究方法由单一的定性分析走向定性和定量方法相结合的综合研究方法，给古老而传统的目录学方法带来了勃勃生机，注入了新鲜血液，加速了我国传统目录学向现代化目录学的过渡。

目录学的方法论经过传统与现代的构建，已颇具特点。首先是“分类”，即把人类认识事物的最基本方法移植到目录中，达到科学境界。其次是“排序”，排序是认识方法所必需的，同时也是检索所必需的。它把认识与检索功能集于一身。再有是“取材”，人们认识与获取的知识信息坐标点，均处于一个具有某种“度”的体系之中。书目数据库的建设与使用将把人们从繁琐的查阅、组织目录卡片中解脱出来，人们将从电脑终端上获得各自所需的书目信息，从而使目录学走向一个全新的时代。

（四）目录学研究广度与深度的拓展

就广度而言，除加强对传统领域的研究外，还通过其他学科的交叉渗透，或运用其他学科的研究方法，开辟了许多新领域，形成了许多新的分支学科，诸如：书目情报需求与服务的研究、书目控制论、书目计量学、比较目录学等。此外，还有马克思主义文献目录学、文学文献目录学、历史文献目录学、科技文献目录学等专科目录学。就深度而言，20世纪80年代以来，人们开始从整体发展的高度来研究目录学，将目录学置于整个社会、文化、文献信息系统等大背景下，考察其研究对象、理论基础、研究内容、学科性质、研究方法、相关学科、结构体系、发展规律等基本理论问题，提出了许多颇有价值的新见解，深化和完善了目录学的内容体系。

（五）对目录学史的研究

我国目录学界对目录学史的研究一直持有较浓厚的兴趣。目录学工作者运用马克思主义的观点和方法，按照“古为今用”的方针，采用批判继承和发展的观点，对目录学史进行了研究，取得了可喜的成绩，出版了一些专著，如王重民《中国目录学史论丛》（中华书局，1984），吕绍虞《中国目录学史稿》（安徽教育出版社，1984），来新夏《古典目录学浅说》（中华书局，1981），罗孟祯《中国古代目录学简编》（重庆出版社，1983）等。还发表了一大批有关目录学史的研究论文，这些论著显示出如下特点：试图从联系的、整体的观点出发，将目录学史的发展和当时的社会历史以及文化联系起来，对目录学发展的特点及其规律进行研究；近现代目录学研究有所加强；对目录学家和古典书目的研究范围比以往扩大了。到了20世纪90年代，目录学史的研究已加强和深化对我国传统目录学的研究，把目录学置于社会这个大系统之中，从社会发展、文化积累和学术变迁等角度考察传统目录学思想的演进过程，把目录学史的研究深入到学术史、学术思想史中去，将它推向一个新的水平。如来新夏《古典目录学》（中华书局，1991），该书主要按照历史发展顺序，有重点地论述古代著名的古典书目和有成就的古典目录学家，给读者提供关于古典目录学较系统的知识。周少川《古籍目录学》（中州古籍出版社，1996），该书包括基础理论、基本知识和应用方法三部分，作者很重视为古籍整理研究工作服务，在分析评价各个时代书目文献时，注意其产生的时代背景，引导读者认识和利用各种书目文献，加强其导读功能。李万健《中国著名目录学家传略》，该书从我国目录学家中遴选出30余位在目录学史上有重大贡献的名家，以传记形式介绍他们的生平事迹，突出其在书目实践活动和理论著述方面的成就；该书虽以人立传，但联系起来又能使读者清晰地看到中国目录学的发展脉络。乔好勤《中国目录学史》（武汉大学出版社，1992），该书注意从联系的、整体的观点出发，联系学术文化思想，系统地总结从古至今各个时代目录工作和目录学的演变过程，将当代目录学的发展作为整个目录学史的重要组成部分，向人们展示了一幅从殷商到今天目录学发展的完整的历史画面。余庆蓉、王晋卿《中国目录学思想史》（湖南教育出版社，1998），该书从孔子一直写到今天，介绍评价了其间有代表性的目录学家及其著作，是一部全面系统研究和阐释中国目录学思想发展史的著作。①

（六）目录学致用性的认识

时代呼唤目录学研究贴近社会，要求目录学研究以整个社会文化为背景，紧跟时代演进的节拍前进，20世纪目录学研究最大的变化是目录学研究内容开始贴近社会，目录学应用研究取得了显著成就。书目情报需求与服务理论是目录学应用于社会，在新形势下进一步开拓与演化的一个研究领域，是现代目录学研究的重要内容。彭斐章《书目情报需求与服务研究》一书是在获得了国家教委“七五”哲学社会科学博士学科点专项科研基金的资助，向全国几百个单位不同读者进行问卷调查和跟踪服务体系的优化与改革进行了深入系统的分析与研究之后写成的。该书的主要特点之一在于，改变了传统目录学主要从文献角度对目录学原理进行探索的局限，而将重点放在读者书目情报需求的特点和规律的研究上。这方面的重要成果还有：胡昌平《信息服务与用户研究》（武汉大学出版社，1993），娄策群《文献信息服务》（华中师范大学出版社，1994），朱天俊《应用目录学简明教程》（光明日报出版社，1993），倪晓健《书目工作概论》（北京师范大学出版社，1991），郑建明《当代目录学》（南京大学出版社，1994），柯平《文献目录学》

① 彭斐章，付先华.20世纪中国目录学研究的回眸与思考［J］．图书馆论坛，2005（6）：5-10，57.

（河南大学出版社，1998）。这些著作的共同特点就是以目录学的方法为中心，显示出目录学的实用性。目录学应用研究的发展极大地影响到目录学教学，2003 年武汉大学出版社出版的《目录学》（修订版），增加了书目文献编撰法的内容，2004 年由武汉大学牵头，北京大学、南京大学、南开大学、中山大学的目录学教授合编的《目录学教程》，被列入教育部面向 21 世纪课程教材，已由高等教育出版社出版，该书吸收了近 20 年的目录学研究成果，阐述了现代目录学理论，体现了应用目录学的体系，将对目录学教学产生积极的影响。①

（七）目录学比较研究的进展

就比较目录学而言，已从起步阶段进入了实质性的比较论述阶段。研究者们通过各种比较得出我国现代目录学发展的优缺点，从而借鉴西方先进的目录学思想来充实我国目录学理论和实践研究的内容。

20 世纪 80 年代以来，随着中国目录学研究高潮的再次兴起，在对异域目录学理论和方法的介绍、借鉴给目录学理论研究注入新的活力的同时，目录学比较研究也取得了新的进展。研究深度增加，新思想、新观点层出不穷，相当数量的高质量的研究成果涌现。如：1987 年朱静雯的《西方目录学的传入及其影响（1896—1949）》，1989 年贺修铭的《中外目录学发展的不平衡状态及其文化根源》等。20 世纪 90 年代，研究者们开展了一些综合性和专题性的系统比较研究。如 1990 年柯平的《中西目录学比较研究》，张志伟的《中西书目发展史（公元前—1919 年）比较研究》，1991 年柯平的《古代目录学的社会环境比较》、1992 年的《十六世纪中西方目录学比较研究》，1993 年彭斐章的《中西目录学的比较研究》，1994 年贺修铭的《二十世纪中国目录学研究的两次高潮及其比较》，1995 年马芝蓓的《中西目录学发展现状的历史考察：兼论当代中国目录学发展能力》，1996 年文南生的《目录学渊源考

① 彭斐章，付先华．20 世纪中国目录学研究的回眸与思考［J］．图书馆论坛，2005（6）：5-10，57．

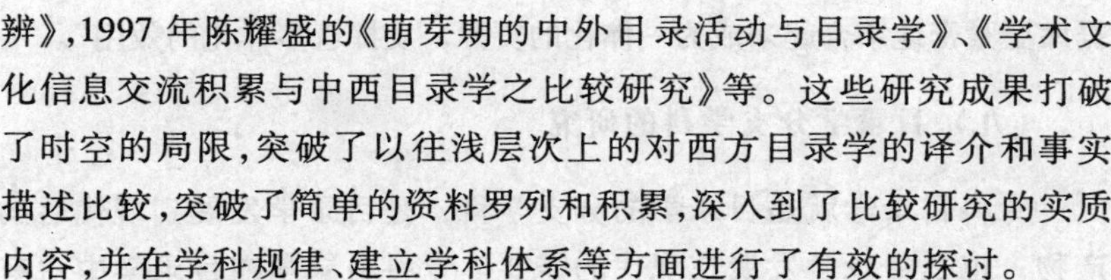

辨》,1997年陈耀盛的《萌芽期的中外目录活动与目录学》、《学术文化信息交流积累与中西目录学之比较研究》等。这些研究成果打破了时空的局限,突破了以往浅层次上的对西方目录学的译介和事实描述比较,突破了简单的资料罗列和积累,深入到了比较研究的实质内容,并在学科规律、建立学科体系等方面进行了有效的探讨。

（八）书目控制的研究

自20世纪70年代以来，我国目录学界就已着手对书目控制进行研究。早期人们的研究多集中于书目控制的含义、内容、手段、方法等方面，到80年代书目控制逐渐向整体效果研究方面发展。随着时间的推移和研究的不断发展，进入90年代，关于书目控制的研究已注重其应用性、系统性及可操作性等。同时，对深层次的问题开始系统探讨，诸如书目控制与文献信息事业的可持续发展性等。也就是说书目控制研究到90年代正进行着两个大的转向，一是从书目控制的含义、内容向书目控制的本质、目的转向；二是由微观的、具体的研究向宏观的、战略的方向转移。90年代初，在第五届全国图书馆学情报学青年学术研讨会上，以“图书情报资源共享”为主题，对世界书目控制（UBC）的发展现状与趋势展开了全面的探讨。

世纪之交也产生了许多对20余年书目控制研究的总结性文章，如柯平教授的《20世纪的书目控制》对20世纪的书目控制进行了总结并对未来的发展进行了分析和展望，这方面的文章还有徐美莲的《我国书目控制的现状与发展》、倪莉的《国际书目控制：历史和未来的分析》等。

此外对于传统的期刊文献的书目控制研究也有很多，例如杜懋杞的《中文期刊书目控制研究》、《期刊书目控制研究》和徐美莲的《我国各类型文献的书目控制》等。

关于网络书目控制，2000年美国国会图书馆的“新千年书目控制”专题会议将网络信息组织作为会议主题之一，柯平教授主持完成了国家“九五”重点项目《书目控制的经济学与我国书目控制的经济效益研究》，提出“在网络环境下，书目控制与文献、数据库更紧密地结合起来成为一体化的资源，发挥着多样化的效用”。

（九）目录学分支学科的研究

专科目录学就是目录学的分支学科，是目录学发展到现代后的产物，也是目录学发展在现代的需要。专科目录学在目录学中占有重要的地位，它是文献、信息传递效用性的具体体现。专科目录学就是将目录学知识运用到其他学科中，并与其融合而产生的研究揭示与报道某一专门学科文献的理论和方法的新分支学科。

从20世纪80年代后期开始，目录学研究者提出了许多专科目录学名词，给目录学发展带来了许多设想，活跃了目录学研究的气氛。近年来，研究的内容逐渐深入。在社会科学领域出现了马列文献、哲学文献、历史文献、文学文献和经济学文献等专科文献目录学，其中尤以文学和历史文献目录学体例较为完备，系统成果有谢灼华的《中国文学文献目录学》（书目文献出版社，1986年）、陈秉才、王锦贵合著的《中国历史书籍目录学》（书目文献出版社，1984年）等。在医学领域出现了医学目录学，这方面的论文主要有张一红的《目录学在中医古籍整理中的作用》等。还有佛教文献目录学，佛教文献目录学的研究成果有文平志的《目录学苑一奇葩——佛经目录学探胜》、魏申申的《佛教经录文献之目录学价值管窥》等。

20世纪90年代，专科目录学如何为经济建设服务这一主题成为讨论的热点话题，地方文献目录学的研究成果显著。主要有巴兆祥的《论方志目录学》、《方志目录学刍议》等。林申清、吴荣政等人也对方志目录的编纂成果作了客观评述，研究者们的重心已转向：经济文献、文化与地区发展、方志文献的价值与社会功能等方面。尤其关于区域性经济发展文献源的研究，日益受到目录学界的重视，成为研究的一个发展方向。

另外，对“专科目录学”本身也有不少目录学研究者提出自己的观点。如黄景行的《论专科目录学的研究对象和内容》就提出应从学科目录学的历史发展和现状、学科基本文献介绍和学科工具书等三个方面来建设和发展专科目录学。柯平则从学科结构建设的角度把目录学的分支学科分为三大类型，等等。①

现代目录学分支学科的发展，表现出目录学研究领域的开拓与创新，同时，充分反映出目录学是致用之学的真正内涵。

（十）目录学研究的组织性和协调性增强

中国图书馆学会目录学分会以灵活多样的方式开展有组织的研究活动，不仅推动和促进目录学研究活动的深入，而且为目录学情报交流开辟了一条重要渠道。分别于 1983 年 8 月在沈阳、1991 年 5 月在南京、1994 年 9 月在太原、2004 年 10 月在天津召开第一届、第二届、第三届、第四届“全国目录学讨论会”。这些研讨会找到了目录学在当代科学发展中的位置，展示了目录学研究的阵营和力量，对进一步拓宽目录学研究领域和深化目录学研究内容起到了积极的促进作用。一些图书情报学专业刊物也都开设了目录学研究专栏，如《图书馆》自 1995 年第 1 期起开辟了“青年目录学家论坛”专栏。它们为目录学理论和实践工作者提供了一个学术探讨与争鸣、思想交流与沟通的园地，同时，也为目录学研究的繁荣提供了有利条件。2005 年第 3 期的《图书情报知识》上以目录学为专题发表了 5 篇论文，对目录学的现状和数字目录学的发展方向进行了探讨。而后《中国图书馆学报》、《图书馆杂志》等也就目录学刊登了相关的研究文章，展望了目录学的未来。

三、目录学的未来发展

（一）网络环境下的目录学发展

今天，我国目录学研究正处于前所未有的时代背景下，将呈现崭新的发展态势。首先是全球信息社会化和社会信息化的潮流，为社会提供了丰富的信息资源，尤其是网络信息异军突起，迫切要求

① 黄先蓉．现代目录学研究的发展道路［J］．图书情报工作，1997（11）：21-24.

实现对网络信息的组织与利用，同时人们对深层次的信息需求也大大增强。这要求建立在文献基础之上的书目与书目工作，必须实现数字化、自动化。其次是以计算机技术和网络技术为核心的现代信息技术迅速发展，尤其是个人电脑和因特网广泛应用与普及，引发了社会基础结构的巨大变革。社会权力开始走向分散化，社会行为走向个体化，人们的生活方式、工作方式、学习方式等都发生了巨大变化。因此，人们对书目情报和目录学知识的需求也发生了巨大变化，数字化、网络化、虚拟化、个性化、多样化、综合化、精确化是对目录工作和目录学发展的基本要求，促使目录学理论能够从更宽的视野展望全局，为实现突破奠定了坚实的基础。

进入21世纪后，互联网在人们的学习、工作和生活中起着越来越重要的作用，目录学与互联网的关系也愈来愈密切，因此众多研究者开始对网络环境下的目录学进行研究和探索。王锦贵教授在《论章学诚的目录学知识创新》中提出："我们应该从行动上冲破以书籍为载体的传统目录学的局限，立即把重心调整到网络信息目录工作及其检索工具上来，也就是说，诸如数字化的数据库，控制网络信息的目录工具网络目录，以及相关的搜索引擎等先进事物，应当从现在起成为当代目录学研究的重要内容"。主要解决电子资源的分类编目与检索问题，包括数字图书馆目录、网络编目、联机编目系统、文后电子资源著录、网络资源分类、网络资源组织、网络信息资源的一次开发等问题。李丹的《论网络环境下的书目情报服务策略》中指出："网络环境在给书目情报服务提供了机遇的同时，也向其提出了挑战。书目情报服务必须在传统服务的基础上，围绕服务环境和服务保障发展新的服务策略，以更好地满足用户的信息和知识需求。"司莉、彭斐章、贺剑峰的《网络信息资源组织与目录学的创新和发展》从网络信息资源类型特点入手，阐述网络信息资源组织的超文本、搜索引擎、指引库、元数据和图书馆编目几种方式与目录学应用问题，提出目录学创新与发展新的知识增长点。司莉的博士论文《网络信息资源组织与揭示及其优化研究》（2003）深入分析了网络信息资源组织与揭示的现状与问题。张洪元的《知识组织智能化与目录学在当代的发展》提出了

“计算机技术之于书目工作，在目前不过是编制书目时采用的一种工具而已，工具以外的书目工作的实质还得靠人”。主张互联网不能完全胜任全部目录编制工作，还需要人脑的介入。洪光宗的《Internet 上的目录服务》一文提出目录学在 Internet 时代的变化，并就广域信息服务系统 WAIS、查询用户 WHOIS 等计算机和网络技术提出了新的目录服务方式。桂罗敏的《用 Microsoft Excel 97 软件管理古籍目录的设想》介绍了利用 Microsoft Excel 97 对古籍目录进行管理和查询的设想和实践。广东省立中山图书馆的莫少强撰文强调“数字图书馆元数据和资源共享的研究与实践”是网络环境下目录学发展的新课题。乔好勤在《当代目录学的理论与实践》中指出：“网络信息目录控制日渐成为当代目录工作活动的主体，也正是当代目录学理论与实践的‘契合点’。”

关于电子资源编目或网络资源编目的研究不断深入，如刘秀华的《网络信息资源编目之探讨》、赵晓玲的《网络数据库中电子期刊与馆藏期刊的编目整合》等。周维彬的《索引结构——从目录学角度看万维网信息资源组织结构》等论文提出了索引理论创新问题，以解释网络环境下出现的“网站索引”、“教案资源索引”、“课件索引”、“数据库索引”、“文件索引”、“地图索引”、“新闻索引”等新对象。

目录学界对网络信息资源的目录学探索非常踊跃。2001 年 6 月 29 日，由广东省图书馆学会学术委员会主办的“网络信息资源管理与目录学”学术沙龙在广州大学图书馆举行。① 学术沙龙紧紧围绕三个方面的问题展开了热烈的讨论：一是目录学面临的问题和发展趋势；二是信息资源开发利用与目录学研究；三是网络信息资源目录控制的理论、方法和技术问题。这些新领域的开拓和研究，把目录学推进到一个新的时代——网络目录学阶段。

2002 年在首都图书馆召开的目录学专业委员会座谈会上，网络信息资源组织与书目控制也成为目录学研究者们的重要话题。大

---

① 柯平．中国目录学的新观察［J］．高校图书馆工作，2004（3）：7-14，69.

家都认为这一课题是目录学新的生长点。①

（二）网络环境下的新一代书目——搜索引擎、网络目录、学科信息门户

随着现代通信技术、电子计算机技术的飞速发展，网上信息得以急剧增长，同时也导致大量冗余信息的出现，这给查找相关资料带来了极大的难度。人们呼唤着有效的工具来组织、管理日益膨胀的信息，以满足人们获取信息的求全、求速、求准、求易的要求。求全，表示在任何处所都能获得所需完整的资料；求速，即要求即时性或最短时间；求准，是对所获得资料切题程度的高度要求；求易，指获取资料的过程简单。于是，以检索网络信息资源为目的的新一代书目——搜索引擎、网络目录、学科信息门户如雨后春笋，应运而生。

搜索引擎、网络目录、学科信息门户是因特网上一种网上信息管理和搜索的工具。搜索引擎是为了解决网上用户不断增长的文献信息需求和网上信息的无序状态之间的矛盾而产生的，其实质是一种报道、存储网上信息的检索工具，起到网络导航的作用。搜索引擎是通过对网络信息资源进行筛选、索引、加工，将搜索结果组成一个有序的数据库，相当于目录学中书目、索引、文摘。其检索方法规则，如布尔逻辑操作符等相当于书目情报中的著录规则。搜索引擎是由搜索软件、索引软件和检索软件三大部分组成。搜索软件主要将搜索软件搜集到的信息建立索引，建成倒排文档。检索软件是对用户输入的检索词与索引的倒排文档进行匹配运算，将符合要求的结果输出。网络目录又称分类站点、专题目录或主题指南、站点导航系统等，是由信息管理者将收集到的网络信息资源的网址分类著录，并给以简要的描述，供用户查找有关信息的一种网络检索工具。网络目录的结构是以体系分类法展开的等级结构，与传统目录的结构在逻辑上是相同的，由网页采集、网页分类、网页索引、

① 柯平．中国目录学的新观察［J］．高校图书馆工作，2004（3）：7-14，69.

搜索器等构成。西文的 Yahoo，中文的搜狐（Sohu）就是典型的网络目录。网络目录主要用于描述信息资源或数据对象、描述万维网网页和其他因特网资源，其目的在于识别资源、评价资源、追踪资源在使用过程中的变化，实现简单、高效的大量网络化数据管理，实现信息资源的有效发现。因此，网络目录的出现，使数据触觉更敏感，范围更广阔，科技含量更高。学科信息门户是针对特定学科领域收集网络信息资源，并进行有效组织，以便提供给特定领域人员使用的网络入口。① 它具有信息资源和服务集成性和服务对象针对性、专业性等特点。它的出现在很大程度上弥补了一般搜索引擎检索结果泛滥成灾、答非所问的弊病。学科信息门户是图书馆传统信息组织方法在网络信息组织领域的延续和发展，是网络时代发展图书馆社会功能的有效措施。

搜索引擎、网络目录、学科信息门户是网络信息资源目录，但其著录的规范目前仍在探索之中，这一点也正符合了书目发展的规律。MARC 是用于描述、存储、交换、控制和检索机读书目数据的标准。CNMARC 是我国制定用于我国图书情报部门并在国际国内进行书目信息交换的机读目录格式标准。为了适应电子文献的数据著录和检索需要，1995 年 3 月由美国 OCLC 与 NCSA（国家超级计算机应用中心）联合发起 52 位来自图书馆界和电脑网络界专家共同研究产生了一套描述网络电子文献的方法——“都柏林核心元数据集” Dublin Core（DC）。DC 的产生得到了来自美国、英国、澳大利亚、瑞典、丹麦、挪威、芬兰、德国、法国、加拿大及日本等国 IT（Information Technology）产业界、学术界及图书馆界的支持。目前“都柏林核心元数据集”已被翻译成 25 种语言，其用户遍及世界各地。美国、日本、葡萄牙和英国等国已将 DC 纳入其国家标准中作为描述电子信息资源的标准之一。电子文献的数据著录的规范性已引起有关机构、专家学者的重视，已有不少学者在研究该领域的课题。正如书目标准化发展一样，搜索引擎、网络目录、

---

① 张云瑾．试论我国学科信息门户建设存在的问题和对策［J］．科技情报开发与经济，2007（13）：144-146.

学科信息门户的著录规范也将产生并发挥其作用。

搜索引擎、网络目录、学科信息门户是目录学在网络时代发展的产物，是书目工作在网络时代的发展与延续，是书目在网络时代环境下的升华，是计算机、通信技术在书目工作中的应用，是网络时代目录工作的新阶段。"作为古今中外文献整序和读书治学工具的目录学必然与时代共鸣和受科技碰撞，不然就有退化和失去生命力的危险"。① 正是由于书目工作实践中存在着这样或那样的不足，才使目录学的研究领域得到了进一步的拓展，同时也给目录学的发展注入了生机。

（三）目录学在网络信息资源管理中的具体应用

目录学的有关理论与方法已经渗透到网络信息资源的组织方式之中，得到自觉或不自觉的应用。

1. 学科导航

学科导航又称"网络导航（Internet navigation）"，是一种引导用户遨游网络、查找信息的服务，它通常通过搜索引擎系统来实现。比较常用的网络导航有三种：一是对网上的各个数据库的检索系统和各种网上搜索引擎进行整合，建立一种可以融合几类检索系统和搜索引擎功能的复合检索系统，用户可以利用它同时检索这些系统和搜索引擎所涵盖的网上信息。二是建立特色数据库，把收集到的学术性网络信息资源下载到自己的服务器上，分门别类地加以整理，并创立可以检索这些信息资源的检索系统，用户直接通过检索系统来检索这个服务器上的特色数据库中的信息资源。三是从浩瀚无际的互联网络信息中寻找导航素材，即能够满足用户特定需要的专业信息，对其按照专业分类加以整合后送上互联网提供给用户使用。

学科导航对于网络信息资源的揭示是采用链接的方式，而不是用全文的方式，完全具有书目的特征。学科导航与一般性的网络导

---

① 李锦兰．书目与搜索引擎、网络目录的比较研究——目录学的发展特性［J］．现代情报，2005（8）：166-167.

航相比，是专业人员对信息进行加工、组织，使信息更加系统准确，导航作用更为突出。但学科导航现存的一个问题是链接深度问题，从现状来看，不同的学科导航有不同的标准。有些链接到网站，有些链接到网站内的栏目，有些链接到栏目内的文章原文，标准不一，导致了揭示资源深度不一的问题，需要我们用目录学的理论较快地解决这些问题，并制定一个这方面的统一标准，从而推动学科导航的建设。

2. 目录指南

采用目录指南方式组织网络信息资源，是将网络信息资源按照某种事先确定的概念体系分门别类地逐层加以组织，用户先通过层层浏览的方式，直到找到所需信息的线索，再通过信息线索连接到相应的网络信息资源。代表性的目录指南方式搜索引擎有 Yahoo。

以目录指南方式组织的网上一次信息一般是围绕某一主题，采用分类法、地序法、时序法、主题法等方式，将与该专题有关的网上一次信息的线索（一般是网址）和有关描述信息依次罗列，供用户选择。此方法的优点是组织的一次信息专题性较强，且能较好地满足族性检索的要求，用户按照规定的范围分类体系逐级查看，按图索骥，目的性强、查准率高。但目录指南结构不适合建立大型的网络信息资源系统。

3. 网络资源联合编目

在联合目录数据库的基础上，开通网络资源联合编目系统可以实现文献资源的共建共享，最终实现网络环境下的实时联机联合编目，形成图书情报系统书目和馆藏信息中心数据库。通过与目次文摘、引文、网络资源、全文等各层次资源的互联，为读者提供全方位的文献信息资源的查询和原文提供服务，支撑科学研究，服务知识创新。

4. 目录引导式的评价模式

在不进行网络信息资源深度开发的信息评价网站上，大多设有诸如“热门站点推荐”、“站点精选”、“最佳站点”、“……信息资源荟萃”等栏目。其他媒体也有类似的内容，包括各种方式的对网络信息资源的评价和介绍，对热门站点的推荐等。这些信息的来源基本上是Web管理员或报刊编辑、作者从其他站点或资料上看到的内容，再加上个人对网上信息资源的主观认识而形成的。因而是目前最常见、数量最多的一种评价方式。①

（四）数字目录学

1. 数字目录学的意义

彭斐章指出："如何科学地解决数字时代信息资源的生产、聚集、组织、传播、开发和利用等方式方法的问题，是21世纪我国目录学研究面临的重要问题。可以说，目录学研究正进入数字时代。"②

数字目录学正是研究数字环境下的数字资源与网络书目情报工作，解决数字资源的组织与开发利用等问题，为发展信息资源管理和信息服务提供支持的一门目录学新兴学科。

数字资源是数字目录学的重要对象。数字资源包括网上数字资源和非网上数字资源（光盘、磁带等）两大类。对各式各样数字资源的揭示与组织、报道与传播，是数字目录学的任务。

数字目录学：主要解决数字资源的分类编目与检索问题，包括数字图书馆目录、网络编目、联机编目系统、文后电子资源著录、网络资源分类、网络资源组织、网络信息资源的二次开发等问题。③ 关于数字图书馆目录，包括DC元数据研究、OCLC的开放性元数据项目平台、CORC（在线资源合作编目）系统、数字图书馆联盟目录等。关于网络编目，跟踪网上MARC编目工具MARCit、OCLC实施的InterCat网络编目计划，研究光盘、电子出版物、数据库、网页等各种电子资源的著录等。关于联机编目系统，通过研究国外四大联机书目系统：OCLC的WorldCat（联机联合目录数

---

① 邓蓉. 目录学在网络信息资源管理中的应用［J］. 山东图书馆季刊，2006（1）：104-106.

② 彭斐章，乔好勤，陈传夫. 目录学（修订版）［M］. 武汉：武汉大学出版社，2003：3.

③ 柯平. 中国目录学的现状与未来［J］. 图书馆杂志，2005（3）：5-11，4.

据库)、LC 的 PCC（合作编目计划)、英国图书馆的 Blaise（自动情报服务系统）和澳大利亚的 Kinetica（文献信息服务系统），以及国内的著名书目数据库（国家图书馆联机编目中心、中科院系统书目数据库、CALIS 书目数据库、北京图联书目数据库、上海图联书目数据库、深圳图联书目数据库等)，组织建立我国的联机编目系统。关于网络资源组织，要研究搜索引擎方式、专题指引库方式、热门站点链接或相关站点推荐，以及分类法和主题法包括关键词法、主题词表、标题词表等在网络资源组织中的应用。关于网络目录的研究，包括 OPAC、网络联合目录、网络书业目录、网络书目数据库等。关于网络索引的研究，如 Librarian's Index to the Internet（1997 年 3 月命名，拥有 4000 个网站)。还要研究网站和网页的可检索性与可用性（Website accessibility and usability)，研究提高搜索引擎的检全率和检准率，研究网上资源的成本效益。

数字目录学承担着两种功能，一是知识记忆与导航功能。知识资源库和知识导航系统是数字资源系统的精华；二是科学报道与评价功能。利用各种数字评价系统，通过科技成果评价、科学竞争力评价等支持科学研究与创新。

2. 数字目录学的研究内容

（1）数字资源系统的目录学研究

数字目录有“digital bibliography”,“network bibliography”, “Internet bibliography”,“web bibliography”,“e-bibliography”, “d-bibliography”等多种名称。① 搜索引擎是数字目录学的重要研究工具。数字资源系统的目录学研究主要解决电子资源的分类编目与检索问题，包括数字图书馆目录、网络编目、联机编目系统、文后电子资源著录、网络资源分类、网络资源组织、网络信息资源的二次开发等问题。

（2）数字参考咨询的目录学研究

关于数字参考工具的研究，包括电子版工具书和网络版工具书

① 柯平．数字目录学——当代目录学的发展方向［J］．图书情报知识，2005（3）：18-22.

研究。国外著名网络版工具书较多，如“Encyclopedia Britannic”（http：//www. Britannic. com）、“Columbia Encyclopedia，6th，ed，2001”（http：//www. bartleby. com）等。国内的网络版工具书也在发展中，如易文网工具书在线（http：//www. ewen. . cc/）的《汉语大词典》、《中华古汉语字典》、同方知网技术有限公司的《中国工具书网络出版总库》等。

关于数字参考服务的研究。虽然新的服务方式如电话咨询，e-mail咨询、网页咨询、合作虚拟咨询，7×24 全天候实时咨询服务等已开始广泛应用，但关于数字参考咨询的软件、标准规范、体系结构实用系统如 Question Point，Ask a librarian、专家咨询系统等都需要深入的研究。

（3）数字化学习指导的目录学研究

这一领域主要解决数字资源增长与阅读的矛盾，研究数字化学习指导的理论与方法问题。一是要开发虚拟学习平台，二是要研究数字导读，三是要研究数字读者教育和学习方法。

3. 发展数字目录学的思考

虽然目录学发展到当代，形成了数字目录学的发展方向，但在目录学实践中却存在着两个问题。一是编目系统包括各图书馆的书目数据和联机数据，如 CALLS 联机编目系统等，虽然是数字的，但是却是针对印刷型文献的；而对于新兴的数字资源，却没有成熟而完善的目录学实践。二是流通自动化进程中形成的数字化目录，只是电子书目，只有目而没有录，也就是只具有图书馆学的意义，而不具有学科意义。

因此，我们要转变观念，大力加强数字资源与数字目录的研究。既要继承目录学的优良传统，继续进行古典目录学和现代文献目录学的研究；又要与时俱进，树立开拓创新意识，大胆进行新目录学的探索。既要有“文献”观，发展书目情报理论；更要有“数字资源”观，关注网络世界，发展数字资源管理理论。

我们要大力开展数字目录学实践，要参与到数据库建设和数字平台建设中，在实践中总结目录学经验。要自觉进行新技术在数字资源中的应用研究，发展数字化编目和网络信息资源组织。要努力建设数字化学习环境和数字化知识学习系统，引领阅读学习指导，使数字目录学成为新世纪“学中第一紧要事”。①

我们要深化理论研究，完善数字目录学学科建设。要扎实开展数字目录学的专题研讨，联合图书馆学界和情报学界的力量，共同开展数字资源问题的攻关。要加强目录学与现代信息技术的结合，在研究方法上突破宏观的认知范式，吸收网络计量学、科学计量学、网络图书馆学（Internet Librarianship）、信息构建（Information Architecture）等学科的成果，丰富数字目录学的内容。

参考文献

[1] 彭斐章，王心裁. 20世纪中国目录学：发展历程、成就与局限［J］. 高校图书馆工作，1999（2）：1-6.

[2] 肖红. 近十年我国目录学基础理论研究概略［J］. 西南师范大学学报（哲学社会科学版），1995（2）：114-117.

[3] 陈光祚. 目录学是研究文献流的整序、测度和导向的科学［J］. 图书情报工作，1990（1）.

[4] 陈铭，郑建明. 20世纪90年代的目录学研究综述［J］. 中国图书馆学报，2001（1）：63-66.

[5] 肖红. 近十年我国目录学基础理论研究概略［J］. 西南师范大学学报（哲学社会科学版），1995（2）：114-117.

[6] 彭斐章，陈传夫等主编. 目录学教程［M］. 北京：高等教育出版社，2004：7.

[7] 陈铭，郑建明. 20世纪90年代的目录学研究综述［J］. 中国图书馆学报，2001（1）：63-66.

[8] Shera J. H, The Beginning of Systematic Bibliograpy in America, 1642—1797［J］//Brenni V. I. ed., Essays on Bibliography,

① 柯平. 数字目录学——当代目录学的发展方向［J］. 图书情报知识，2005（3）：18-22.

Menchen: The Scarecrow Press, 1975: 110-122.

[9] 科尔舒诺夫主编，目录学普通教程 [M]. 彭斐章，等译. 武汉：武汉大学出版社，1987（中译本）.

[10] 王心裁，柯平. 关于书目情报的几个问题 [J]. 图书情报知识，1995（1）：23-26.

[11] 彭斐章. 苏联目录学研究的现状与前景 [J]. 武汉大学学报，1983（4）：61.

[12] 李丹. 从现代信息环境看书目情报的基点作用 [J]. 图书馆理论与实践，2003（6）：49-51.

[13] 王波、谢秋菊. 1996 年以来的目录学研究 [J]. 图书馆，2000（4）：33-36.

[14] 王波. 目录学. 中国图书馆年鉴 [M]. 北京：北京图书馆出版社，1999：289.

[15] 肖希明. 论目录学理论体系 [J]. 中国图书馆学报（双月刊），1994（3）：18-23.

[16] 乔好勤. 必须重视目录工作组织管理 [J]. 图书情报论坛，1991（3）.

[17] 朱天俊. 目录学研究中若干问题的思考 [J]. 中国图书馆学报，1992（4）.

[18] 曾令霞. 关于目录学科建设若干问题的思考 [J]. 图书情报知识，1991（3）：2-6.

[19] 程焕文. 论当代中国目录学的变革：关于建立一次文献学初步构想 [J]. 图书与情报，1991（4）.

[20] 陈传夫. 论目录学的体系（硕士学位论文）[D]. 武汉：武汉大学图书情报学院，1986.

[21] 贺修铭. 新技术革命给目录学提出的课题 [J]. 图书馆学研究，1985（6）：92-96.

[22] 韩松涛. 目录学基本理论探讨 [J]. 图书情报工作，2006（9）：40-42.

[23] 王心裁. 论目录学是研究文献与读者间书目情报传通的科学 [J]. 武汉大学学报，1995（2）：109-115.

[24] 王波.1990 年以来的目录学研究：从“书目情报”谈起 [J]. 图书馆理论与实践，1998（1）：30-34.

[25] 李贺，刘彧. 冷眼旁观目录学——兼论目录学的学科性质及定位 [J]. 情报资料工作，2006（5）：33-35.

[26] 徐建华. 目录学的学科定位、研究者心态及其他 [J]. 图书情报知识，2005（3）：9-11.

[27] 卿家康. 目录学的时代性与当代中国目录学的特征 [J]. 图书情报知识，1995（2）：2-6.

[28] 薛旻，王娟.1998 年以来目录学史研究综述 [J]. 图书馆，2004（3）：26-29.

[29] 徐强平. 我国目录学基础理论研究目前存在的问题及相应对策 [J]. 重庆图情研究，2005（2）：16-20.

[30] 胡萍. 我国目录学研究对象的发展轨迹 [J]. 中南民族大学学报（人文社会科学版），2003（4）：159-161.

[31] 王心裁. 试论中国目录学传统 [J]. 大学图书馆学报，2000（3）：69-73，68.

[32] 张红岩. 我国目录学发展趋势和研究方向探讨 [J]. 青海民族学院学报（社会科学版），2006（2）：152-153.

[33] 王心裁. 文化冲突与交融中的导读目录 [J]. 图书情报知识，1998（4）：2-6.

[34] 王桂兰，沈弘，李远景. 论 20 世纪中国目录学的公共应用性特征 [J]. 高校图书馆工作，2005（3）：18-22.

[35] 贺修铭.20 世纪目录学研究的两次高潮及其比较 [J]. 图书馆，1994（5）：14-17.

[36] 彭斐章，付先华.20 世纪中国目录学研究的回眸与思考 [J]. 图书馆论坛，2005（6）：5-10，57.

[37] 黄先蓉. 现代目录学研究的发展道路 [J]. 图书情报工作，1997（11）：21-24.

[38] 柯平. 中国目录学的新观察 [J]. 高校图书馆工作，2004（3）：7-14，69.

[39] 张云瑾. 试论我国学科信息门户建设存在的问题和对策

[J]. 科技情报开发与经济，2007（13）：144-146.
[40] 李锦兰. 书目与搜索引擎、网络目录的比较研究——目录学的发展特性［J］. 现代情报，2005（8）：166-167.
[41] 邓蓉. 目录学在网络信息资源管理中的应用［J］. 山东图书馆季刊，2006（1）：104-106.
[42] 彭斐章，乔好勤，陈传夫. 目录学（修订版）［M］. 武汉：武汉大学出版社，2003：3.
[43] 柯平. 中国目录学的现状与未来［J］. 图书馆杂志，2005（3）：5-11，4.
[44] 柯平. 数字目录学——当代目录学的发展方向［J］. 图书情报知识，2005（3）：18-22.

第七章　目录学理论的整体化路径

第一节　书目计量研究对文献整体规律的认识

随着时代的发展，书目工作越来越重视信息传递的速度和效率。能否达到高速和高效，在很大程度上取决于管理水平的高低。利用数学方法对书目信息系统诸因素进行计量分析和预测，是优化系统管理的重要途径。因此，在目录学研究中，不仅要研究目录学的研究对象、理论基础、理论体系、学科基点等质的方面，还要研究其量的方面，研究量的关系和量的变化。而书目情报工作所反映出来的"量"、"关系"、"结构"、"系统"以及它们之间的相互联系所形成的不同层次的空间形式和数量关系，为数学方法在目录学中的运用展示了广阔的领域。利用数学方法可以对书目情报系统的诸因素进行计量分析和预测。如对书目情报系统的文献分布、读者书目情报需求状况、智力结构、人员配备、经费测算等进行分析和评价，可以确定系统的优化设计和最佳管理方案；对书目情报活动过程进行数学模拟，可以揭示其内在规律，为书目情报实践提供坚实的理论基础。①

---

① 王京山．中国当代目录学的回顾与前瞻［J］．图书馆学研究，2003（12）：6-11．

一、什么是文献计量学

书目计量学又称“文献计量学”。①目前为止，从某种程度上说，关于文献计量学的定义尚存在不同的观点。它是1969年由英国文献学家A. 普里查德在长期对文献计量的意识和实践的基础上率先提出的②，在人们谋求文献定量化、开发文献计量学的过程中，先后出现了一些经验定律（如著者分布定律、文献分散定律、词汇分布定律、20/80定律等）和特殊的统计规律。目前文献计量学基本上就是围绕这几个著名定律而展开的。

彭斐章等认为：“书目计量学是数学和统计学方法引入目录学以后产生的学科分支。它是利用统计学方法来计量文献，目的在于定量描述各门学科书目信息的特征、形成过程与形式，以及它们的发展趋势，得出规律，以便解决文献的量与利用之间的矛盾。”③

张红岩认为：“计量书目学是一门用统计学的方法来计量图书和资料的目录学。其目的在于定量描述各门学科书目信息的特征和发展趋势，找出规律，解决文献自然累积与人们对文献特定需求之间的矛盾。”④ 这里的计量书目学实际上就是指的文献计量学。

范全青等认为：“文献计量学是采用数学、统计学方法，对各类文献的诸计量特征进行统计分析，进而揭示和研究文献情报规律、文献情报科学管理以及学科发展趋势的一门学科。”⑤

---

① 柯平．试论以信息理论为基础的现代目录学［J］．图书情报知识，1994（2）：22-25.

② 马殷华，谢文海．试论文献计量学与科技期刊［J］．玉林师范学院学报（自然科学版），2005（3）：144-146，153.

③ 彭斐章，陈传夫等编．目录学教程［M］．北京：高等教育出版社，2004：24.

④ 张红岩．我国目录学发展趋势与研究方向探讨［J］．青海民族学院学报（社会科学版），2006（2）：152-153.

⑤ 范全青，凤元杰．我国文献计量学研究的计量分析［J］．嘉兴学院学报，2006（4）：131-135.

二、文献计量学的发展

国外的文献计量学研究始于1917年，至今经历了三个发展阶段，而且蔚为大观，1993年我国台湾地区学者统计的1970—1993年期间，"由UMI博士论文摘要资料库所检索到的1970年以来美国图书馆学会立案的美国图书馆与资讯科学研究所的书目计量学博士论文计有七十三篇。"①

我国的文献计量学研究，较国外要晚半个多世纪，但发展非常迅速。从目前可以检索到的资料看，文献计量学相关论文最早出现在1964年，② 张琪玉、王恩光分别在《综合科技动态（第二分册）情报工作》的第5期上发表文章，介绍了美国编辑出版的"科学引文索引"，但在公开发行的学术刊物上发表的早期论文是1979年沈中和发表的《新颖的〈科学引文索引〉》一文，之后相继发表了一些介绍性和应用性的论文。经过近30年的努力，我国文献计量学的研究取得了长足的发展，已成为情报学领域一个重要的分支学科。

我国文献计量学研究的发展可划分为三个阶段：介绍推广阶段、普及应用阶段和全面发展阶段。

①介绍推广阶段；1979—1983年是我国文献计量学的介绍推广阶段。这一阶段的论文数量较少，年发文量不超过20篇。

②普及应用阶段：1984—1989年是我国文献计量学研究发展的普及应用阶段。这一阶段除了继续介绍和评述国外文献计量学研究进展外，还涉及了文献计量学在科技预测与管理、学科建设、图书馆管理、科研管理等方面的应用，利用载文统计、引文分析等文献计量学方法研究学科研究方向、核心作者、核心期刊，以及验证

---

① 傅雅秀，李德竹．美国书目计量学博士论文评析［J］．中国图书馆学会会报（中国台湾），1993（9）．

② 范全青，凤元杰．我国文献计量学研究的计量分析［J］．嘉兴学院学报，2006（4）：131-135．

文献计量学的理论和方法在中文文献方面的适用性等内容。

③全面发展阶段：1990 年以来，我国文献计量学研究和应用进入规模化、系统化、现代化的全面发展阶段。这一阶段有较明显的发展特点：①建立了一批具有相当数据规模和自主知识产权的文献计量评价系统数据库。②文献计量学被广泛用于评价科学生产力，评价人才、成果、期刊质量，评价地区、科研机构乃至整个国家的科技水平与影响力。其应用领域远远超出了图书工程学、情报学和文献学的范围，涉及科学学、科技管理、人才学、科技史、预测学、未来学、历史学、社会学等许多学科领域，应用范围涉及了教育部制定的《学科专业目录》中管理学、医学、农学、理学、工学、教育学、经济学、法学、历史学、哲学等学科的 77 个二级学科专业，这也说明了文献计量学具有较强的学科辐射力。③核心期刊研究有了长足的进步，北京大学图书馆、北京高校图书馆期刊工作研究会先后于 1992 年、1996 年、2000 年、2004 年出版了四个版本的《中文核心期刊要目总览》；中国社会科学院文献情报中心和南京大学中国社会科学研究评价中心也分别发表了各自的核心期刊表。④文献著录格式进一步规范。1999 年国家新闻出版署颁发了［1999］17 号文件，批准试行《中国学术期刊（光盘版）检索与评价数据规范》，这对文献计量学研究起了一定的促进作用。⑤国家技术监督局 1992 年 11 月发布的国家标准（GB/T13745-92）明确将文献计量学作为三级学科列入其中，文献计量学的学科地位得以确认。

三、文献计量学的内涵

通过利用数学方法研究文献交流，文献计量学总结了著名的三个定律：①洛特卡的科学生产规律；②齐普夫词频分布规律；③布拉德福文献分布定律。① 其中以布拉德福定律产生最早、最有名，

① 刘婧，魏建香．基于 LISA 数据库对文献计量学三个基本定律的研究述要［J］．情报杂志，2006（6）：108-110.

影响最大。A. J. 洛特卡（Lotka，Alfred James）对一定时期《化学文摘》（Chemical Abstracts）的资料进行数据统计、归纳分析，并运用数学工具推算出：在一定时期内，写了 x 篇论文的作者份额与 x 的平方成反比；具体公式表述为 $y(x)=c/x^2$，$y(x)$ 为写 x 篇论文的作者占作者总数的百分比。这就是著名的洛特卡定律，也就是倒平方著者分布规律（作者分布）。普赖斯（Price，Detek de Solla）对洛特卡定律进行验证与发展，他提出洛特卡定律的实质可以表述为：设所发表的全部论文为 n 篇，可以发现其低产作者论文总数相当于少量高产作者论文总数，因此在这种简单的情况下，对称性可能表明作者数量符合平方根定律，这就是著名的普赖斯定律的文字表述。用一句话来描述普赖斯定律就是：全部论文的一半系由该领域中全部作者的平方根的那些人所撰。世界著名的文献学家和化学家布拉德福（Bradford，S. C.）对文献体系进行全面的探索与研究验证。布拉德福提出了将期刊划分为几个区域的思想。即按期刊刊载某个学科或主题论文数量的大小来划分区域，每个区域中期刊的数量随着该区域期刊的载文量的减少而增多，通过文字（区域）描述、图像描述及数学公式描述对布拉德福分散定律（期刊分布）进行全面的表述。美国的语言学家齐夫（Zipf，G. K.）把许多语言意群分成几个组成部分，然后抽样进行分析。他利用中篇小说《尤利西斯》（Ulysses）编制的词汇索引，在更大规模上验证了等级频次分布，同时进一步分析出同频词的数量与它们频次的平方近似成反比。齐夫定律（主题分布）是以英语为基础的词频统计规律，是词频分析研究的理论基础。

文献计量学研究与测量的对象包括：与文献相关的个体与集体（论文作者、读者）、出版物（一次引文（期刊）、二次引文、三次引文）、词汇（关键词、叙词、导引词等）、文献动态的某些指标（阅览登记表、读者卡片、文献资料复制申请单等）等。

文献计量学研究分为：一是描述文献特征的描述研究；二是考查文献内容之间的关系的引文研究。引文分析是文献计量学的重要内容之一，因为引用和被引用的现象从纵向上反映出学科的继承和发展的关系，从横向上反映出各学科之间的联系及差别。①

文献计量学的目标在于研究文献信息的分布结构、数量关系、变化规律和定量管理，并进而探索科学技术的某种结构、特征和规律，致力于对文献群实体自身运动变化规律的研究，谋求改进文献信息的管理，提高文献信息交流效率。

四、文献计量学的发展趋势

随着信息科学和信息技术的迅速发展，信息资源电子化、数字化和网络化日益普及，网络信息资源的骤增导致对网络信息资源的研究、评估等成为新的趋势。现在已出现了“网络目录学”和“网络计量学”等新名词，意在研究网络信息资源的分布与传播规律。目录学家们虽然并不精通计算机与通信技术，但是他们敢于接受和采用新的信息技术，建立了一套以书目工作自动化和网络化为基础的新的目录学定量研究的理论与方法，如网络文献的规范控制、网络检索策略、网络文献分析等方面的研究。目前，整个目录学学科（方法、内容）的数学化还在发展之中。目录学还将强化文献计量方法在科学发展中的功用，并结合比较“三论”、解释学、移植、社会调查等科学方法，从文化、知识、信息等角度着眼进行目录学研究，深化目录学内容。文献计量学正是在这种新的社会环境和技术条件下，出现了许多新的发展趋势。

（一）从文献计量向信息计量发展

文献计量学是信息计量学的基础，而信息计量学是文献计量学的发展方向。从计量单元来说，文献计量法已不仅仅停留在篇、册、本为单位的文献单元的计量上，而开始深入到文献的内部对知识单元和文献相关信息进行计量研究，如题名、主题词、关键词、知识项、引文信息、著者、出版者、日期、语言、格式等都已成为

① 彭斐章，陈传夫等编．目录学教程［M］．北京：高等教育出版社，2004：24．

计量对象。陈光祚教授最近研制的电子出版物具有信息计量功能和知识聚类功能，为文献计量法开拓了新的应用领域和发展途径。这样就可能使文献计量法中计量单位从一篇篇文献而深化到文献中的各个知识单元，甚至单字一级，从而使信息计量分析成为可能。

（二）文献计量学、科学计量学、信息计量学的合流趋势

文献计量学、科学计量学、信息计量学合流的趋势是符合所谓情报学研究的“大过程”观的。1995 年 6 月在美国芝加哥郊外的罗沙利图书情报学院召开的第五届国际计量学会征文内容包含文献计量法诸定律和分布、信息与科学生产率、信息计量法的应用等，这说明“文献计量学、科学计量学、信息计量学”关系密切，文献计量学、科学计量学、信息计量学应该向着形成“大过程”的情报计量学的统一学科方向发展。①

（三）文献计量学新的发展方向—— 网络信息计量学的产生和发展

网络信息计量学是在文献计量学的基础上发展起来的。信息资源电子化、网络化以及网上文献信息数量的激增，文献计量法的许多原理在网络时代已经显得不完整和不充分，这都是网络信息计量学产生的背景条件。网络信息计量学主要是由网络技术、网络管理、信息资源管理与信息计量学等相互结合，交叉渗透而形成的一门边缘学科，也是文献计量学的一个新的发展方向和重要的研究领域，具有广阔的发展前景。

1. 网络信息计量学的产生

信息资源数字化、网络化的发展，促成了网络信息计量学的产生与发展。所谓网络信息计量学（Webmetrics）是采用数学、统计学等各种定量方法，对网上信息的组织、存储、分布、传递、相互引证和开发利用等进行定量描述和统计分析，以便揭示网络信息数

---

① 郑文晖．文献计量法与内容分析法的比较研究［J］．情报杂志，2006（5）：31-33.

量特征和内在规律的一门新兴分支学科。① 它主要是由网络技术、网络管理、信息资源管理与信息计量学等相互结合、交叉渗透而形成的一门交叉性边缘学科，也是信息计量学的一个新的发展方向和重要的研究领域，具有广阔的应用前景。其根本目的主要是通过网上信息的计量研究，为网上信息的有序化组织和合理分布、为网络信息资源的优化配置和有效利用、为网络管理的规范化和科学化提供必要的定量依据，从而改善网络的组织管理和信息管理，提高其管理水平，促进其经济效益和社会效益的充分发挥。

网络信息计量学的开创性研究始于1996年②，美国加州大学Berkeley分校信息管理与系统学院的Ray R Larson发表了*Bibliometrics of the Word Wide Web*：*An Exploratory Analysis of the Intellectual Structure of Cyberspace*一文，对万维网的迅速发展及万维网上的"文献计量学"做了探索性的研究。1997年T. C. 阿曼德（T. C. Almind）在*Information Analysis on the WWW*：*Methodological Approaches to*"*Webmetrics*"一文中正式提出了网络信息计量学的概念，他认为，网络计量学包括了所有使用情报计量和其他计量方法对网络通信有关问题的研究，情报计量方法所使用的手段完全可以应用到万维网上，只不过是将万维网看作引文网络，传统的引文由Web页面所取代。③

网络信息计量学是一门新兴交叉学科，融传统文献计量学与现代计算机网络技术于一体，却不仅仅是文献计量学的简单继承，而是信息产业飞速发展的产物，基于其计量结果分析上的应用，将会对现代科研工作带来巨大的指导意义和学术价值。随着因特网的不断发展，网络信息计量学的作用与意义必将日益突出。

2. 网络信息计量的方法

---

① 邱均平．信息计量学（一）信息计量学的兴起和发展［J］．情报理论与实践，2000（1）：75-80.

② 王燕．基于内容分析的网络信息计量［J］．四川图书馆学报，2006（2）：20-22.

③ 张晓雁．网络计量学初探［J］．情报杂志，2003（3）：12-13.

（1）网络信息质量计量法。这是由佩奇（L. Page）和布林（S. Brin）1998 年共同提出的，因而被称为 Page Rank（佩奇排序）法①。它以传统的引文分析思想为基础，不是简单地针对一篇文献的链接次数进行计算，而是把发出链接的网页的质量也考虑进去。但埃格（L. Egghe）对传统引文和超文本链接之间的类比略有不同看法，认为在传统引文中，文章 B 援引了文章 A，它必定是在文章 A 之后撰写的。然而，对网络来说却不是这样，因为页面之间的相互链接是屡见不鲜的，难以确定谁先谁后。

（2）搜索引擎质量计量法。亨津格（M. Henzinger）等人于 1999 年给搜索引擎一种新的计量法定义为"搜索引擎的质量"②他们认为网页的质量是以针对该网页的链接数为基础的。为了评估网页的质量，他们搜索因特网的某些部分，然后用访问到的这些高质量网页作样本，去提问各搜索引擎，以确认它们是否把这些网页编入索引，并进行统计。

（3）网页知名度计量法。计量网页知名度的一种办法是通过针对各网页的链接次数来确定的。另一种可供选用的办法是由第三方，即一个客观的团体（不是网页上可以自我调整的计数器）算出对一个网址的访问人数。直接命中服务器（Direct Hit Service）采用了这种方法，就能监测出因特网的搜索者从搜索结果名单中选择哪个网址，他们在这些网址中花了多少时间以及一些别的度量（如一个网址相对于其他网址的位置）。被搜索者们选择的这些网址，排名会上升，而经常被他们忽视的那些网址排名就下降。

（4）网址内容和结构的定量评价法。国外有几本著作考察了网页和网址的形式特征，如文件和图像的大小和类型，格式的数量和相互作用的其他方法，链接的次数和类型等。鲍尔（C. Bauer）和沙尔（A. Schad）2000 年把这些数据用于网址内容和结构的定量

---

① 王燕．基于内容分析的网络信息计量［J］．四川图书馆学报，2006（2）：20-22.

② 王燕．基于内容分析的网络信息计量［J］．四川图书馆学报，2006（2）：20-22.

评价。① 虽然数据能被自动搜集，但怎样用数据来评价网站是难以得知的，因为评价与质量是相联系的。他们建议把手工分类作为分析原始数据的一种方法。布西(E. Bucy)等利用这些数据推断出网页的复杂性（标题、长度、色彩；图像的、动态的和互动的因素）与网址信息交流量之间的关系。由此发现网址信息交流量与图像因素之间对商业网页的重要关系，以及网址信息交流量与异步互动因素之间对非商业文献的重要关系。

3. 网络信息计量学的应用前景

网络信息计量学研究网络信息资源的数量特征和内在规律，对数字图书馆工作具有重要的指导意义，其应用前景十分广阔。

第一，网络信息计量学可以为数字图书馆进行动态馆藏的维护提供定量依据和科学方法。越来越多的信息资源如果杂乱无章地占据信息空间，将会大大降低信息检索的效率，干扰核心信源的利用。因此，利用网络信息计量学在探明各类型信息数量特征的基础上，分析其增长和老化规律，判断信息的价值和时效性，从而指导数字图书馆的馆藏资源建设，使有价值的信息能更充分地发挥作用，使信息空间能得到更有效的利用。

第二，在“以人为本”的理念指导下，数字图书馆将走出以馆藏为中心的定位，着眼于满足用户的信息需求。在网络信息计量学的指导下，数字图书馆将能更好地实现这个目标。一是文献信息规律反映出的学术动态和信息利用规律反映出的读者需求，可以指导数字图书馆的馆藏资源建设。二是文献信息规律的研究，将使计算机信息检索系统走向科学化、规范化，从而更方便用户查询。三是各种技术的综合利用，更有可能实现智能化信息服务。如根据科研课题及具体要求，计算机自动推荐研究方案，提供有关文献并随着研究的进展，及时补充相关文献，直至科研任务完成。

第三，网络信息计量学通过对网络信息资源分散规律的研究，能使人们准确把握网络信息分布的状况；同时，对网站、数据库等

---

① 王燕．基于内容分析的网络信息计量［J］．四川图书馆学报，2006(2)：20-22.

信息组织机构进行定量分析评价，人们可确定出核心信息来源。数字图书馆获得这些信息资源，可以充分满足用户的需求。

第二节　目录学规律

一、古典目录学规律

古典目录学规律是：以“系统整理文献”为基本职能，通过文献整序，实现“辨章学术，考镜源流”的功能，达到学术传承的目的。中国目录学的发展源远流长，早在1900多年前（即公元前1世纪的末年）就编制了第一部系统目录①。王重民先生说：“目录学就是阐述编制和使用目录工具的理论和方法的科学。”②程千帆先生认为：“目录学就是研究目录的产生和发展规律的科学……它着重研究如何编制和利用各种目录。”③彭斐章认为：“目录学是研究书目工作形成和发展的一般规律（即研究书目情报运动规律）的科学”④。也就是说，目录学的基点是书目工作，书目工作所要做的就是“科学地揭示与有效地报道文献信息”。从这些定义出发，我们就不难理解为什么古代学者都以“辨章学术，考镜源流”为目录学研究的目的了。

中国古典目录学的核心内容是“系统整理文献”，它包括文献的整序、保存、校勘、编目等诸方面。整理是一种文本的物质保护工作，整序则是识读文献内涵。其目的在于分清学术流别，考究学

---

① 赵宣．中国当代目录学研究评议［J］．图书馆理论与实践，2006（2）：68-71．

② 王重民．中国目录学论丛［M］．北京：中华书局，1984：1．

③ 莫砺锋．程千帆全集，第三卷，校雠广义·目录编［M］．石家庄：河北教育出版社，2000．

④ 彭斐章，陈传夫等编．目录学教程［M］．北京：高等教育出版社，2004：5．

术渊源，进而在学术史上和科学分类上寓于目录的内容之中，以便使目录学能更有效地为学术研究服务。一般而言，我国古代目录往往记篇目、载叙录、列小序。其中，篇目可考一书之来历，叙录可查一人之事迹，小序可明一家之渊源。此时的目录不仅能部次甲乙、检索图书，而且还能起到学术史的功能。所以说，通过目录可以“辨章学术，考镜源流”。我国古代史志中多有《艺文志》和《经籍志》，正是试图凭借群书目录彰显一代藏书之盛，传衍学术文化而不致中辍。

我国古典目录学源于春秋战国时期，到清末为一个发展阶段。这中间，古典目录学理论已有了自己的中心观点和核心内容——即是在古典目录学中一直占统治地位的章学诚的“辨章学术，考镜源流”。所谓“辨章学术”即对门类纷繁的各科学术予以考据、证明，并条分缕析，“考镜源流”，则是对古今学术发展之渊源进行追溯，通过比较、鉴别，得出正确、纯粹的学术观点来。①

我国古代很少是为编目而编目。每次重要的目录编撰活动，不仅与国家的大规模文献整理活动紧密相关，而且是文献整理活动的总结和升华。西汉以降，几乎每个朝代都有在政府主持下的大规模的文献整理活动，称为“校书”，最后以文字形式保留下来的成果就是官书目录。官书目录是古代目录成果中的主要组成部分。西汉武帝时期，军政杨仆“捃遗摭佚”，整理兵书而成一部专科目录《兵录》；刘向负责整理国家藏书，“每五书已，向辄条其篇日，撮其旨意，录而奏之”，汇成《别录》；魏秘书郎郑默的《中经》与魏氏“采掇遗亡”关系紧密，类似的还有“整理记籍”的荀勖及其著作《中经新簿》；《崇文总目》和《文渊阁书目》也都是政府组织的大规模校书活动的直接产物。史书上有记载的20多种官书目录无不是在大规模的文献整理后出现的，它们或是文献整理的直接产物，或是以一定规模的文献整理为基础整合前代的目录成果而成的。这类目录成果的最出色的代表当属《四库全书总目》（以下

① 周春来．从目录学研究对象的变化看其研究重心的转移［J］．辽宁教育学院学报，1996（1）：100-101.

简称《总目》)。

《总目》是清代乃至中国古代学术的渊薮。《总目》正式著录典籍的数量是 3 457 种，79 070 卷，每一类之后附有存目，数量为 6 766 种，93 556 卷。《总目》通过总序、小序、案语及提要，对书籍进行评价，实际上是对中国古代学术典籍做了一次总结。在《四库全书》及《总目》的修纂过程中，点校和考核是必要的，如文字的讹谬，卷帙是否脱落，篇第有无倒置，撰写和汇编各书考证等，而根本的目的，则在于通过“收”与“不收”，寓毁于征，对全国典籍进行一次集中的清洗，或全毁，或抽毁，或涂改，或删削，实行其文化专制政策。这部清代最大的官修目录正是在一次最大规模的文献整理的背景下出现的。

《汉书·艺文志》和《隋书·经籍志》是史志目录的杰出代表，其与文献整理也都有密不可分的关系。在《汉书·艺文志》中，班固坦承《汉书·艺文志》取材，“今删其(《七略》)要，以备篇籍”正是《汉书·艺文志》的留存，使后人略知西汉成帝时期的这次大规模的文献整理以及《别录》、《七略》的主要内容。《隋书·经籍志》与文献整理有更为直接的关系：“大唐武德五年，克平伪郑，尽收其图书及古焉。命司农少卿宋遵贵载之以船，溯河西上，将致京师。行经抵柱，多被漂没，其所存者，十不一二。其目录亦为所渐濡，时有残缺。今考见存，分为四部，合条为一万四千四百六十六部，有八万九千六百六十六卷。其旧录所及，文义浅俗、无益理教者，并删去之。其旧录所遗，辞义可采，有所弘益者，咸附入之。远览马、班书，近观王、阮志，挹其风流体制，前其浮杂鄙俚，离其疏远，合其近密，约文绪义，凡五十五篇，各列本条之下，以备经籍志”。

官书目录和史志目录都是在政府主持或支持下完成的，其基础是大规模的文献整理活动。私家目录著录的对象基本上是私家藏书，相比之下，规模要小得多了。但是不可否认的是，这项工作可能完成得更为详尽和细致。如晁公武编撰的《郡斋读书志》，晁“日夕躬以朱黄雠校舛误，终篇辄撮其大旨论之”，最终完成这部以考订为主的目录学著述。其他的藏书家所完成的私人藏书目录也都是文献整理的成果。①

综观中国古典目录学史，自其产生以来，作为古典目录学核心内容的“系统文献整理”始终贯穿着古典目录学发展的脉络，并通过“系统文献整理”，实现了“辨章学术，考镜源流”的目的。更由于古代文献的独特内涵，导致中国古典目录学呈现了五大特点：①古典目录学不是字典式的形式主义目录，而是以分类目录为其主体。②古代书目分类的类别标准并非文献的学科属性及其相关的形式逻辑类项，而是把文献内涵在政治教化和人伦上的功能大小作为首选分类标准。③类表结构不是等级普系式的几何构架，而是二维线性的平面铺排。④古代书目分类没有由阿拉伯数字和拉丁字母等代码构成的标识符号，仅用文字字符作为分类标识，兼起类号的作用。⑤古典目录特别注重题解和小序。② 这些独特的传统，构成了中国古典目录学特有的“辨章学术，考镜源流”的学术功能，实现了学术传承的目的。

二、近代目录学规律

近代目录学规律是：以融合西方目录学思想和先进的书目技术为基本职能，通过目录索引，实现推荐文献、传播学术思想的功能，达到指导阅读的目的。到了近代，帝国主义入侵及文化交流带来了西方目录学的冲击，从而使传统的目录学发生了骤变。以杜定友为代表的新目录学派力斥古典目录学，主张以西方图书馆和商业目录的编制法代之。很显然，同章学诚“辨章学术，考镜源流”的学术思想相比，新目录学派更注重务实，它真正把文献的编目工作作为自己的攻坚对象，不仅在理论上，而且在实践上也取得了相当大的进步。

近代学习西方目录学思想和先进的书目技术使中国逐渐有了自

① 余训培．中国目录学传统之目录学与文献整理二位一体［J］．图书馆理论与实践，2006（1）：115-117.

② 陈爱燕．目录学今昔谈［J］．图书馆学研究，2000（4）：96-98.

己的分类目录、责任者目录、主题目录，在揭示与利用文献方面大大前进了一步。20 世纪 20 年代，中国对西学书目的学术引进和编纂活动极为频繁，产生了不少新的书目类型，改良了已显落后的传统的书目方法，书目及其方法的研究成为近代目录学的热点之一。首先是摆脱传统“经、史、子，集”四分法，形成中国近代分类目录。1917 年沈祖荣、胡庆生编制的《仿杜威书目十类法》从分类原则、类表结构、标识符号和索引诸方面全面走上了西化的道路。① 这之后，仿杜、补杜、改杜的分类法相继而出，成为近代中国分类目录的主流。与其同此，还广泛采用了著者号码，规定了编目条例，出现了人名、书名、标题、字典式目录及联合目录，应用了卡片目录，刊行了排印目录卡和多种编制方法等。其次是文献索引大行其道。有专业索引机构编撰索引活动，有图书馆、出版社等编丛书子目索引，有学者私人编纂的索引，有专科专题报刊论文索引，有定期索引刊物等，尤以哈佛燕京学社的引得编纂处的索引编纂最有成效，对于中国古籍的整理研究着力良多。自 1928 年始，哈佛燕京学社陆续编撰了《十三经索引》等 64 种 81 册中国古籍经典引得，这类工具索引的刊行，引领了目录学编制方法的“集成化”风气。所谓的集成化，就是将图书目录的功能达到最大化，即从研究和使用出发，把书名目录、著者目录、主题目录、分类目录和专题目录有机地联为一个整体，以提高检索效率。② 索引的集成化服务提供，提高了文献服务的质量，受到图书馆和广大学人的欢迎。再次是出现了文摘杂志。

随着近代图书馆运动的蓬勃发展，各图书馆的分类编目工作、书目参考工作开辟了新的目录活动领域，各图书馆也逐步采用了卡片式目录，并形成了以杜定友等为首的以著者为标目的《英美编目条例》的流派，和以刘国钧为首的以书名为标目的中文编目条

---

① 傅荣贤．加强对近代目录学的研究［J］．图书馆杂志，1996（2）：9-11.

② 王桂兰，沈弘，李远景．论 20 世纪中国目录学的公共应用性特征［J］．高校图书馆工作，2005（3）：18-22.

例流派。20 世纪 30 年代开始了统一编目活动。目录形式多样，载体不仅有书本式，还有卡片式；目录方法有叙录法、提要法、著录法、文摘法、分类法、标题法、书评法、索引法等。近代开展目录活动的不仅有各图书馆，还有专业性目录索引机构、书店、出版社、报馆、杂志社、学术机构和学术团体，并有中华图书馆协会等协调目录活动。联合目录在近代也有发展，20 世纪 20 年代北平图书馆协会就开展了联合目录的编纂工作。①

从 19 世纪 40 年代到 20 世纪初，西学东渐，来自西方的目录学理论与方法逐渐移植于中国本土，使得中国目录学由整理文献转向了推荐文献、传播学术思想。由于西方目录学思想的根蒂在于方便地获取文献，由此导致了从中国古典目录学中分化出中国近代目录学，以人文思想为指导，向便利读者获取文献的方面转化。

三、现代目录学规律

现代目录学规律是：采用学科导航、搜索引擎和信息门户等工具对网络信息资源进行知识组织和揭示，承担知识记忆与学科导航的功能。作为古典目录学内核的“系统文献整理”和近代目录学宗旨的“指导读书治学”，已无法反映当今日新月异的书目情报实践。到了 21 世纪，现代目录学以书目情报为研究基点，围绕学科的、主题的、问题的活动将从为知识而生产知识转移到为发展生产力而生产知识，从为阅读传递文献转移到为社会发展提供信息和知识，从文献整理和指导阅读转移到处理文献整理与读者需求的关系，从“辨章学术，考镜源流”转移到知识记忆与学科导航。

自 20 世纪以来，现代目录学逐渐脱离了古典目录学的旧有单一形态和近代目录学的单一功能，从承担四部分类和无所不包的学术描绘格局中解放出来，现代目录学的学术工具导向价值被赋予了更多的现代科学的意义。从我国现代目录学的发展进程看，这一时

① 王京山．中国当代目录学的回顾与前瞻［J］．图书馆学研究，2003(12)：6-11.

期目录学的功用扩展十分迅速，它由少数人的治学工具演化为大众文化普及的传播手段，主要表现为四个方面的特征：一是理论研究与学科教育相结合，汲取新方法科学地描绘图书类别特征、揭示文献典籍内容；二是大众化与公共服务化相同步，呈现出公私多家编撰、文史哲跨越学科交相融会的特点，并向所有的科学领域延伸，且编制手段日益完善；三是探寻目录学促进学术发展的指导作用，尤其是它对提高社会文化普及的意义，并与现代科技手段相结合，为信息传播和交流提供支持基础；四是对网络信息资源进行知识组织和揭示，承担知识记忆与学科导航的功能。

现代技术的应用，交叉学科的崛起，早已使人们从全新的角度利用文献成为可能。尤其是以计算机技术为龙头的现代技术的应用，机读目录、机编索引的出现，使得人们能够真正地从多角度检索文献成为现实。我们知道，在这一阶段中，无论是手检操作系统还是机检操作系统中的书目、文摘、索引均能对文献的书名、作者、篇名、主题、人名、地名等予以揭示。对文献特征的充分揭示，主题的深刻暴露，显示了现代目录学在实践上的巨大进步及理论上的高度繁荣。

在现代信息环境中，传统的文献资源发生了根本性的变化，人们获取信息的方式多种多样，对信息的需求呈多元化趋势，从而导致现代目录学研究内容的转变。现代信息环境中的文献信息资源除了传统的印刷型、缩微型等文献外，还包括以数字化形式记录的以多种媒体表达的、分布式存储在因特网不同主机上的，并通过计算机网络通信方式进行传递的网络信息资源，且这种资源将越来越成为信息资源的主流部分。在如此纷繁庞大的信息资源面前，现代目录学的发展面临着更加严峻的局面，现代目录学研究的重心由古典目录学的对整体文献的分析整理和近代目录学的对文献的推荐和对读者的研究转移到了处理文献整理与读者需求的关系上，现代目录学的功能由“辨章学术，考镜源流”转移到知识记忆与学科导航。

信息环境改变了传统的文献信息源，将目录学的文献源从有限扩大到无限。信息资源无限无序，质量参差不齐，检索工具难以使用等，给用户检索、利用信息资源带来了困难。针对信息资源无限增长和信息需求难以满足的问题，有关专家学者在短短几年时间里，开发了学科导航、各种各样的搜索引擎和信息门户。

学科导航是把收集到的学术网络信息资源下载到自己的服务器上，分门别类地加以整理，形成特色数据库，并创立可以检索这些信息资源的检索系统，用户直接通过检索系统来检索这个服务器上的特色数据库中的信息资源，从而找到特定需要的专业信息。搜索引擎则是通过对网络信息资源进行筛选、索引、加工，将搜索结果组织成一个有序的数据库，相当于书目情报系统中的书目、索引、文摘等，其检索的语法规则，如布尔逻辑操作符等相当于书目情报中的著录规则。而且，有人将网络信息资源划分为网上一次信息和网上二次信息，相当于传统文献的一次文献与二次文献。网上二次信息正是将书目情报的理论原理和方法用到网络信息资源的控制上，构建网上一次信息的检索工具，起到相当于目录、索引、文摘的作用。信息门户是对知识信息保存和传播、创新的信息资源平台，是人们在现实和虚拟环境中，扩展学术交流和促进知识创新的共享智力库。信息门户致力于用户定制和智能化、个性化需求的开发，是直接面向用户，根据用户个人喜好和需求，创造、构建、定制他们需要的 Web 信息，是维系实体和远程信息资源的链接，满足用户个性化需求的信息系统。① 在学科导航、搜索引擎和信息门户中运用的网络信息资源的组织、整序、处理方法都是书目情报原理在现代信息环境下的具体应用，是现代目录学领域的拓展，也是书目情报基点作用的充分体现。

现代目录学既要研究知识记忆系统，通过国家记忆系统、地区记忆系统等，保证人类的知识记忆的可持续发展，促进知识传播；又要研究学术资源导航、学术信息门户、知识检索、基于创新平台的信息服务与知识服务、特色服务与个性化服务、知识中介服务、查新服务、数字咨询服务、知识银行（Knowledge Bank）等内容，推进资源与服务的一体化，文献服务、信息服务与知识服务的一体

① 乔杨．面向用户的图书馆信息门户［J］．科技情报开发与经济，2006（24）：118-119.

化。关于国家记忆系统，包括国家书目体系，CIP 的发展，建立类似于 American Memory 的各个国家和各个民族的记忆系统。关于地区记忆系统，开发利用地方文献资源，建立地方文献数据库、地方信息库，保存方言和地方文化遗产，包括地方戏、民俗史料等。

总之，中国古典目录学注重文献整理，辨考学术源流；近代目录学开始把目光转向读者，指导读书治学；现代目录学则恰当地处理了文献整理与读者需求的关系，讲求文献与读者之间的书目情报交流，注重知识记忆与学科导航。因此，古、近代目录学极其恰当地融进了现代目录学之中。中国目录学的现代化历程，实际上就是人们调整研究视角，不再仅重一端，而更注重全面研究的历程。

第三节　目录学综合化

一、技术性先导

推动现代目录学发展的有两股力量：一股来自外部，那是社会需要；另一股来自内部，那是科学的自身逻辑。当前的目录学，作为其动力的当然有多种因素，但无论从外部考察还是从内部分析，技术都是关键的因素。从外部看，现代化技术造成了文献流的新变化，这种变化加剧了文献流的无序与读者特定需要之间的矛盾，从而增强了社会对书目信息和目录学的需要。从内部看，正是电子计算机技术、缩微技术和现代通信技术在书目信息工作的逐步推广给书目信息、书目信息技术方法、书目信息工作、书目信息利用等基本概念注入新的意义，从而改变了目录学的内容体系，促进目录学的现代化。技术推动目录学发展，技术引导目录学的方向，这成为当代目录学的新迹象。

面对巨大的信息资源，特别是时刻变动的网络信息，信息组织的出路在于应用新的技术，以解决尖锐的信息的巨大需求和有效提供的问题。不断应用计算机技术、数据库技术和新检索技术，对庞大的信息进行组织整理。元数据、搜索引擎、数据挖掘、在线翻译就是信息、技术界正在应用或研究的信息组织新技术。

在新技术的应用中也有不少技术问题要解决，例如现在的中文和英文的搜索引擎，在其发展路上遇到一些障碍；网络信息量迅猛增加，人工无法对它们进行有效的分类、索引和利用；信息有用性评价困难等。对中文搜索引擎而言，还面临自动分词的难题。随着语言学研究和标引技术的发展，中文搜索引擎技术将会得到进一步完善。

二、元数据的研究

元数据通俗地说就是目录，“是关于数据的数据。”①在卡片目录时代，元数据是一张目录卡片，在计算机时代，元数据就是电子目录。21 世纪已不仅要向用户提供实体馆藏的目录，还要向用户提供拥有存取权资源的目录。MARC 元数据曾经是目录学史上的一个里程碑，但在网络化数字化环境下传统 MARC 的缺陷越来越显现，2002 年 Roy Tennant 曾在 *Library Journal* 上发文号召淘汰 MARC，引发了一场关于是否淘汰 MARC 的大讨论，其结果正如多年前关于卡片目录是否被机读目录所淘汰的争论一样，没有必要人为地宣判 MARC 的死刑，而是让其继续与新生代的元数据共存，正如卡片目录与机读目录共存一样，随着时间推移，实现新旧更替。②

元数据是用来揭示各类型电子文件或档案的内容及其他特性，具有传统目录的“著录”功能，其作用基本可概括为描述、定位、搜寻、评估和选择。即描述并记录文件的性质与内涵，提供资源的储存位置信息，提供有关如何找到所需资源的信息，帮助用户判断

---

① 司莉，彭斐章，贺剑峰．网络信息资源组织与目录学的创新和发展［J］．图书情报工作，2001（9）：21-24.

② 吴万晔．网络化数字化环境下目录学的演进［J］．图书馆学研究，2006（1）：17-19.

资源价值等，其最基本的功能是提供描述信息。如都柏林核心元数据提供对资源内容、知识产权和外部属性的描述，包括15种基本元素：题名、主题、描述、来源、语种、关联、覆盖范围、创建者、出版者、其他责任者、权限管理、日期、类型、格式、标识。通过元数据可以了解因特网资源类型、Web页面的标题、作者、出版者、主题与关键词等信息。目前，元数据已在图像检索、导航和图像集合中的浏览、声频、视频、地理和环境信息系统、数字图书馆中得到广泛使用。①

XML（Extensible Markup Language，可扩展标记语言）是继Html之后的又一种Web标记语言，它为用户提供了灵活的标记扩展机制，使得不同内容的资源能以格式良好的（well form）自定义的标记元素来表现。XML是万维网联盟于1988年创建的一组规范。它是一种元数据语言，用于定义不限定数量的特殊标识语言。它的每种标识又可以有多种属性标识，并且每种标识不限定顺序，具有很大的灵活性。同时由于XML采用可读的英文单词（多数是简写或组合的单词）作为标识符号，因此其格式简洁、可读性强。

MODS（Metadata Object Description Schema，元数据对象描述模式）：MODS是美国国会图书馆下属的网络发展与MARC标准机构正在研制的一种针对书目记录元素集的XML模式，它有两大作用，一是能兼容现有的MARC记录数据，二是能创建原始资源的描述记录，MODS采用的是XML Schema语言。MODS不是简单地将MARC数据XML化，而是有所创新，比传统MARC简单，是在MARC与DC之间开辟的第三条道路，MODS的20个元素的定义是由MARC字段简化、组合而来，是MARC的简化版，采用MODS编目将成为数字图书馆信息资源编目的一个候选方案。

DC（Dublin Core，都柏林核心元素集）：DC出现于1995年3月，显著特征是简便性和灵活性，避免了MARC的过于专业化和复杂化。DC由标题、作者、主题、出版者、描述、其他参与者、

---

① 司莉，彭斐章，贺剑峰．网络信息资源组织与目录学的创新和发展[J]．图书情报工作，2001（9）：21-24.

日期、类型、格式、标识、关系、资料来源、语言、内容范围、版权15个核心元素构成，目前主要用于网络资源的编目，DC采用的是HTML，SGML，XML语言，在1997年第4届DC研讨会上，为了更精确地检索信息资源，制定了DC限定词，这使DC的结构变得复杂起来。

METS（Metadata Encoding and Transmission Standard，元数据编码与传输标准）：METS是用来将一个数字图书馆中的数字对象相关的描述性元数据、管理性元数据和结构性元数据进行编码的一个标准。对传统的纸质文献，图书馆只需在馆藏数据中记录其描述性元数据信息，缺少该文献组织结构的信息，不会影响该文献的管理与借阅，但是对于数字化的资源，如果仅有描述性元数据而无结构性元数据（即说明数字资源组织结构的元数据），将无法对资源进行有效管理和长期保存，因此METS诞生了。METS提供了对元数据进行封装的标准，便于不同数字图书馆系统间的数据共享与交换。METS采用的是XML Schema语言，由美国数字图书馆联盟DLF（Digital Library Federation）开发，由美国国会图书馆下属的网络发展与MARC标准办公室负责维护。虽然至今METS主要运用于数字对象，但是该标准中没有任何限定只能运用于数字对象，METS适用于任何对象，METS可以容纳2个或2个以上不同类型的元数据。

各种元数据的研究有利于网络信息资源的存取与检索，为用户提供更为深入、更为确切的因特网资源描述；有利于形成高质量、高智能的书目情报系统，满足用户获取资料时的求全、求速、求准、求易的需求；有助于网络时代书目工作者的角色定位，能够主动地参与网络信息资源的组织与控制。目前世界各国图书馆界都在探索能更好地揭示与组织网络信息资源的目录元数据，新生代元数据正在推广与优化中。

三、整体化与科学化

随着现代科学技术的发展，目录学研究也呈现出整体化与科学

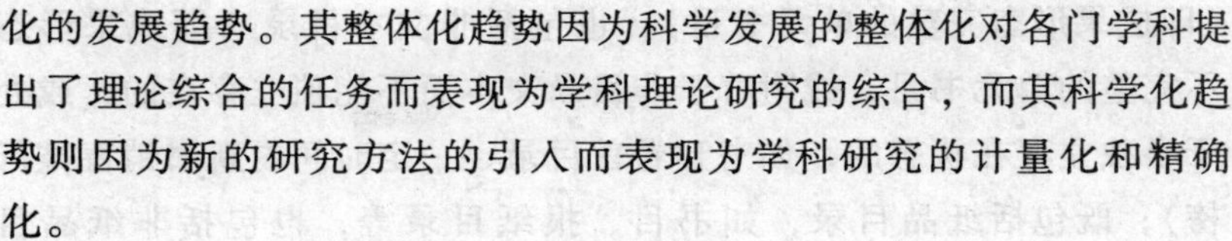

化的发展趋势。其整体化趋势因为科学发展的整体化对各门学科提出了理论综合的任务而表现为学科理论研究的综合，而其科学化趋势则因为新的研究方法的引入而表现为学科研究的计量化和精确化。

（一）目录学的整体化趋势

由于目录学本身的进步以及人类整体认识能力的提高，当代目录学正在走向整体化，其整体化表现在两个方面：一是沿着纵向整体化之路，目录学内部基础理论研究、应用研究与开发研究相结合，既丰富了学科内容，改变了学科结构，又生长出书目情报服务、书目控制论等综合性研究领域。纵向整体化标志着目录学的日渐成熟。当前从信息、文化等角度研究目录学的呼声很高，研究内容从书目信息编制转向书目信息服务和书目信息利用，以达到知识整合、利用的目的，成为当代目录学研究的新迹象。二是沿着横向整体化之路，目录学与整个科学的融合。目录学可以通过两种途径实现自身的整体化。从“知识——文化——社会意识”的路向考察，目录学将与图书馆学、情报学、出版发行学等同族学科互相渗透、互相交叉，孕育出图书馆目录学、情报报道与研究、书业目录学等新兴学科，使目录学融合进广义文化学的整体化中心，成为研究人类创造精神财富的学问的一个组成部分。从“知识——信息——交流”的路向考察，目录学将与符号学、交流学、传播学、计算机学、数学等其他学科结合，产生一个庞大的专科目录学群体，使目录学融合进信息科学的整体化中心。横向整体化体现了目录学的工具学科、应用科学性质。

按照整体化的要求，新世纪的目录学还将突破传统束缚，将目录学置于整个社会信息系统中，多角度、全方位地考察研究目录学和社会文化、现代科学技术、读者的情报需求规律、文献的发展规律等方面的联系和整合效应。目录学的研究对象和范围将大大扩展，从书目（即文献目录）扩展到非文献目录。未来的目录学的研究对象既包括书目与书目工作，也包括非书目录及非书目录工作（如商品目录、企事业名录、电话号码簿等）；既包括文本目录

(即成果形态完整的单元书目),也包括非文本目录(即成果形态不完整的单元书目,或附着于非目录文本而不能独立存在的,或处于半独立存在状态的,如书刊卷首目录、一定时间内新书销售排行榜);既包括纸品目录,如书目、报纸目录等,也包括非纸品目录,如各类型机读目录。建立大目录观,认真研究目录族系,探索同族根源与同族特征,就能更加深刻地认识目录学的本质,使目录学产生大量新的生长点。①

(二)目录学的科学化趋势

目录学的科学化是目录学研究发展成熟的标志,其具体表现为目录学研究的计量化和精确化。②

目录学科学化的实现基本上是一个方法论问题,目录学的科学化趋势,使历史形成的目录学理论和方法经过扬弃和科学重建而建立在更加坚实的科学传统之上,并为书目实践提供借鉴和吸收现代科学技术、开拓新领域的机会和条件,使目录学具备规范的名词术语,从而建立在科学的理论基础之上。

四、综合化

现代目录学早已冲破了"古典"校雠学的樊篱,书目索引加工的深化,文摘、书评的纳入,特别是对计算机在书目工作中应用的介绍等使现代目录学的内容大大丰富起来。

现代科学技术发展的一个最显著特征就是学科的高度分化与综合,即学科越分越细,而同时又越来越综合。随着科学技术发展的深入,这种分化与综合将日益扩大、频繁,新学科、新理论、新技术、新方法将在不断分化和综合中产生。这一趋势对目录学研究产

---

① 王京山.中国当代目录学的回顾与前瞻[J].图书馆学研究,2003(12):6-11.

② 黄先蓉.目录学发展趋势动因探析[J].图书馆,1998(2):13-15.

生了深刻的影响，使得目录学呈现出分化与综合的发展趋势。

进入20世纪以来，控制论、系统论、信息论这些具有普遍意义的科学方法的创立，对当代科学研究的各个领域都产生了极其深远的影响。同时，由于科学的整体性，往往在一个学科中很普通的原理和方法，在另一学科就成为解决重大问题的理论依据或方法。因而，在现代科学研究中，移植法成为一个重要方法。

目录学的综合化趋势是指目录学与其他学科相互渗透、相互移植其科学的理论和方法的现象。目录学的综合化趋势就是移植法的体现，其具体表现在三个方面:①

一是目录学移植借鉴其他学科的方法而导致分支学科产生。如书目控制论和书目计量学的产生，就是移植借鉴其他学科方法的结果。书目控制论是移植控制论原理和方法到目录学后产生的分支学科。它运用控制论原理和方法来探讨目录工作的科学组织和有效利用。书目计量学是移植、引进数学、统计学方法后产生的分支学科。它利用统计学方法来计量文献，目的在于运用定量方法描述各门学科的书目信息特征、形式及发展趋势，以解决文献累积和利用之间的矛盾。

二是其他学科移植、借鉴目录学的方法，使目录学作为方法学科渗透到其他学科领域，与其他学科专业相结合而产生分支学科。如专科目录学就是目录学方法深入到各门学科，与各门学科结合的产物。它是从特定读者群的需要出发。揭示与报道某一专门学科的文献状况的学科。近年来，专科目录学研究成果丰硕，在社会科学领域出现了马列文献、哲学文献、文学文献、历史文献、经济学文献等专科文献目录学；自然科学领域以医学文献目录学最甚。这些构成了目录学研究的庞大阵营。

三是科学技术整体化发展趋势对各门学科提出了理论综合的任务，目录学研究也面临这一任务。一方面是全面总结以往目录学研究成果，使自身理论综合化；另一方面是从整个科学大环境出发，

---

① 王京山．中国当代目录学的回顾与前瞻［J］．图书馆学研究，2003（1）：26-11．

树立“大目录学观”，促进目录学与整个科学的融合。目录学的发展环境，既是目录学本身的学科环境，又是目录学赖以生存的社会环境、经济环境、科技环境乃至文化大环境。而当今社会是一个以高新技术革命为标志的信息化社会，信息的社会化和社会的信息化，一方面为社会提供了丰富的信息资源，另一方面则改变了书目情报工作的物质条件和技术手段。信息化社会的大环境，促进了书目情报工作的变革，为现代目录学研究提供了新的视角和思路，使得目录学研究者从宏观角度开始研究目录学与整个科学的融合，探求目录学实现综合化的途径。

参考文献

[1] 彭斐章，陈传夫等编，目录学教程［M］．北京：高等教育出版社，2004.

[2] 彭斐章，乔好勤，陈传夫．目录学（修订版）［M］．武汉：武汉大学出版社，2003

[3] 彭斐章．世纪之交的目录学研究［J］．图书情报工作，1995（2）：1-5.

[4] 彭斐章，王心裁．20世纪中国目录学：发展历程、成就与局限［J］．高校图书馆工作，1999（2）：1-6.

[5] 彭斐章，付先华．20世纪中国目录学研究的回眸与思考［J］．图书馆论坛，2005（6）：5-10，57.

[6] 别立谦．近十年来中外目录学比较研究论文综述［J］．四川图书馆学报，1998（4）：4-11.

[7] 陈光祚．目录学是研究文献流的整序、测度和导向的科学［J］．图书情报工作，1990（1）．

[8] 陈铭、郑建明，20世纪90年代的目录学研究综述［J］．中国图书馆学报，2001（1）63-66.

[9] 程焕文．论当代中国目录学的变革：关于建立一次文献学初步构想［J］．图书与情报，1991（4）．

[10] 陈传夫. 论目录学的体系. (硕士学位论文) [D]. 武汉: 武汉大学图书情报学院, 1986.
[11] 陈爱燕. 目录学今昔谈 [J]. 图书馆学研究, 2000 (4): 96-98.
[12] 范全青, 凤元杰, 我国文献计量学研究的计量分析 [J]. 嘉兴学院学报, 2006 (4): 131-135.
[13] 傅雅秀、李德竹. 美国书目计量学博士论文评析 [J]. 图书馆学会会报 (中国台湾), 1993 (9).
[14] 傅荣贤. 加强对近代目录学的研究 [J]. 图书馆杂志, 1996 (2): 9-11.
[15] 邓蓉. 目录学在网络信息资源管理中的应用 [J]. 山东图书馆季刊, 2006 (1): 104-106
[16] 代根兴, 周晓燕, 杨文秀. 中国目录学研究十五年 [J]. 山东图书馆季刊, 1995: (3) 1-5.
[17] 科尔舒诺夫主编. 目录学普通教程 [M]. 彭斐章, 等译. 武汉: 武汉大学出版社, 1987.
[18] 柯平. 试论以信息理论为基础的现代目录学 [J]. 图书情报知识, 1994 (2): 22-25.
[19] 柯平. 中国目录学的新观察 [J]. 高校图书馆工作, 2004 (3): 7-14, 69.
[20] 柯平. 中国目录学的现状与未来 [J]. 图书馆杂志, 2005 (3): 5-11, 4.
[21] 柯平. 数字目录学——当代目录学的发展方向 [J]. 图书情报知识, 2005 (3): 18-22.
[22] 贺修铭. 新技术革命给目录学提出的课题 [J]. 图书馆学研究, 1985 (6): 92-96.
[23] 贺修铭. 20 世纪目录学研究的两次高潮及其比较 [J]. 图书馆, 1994 (5): 14-17.
[24] 韩松涛, 目录学基本理论探讨 [J]. 图书情报工作, 2006 (9) 40-42.
[25] 韩松涛. 网上学科导航的目录学特性初探 [J]. 大学图书馆

学报，2006（4）：76-80，104.
[26] 胡萍．我国目录学研究对象的发展轨迹［J］．中南民族大学学报（人文社会科学版），2003（4）：159-161.
[27] 黄先蓉．现代目录学研究的发展道路［J］．图书情报工作，1997（11）：21-24.
[28] 黄先蓉．目录学发展趋势动因探析［J］．图书馆，1998（2）：13-15.
[29] 黄霏嫣．目录学：现代化过程中的知识整合［J］．广东商学院学报，2003（4）：90-93.
[30] 洪光宗．Internet 上的目录服务［J］．图书馆学研究，2002（2）：88-90.
[31] 李丹，从现代信息环境看书目情报的基点作用［J］．图书馆理论与实践，2003（6）：49-51.
[32] 李贺，刘彧．冷眼旁观目录学——兼论目录学的学科性质及定位［J］．情报资料工作，2006（5）：33-35.
[33] 李锦兰．书目与搜索引擎、网络目录的比较研究——目录学的发展特性［J］．现代情报，2005（8）：166-167.
[34] 李锦兰，乔好勤．论网络信息资源的目录控制［J］．情报杂志，2002（6）：5-7.
[35] 李文华．我国当代目录学研究主要成就之管见［J］．现代情报，2003（6）：69-70.
[36] 刘春年．书目控制法在网络信息资源管理中的应用［J］．情报杂志，2001（7）：36-37.
[37] 刘婧，魏建香．基于 LISA 数据库对文献计量学三个基本定律的研究述要［J］．情报杂志，2006（6）：108-110.
[38] 刘晓英，叶文青，文庭孝．构建知识地图——论现代目录学理论的发展与创新［J］．图书与情报，2007（2）：9-12.
[39] 刘静．试论中国现代目录学理论的产生与发展［J］．高校图书馆工作，1994（4）：20-23.
[40] 刘青．网络文化对目录学的影响及对策［J］．图书馆学刊，2006（6）：109-111.

[41] 廖藩．九十年代目录学研究新进展［J］．图书馆，1997（2）：19-23.

[42] 马殷华、谢文海．试论文献计量学与科技期刊［J］．玉林师范学院学报（自然科学版），2005（3）：144-146，153.

[43] 马学博．目录学的发展趋向简论［J］．大学图书馆学报，1996（2）：49-50.

[44] 马芝蓓．中西目录学发展现状的历史考察——兼论当代中国目录学发展能力［J］．晋图学刊，1995（2）：53-57.

[45] 莫砺锋．程千帆全集，第三卷，校雠广义·目录编［M］．石家庄：河北教育出版社，2000.

[46] 莫少强．数字图书馆元数据和资源共享的研究与实践——网络环境下目录学发展的新课题［J］．图书情报工作，2002（1）：54-58.

[47] 裴成发．90年代以来我国目录学研究述评［J］．图书馆学刊，2000（3）：2-6，22.

[48] 乔好勤．必须重视目录工作组织管理［J］．图书情报论坛，1991：（3）.

[49] 乔好勤、李锦兰．当代目录学的理论与实践［J］．图书与情报，2001（3）：2-5，12.

[50] 乔杨．面向用户的图书馆信息门户［J］．科技情报开发与经济，2006（24）：118-119.

[51] 邱均平．信息计量学（一）信息计量学的兴起和发展［J］．情报理论与实践，2000（1）：75-80.

[52] 卿家康，目录学的时代性与当代中国目录学的特征［J］．图书情报知识，1995（2）：2-6.

[53] 秦明、吴家玲．论当代目录学的失衡［J］．图书情报工作，2003（7）：121-123，126.

[54] 司莉、彭斐章、贺剑峰．网络信息资源组织与目录学的创新和发展［J］．图书情报工作，2001（9）：21-24.

[55] 孙凤玲．从目录学角度探究中国图书馆学思想的发展历程［J］．四川图书馆学报，2006（5）：6-8.

[56] 吴万晔，网络化数字化环境下目录学的演进 [J]. 图书馆学研究，2006 (1) 17-19.

[57] 王京山. 中国当代目录学的回顾与前瞻 [J]. 图书馆学研究，2003 (12)：6-11.

[58] 王友富，80 年代以来我国书目情报理论研究之进展 [J]. 图书情报工作，2000 (12)：16-22.

[59] 王波、谢秋菊. 1996 年以来的目录学研究 [J]. 图书馆，2000 (4)：33-36.

[60] 王波. 1990 年以来的目录学研究：从"书目情报"谈起 [J]. 图书馆理论与实践，1998 (1)：30-34.

[61] 王波. 目录学. 中国图书馆年鉴 [M]. 北京：北京图书馆出版社，1999：289.

[62] 王燕. 基于内容分析的网络信息计量 [J]. 四川图书馆学报，2006 (2)：20-22.

[63] 王重民. 中国目录学论丛 [M]. 北京：中华书局. 1984：1.

[64] 王桂兰、沈弘、李远景. 论 20 世纪中国目录学的公共应用性特征 [J]. 高校图书馆工作，2005 (3)：18-22.

[65] 王心裁. 试论中国目录学传统 [J]. 大学图书馆学报，2000 (3)：69-73，68.

[66] 王新才、甘玲. 从书目的目的、方法看今后的目录学研究 [J]. 图书情报知识，2005 (3)：14-17.

[67] 王国强. 20 世纪 30 年代中国目录学的历史地位 [J]. 图书与情报，2000 (1)：2-11.

[68] 王锦贵. 对当代目录学客观定位的思考 [J]. 图书情报知识，2005 (3)：5-8.

[69] 王子舟. 时代需求与目录学的发展 [J]. 图书情报知识，1998 (1)：7-10.

[70] 王玲芬、夏春. 网络信息环境下目录学的研究与应用 [J]. 鸡西大学学报，2004 (6)：96.

[71] 肖希明. 论目录学理论体系 [J]. 中国图书馆学报 (双月刊)，1994 (3)：18-23.

[72] 肖红．近十年我国目录学基础理论研究概略［J］．西南师范大学学报（哲学社会科学版），1995（2）：114-117.

[73] 徐建华．目录学的学科定位、研究者心态及其他［J］．图书情报知识，2005（3）：9-11.

[74] 徐强平．我国目录学基础理论研究目前存在的问题及相应对策［J］．重庆图情研究，2005（2）：16-20.

[75] 徐跃权．中国目录学复兴论纲［J］．图书馆学研究，2005（11）：2-5.

[76] 徐美莲．近 10 年来我国目录学基础理论研究进展［J］．晋图学刊，1994（3）：55-57，46.

[77] 薛旻，王娟．1998 年以来目录学史研究综述［J］．图书馆，2004（3）：26-29.

[78] 夏南强，张炯．当代社会需要的目录学［J］．大学图书馆学报，2003（5）：66-68.

[79] 杨河源．目录学：困局与希望［J］．图书情报知识，2005（3）：12-13，17.

[80] 杨光．网络环境下的书目控制［J］．图书馆，2002（5）：28-30.

[81] 余训培．中国目录学传统之目录学与文献整理二位一体［J］．图书馆理论与实践，2006（1）：115-117.

[82] 朱天俊．目录学研究中若干问题的思考［J］．中国图书馆学报，1992（4）.

[83] 曾令霞．关于目录学科建设若干问题的思考［J］．图书情报知识，1991（3）2-6.

[84] 张红岩．我国目录学发展趋势和研究方向探讨［J］．青海民族学院学报（社会科学版），2006（2）：152-153.

[85] 张洪元．关于目录学研究的一点想法［J］．图书馆，1999（1）：9-12，25.

[86] 张洪元．论目录学理论与实践的契合［J］．图书馆，1998（2）：10-12.

[87] 张洪元．知识组织智能化与目录学在当代的发展［J］．大学

图书情报学刊，2001（2）：3-4，7.

[88] 张燕萍．论信息组织方式的发展趋势——英美目录学发展的启示［J］．现代情报，2002（11）：21-22，25.

[89] 张静．论因特网信息资源的书目控制［J］．情报杂志，2003（1）：69-71.

[90] 张云瑾．试论我国学科信息门户建设存在的问题和对策［J］．科技情报开发与经济，2007（13）：144-146.

[91] 张晓雁．网络计量学初探［J］．情报杂志，2003（3）：12-13.

[92] 郑文晖．文献计量法与内容分析法的比较研究［J］．情报杂志，2006（5）：31-33.

[93] 周春来．从目录学研究对象的变化看其研究重心的转移［J］．辽宁教育学院学报，1996（1）：100-101.

[94] 邹菲．试论网络信息计量学在数字图书馆中的应用［J］．图书情报知识，2001（1）：16-17，20.

[95] 赵宣．中国当代目录学研究评议［J］．图书馆理论与实践，2006（2）：68-71.

第八章　目录学理论实用化路径

第一节　文献选择

一、文献选择的目的

文献选择即是在大量文献中选出较高质量的文献，是一个不断提炼和发现的过程，也是文献揭示的基础。在图书馆采访中，文献选择是指根据图书馆的性质、任务、特点、读者需求、图书价值等选择某些文献入藏的一个不断循环的过程。文献选择首先是从社会上产生的大量文献中选择适合特定范围（要求）的文献。其次，也是对文献内容即知识的选择，是一种智力劳动，现代文献数量庞大、学科内容集中且分散、老化加速等特点，使得文献选择的难度不断加大，选择质量的高低更主要地取决于文献选择人员的素质。文献选择的主要目的有：

（一）科研选择

科研选择指以研究为目的在研究过程中选择文献。文献选择贯穿科研的整个过程之中。科研选题要以普查与选择大量文献为基础，科研过程中也要以文献选择作保障，从而跟踪学术前沿。在科研成果的鉴定与论证时，也要对同类研究的成果进行比较。所以，文献选择是科研必备的基础条件。《图书馆学研究方法》一书中指出阅读文献的其他好处在于：有助于更集中并且更明晰地勾勒出研究问题的轮廓；在研究方案实际进行之前指出本应纳入考虑范围之内而被忽略了的结论和事项；对研究计划提出新的途径；揭示其他研究工作者曾经使用过的方法；有助于对已经研究过的专门问题所达到的程度作出判断；协助研究人员对研究在理论上的应用有更扎实的理解。阅读文献必须首先选择文献，不要遗漏与科研选题相关的重点与关键文献。

（二）阅读选择

阅读选择指以阅读为目的选择文献。如推荐书目的编制就是阅读选择的典型例子，推荐书目是为特定的目的和特定的读者，围绕某一范围或某一专门问题对文献进行选择性推荐而编制的书目。《中国大百科全书》将推荐书目定义为：为指导读书治学或普及文化知识，选择适合特定读者群需要的文献而编成的目录。它又称选读书目、导读书目。常见的形式有重要著作选目、读书计划、专业阅读书目。其有三个鲜明的特征：编制目的的指导性、收录文献的选择性与揭示文献上的评价性。以中国古籍推荐书目《书目答问》为例，该书是张之洞在同治十三年（1874）任四川学政时，为指引学生读书门径而编撰的。全书共5卷，收书2 200余种。所收图书都经过精心选择，比较注重收录清后期的学术著作和科技图书。按经、史、子、集、丛书5部分类编排，大类之下再设小类，同类书按时代先后排列。近现代诸多学者，均直接间接地受到该书的影响。如史学家陈垣13岁始以《书目答问》为“读书门径”，顾颉刚将《书目答问》“翻得熟极了”。

（三）书目情报服务选择

书目情报服务选择指以开展书目情报服务为目的选择文献，包括为编制二次文献（文献揭示、书目提要、索引及书评的编制）、三次文献（包括综述等）等都必须进行文献选择。如编制综述类的三次文献，要求对选题的有关原始文献进行高度综合（归纳、浓缩、概括），这是综述的本质特征。它是作者在广泛与深入研读有关选题的大量文献资料后，对其分析与整理，概括出选题的研究进展，在确定综述写作题目与主题后，围绕题目检索与选题有关的文献。检索与选择原始文献是综述撰写的关键步骤之一，首先要确定文献源，其次要综合利用各种检索工具（包括传统的书目、文摘、索引以及期刊论文全文数据库和搜索引擎等工具）查找与选题有关的各类文献，还要对检索到文献进行鉴别，注意从文献的可靠性、权威性、先进性与适用性等方面进行筛选。

二、文献选择的途径

文献选择的目的决定文献选择的途径，一般来讲，作为科学研究目的来选择文献，主要有以下途径：

（一）从书目数据库中选择文献

书目数据库是存储有关主题领域各类文献资料的书目信息，以二次文献的形式报道文献的数据库，包括题录数据库，文摘数据库、引文数据库、期刊目次数据库以及图书馆馆藏目录数据库等类型。以简略的形式向用户报道文献的信息，提供查找、获取文献的线索，其数据库信息量大、信息密度高、文献范围广、数据的连续性、累积性强，是用户快速查找文献的有效工具。联合联机编目是当前文献编目的发展趋势，以 CALIS 联合目录数据库为例，该数据库始建于 1997 年，到 2004 年 10 月为止，联合目录数据库已经积累了 160 余万条书目记录，馆藏信息达 600 余万条，涵盖印刷型图书和连续出版物、电子期刊和古籍等多种文献类型；覆盖中文、西文和日文等语种；书目内容囊括了教育部颁发的关于高校学科建设的全部 71 个二级学科，226 个三级学科（占全部 249 个三级学科的 90.8%）。在“十五”期间的目标是将联合目录数据库从以图书和期刊为主的联合目录数据库建设成为以印刷型书刊书目记录为主流产品，还包括电子资源、古籍善本、非书资料、地图等书目记录，能连接图片、影像、全文数据库的多媒体联合数据库。通过检索其数据库，可在 500 多家成员馆的馆藏文献中选择所需的文献。

（二）从全文数据库选择文献

十多年来我国全文数据库建设成就斐然，以《中国期刊网》、《重庆维普中文科技期刊全文数据库》、《中国学位论文全文数据库》、《中国年鉴全文数据库》、《超星中文电子图书》、《书生之家数字图书馆》、《Apabi 电子教学参考书》等为主要代表各种类型全文数据库建设取得长足进展。这些数据库以众多的检索途径为用户选择文献提供了即检即得的便利条件，有的数据库还实现了跨库检索，如中国期刊网，用户可围绕选题跨库检索《中国期刊全文数据库》、《中国优秀博硕士学位论文全文数据库》、《中国重要报纸全文数据库》3 种数据库中的相关文献。

（三）从引文与参考文献中选择文献

这是一种以书刊中所附的参考文献或注释引文等为查找依据选择文献的方法，引文与参考文献本身是经过作者挑选的有价值的文献，以这些文献为线索，利用检索工具，获取其原始文献，从中选择所需的文献。需要注意的是，这种选择方法由于受所提供线索的限制，容易产生误检与漏检。

（四）从网上书店选择文献

1995 年 7 月亚马逊网上书店正式开张，其产生与发展对网上书店产生了巨大影响。网上书店的出现改变了图书零售领域的格局，当今，网上书店已跻身图书销售主渠道。其品种、价格以及优质高效的服务是网上书店得以生存发展与吸引顾客的重要因素，越来越多的读者选择网上购书，如选择当当网购书。

（五）利用搜索引擎选择文献

搜索引擎组织网络信息主要采用主题树和数据库两种方式，也有称使用语词组织知识和使用分类法组织知识。用户通过主题树浏览和关键词及其组配查询，就可找到所需要的信息线索（即相关

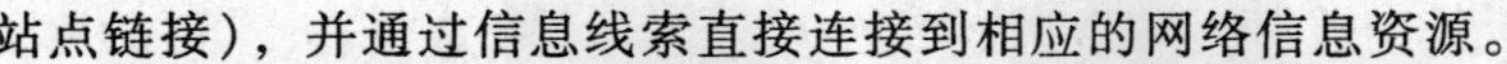

站点链接），并通过信息线索直接连接到相应的网络信息资源。

美国著名媒体 Newsbytes 媒体报道：报道因特网首次替代图书馆成为美国学校各层次人士在项目研究中最先寻求帮助的地方。搜索引擎借助其雄厚的资金优势与商业运作模式，不断推出一些新的服务形式与内容。如 Google Scholar（Google 学术搜索），其每一个搜索结果都代表一组学术研究成果，其中可能包含一篇或多篇相关文章甚至是同一篇文章的多个版本，将这些文章组合在一起，可以更为准确地衡量研究工作的影响力，并且更好地展现某一领域内的研究成果。

另外，还可以从出版发行目录、书评类报刊中选择文献。

三、文献选择的依据

进行文献选择时，应该以文献自身的价值（又称绝对价值）及读者需求（又称使用价值）为标准。图书馆文献采访时，文献选择的标准是根据本馆的性质、任务、读者对象，并考虑文献的主题内容、责任者、出版者、文献的价格及文种、装帧、出版时间与地域等因素制订的。一般用户对文献进行选择时，要涉及学科或主题范围、水平层次、读者对象、文献类型、出版（制作）时间和版次、出版（制作）地点和国家、制作方式、文种、价格等因素，它们构成了文献选择的依据，需要对其综合平衡后再决定取舍。该书从文献内容的主题与学科归属、读者对象及潜在的利用率、著作者及学术价值、出版机构和文献特征情况、特色与协调、文献所使用的语言和译本来源、文献内容的形式和地理时代特征、文献的装订形式与载体形态等 8 个方面详细介绍了文献的选择依据①，为我们选择文献提供了借鉴。

① 黄宗忠．文献采访学［M］．北京：北京图书馆出版社，2001：198-201.

第二节　文献导航

一、文献导航的目录学价值

目录是著录一批相关文献，按照一定次序编排组织而成的一种揭示与报道文献信息的工具。刘向、刘歆采用“广罗异本，相互校补”、“条别篇章，确定书名与篇名卷数或篇数”、“校勘脱文脱简，写成定本”、“提要钩玄，撰写叙录”四个步骤校书撰写叙录，汇编各书的叙录成为《别录》，产生了我国第一部综合性提要目录，书目是文献导航最原始的工具。

自《别录》产生以来，2000 多年过去了，目录的名称几经变换，类型不断丰富，其本质特征在于为读者揭示和报道关于文献的信息。目录学在产生之日起就起到了文献导航的作用，通过选择、整理、加工、揭示与报道文献，在文献与读者之间起到了中介与桥梁作用。

数字时代目录的作用非但不能削弱还应当加强。书目情报在网络信息资源导航中具有增强知识性、协助构建逻辑有序的信息空间、增强系统指导学习功能和促进知识共享等作用。“书目情报的知识性决定了它在信息导航中的主导地位，它的工作应该向网络信息资源的深度挖掘、向目前技术达不到的领域（比如向用户提供对看不见的网站的知识描述）、针对用户偏好提供多样化个性化的知识集成服务、对不断更新的信息资源进行知识揭示与存储等方向发展。”①

当前图书馆界高度重视的网络信息学科导航就是目录学的范畴，网上学科导航的首要内容应该是对于本学科数字资源的综合评

---

① 李敏．书目情报在网络信息导航中的智能性应用研究［J］．图书馆论坛，2005（3）：31-33，73.

价与介绍，相当于一个开篇“叙录”①，介绍的主要内容应该是本学科资源概述，包括本学科最核心的学科研究资源、本学科核心研究、主要国际会议，等等。以武汉大学图书馆国际法学科导航为例，其内容涉及组织机构（国际法庭与法院、国际组织、国内外研究机构、出版社、国内外法学院）、专家学者（国际知名法学教授简介）、法律法规、电子资源（电子期刊、馆藏文献）、招生信息（国内国际法专业有博硕士学位授予权的学校）、综合站点、新闻邮件组等，是对于国际法学相关资源的综合评价与介绍、揭示与报道，是学科的概述，也是通往研究国际法学的入门捷径。

二、文献导航的主要技术

信息导航通过客观、有序地揭示与报道信息资源的内容与结构，引导用户准确、迅速地定位目标信息，检索所需要的资源。信息导航方式主要有：利用门户网站分类目录的导航（浏览式导航）；利用网络搜索引擎的导航（基于查询的）；基于图示的导航（如应用菜单、标签、可视化等技术的导航）以及超链式导航（利用节点和节点之间的关系的导航）等。采用的技术主要有：

（一）分类浏览树

即可按树形结构方便快捷地展开类目的等级层次结构，便于在浏览中选择类目，利用导航缩小检索范围，进而提高查准率和查询速度。以文献分类法为例，其类目体系体现了每一门学科的系统性，在一定程度上揭示了各门学科之间的相互联系与交叉关系，便于人们从学科知识系统，按类检索、查找文献，达到鸟瞰全貌、触类旁通的效果。目前国内的期刊论文全文数据库《中文科技期刊数据库》、《中国期刊全文数据库》等，以及一些电子图书《超星中文电子图书》、《书生之家》等大多提供了分类树浏览方式。一

① 韩松涛．网上学科导航的目录学特性初探［J］．大学图书馆学报，2006（4）：76-80，104．

般是点击一级分类即进入二级分类，依次类推。以超星中文电子图书的分类浏览树为例，图 8-1 中的左栏为分类浏览树，依次点击艺术、雕塑，最右栏显示的点出浏览树中“雕塑”类目后的命中结果：

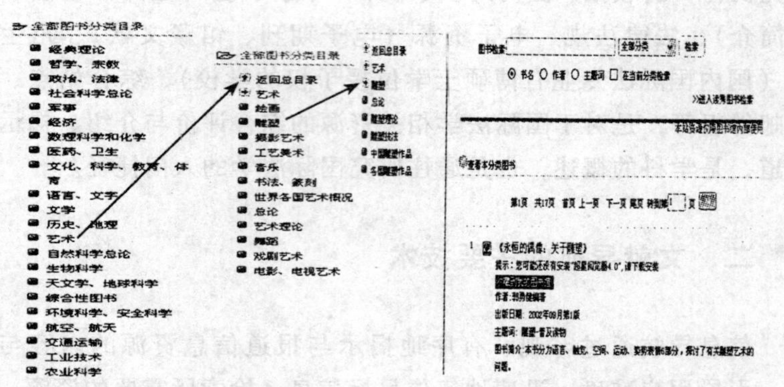

图 8-1　超星中文电子图书分类浏览树

（二）主题词表导航

用户选用检索词汇面临的主要问题是：如何选择入口词构筑提问式，以及这些词汇如何与检索系统本身相匹配。网络主题词表界面提供的浏览导航可为用户提供选择词汇的帮助。

我们曾对网络叙词表进行了调查与分析，在调查的叙词表中绝大多数的叙词表检索界面上显示了词间关系，用户使用检索入口词，可查询叙词表中的上、下位词及相关词和用代关系，通过不断修正检索提问提高检索效率，也可直接按字母顺序浏览主题词表，从中选择主题词，作为搜索引擎的检索入口词。用户可以在检索界面中修改检索提问，也可返回到主题词表界面重新选择主题词。有些叙词表提供可选叙词，作为检索词直接链接相关网络。其共同的特征是：词表内超文本导航。

以 National Agriculture Library Agricultural Thesaurus 叙词表为例，通过浏览其主题类别（Browse by subject category），浏览其

"Economics, Business & Industry" 类别，点击其 "Food Science"，则显示有关食品科学的词汇的等级与相关关系，点击选中词汇，则可在直接查寻有关数据库，检索美国国家医学图书馆的图书、期刊以及在 "Google Scholar" 中检索所需的资料，如图 8-2。

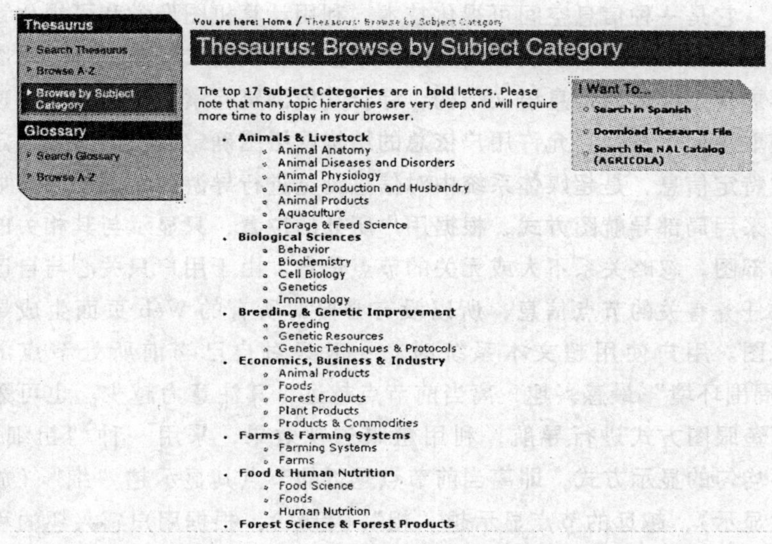

图 8-2 美国农业图书馆农业叙词表浏览界面

（三）节点和节点之间关系的超链式导航

超文本技术为表达知识之间联系提供了支持，通过概念相关、事实相关等方法揭示知识之间的关联关系。以 CNKI 的知网节与知识网络系统为例，在检索结果页面上点击每一文献题名，即进入知网节，可获得文献的详细内容和相关文献信息链接。它不仅包含了单篇文献的详细信息如题名、作者、机构、来源、时间、摘要等，还是各种扩展信息的入口汇集点。通过文献之间、知识元之间、分类导航之间的交叉链接，构建起节点丰富、交织纵横的知识网络系统。文献之间的链接包括引证文献、参考文献、同类文献等，知识元链接包括作者、机构、刊名、关键词、相关作者群、相关研究机构、相关关键词等，同时，还可方便查看其他相关类别下的文献。知识网络系统强调库间关联，从而实现知识扩展的目的，有助于新知识的学习和发现，帮助实现知识获取与知识发现。

（四）导航图

它是一种信息空间可视化技术，利用计算机图形学和可视化计算技术在不同结构层次和角度上以形象、直观的二维或三维空间图形展现超媒体的信息语义结构，综合其他浏览检索辅助机制，快速获取主题信息。它允许用户依总的结构网络图确定自己的位置、定位特定信息，是超媒体系统中对信息浏览进行导游的主要手段。如可采用局部导航图方式，根据用户所处的位置，只显示与其相关的局部图，忽略关系不大或无关的节点信息。由于用户只关心与自己的任务有关的节点信息，所以没有必要对所有的 Web 页面生成导航图。用户使用超文本系统时，一般只对自己当前所处节点的“周围环境”最感兴趣，离当前节点越远，其注意力越少。也可采用鱼眼图方式进行导航，利用鱼眼透视效果，采用一种“粗细”不均匀的显示方式，即离当前节点越近的节点其显示越“细”（放大显示），越远的节点显示越“粗”（粗略）。根据用户感兴趣的程度，动态反映用户所关心的信息内容（焦点），详细地显示当前位置附近的情况，粗略地显示远离当前位置的情况。

（五）设立主节点、路标与导游线路

超文本系统中的不同信息节点可以形成线形或层次结构。我们可以将线形结构中的头节点、层次结构中的祖先节点定义为一个浏览序列中的主节点或初始节点，如将一个超文本文档的目录作为主节点，当用户浏览信息遇到迷路问题时，可选择相应的命令按钮直接返回到主节点。

路标是根据用户的熟悉程度、可记忆性或重要性确定的节点。导游路线又叫导游方法或路径机制，即预先设置一个能贯穿整个信息网络的主航线。路径是按信息内在逻辑关系预先定义的、对若干链的有序游历，对系统中的各个节点按照它们的内容由浅入深地安

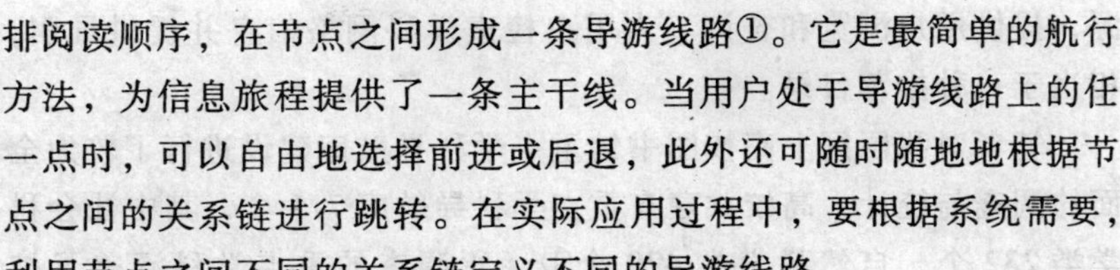

排阅读顺序，在节点之间形成一条导游线路①。它是最简单的航行方法，为信息旅程提供了一条主干线。当用户处于导游线路上的任一点时，可以自由地选择前进或后退，此外还可随时随地地根据节点之间的关系链进行跳转。在实际应用过程中，要根据系统需要，利用节点之间不同的关系链定义不同的导游线路。

（六）级联菜单形式

对下位类的显示可采用级联菜单形式，即单击或鼠标移动到选定的类目即在其右端出现全部下位类的类名，双击所选定的类目，就可进入该类目的查询界面。

另外，有学者还介绍了一种智能导航系统②。在 Web 中根据上下文动态的创建链，通过使用智能代理和动态链库，以便让被浏览者快速地判断出浏览者所需的信息，并将所需的信息显示出来。这种导航系统是针对具有相同兴趣的特定用户的，通过开放式链服务，动态的产生链，并把这些动态的链应用于文本的内容之中，达到帮助用户信息搜索和导航的目的。

三、文献导航的实践进展

（一）重点学科导航库与信息门户建设

创建重点学科导航库的目的在于通过搜集 Internet 网上的信息资源，为用户提供快捷方便的网络学术资源查询服务。高校图书馆重点学科导航库是根据学校重点学科建设的需要，对网上电子资源（如研究进展报告、电子期刊论文、研究机构、专家学者等）按图书馆学的原理和方法进行收集、加工和整序，形成虚拟图书馆资

① 黄波，何志均．增强超媒体系统的导游功能［J］．软件学报，1998（12）：899-903．

② 毕强，刘甲学．QUIC——一个智能超文本导航系统［J］．情报科学，2002（12）：1277-1281．

源，提供用户浏览和查询。为用户检索学科网络信息并提供导引，相当于一种推荐目录。

笔者对我国网上高校图书馆重点学科导航库建设进行了较为全面的调查与统计，高校共建有重点学科导航库 711 个，其中社会科学类 232 个，自然科学类 479 个①（所调查的重点学科涵盖了校级、省级以及国家重点学科等，调查日期为 2006 年 7 月至 2006 年 10 月）。高校学科导航库的建设和理论研究已经成为图书馆学情报学领域的重点和热点问题，它也是高校图书馆为用户提供便捷的网络信息服务的主要方式之一。

另外，中国科学院国家科学图书馆创建了由图书馆员和学科专家搜集和整理因特网上与学科和科技热点问题有关的网站资料，包括最新咨询、电子期刊、数据库、试验室等，其主要学科信息门户包括物理数学学科信息门户、化学学科信息门户、生命科学学科信息门户、资源环境学科信息门户、图书情报学科信息门户、食品安全信息门户、微生物特色学科信息门户、青藏高原研究专题信息门户、长江流域资源生态环境信息门户、天然药物信息门户网站、科技政策、中国高等植物信息门户网站、新生传染性疾病信息门户、专利信息门户网站等。国家科技图书文献中心组织建设了网络信息资源门户类服务栏目，其目标是针对当前国内外普遍关注的科技热点问题，搜集、选择、整理、描述和揭示互联网上与之相关的文献资源、机构信息、动态与新闻，以及专业搜索引擎等，面向广大用户提供国内外主要科技信息机构的网站介绍与导航服务，帮助用户从总体上把握各科技热点领域的发展现状、资源特色与信息获取途径。目前提供服务的热点门户包括以下几个领域：纳米科技、食物与营养、认知科学、艾滋病预防与控制、汽车科技、汽车电子、物流、塑料、环保科技、海洋生物技术、可再生能源、水资源可持续利用、节水农业、农业立体污染防治、工业控制与自动化、机床、低压电气等。

---

① 司莉．KOS 在网络信息组织中的应用与发展［M］．武汉：武汉大学出版社，2007：61.

（二）特色库建设

特色数据库是指依托馆藏信息资源，针对用户的信息需求，对某一学科或某一专题有利用价值的信息进行收集、分析、评价、处理、存储，并按照一定标准和规范将其数字化，以满足用户个性化需求的信息资源库，具备目录导航的性质与特点。

目前我国高校图书馆、公共图书馆和科学院图书馆都十分重视创建特色数据库。高校系统以高等学校文献保障系统（CALIS）特色专题数据库为例，作为 CALIS“十五”建设的子项目之一，由 CALIS 华中地区中心武汉大学图书馆牵头组织实施。特色数据库子项目遵循“分散建设、统一检索、资源共享”的原则，采取重点支持和择优奖励相结合的资助方式，鼓励具有学科优势和文献资源特色的学校积极参加专题特色数据库的建设，建成一批具有中国特色、地方特色、高等教育特色和资源特色、服务于高校教学科研和国民经济建设、方便实用、技术先进的专题文献数据库。

特色数据库可以划分为以下类型：

（1）根据本校专业重点和馆藏特色建立的数据库，全面搜集各种类型、载体的信息资源，进行整理、加工而成，如“华侨华人文献信息专题数据库”等。

（2）为本地区经济、文化建设服务而建立的数据库，搜集全国各类资料。如“长江三峡资料数据库”、“珠江三角洲研究文献数据库”等。

（3）为抢救濒临湮灭的珍贵史料而建设的数据库，如“古文献资料库”等。

项目采用集中组织管理、建库标准相对统一、参建学校分散建库、专家监督指导的建设方式，整个项目建设流程由公布建设内容和要求、项目申报、评审立项、项目实施、中期检查、试运行检查、成果验收七大环节组成。从 2003 年初启动以来，已完成项目启动、项目申报、立项评审等工作，进入实施执行阶段。全国共有多个项目获立项，已建成由 CALIS 项目资助的特色数据库共53 个。

（三）数字资源整合

数字资源整合是数字资源优化组合的一种存在状态，是依据一定的需要，对各个相对独立的数字资源系统中的数据对象、功能结构及其互动关系进行融合、类聚和重组，重新结合为一个新的有机整体，形成一个效能更好、效率更高的新的数字资源体系①。综合运用各种技术、方法和手段对图书馆所拥有的众多数字资源进行系统化和优化，目的是将所有的数字资源透明地、无缝地集成在一起，用户在统一的检索界面中检索、浏览和使用所有数字化资源。资源整合实现了不同文献资源之间的沟通，保持了知识体系的完整性，数字资源的整合程度直接关系到它能否被高效吸收与利用，资源整合是文献导航的发展方向。

现阶段数字资源整合的方法主要有基于 OPAC 的数字资源的整合、基于数字资源导航的整合、基于数字图书馆应用系统的整合、基于链接系统的数字资源整合方式、基于跨库检索系统的数字资源整合等方式。这些整合方式并不是截然分开，有时会根据需要综合使用。

1. 基于 OPAC 的数字资源的整合

OPAC 是图书馆重要的馆藏数字源系统，是目前读者获取数字馆藏资源的直接入口。对 OPAC 资源系统的整合是图书馆数字资源最基本的整合方式，目前主要有两种方法：一是通过执行 Z39.50 协议，聚合不同平台上的异构 OPAC 数据库，建立书目整合检索系统，而不需要在各分馆的 OPAC 界面间来回切换。二是利用数据商提供的 MARC 数据，将数字资源导入 OPAC，形成实体和虚拟馆藏的书目整合检索系统。如使用 856 字段电子资源定位字段，用来揭示印刷型期刊的网络版 URL 地址，在印刷型期刊 MARC 中 856 字段定位电子资源，实现两种版本的链接，通过本馆 OPAC 检索出印刷型期刊目录，点击该字段就可以进入其电子版界面。

---

① 马文峰，杜小勇. 数字资源整合方式研究［J］. 图书情报工作，2005（5）：67-71.

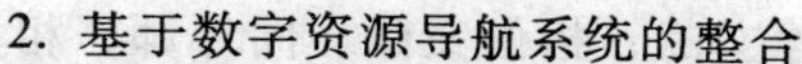

2. 基于数字资源导航系统的整合

即通过数字资源的 URL 建立数字资源的导航系统，将数字资源的检索入口整合在一起，建立数字资源导航库，提供按资源的名称、关键词、资源标识等获取数字资源的途径。其功能主要是供用户浏览与检索，并提供检索入口。

当前图书馆的导航系统大体包括网上资源导航、馆藏资源导航、数据库导航、网站导航、电子文献导航、出版信息导航、学科导航等。采用先进的整合工具和技术手段，实现跨平台、跨数据库的信息检索，构成更高效的检索平台，将这些导航系统按照字母排序和主题分类等形式重新组成导航资源的整合，实现检索和服务的简单化、一站化。

3. 基于数字图书馆应用系统的整合

在系统设计时，数字图书馆系统采用跨库技术建立资源整合的基础平台，希望从内容到结构重组数字资源，为用户提供对本地资源、网络资源及多个分布式、超大规模、具有互操作性的异构数据库群从而进行无缝链接的跨库检索服务，这是数字图书馆建设的主要目标之一。① 通过支持分布的数字信息系统间的互操作、无缝交换和共享信息资源与服务，构建一个逻辑的集成信息服务机制，并按数字资源的逻辑关系组织成立体网状、相互联系的知识资源系统。

4. 基于链接系统的数字资源整合方式

也可称为链接整合方式，利用网络超文本链接特性，将文献的有关知识点链接起来，把有关的数字资源链接成一个具有内在联系的有机整体，以便用户更方便地利用数字资源。要注意合理设置链接点，建立合理的数字资源的分类体系，重视并加强引文链接。以国家知识基础设施（National Knowledge Infrastructure，CNKI）的“知网节”为例，“知网节”是一篇文献与其相关文献的链接点，将文献按内容相关性链接成知识网络型数据库。链接的相关文献包

---

① 张岌秋．数字资源整合及检索初探［J］．情报理论与实践，2005（6）：588-590.

括共引、被引文献、读者推荐文献、相似文献、同导师、相关作者、相关机构文献等。"知网节"含有节点文献的题录摘要，形成知识网络型数据库，可集中显示文献的研究背景与继承发展的关系。

5. 基于跨库检索系统的数字资源整合

即建立异构数据库的统一检索平台，在同一个检索平台上，实现多数据库同时检索，将极大地方便用户。对异构数据库进行资源整合与统一检索，将会大大提高用户对信息资源的获取效率。如对检索界面进行整合，在统一的用户查询界面与信息反馈的形式下，共享多个网络资源的索引技术与检索技术，建立一个代理检索界面来接受用户的检索查询请求，并把这些查询请求转换成相应数字资源的检索方法与查询语言，将各个资源系统返回的检索结果进行排序和整合，这样会极大节省用户的时间，提高检索效率。

对用户而言，这些异构数据库是透明的，用户所看到的只是一个简单明了的界面，不需要知道各数据库不同的检索方法，避免了需要逐个登录数据库、输入检索条件的麻烦，使用方便、快捷，使用户觉得就像在使用一个数据库一样。

第三节　信息公共获取

信息资源公共获取（public access to information），是指信息资源能够便捷地、免费地或通过合理的付费方式被一般公众无障碍地获取。具体地讲，是指公众通过免费或者认证，以及合理付费的方式，依法获取政府信息、企业信息、消费者信息、图书馆档案馆等公共信息机构的信息以及法律规定应予公开的信息①。目前，信息资源的公共获取已经受到越来越多国家的重视，美国及欧盟在这方面已积累了许多经验。信息资源的公共获取在保障公民的知情权、

① 陈传夫，姚维保．我国信息资源公共获取的差距、障碍与政府策略建议［J］．图书馆论坛，2004（6）：54-57.

建设和谐社会及推动经济健康发展方面发挥极为重要的作用。

信息资源公共获取能力是我国信息资源公共获取的障碍之一。目录学本是致用之学，具有鲜明的时代特征，已逐步发展成为关于公共获取的一门学科，帮助公众获取、选择、整合信息资源，从而体现目录学“致用”之学的本质，具体体现在以下几个方面：

一、政府信息指引服务

（一）政府信息指引服务的含义

所谓政府信息，是指行政机关在履行职责过程中制作或者获取的，以一定形式记录、保存的信息。随着电子政务的普及，政务信息化、网络化程度的不断提高，越来越多的政府信息以数字化形式产生、储存，并通过政府内部网和互联网传播与利用，具有数量大、储存分散、查寻难等特点。只有通过有效地整理、组织使之有序化，才能实现方便大众使用的目的。目录学在政府信息的管理与利用中起到描述、分类、检索与定位的作用。

政府信息指引服务（Government Information Locator Service, GILS）是由美国联邦政府应用元数据的理念设计的一种支持公众搜寻、获取和使用政府公开信息资源的分布式信息资源及利用体系。从信息组织的角度看，GILS 体系是一组分布式信息资源目录的集合，其基本构建要素是描述具体资源的元数据，即 GILS 定位记录（Locator Record）。它是一组相关数据元素的集合，目前 GILS 核心栏目共有 28 个，按描述对象可分为资源的拥有者及创建者、资源的内容、资源的表示方式与管理信息等 4 种类型，用来描述信息资源的内容、位置、服务方式、存取方法等①。GILS 经过 30 多年的发展，已成为美国政府信息资源的描述标准。目前，美国联邦政府的各个部级机构以及美国大多数州级政府，如佛罗里达、纽

① 曹树金，司徒俊峰，马利霞．论政府信息资源的元数据标准［J］．情报学报，2004（6）：715-722.

约、加利福尼亚、华盛顿等地开始建立或已经建立了 GILS，并在加拿大、日本、俄罗斯、澳大利亚等国得到广泛应用。我们可运用目录学中关于知识的整理与序化，以及信息分析等知识，对政府信息进行有效的知识组织与挖掘，为公众获取政府信息提供帮助。

（二）政府信息指引服务在我国的发展

近年来政府信息公开已在我国引起重视，《中华人民共和国政府信息公开条例》于 2008 年 5 月 1 日起施行。该条例的第十九条规定："行政机关应当编制、公布政府信息公开指南和政府信息公开目录，并及时更新。政府信息公开指南，应当包括政府信息的分类、编排体系、获取方式，政府信息公开工作机构的名称、办公地址、办公时间、联系电话、传真号码、电子邮箱等内容，政府信息公开目录，应当包括政府信息的索引、名称、内容概述、生成日期等内容。"政府信息公开指南主要是为公民、法人和其他组织如何获取政府信息提供指引，主要包括两方面的内容：其一，与获取政府信息有关的常识性内容，包括政府信息的分类、编排体系、获取方式。其二，与政府信息公开机构有关的内容。而政府信息公开目录是公民、法人和其他组织检索、查找有关政府信息的工具，其主要内容应当包括索引、信息名称、信息内容概述、生成日期等，分门别类，便于查找。

GILS 的主要成功之处在于为政府信息的交换、共享与检索提供了基础，统一了信息的分类描述方式，实现了跨平台的数据的交换和共享等。帮助公众最大限度地跨越政府机关多层障碍，搜寻、判断、获取符合要求的政府信息，提高检索政府信息的查准率和查全率。我们可以借鉴美国 GILS，规划我国的 CGILS（中国政府信息指引服务），创建政府信息的核心元数据与分类体系，从而编制信息政府信息公开指南和政府信息公开目录，为公民获取政府信息提供目录指引服务。

为落实中办发［2002］17 号和中办发［2004］34 号文件精神，推进政务信息资源目录体系与交换体系建设，受国家标准化管理委员会和国务院信息化工作办公室委托，由国家电子政务标准化总体组组织编写了《政务信息资源目录体系 GB/T 21063》，该标准已由中国标准出版社 2007 年出版。《政务信息资源目录体系》系列标准中的第 3 部分为核心元数据，第 4 部分为政务信息资源分类，这些标准特别是核心元数据标准都是在借鉴 GILS 核心元数据集的基础上提出的。

二、政府信息资源的分类组织

对政府信息资源进行分类的目的在于，提供按分类途径检索政府出版物文献，并对实体文献进行分类排架。划分政府信息资源主要采取两个分类标准：第一，根据信息来源机构；第二，依据文献类型。拟创建的《中国政府信息分类法》可采用美国政府出版物分类体系（Superintendent of Documents Classification System，Sudocs）模式，以信息来源（机构）为主要标准，其他标准如文献类型作为辅助标准进行编制。采用 Sudocs 的原因主要有：

(1) 实现与国际接轨。美国的政府出版物分类体系采用“机构+类型”的分类标准，该体系已使用历史长达 100 余年，广泛应用于联邦寄存图书馆和国家档案馆的馆藏政府文献管理之中。借鉴 Sudocs 方式构建的中国政府信息分类体系，可实现与国际接轨。

(2) 有利于政府对信息的监管。分类体系主要根据责任政府机构为出版物分配类号，整套体系建立在当前政府机构的组织状况的基础之上，随着政府机构设置的发展而扩展。以部门作为分类的主要标准有利于政府监督各部门信息的发布情况。

(3) 便于工作人员对信息的管理。归类时，首先按照机构划分，再按照类型划分，便于对文献的分类标引与实体文献的排架，符合工作人员的工作习惯。

(4) 方便用户按机构查找信息的需要。可实现以信息来源机构为单位集中相关信息，能够揭示与组织每个机构所发布的所有出版物，使得某个政府部门或机构的所有出版物能被集中组织在一起，可满足用户按机构进行检索的需要。

三、信息资源的开放存取

开放存取运动自产生以来，受到国际学术界、出版界、图书情报界的广泛关注，许多学术组织和机构以实际行动响应，并取得积极进展。目前普遍接受的定义是开放社会研究所（Open Society Institute，OSI）在匈牙利布达佩斯召集的开放存取国际研讨会上提出的。会议形成的《布达佩斯开放存取计划》（Budapest Open Access Initiative，BOAI）给出的定义是：开放存取（Open Access）是指通过公共网络免费获取所需要的文献，允许任何用户阅读、下载、复制、传播、打印、检索论文的全文，或者对论文全文进行链接、为论文建立索引、将论文作为素材编入软件。或者对论文进行任何其他出于合法目的的使用，不受经济、法律和技术方面的任何限制，除非网络本身造成数据获取的障碍。对复制和传播的唯一约束以及版权在此所起的唯一作用是，应该保证作者拥有保护其作品完整性的权利，并要求使用作者作品时以适当的方式表示致谢并注明引用出处①。

（一）开放存取资源的类型

国内外对于开放存取资源的类型的划分，目前尚无统一的标准，最有影响的是 BOAI 计划中提出的划分标准，BOAI 计划提出了两种实现开放存取的策略，一是建立“自行存档”（Self-Archiving），也有称“自归档”，二是创办“开放存取期刊”（Open Access Journals，OA）。自行存档是指作者将论文以“Eprint”电子文档形式存放在所属机构的数据仓储中，自行存档的数据仓储又可分为基于学科的开放存取仓储和基于机构的开放存取仓储。截至 2008 年 1 月 31 日，全世界已有4 423位个人和 395 个相关研究机构

① What does BOAI mean by “open access”？［EB/OL］.［2007-10-12］. http：//www. earlham. edu/～peters/fos/boaifaq. htm#openaccess.

签署了BOAI计划协议①，其中包括研究人员、大学、实验室、图书馆、基金会、期刊出版社、学术社团及同性质之相关计划等，签署的数量还在不断增加。

开放存取期刊（OA期刊）是指那些无需本人或其所属机构支付使用费用，允许读者进行阅读、下载、复制、分发、打印、检索或链接到全文的期刊②。机构知识库，又称机构OA仓储、机构典藏库、机构库等，是利用网络及相关技术，依附于特定机构而建立的数字化学术数据库，它收集、整理并长期保存该机构及其社区成员所产生的学术成果，并将这些资源进行规范、分类、标引后，按照开放标准与相应的互操作协议，允许机构及其社区内外的成员通过互联网来免费地获取使用③。学科知识库是以某一学科或多学科为主题来搜集整理数字化的学术成果，并提供这些数字资料在全球范围内开放共享。

（二）目录学在开放存取资源组织与检索中的应用

1. 开放存取期刊目录

DOAJ（Directory of Open Access Journals）是世界上最有影响的开放存取期刊综合节点，由瑞典Lund大学图书馆创建和维护的，截至2008年8月11日，已收录3 553种开放访问期刊，其中1 216种可以在该网站进行论文检索，可检索的论文已达196 579篇，涵盖农业与食品科学、艺术和建筑、生物和生命科学、商业与经济、化学、地球与环境科学、一般著作、健康科学、历史与考古学、语言和文学、法律与政治学、数学与统计学、哲学与宗教、科学总论、社会科学、技术与工程等17个学科与专题领域。由期刊查找、新刊目录（最近30天新增的）、论文搜索、期刊推荐等在内的10

---

① 陈传夫，王云娣．开放存取期刊的分布及获取策略研究［J］．中国图书馆学报，2007（6）：82-87.

② 柯平，王颖洁．机构知识库的发展研究［J］．图书馆论坛，2006（6）：243-248.

③ Directory of Open Access Journals［EB/OL］．［2008-08-11］．http：//www. doaj. org/.

个功能模块组成。DOAJ 的宗旨是提高开放存取科学与学术期刊的可见度、易用性、使用率和影响力，为用户提供一站式服务，是开放存取期刊的网络书目控制和检索工具。其主要检索途径包括：

期刊检索：提供检索与浏览两种功能，输入刊名进行检索，也可按字顺及类别树进行浏览。

新刊目录：提供最近 30 天新增的开放存取期刊目录清单。

论文搜索：可通过检索所有字段、论文篇名、期刊名称、ISSN、作者、关键词、文摘等 7 个途径的简单检索或者逻辑组配检索。

DOAJ 还设置期刊推荐栏目，建立期刊推荐平台，扩大开放存取期刊信息的来源。

2003 年 10 月由德国马普学会发起了《关于自然科学与人文科学资源开放获取的柏林宣言》（Berlin Declaration on Open Access to Knowledge in the Sciences and Humanities，简称《柏林宣言》），2003 年 12 月 29 日，中国科学院院长路甬祥院士代表中国科学家签署了《柏林宣言》。2004 年 5 月，中国科学院院长路甬祥院士以及中国国家自然科学基金委员会主任陈宜瑜院士分别代表中国科学院和中国国家自然科学基金会签署了《柏林宣言》，表明中国科学界和科研资助机构支持开放存取，共同推动全球科学家共享网络科学资源的立场。但我国对于 OA 的认识和实践还处于起步阶段，从 DOAJ 收录期刊数量看，截至 2008 年 1 月，DOAJ 收录中国内地的期刊只有 5 种，仅占收录的 OA 期刊的 0.16%，OA 期刊数量还极为有限。

2. 开放存取知识库的报道与揭示

当前，报道开放存取知识库的方式主要有目录指南服务和注册（registry）服务。

第一，目录指南服务，如 The Directory of Open Access Repositories-OpenDOAR①，它是一个权威性的开放存取资源库的目录，由

① The Directory of Open Access Repositories [EB/OL]. [2008-08-11]. http：//www. opendoar. org/.

英国诺丁汉（Nottingham）大学和瑞典伦德（Lund）大学于2005年2月共同创建的开放获取机构资源库与学科资源库目录检索系统，提供全球高品质开放存取资源库清单。用户可以通过机构名称进行检索，依据学科主题、资源库内容类型、国别、语言等途径浏览知识库，检索的直接结果为知识库名称及其详细描述，点击其名称可链接到知识库本身，进一步检索知识库具体内容。图8-3是笔者2008年8月11日检索到的OpenDOAR中机构OA仓储在各国的分布情况。

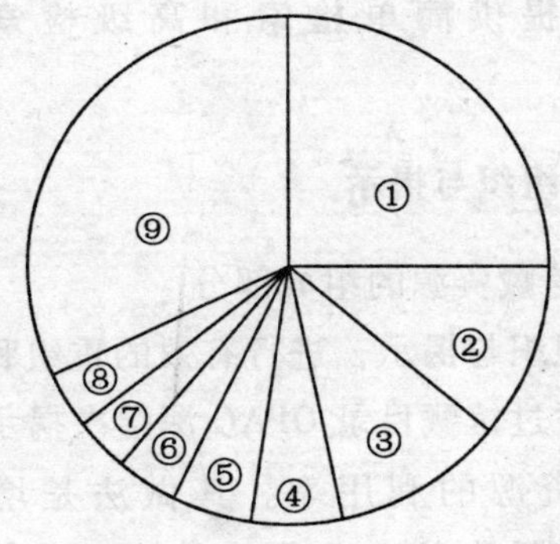

图8-3 机构OA仓储在各国的分布

由图8-3可知，截至2008年8月11日，已创建机构OA仓储1 210个，各国创建的OA仓储按数量多少排序，依次是美国306个（占25%）、英国132个（占11%）、德国129个（占11%）、日本69个（占6%）、澳大利亚60个（占5%）、荷兰45个（占4%）、加拿大42个（占3%），意大利42个（占3%），另外还有一些国家创建OA仓储库，共385个（占32%）。

第二，注册服务。以ROAR（Registry of Open Access Repositories，英国南安普敦大学的“开放存取机构知识库注册”）为例，它是一种基于OAI协议的注册服务。目前共注册有机构知识库995个。该知识库具有浏览与检索功能，其浏览界面可提供按国家、按知识库内容的类型以及按系统软件途径进行知识库的浏览检索，输入检索词可进行元数据各字段检索。

这种注册机制包括数据提供方（DP）和服务提供方（SP）的注册、信息发布和协议检测。数据提供方，由管理员在注册服务器列举的学科领域中选择知识库所属的学科（允许多选），并选择提供数据的开放级别。如只开放元数据、开放元数据和部分最终文档、开放元数据和所有最终文档等。而知识库信息发布则可以通过以下 3 种方式来实现：第一，简单列出所有已注册知识库列表，用户可以选择列表中的任意一项来查看相应知识库的详细信息，并可以选择排序方式；第二，按学科分类标准对已注册知识库进行分类，允许按学科查找；第三，提供简单检索和高级检索功能①。

（三）加强对开放存取资源的组织与揭示

1. 开放存取资源作为图书馆馆藏资源的组成部分

首先要重视开放存取资源的组织与揭示，进行有效的重组和导航，为用户查询信息提供便利。通过馆藏目录 OPAC 深层次揭示开放存取资源②，提高开放存取资源的利用率。其做法是增加 MARC856 字段，实现开放存取资源的 URL 和图书馆 OPAC 的链接。用户通过 OPAC 检索，就能检索到包括开放存取资源在内的虚拟馆藏资源。

其次，图书馆可以在自己的主页上，开辟网上“开放资源”专栏，提供开放存取的资源列表，直接把开放存取资源作为馆藏信息资源，是图书馆信息资源体系的必要补充。目前国内有些图书馆在其主页上提供 OA 资源链接服务，如湖南工学院图书馆在主页上提供加拿大多伦多大学图书馆开放存取仓库、DOAJ 开放存取期刊列表链接，广东海洋大学图书馆也链接了开放存取和免费资源，温

---

① 彭斐章，邹瑾．网络环境下的信息存取与目录学创新［J］．中国图书馆学报，2007（1）：17-24，30.

② 邱燕燕．开放存取资源的组织和揭示［J］．图书馆杂志，2006（6）：20-22.

州大学图书馆提供数据库商提供的公开存取 OA 资源链接等，这些开放存取资源对于满足用户的信息需求，特别是对于外文学术全文资料的需求起到了重要的资源保障作用。

2. 实现开放存取资源与馆藏资源的整合

目前提供跨库检索技术的统一检索平台的研制与应用，为实现多种数据资源间的跨库检索提供了条件。如耶鲁大学研制开发的 JAKE（Jointly Administered Knowledge Environment）软件、清华大学“清华同方电子资源统一检索平台”和南京大学的“一站式检索”系统等，利用资源整合技术可将开放存取资源与本馆的数字资源进行整合，实现一站式检索。

第四节　书目文献编纂学

一、书目编纂的原则

书目是将相关文献按照一定的次序组织而成的揭示与报道文献信息的工具，属于二次文献的范围。在书目的产生过程中，人们对书目的编纂理论，如书目编纂的原则、书目文献的结构、书目编纂的过程等进行总结与提炼，对于书目编纂的实践具有参考价值。书目编纂的原则主要有：

（一）客观描述

主要强调对在编文献内容的客观揭示与描述。客观反映文献的外部特征，要求著录结果与被著录的文献相一致，使文献记录能反映文献原貌，以实现书目的客观揭示功能。现代图书馆完整的编目流程应由两部分组成：一是著录（描述），二是规范控制。著录是对于文献的客观描述，规范控制的对象是书目款目中的标目。规范控制（Authority Control），又称权威控制，是为确保标目在检索款目及书目系统的唯一性和稳定性，而建立、维护、使用规范款目和规范文档的工作过程。它是书目数据的重要组成部分。要处理好客观描述文献实体与规范标目的关系，前者是基础，后者是目的。既有联系，又有区别，而且缺一不可。在计算机编目过程中，客观著录产生书目数据，其功能是描述文献，规范标目产生规范数据，其作用在于描述书目数据中的标目，两者均为书目记录的必要组成部分。

（二）充分及深度揭示

充分揭示，包括揭示文献的标题、作者、版本、内容提要、研究过程及结果、学术源流等信息，同时文献揭示也应该向深化发展。为了避免读者检索没有价值的资料，同时避免漏检有用资料，力求充分准确地揭示文献的主题以及与主题有关的基本思想和事实。

由于计算机技术、网络技术、通信技术、数据库技术及超文本技术在信息组织与检索中的广泛应用，大大改善了文献检索环境，除了提供每篇文献的篇名、著者、主题词、分类号等检索点以外，还应提供文摘、内容提要，甚至全文中的每个词都要成为检索词，从化学反应式、时间等文献的内部特征到文献的语种、出版社、出版期等外部特征都可以成为检索单元，网络信息检索不仅要能提供文本检索，还要能够提供声音、图像、图表等非文本检索，这就必须揭示这方面的特征以提供检索标识，建立功能强大的检索系统，为用户多途径检索、提高检索效率提供便利。

目前已有一些研究项目与计划实施目录强化作用，美国国会图书馆（LC）成立了目录强化咨询小组（Bibliographic Enrichment Advisory Team），承担强化书目记录相关研究和实践的任务。该计划向 LC 书目记录添加目次（Table of Content，TOC）。从图书的目次页扫描的图像中识别信息得到 TOC 原始数据，再通过计算机程序将其添加到 505 字段，505 字段前端添加了“Machine generated contents note:”标识。此项目已经生成了大约30 000种图书目次，为用户准确检索信息提供了更多的选择依据。

（三）对学术价值进行评论

对文献的学术价值进行评论，涉及对图书的思想内容、价值特色、写作技巧、社会影响等方面，是对文献进行深度揭示的需要，为用户了解、认识和熟悉文献提供必要的情报源。常常是评中有介、介中有评，既可推荐优秀图书、论文，也可抨击粗劣出版物。学术评论在辅导阅读、推动图书出版发行工作以及促进学术交流等方面发挥了重要作用。

进行评论时，要做到3条要求①：第一，必须对所评论的书作过深入的研究，从头到尾，反复阅读；第二，本人对所评书的研究对象也作过一定的研究，或至少有所涉猎；第三，应该熟悉同一领域的其他研究成果（包括中国的和外国的），这样才能对所评书的成就和不足加以客观的评论。只有真实地反映图书内容、深刻地评析图书的内涵、艺术地鉴赏图书特色，从而客观、公正、科学、准确地评论图书，才能准确地对文献的学术价值进行评论。

（四）遵循标准

遵循书目编制的相关标准，是实现书目工作国际化、网络化、自动化的必要条件，是提高检索效率和开展国际文献交流、实现资源共享的基础，有助于推进集中编目与合作编目，也是实现国际书目控制的条件。书目编制的相关标准主要有：采用通用的书目语言，主要指分类法与叙词表，如《美国国会图书馆标题表》（LCSH）、《美国国会图书馆图书分类法》（LCC）、《杜威十进分类法》（DDC）、《中国分类主题词表》（第二版与电子版）、《中国图书馆分类法》（第4版）等；使用国际标准的书目格式及著录标准，如《英美编目条例》（第2版，AACR2）、《国际标准书目著录》（ISBD）、都柏林核心元数据（DC）、《中国文献编目规则》（第2版）、《书目数据MARC21格式》（MARC21）、《中国机读目录格式》（CNMARC），以及文献编写标准与检索期刊的著录规则

① 蔡美彪．学术性书评的要求［J］．近代史研究，1999（1）：10.

等，如国家标准《文摘编写规则》（GB6447-86）、《检索期刊条目著录规则》（GB3793-83）等。

二、书目文献的结构分析

书目的内在结构形式是一个标准的链式结构，可称之为书目结构链，书目结构链由两个最基本的因素组成：书目款目和编排法则①。款目是构成书目的基本单位，是指依据一定的规则和方法，对文献特征与编目业务信息所做的记录，其具体表现形式是反映文献内容和形式特征的著录项目的组合。其著录项目大致包括题名与责任者项、版本项、文献特殊细节项、出版、发行项、载体形态项、丛编项、附注项、标准编号与获得方式项等。而只有用一定的编排法则将款目组织起来，实现款目的有序化，才能构成书目。随着网络技术、超文本技术等现代技术在书目编制中的应用，电子书目已应运而生。一些书目结构链中除了款目、编排法则外，还直接链接原始文献的全文，可以说，这种书目结构链由3部分组成，即书目款目、编排法则与全文数据库。

书目款目的作用在于：①揭示文献的检索点，以明确每条款目在目录中的排列位置，并提供检索途径；②描述揭示文献的主要形式与内容特征，以供认识、选择文献的依据；③揭示编目业务注记，提供文献索取与管理以及款目更新与管理的依据②。而编排法则在书目结构链中起到的作用有：规定款目在书目整体中的位置，某些编排法则能够使书目款目所含的情报信息，更加直观地展示给读者，决定书目的某些特性。早期的书目一般来讲仅仅是查找原始文献的线索，是检索性的工具书，现代书目朝着数字化、网络化的方向发展，不仅提供查找的线索，还可直接链接原始文献，大大节省了用户的时间，实现即检即得，省去了查找原始文献的时间。

---

① 彭斐章，乔好勤，陈传夫．目录学（修订版）［M］．武汉：武汉大学出版社，2003：136.

② 孙更新．文献信息编目［M］．武汉：武汉大学出版社，2006：59.

国际图联 1997 年颁布的研究报告《书目记录的功能需求》(Functional Requirements for Bibliographic Records, FRBR), 应用“实体—关系”模型 (Entity-Relationship Model, E-R Model) 构建揭示书目结构和关系的概念模型。它旨在提供清晰的结构化架构，改变传统书目记录的扁平化结构，建立各书目记录之间、书目记录中各著录对象之间的关系，建立国家资料库基础框架，提出有关国家核心书目记录的建议。该模型的最核心部分是定义了一系列与图书馆目录相关的事物类别 (实体)、从属于每个类别的特征 (属性), 以及可能存在于各种类别之间的关系①。目前 FRBR 已引起人们的广为关注，一些国家的图书馆及研究机构纷纷启动相关研究计划，并在实践中得到运用，对于书目结构的网络化，揭示文献间的关系与结构具有指导意义。

三、书目编纂计算机化

将一般的书目方法技术上升到书目编纂法加以研究，将比较一般的操作方法总结成一种科学方法，不仅有利于目录学内容的深化，而且对现实的书目编制和书目工作组织起到指导作用。书目编纂大体上要经过准备、分析、综合等几个阶段。准备阶段主要包括确定书目的选题，制定书目编纂方案，检索文献，确定文献的情报源等；分析阶段包括款目著录、编写提要或文摘、进行主题与分类标引等书目款目的制作；综合阶段主要包括对收录文献的再次选择、书目款目的编排与组织以及辅助索引的编制等内容。

有研究者提出在书目编纂过程中要做到 3 个调整：第一，在揭示学术研究成果产生的地域上的调整。尽可能反映同一研究领域内、国内外学术研究成果，相互借鉴和继承，更有效地从事进一步深入的研究。第二，在揭示文献载体类型上的调整。应注意揭示同一研究领域内的不同文献载体，使研究人员能充分利用现代化手段

---

① 王松林. FRBR 与编目工作思考 [J]. 国家图书馆学刊, 2007 (2): 85-87, 95.

和文献产品，从事更有效的研究。第三，在书目索引类型上的调整。应更注重专题目录之编纂，注重对某一研究领域内已经形成的众多二次文献实行进一步控制的书目之书目之编纂，并保证其连续性和规范性。①

书目工作的出路在于不断应用计算机技术、数据库技术和新检索技术，对庞大的信息进行组织整理。现代书目编纂技术已逐渐取代了传统的手工编制，广泛实现计算化，具体表现在以下几个方面：

（一）标引与摘要技术自动化

自动标引是利用计算机系统从拟存储、检索的事实情报或文献（题目、文摘、正文）中抽取检索标志的过程。目前已开发了自动摘要与标引系统，如北京拓尔思（TRS）信息技术有限公司开发的文本检索系统（Text Retrieval System，TRS），该系统已应用于搜索引擎、电子政务、企业信息化、数字化媒体、信息资源服务等领域。其中文本挖掘技术可实现文本自动分类、聚类、摘要、排重和相似性检索等功能，其文本自动摘要系统可实现文本内容的精简提炼，从长篇文章中自动提取关键句与关键段落，构成摘要内容，方便用户快速浏览文本内容。同时用户可根据需求调整自动摘要的长度，支持中英文文本的自动摘要，并可根据用户需求扩展到其他语种。在编写摘要时，可以作为参考，辅助以人工干预，从而保证文摘编写的质量。

（二）书目产品的电子化

随着网络的普及以及用户需求的多样化，书目产品这种二次文献产品，其载体形式已呈现多样化态势，特别是一些大部头检索刊物，均以网络版形式发行，并以其收录文献量、众多检索途径以及即检即得的特性而广受用户的欢迎。这些书目产品的编制已实现商

① 张海惠．中国学研究书目编纂之思考［EB/OL］.［2008-02-05］. http：//www.cnindex.fudan.edu.cn/zgsy/2005n1/zhanghaihui.htm.

品化与产业化，采用计算机编制技术，可以从检索点按任何标目生成目录，满足用户的个性化需求。

一些图书馆自动化解决方案软件供应商已能够提供自动创建书目数据的服务，如艾利贝斯集团（Ex Libris Group）提供 MARCit!（Ex Libris 的 MARC 增强服务）。MARCit! 具有丰富的资料库，其中含有 100 多万高质量连续出版物书目记录，包括国会图书馆的 CONSER（Cooperative ONline SERials，CONSER）记录。MARCit! 为图书馆提供了电子期刊馆藏的 MARC 信息。提供的自动化书目创建，只需点击图标，由浏览器抓取该站点的标题、URL 及其他数据，并自动在 OPAC 上建立一条 MARC 记录，其业务流程更加高效。

（三）内容挖掘与链接技术

当前的书目产品特别是大型的书目产品，如一些全文数据库等，除了全面揭示文献的外部形态外，对内容的揭示以及知识点之间的联系的挖掘不断深入，以中国知网的知识网络服务平台 KNS5.0 为例，其采用的内容挖掘与链接技术有：①概念关系词典：是一个以揭示各学科专业词汇（关键词、术语、主题词）所代表的概念之间的关系为基本内容的专业知识库系统，包括了百万级专业词汇，涵盖所有专业，词和词之间各种关系。其概念导航基于概念关系词典相近语义场运算技术，以文本和图像两种形式表现概念之间的关系。②知识网络系统：通过文献之间、知识元之间、分类导航之间的交叉链接，构建起节点丰富、交织纵横的知识网络系统。文献之间的链接包括引证文献、参考文献、同类文献等，知识元链接包括作者、机构、刊名、关键词、相关作者群、相关研究机构、相关关键词等。③引文链接：包括引证文献和参考文献链接。④相似文献链接：即同类文献链接，基于相似检索技术，提供内容相关的相似文献链接。⑤读者推荐文献：基于 Web 日志分析和关联规则挖掘技术，设置读者推荐文献。

（四）RSS推送服务

RSS（Really Simple Syndication）推送（也称为聚合）服务是基于XML技术的因特网内容发布和集成技术。RSS服务能直接将最新的信息即时主动推送到读者桌面，使读者不必直接访问网站就能得到更新的内容。读者定制RSS后，只要通过RSS阅读器，就可看到即时更新的内容。如清华大学图书馆提供RSS推送服务，可实现商业数据库、中西文新书通告、最新消息的RSS服务，武汉理工大学图书馆的材料复合新技术信息门户也可提供RSS推送服务，实现书目情报服务的主动化以及定制服务。

任何一种书目产品必须以用户需求分析为基础，才能提供针对性强的个性化服务，这是书目编纂前期工作的必备内容。

第五节　目录学应用化

目录学是致用之学，中国的目录学的功用从“辨章学术，考镜源流”到指导读书治学，再到文献的揭示、组织与利用，在网络时代数字化环境下，目录学的致用性与现代书目技术相结合从而使目录学的发展有了更为广阔的空间①。现今信息资源集成、信息资源发现与挖掘、文献提供软件平台、信息发布（包括全文、文摘、引文、资源描述、转载和链接等）、数字资源建设与服务、网络信息书目控制、公共获取数字存档、公共获取元数据与标准、网络导读等已成为目录学理论与实践的新内容，数字目录学已成为目录学的主要发展方向，目录学的应用领域得到极大扩展。

---

① 王京山．中国当代目录学的回顾与前瞻［J］．图书馆学研究，2003（6）：6-11．

一、数字目录学——目录学的主要发展方向

目录学的致用性与书目工作的信息化推动着数字目录学的产生与发展，使其成为研究数字环境下的数字资源与网络书目情报工作，解决数字资源的组织与开发利用等问题，为发展信息资源管理和信息服务提供支持的一门目录学新兴学科①。

数字目录学的 3 个主要研究领域：数字资源系统的目录学研究、数字参考咨询的目录学研究和数字化学习指导的目录学研究。具体地讲：①数字资源系统的目录学研究主要解决电子资源的分类编目与检索问题，包括数字图书馆目录、网络编目、联机编目系统、文后电子资源著录、网络资源分类、网络资源组织、网络信息资源的二次开发等问题。②数字参考咨询的目录学研究内容有关于数字参考工具的研究（包括电子版工具书和网络版工具书）、网络参考文献的研究与数字参考服务的研究，包括学术资源导航、学术信息门户、知识检索、基于创新平台的信息服务与知识服务、特色服务与个性化服务、知识中介服务、查新服务、数字咨询服务、知识银行等知识资源服务与知识记忆系统研究等。③数字化学习指导的目录学研究主要解决数字资源增长与阅读的矛盾，研究数字化学习指导的理论与方法问题。主要内容有三：一是要开发虚拟学习开发平台；二是要研究数字导读；三是要研究数字读者教育和学习方法。

二、信息资源导读服务——目录学的大众化趋势

2007 年 4 月 6 日在中山大学举办的“第一届全民阅读论坛”就以“数字时代的阅读”为主题，对网络阅读给予高度关注。武汉大学信息管理学院王新才教授作了题为“在线阅读与导读”的

---

① 柯平．数字目录学——当代目录学的发展方向［J］．图书情报知识，2005（3）：2-5，28.

主题发言，指出由于数字化文献的突出增长，在线阅读成为人们的主要阅读方式，而这种以浏览、猎奇、搜索等为特征的“浅阅读”更需要“导读”。2006年4月23日第一届科普与阅读指导委员会成立，该委员会是中国图书馆学会在全国范围内负责指导、协调、组织科普与阅读指导活动的工作机构。2008年元旦前夕，中宣部、中央文明办、新闻出版总署联合发出《关于认真开展2008年全民阅读活动的通知》，决定在过去两年的基础上继续推动开展全民阅读活动。有全国政协委员多次提出设立“国家阅读日”，让阅读成为生活方式。可见，全民阅读已引起高度重视。当前的信息数量指数增长、种类繁多而且形式多样，用户难以快速、准确而全面地获取所需要的信息，民众的信息素养还亟待提高，需要目录学在阅读指导与推荐方面发挥作用。

所谓导读就是导引阅读。导读服务，从广义上讲就是图书馆阅读指导、阅读引导和阅读辅导的总和①。阅读指导是阅读理论的宏观辅导；阅读引导表现在具体图书的阅读指导；而阅读辅导工作就是要指导读者“读什么书，怎样读”，并且更为重要的是要培养读者的鉴赏能力。资源导读工作的内容和方法大体包括：网络导航、数字资源与摘要、电子书目与提要、著录与注释、文摘与索引、书评与指南、咨询服务、RSS推送服务、图形标识系统（路标、机构导标、网络资源导航、特殊标识等）、报刊资料导读、用户教育、名人学者导读、群体性的读书活动等。信息资源导读既包括对纸本文献的导读，也包括对网络信息的导读，通过编制各种导读书目，起到向用户推荐资源，节省时间的作用。在2007年5月18日第五届全国目录学学术研讨会上，彭斐章认为，书目工作者的任务就是要使目录学成为最通俗的人人都可以用的知识，他建议任何人、任何科学家都要学点目录学知识。信息资源导读作用的强化，加快了目录学的大众化趋势。

---

① 程结晶，彭斐章．数字时代的目录学发展路径［J］．情报资料工作，2006（6）：91-95.

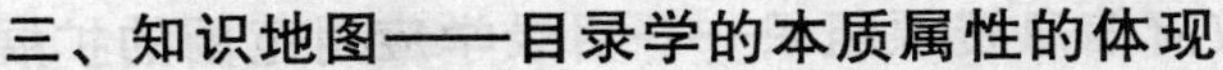

三、知识地图——目录学的本质属性的体现

目录从本质上说是一个完整的知识系统，指引知识获取的知识地图。知识地图与目录具有共同的本质和功能，都是知识或知识资源的组织与查询系统，其知识组织方法和原理基本相似。区别在于，目录所指的知识是文献等载体中所蕴含的客观知识或知识单元，知识地图所指的知识则是知识资源，包括知识单元、人（如专家、知识工作者等）、技术、经验、政策等。目录是知识地图的一种最原始、最常见、最基本的形式①。

知识地图是指南，同时也是导航系统，它以可视化技术显示各种知识及其相互关系，帮助用户方便快捷地找到他们所需要的知识。其主要特点在于：①知识地图只是告诉人们知识的所在位置，并不直接指向知识内容；②知识地图不仅要揭示知识的存储地，而且还要揭示知识之间的关系，不仅揭示显性知识，也揭示隐性知识，这是大多数知识管理工具所做不到的；③知识地图可以可视化的形式展现知识间的关系，有助于发现新知识。知识地图功能主要是：①知识导航；②知识共享；③揭示隐性知识；④揭示知识间关系；⑤用作存货清单。

从文献知识地图（如书目、索引、文摘等传统工具书），到数字知识地图（如书目数据库、知识库等），再到网络知识地图（如网络搜索引擎、知识网络等），其本质和基本原理基本一样，区别在于现代信息技术的应用程度上。目录学的使命在于将分散的知识序化成有序的知识系统，提供获取和利用知识的便捷途径和方法，这种序化的知识系统就是一幅完整的知识地图。

---

① 刘晓英，叶文青，文庭孝．构建知识地图［J］．图书与情报，2007（2）：9-12.

四、政府信息资源组织——目录学应用范围的扩展

美国的 GILS 政府信息指引服务以及 DC-Government 都柏林核心政府元数据已成功运用于政府信息资源的组织与描述，并在多个国家得到应用。政府信息资源组织已成为实践与理论界研究的重要课题。我国 2008 年 5 月 1 日起施行的《中华人民共和国政府信息公开条例》提出应编制、公布政府信息公开指南和政府信息公开目录的具体要求，并规定各级人民政府应当在国家档案馆、公共图书馆设置政府信息查阅场所，并配备相应的设施、设备，为公民、法人或者其他组织获取政府信息提供便利，行政机关应当及时向国家档案馆、公共图书馆提供主动公开的政府信息，这就提出了与图书馆及档案馆原有资源的整合问题，涉及技术、格式等的互操作，需要建立政府信息资源描述格式与 MARC 格式的映射机制。目录学在政府信息资源组织中的应用，建立科学有效的指引服务，有助于推进政府部门办公电子化、自动化、网络化，从而实现政府信息资源共建、共知与共享。

当前书目工作者的任务之一，就是在梳理数字时代目录学理论发展与实际应用的基础上，重新定位目录学的功能及其学科影响力，并大力推广目录学的普及性，使其成为最通俗的人人都可以学、可以用的知识①。

目录学正是在不断满足时代需求中体现出其明显的时代特征，也是在为用户有效地揭示与科学报道信息资源的过程中，逐渐扩展其应用范围，并与现代信息技术紧密结合，从而实现目录学的数字化、大众化及普及化，最终目的在于实现目录学的实用化。

① 彭斐章，陈红艳．数字时代再谈目录学知识的普及 [J]．图书馆论坛，2007 (6)：9-12.

第六节 目录学的实用化

目录学的实用化是目录学时代性的必然要求，也是目录学理论与实践紧密结合的具体体现。如何促进中国目录学实用化，特别是在实践上和理论上目录学如何达到实用化要求，应该是值得我们深入思考并着力解决的问题。

一、书目实践应更多地关注公众的书目情报需求

2008年7月24日，中国互联网络信息中心（CNNIC）发布《第23次中国互联网络发展状况统计报告》①。报告显示，截至2008年12月底，我国网民数量达到了2.98亿人，首次大幅度超过美国，跃居世界第一位。2006年3月国务院信息化工作办公室主持《2005年中国互联网络信息资源数量调查报告》②，结果显示了全国网页总数约为24亿个，比上年增长269.0%，全国在线数据库约为29.5万个；拥有在线数据库的网站数约为17.0万个，占全部网站的24.5%；不断增长的海量信息资源与用户特定的信息需求之间矛盾，为目录学的发展与应用提出了前所未有的挑战。

（一）搜索引擎检索效率太低

2005年OCLC的“大学生对图书馆与信息资源的认识”的报告③显示，89%的大学生检索信息时，首选搜索引擎。只有2%的

---

① 第23次中国互联网络发展状况统计报告［EB/OL］.［2009-09-05］. http://www.cnnic.cn/uploadfiles/doc/2007/1/13/92209.doc.

② 2005年中国互联网络信息资源数量调查报告［EB/OL］.［2008-08-13］. http://www.cnnic.cn/download/2005/20050301.pdf.

③ OCLC. College Students' Perceptions of Libraries and Information Resources［J］. Dublin, Ohio USA: OCLC Online Computer Library Center, Inc., 2005.

大学生使用图书馆网站作为信息源来开始信息搜寻的过程。我国《第23次中国互联网络发展状况统计报告》调查结果显示出中国网民的搜索引擎使用率为69.2%，为中国第五大网络应用。但搜索引擎的检索效率并不能令人满意。目前使用的大多数关键词搜索引擎采用全文检索的搜索方式，用户只需键入一个关键词，就可检索出成千上万篇符合条件的命中结果，检索结果集非常大、且包含大量与检索意图相关性小的内容，需要用户花费大量时间与精力从中选择。

其主要原因在于搜索引擎主要采用自动标引方式，自动从自然语言编写的网页中搜集关键词，建立索引数据库，提供关键词检索途径。这种方式建库效率非常高，建库成本低，速度快，适应了组织数量庞大且增长迅速的网络信息资源的需要。但其不作词汇规范和不显示词间关系，这既是搜索引擎这种自然语言检索系统的最大优点，也是其最大的缺点。因此，人们迫切要求提高搜索引擎的检索效率。

（二）公众书目情报需求对书目实践提出新要求

我国已将信息资源的开发与有效利用作为国家发展重要战略之一。《国民经济和社会发展第十一个五年规划纲要》中指出，“深度开发信息资源，加快国家基础信息库建设，促进基础信息共享。优化信息资源结构。加强生产、流通、科技、人口、资源、生态环境等领域的信息采集，加强信息资源深度开发、及时处理、传播共享和有效利用”。书目情报服务作为科学揭示与有效报道文献的手段，必须以公众书目情报需求为出发点。

1. 信息描述的规范化标准化

目前，无论是图书馆OPAC系统的书目信息、学科信息门户与导航库的各类资源、各类数据库信息，还是网络信息资源的描述上，总体上看，缺乏标准化与规范化。表现在信息描述的格式、项目、揭示的深度以及权威控制方面，标准化程度较低。以图书馆的OPAC为例，国内几乎所有的图书馆对于著录项目，很少揭示图书的内容提要，更谈不上目次信息。而一些网上书店在信息揭示上为

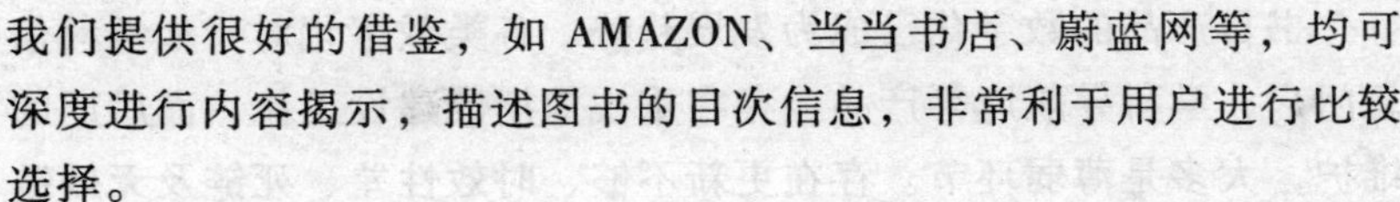

我们提供很好的借鉴，如 AMAZON、当当书店、蔚蓝网等，均可深度进行内容揭示，描述图书的目次信息，非常利于用户进行比较选择。

2. 各类书目产品的易用化

对目前数字资源及用户的使用情况进行分析，从数字资源本身来看，其内容交叉重复，存在着大量的冗余信息，而且知识关联程度较低，影响到用户的利用与获取。从技术角度来看，不同的数字资源系统之间数据结构不同、发布方式不同、检索方式也不同，用户需要在不同系统间来回切换，还需要掌握不同检索方法。从用户角度来看，图书馆购置的大量数字资源如果都是以“孤岛”的形式存在，用户就必须分别进入到各个系统中查找资源，这些形式各异的资源在给用户提供丰富信息的同时，也带来检索上的不便。用户希望通过统一的检索界面和统一的检索语言，方便快捷地检索到图书馆的所有分布式资源（书目、图像、音视频、档案资源、电子图书、电子期刊和会议录等），同时检索本地和异地各种资源系统，希望提供各类书目产品的一站式服务。

3. 强化知识组织系统的导航作用

当前的一些书目产品中很少使用规范化的知识组织系统，资源描述较简单，不够充分。而国外许多学科信息门户采用学科分类法如 DDC、UDC、LCC、NLM、EI 等提高其浏览功能，采用受控词表如 LCSH、MeSH 等提高检索效率，这些均值得我们借鉴。

应当综合运用各种知识组织方法，如采用学科分类，按分类体系将主题概念组织层层隶属的等级体系，学科主题概念以及概念的其他表达方式以主题词形式集成到分类体系各类目下，构成一个个概念节点。分类表为体系提供了一个基于学科分类的主体框架，而主题词表中丰富的词间联系则为体系提供了四通八达的支脉①。但这些知识组织系统的易用性及其辅助检索的功能还需要加强。

4. 书目产品的时效性

① 冯玉，雷菊霞．学科信息门户的知识组织体系分析［J］．情报理论与实践，2006（1）：33-36.

书目产品的数字化已成为发展趋势，各类数字化对于如学科信息门户、学科导航库等产品，存在重视前期的建设工作，而后期的维护，大多是薄弱环节。存在更新不够、时效性差、死链及无效链接较多的现象，对于从用户出发的绩效评估大多重视不够，以至于这些产品的作用得不到充分发挥，再加上产品的营销策略不得力，挫伤了用户使用这类产品的积极性与信心。

二、书目技术与标准应适应公众的习惯

1. 面向终端用户，设计与完善书目产品

用户书目信息需求是目录学理论与实践的出发点与归宿点，必须贯穿于书目产品的设计、生产、服务与推广等一系列过程之中。

以图书馆 OPAC 系统界面中的分类检索途径为例，目前的分类号检索途径形同虚设，就算是图书馆专业人员（除分编人员外）也很难掌握文献分类法，要求用户熟练掌握分类法，从类号的途径查询书目资源是不现实的，用户根本不可能从目前 OPAC 界面上设置的分类号途径去检索信息。因此，为了发挥分类检索功能，必须在 OPAC 界面上挂接分类法浏览辅助系统（如分类法的电子版等），这样，用户就可从类名浏览查找类号，链接到其所需的资源。同时，书目记录按照国际图联 1997 年颁布《书目记录的功能需求》（FRBR）要求，使书目结构逐步实现网络化，构建揭示书目结构和关系的概念模型。

当前图书馆非常重视数字信息资源建设，数字资源在馆藏文献中所占比例越来越大。但是数字资源的推介与培训不力，很多数据库长期无人问津，用户不知其检索功能，信息素养教育缺乏成效。因此要求我们深入了解用户需求，开展针对性、个性化强的用户培训教育。

2. 采用资源整合技术，满足用户一站式检索需求

一站式检索与资源整合主要针对数字资源而言。数字资源整合是依据一定的需要，对各个相对独立的数字资源系统中的数据对

象、功能结构及其互动关系进行融合、类聚和重组，重新结合为一个新的有机整体，形成一个效能更好、效率更高的新的数字资源体系①。整合需要综合运用各种技术、方法和手段对图书馆所拥有的众多数字资源进行系统化和优化，目的是将所有的数字资源透明地、无缝地集成在一起，用户在统一的检索界面中检索、浏览和使用所有数字化资源。资源整合实现了不同文献资源之间的沟通，保持了知识体系的完整性，节省了用户的时间。

3. 发展数字资源目录学

网络是公众获取信息的重要入口，因此我们要发展数字目录学。数字目录学是一门研究科学揭示与有效报道数字信息与人们对数字信息的特定需要之间的矛盾的学问。Google 称其索引的网页数量已经突破 1 万亿幅。② Google 的索引在 1998 年开始工作，当时他们收集了 2 600 万个页面，2000 年就突破了 10 亿，10 年后的 2008 年，Google 的数据库变成了全球最庞大的索引之一。数字目录学的产生于数字资源的持续急剧增长，用户对于数字资源的特定需求这一时代背景之下。用户面对海量信息，依然需要资源的导航与定位、揭示与报道，数字目录学应运而生。数字目录学有着丰富的来源和基础，从实践来源看，数字目录学的基础是文献数字化与书目工作数字化实践；从理论来源看，数字目录学的基础是在实践的基础上对目录学发展的需要和对网络信息资源的探索。

数字目录学是以数字资源为基础，面向数字书目控制，以数字书目情报服务为新方向。柯平教授 2007 年 5 月在第五届全国目录学学术研讨会上作了“面向数字书目控制和数字资源控制的数字目录学”主题报告，他认为应该从以下视角进行数字资源控制：①从资源类型视角；②从业务领域视角，包括学科导航、数字资源整合、数字化学习指导、数字参考咨询等方面；③从控制层次视

---

① 马文峰，杜小勇．数字资源整合方式研究［J］．图书情报工作，2005（5）：67-71.

② http：//www.techweb.com.cn/news/2008-07-26/350087.shtml ［EB/OL］.

角，包括粗资源的控制、精资源的控制、集成资源的控制、平台资源的控制；④从知识资源视角，包括智能化知识组织和知识加工。

当然，数字目录学作为新兴学科，需要我们不断从其功能层次、对象层次、组织结构和载体层次加以深入探讨，指导目前数字书目情报服务的实践。

三、处理好为公共服务与辨章学术的关系

目录学有着悠久的历史，“辨章学术，考镜源流”，是我国古典目录学思想之精华，中国目录学的主要宗旨就是“辨章学术，考镜源流”。特别是以大序、小序和提要的撰写形成自己风格的学术性书目，介绍学派及其源流，评价学术史，叙述学派及渊源，通过解题叙述作者生平、学术思想、内容主旨和版本流传，符合了社会、学界对书目的要求，从而使我国目录学深深扎根于中国学术文化史之中。“辨章学术”对于当今目录学来讲，揭示学术思想演变以及内容主旨的功能不能削弱，对于目录学用于公共服务领域，具有方法论的指导意义。

彭斐章等在《试论21世纪中国目录学研究的基本特征》一文中，从目录学的“学科发展动力因素、与其他学科的交叉融合、研究内容必须融入整个社会”三个层面考察了目录学会形成“大目录学观”的机理。“大目录观”及“大目录学观”的实质是目录学著录揭示对象的扩展及目录成果的多样化，即目录学的发展更加社会化、大众化及通俗化。公共服务是当代目录学的主要任务之一，目录学将被融入更为广泛的社会文化传播领域。

目录学不仅要保持与发扬其“辨章学术”优良传统，继续发挥其在学术传承与学术研究中的价值，而且应该更加积极地参与到公共服务之中，将文献揭示与报道的理论与方法运用到公共服务之中，才更具生命力。如目录学可与信息资源公共获取联系起来，目前，许多有价值的信息资源以网页、文档等非结构或半结构化的形式分散存储在各级政府机构网站、政府专网、机构网站、用户本地

机等各种不同的物理空间位置上，没能整合为供政府工作人员和公众所便利获取的统一的形式和接口。可利用知识组织、知识挖掘、信息揭示方法与技术，按公众需求对各种分布式资源进行整合、提供利用。

目录学还可参与全民阅读活动，在提高全民素质中发挥作用。可利用网络技术与计算机技术编制导读书目、推荐书目等，对于文献内容进行深度揭示。参与到图书馆的各项推广与延伸活动，用户教育与培训活动，普及目录学知识，提高全民的信息素养。在数字化信息服务中充分发挥目录学的读书治学导航作用与系统学习的参考价值。公共服务与“辨章学术”并不矛盾，是对目录学在当今环境下的必然要求。

四、实用化在目录学理论中的地位不断凸显

目录学本是致用之学，致用是目录学的生命线。加强目录学的应用研究是时代的呼唤，也是目录学对于时代要求的一种自觉回应。中国的目录学功用从“辨章学术、考镜源流”到指导读者治学，再到文献的揭示、组织与利用，都是与时代相融合的。柯平教授认为：作为社会科学的目录学，从它是致用之学这一基本观点出发，目录学的内容包括 4 个方面，即文献的来源与积累、文献的认识与鉴别、文献的揭示与记录、文献的检索与利用。①

目录学不能再束之高阁，否则目录学知识不能得到普及，目录学方法只能为少数人所掌握，目录学便无法满足大众和社会急需。目录学从图书文献为重点转向网络信息资源为重点、从书目工作与文摘索引工作的集成化到书目情报工作的数字化与网络化、从二次文献扩大到信息加工、从知识组织与检索的自动化转向智能化、从书目参考转型到数字参考服务的几次转型，正是目录学不断适应社会需要的结果，也是其研究领域不断扩展的体现。

---

① 柯平．中国目录学的现状与未来［J］．图书馆杂志，2005（3）：5-11.

数字时代的目录学家与书目工作者应起到网络导航员、知识的挖掘者、信息顾问与读书学习的教练的作用，这也是目录学实用化对目录学家提出的新要求。实用化要求目录学关注现实问题，包括关注信息环境、信息技术、信息用户的需求，同时还要关注丰富的书目实践的变革，从而实现理论与实践的紧密结合。

实用化也是目录学理论与实践发展的根基，失去实用化，目录学就没有生命力。有学者提出 21 世纪目录学的重点领域是：数字目录学、企业目录学、知识资源服务与知识记忆系统、信息控制、阅读教育与读者研究，是对目录学如何回应时代要求，走向实用化的积极思考。相信建立在实用化基础上的目录学，才能实现其科学化、整体化、国际化与现代化，创新目录学的新体系。

参考文献

[1] 黄宗忠．文献采访学［M］．北京：北京图书馆出版社，2001：198-201.

[2] 李敏．书目情报在网络信息导航中的智能性应用研究［J］．图书馆论坛，2005（3）：31-33，73.

[3] 韩松涛．网上学科导航的目录学特性初探［J］．大学图书馆学报，2006（4）：76-80，104.

[4] 黄波，何志均．增强超媒体系统的导游功能［J］．软件学报，1998（12）：899-903.

[5] 毕强，刘甲学．QUIC——一个智能超文本导航系统［J］．情报科学，2002（12）：1277-1281.

[6] 司莉．KOS在网络信息组织中的应用与发展［M］．武汉：武汉大学出版社，2007：61.

[7] 马文峰，杜小勇．数字资源整合方式研究［J］．图书情报工作，2005（5）：67-71.

[8] 张岌秋．数字资源整合及检索初探［J］．情报理论与实践．2005（6）：588-590.

[9] 陈传夫，姚维保．我国信息资源公共获取的差距、障碍与政府策略建议［J］．图书馆论坛，2004（6）：54-57.

[10] 曹树金，司徒俊峰，马利霞．论政府信息资源的元数据标准［J］．情报学报，2004（6）：715-722.

[11] What does BOAI Mean by "Open Access"?［EB/OL］．［2007-10-12］．http：//www. earlham. edu/ ~ peters/fos/boaifaq. htm#openaccess.

[12] 陈传夫，王云娣．开放存取期刊的分布及获取策略研究［J］．中国图书馆学报，2007（6）：82-87.

[13] 柯平，王颖洁．机构知识库的发展研究［J］．图书馆论坛，2006（6）：243-248.

[14] 彭斐章，邹瑾．网络环境下的信息存取与目录学创新［J］．中国图书馆学报，2007（1）：17-24，30.

[15] 邱燕燕．开放存取资源的组织和揭示［J］．图书馆杂志，2006（6）：20-22.

[16] 蔡美彪．学术性书评的要求［J］．近代史研究，1999（1）：10.

[17] 彭斐章，乔好勤，陈传夫．目录学（修订版）［M］．武汉：武汉大学出版社，2003：136.

[18] 孙更新．文献信息编目［M］．武汉：武汉大学出版社，2006：59.

[19] 王松林．FRBR 与编目工作思考［J］．国家图书馆学刊．2007（2）：85-87，95.

[20] 张海惠．中国学研究书目编纂之思考［EB/OL］．［2008-02-05］．http：//www. cnindex. fudan. edu. cn/zgsy/2005n1/zhang-haihui. htm.

[21] 王京山．中国当代目录学的回顾与前瞻［J］．图书馆学研究，2003（6）：6-11.

[22] 柯平．数字目录学——当代目录学的发展方向［J］．图书情报知识，2005（3）：2-5，28.

[23] 程结晶，彭斐章．数字时代的目录学发展路径［J］．情报资

料工作，2006（6）：91-95.

[24] 刘晓英，叶文青，文庭孝．构建知识地图［J］．图书与情报，2007（2）：9-12.

[25] 彭斐章，陈红艳．数字时代再谈目录学知识的普及［J］．图书馆论坛，2007（6）：9-12.

[26] 第23次中国互联网络发展状况报告［EB/OL］．［2009-09-05］．http：//www. cnnic. cn/l.

[27] 2005年中国互联网络信息资源数量调查报告［EB/OL］．［2008-08-13］．http：//www. cnnic. cn/download/2005/20050301. pdf.

[28] OCLC. College Students' Perceptions of Libraries and Information Resources［J］．Dublin，Ohio USA：OCLC Online Computer Library Center，Inc.，2005.

[29] 冯玉，雷菊霞．学科信息门户的知识组织体系分析［J］．情报理论与实践，2006（1）：33-36.

[30] 马文峰，杜小勇．数字资源整合方式研究［J］．图书情报工作，2005（5）：67-71.

[31] http：//www. techweb. com. cn/news/2008-07-26/350087. shtml［EB/OL］．

[32] 柯平．中国目录学的现状与未来［J］．图书馆杂志．2005（3）：5-11，4.

第九章 目录学理论国际交流与借鉴

第一节 西方目录学概述

一、西方目录学源流

西方目录学最早可能在亚里士多德（Aristotle，前 384—前 322）时期就出现了，目录学（Bibliography）一词最早由 Louis Jacob de Saint Charles 在其著作 *Bibliographia parisiana*（1645—1650）中使用，18 世纪开始普遍使用。希腊诗人卡利马科斯（Callimachos，约前 305—前 240）在担任亚历山大图书馆馆长期间编撰了《各科著名学者及其著作一览表》，被认为是西方第一部目录，而卡利马科斯也被认为是西方的第一位目录学家。Bibliography 一词来自希腊文，“biblion”和“graphein”。“Biblion”是“图书”（books）的意思，“graphein”是“撰写”（to write）的意思。牛津英语辞典对目录学的解释是图书的撰写（the writing of books），而这一解释在 17 世纪被广泛接受。因此，目录学最初就被定义为图书的写作和抄写。这种定义一直持续到 18 世纪，其时法国目录学的定义由图书的撰写（writing of books）转为关于图书的撰写（writing about books）。在此意义层面上，德国伟大的目录学学家 F. Ebert 认为从最宽泛的意义上而言，目录学是处理文学产品的科学，即关于图书的科学。目录学的新概念具有重要的意义，这是第一次从知识角度研究图书及其历史。研究也包括印刷的历史和技术、图书贸易和图书收藏等。①

"Bibliography"这一术语既为一类文献集合，称之为书目，又是一门学科，称之为目录学。作为书目，其特征体现于所收集的文献；作为目录学，包括书目数据库研究、书目计量学以及其他与学术和科学交流相关的领域。目录学的概念是图书情报学科的核心概念之一，与信息检索（information retrieval）和知识组织（knowledge organization）、文献计量学（bibliometrics）有着密切的联系。波特（Bottle）认为最初杰出的科学著作就是文献指南。Joacim Hansson 强调了目录学与信息科学之间的紧密关系，他认为如果我们想要找寻信息科学核心问题的源头，那么我们就需要回到遥远的古时候，1545 年格斯纳（Konard Gesner）认为欧洲修道院藏书需要目录，他编制了《世界书目》（Bibliotheca Universalis），这是对系统书目控制的重要变革。Mckenzie 认为目录学是研究社会学文献的学科，"目录学是研究作为记录形式的文本及其演变过程的学科，包括文本的生产及其接受等"，他定义的文本包括文字、视像、声音以及数值数据等。这个定义强调了目录学与文献计量学的联系，有助于作品知识的接受和进一步建立科学交流与图书情报学科内的社会学问题之间的联系。

早期的目录大部分是出版商的书单，以及一些图书馆的书目。16 世纪下半叶宗教目录出现，称为 Messkataloge，是真正意义上的目录。同期，Konard Gesner 尝试列出世界所有学术出版物，1545 年诞生《世界书目》（Bibliotheca Universalis）。国家书目在 17 世纪得以进一步发展，17 世纪中期，描述款目开始出现在目录中，图书主题目录在这一时期相当普遍。18 世纪初分析目录开始出现，涵盖一个或多个主题的主题图书目录在 18 世纪中期也变得相当普遍。期刊论文的编目直到 19 世纪末才普遍出现，而图书和期刊论文的主题编目到 20 世纪才得以充分发展。而 Gesner 编撰世界书目的目标到目前为止仍是一个可望而不可即的美好梦想。

---

① Kumar, Girja. *Bibliography* [M]. New Delhi: Vikas pub. House, 1985.

早先时期，学者能够保存或及时获取其相关领域的学术资源，但随着资源数量的不断发展，保存充分的信息资源对学者个人而言越来越困难。面对巨量信息，即使信息素养较高的学者也不可避免地会遇到信息迷航。快捷地获取信息对任何领域知识发展的重要性是不言而喻的，因此及时地将相关信息资源通报给专家学者是非常重要的。在信息资源通报方面，目录则具有重要的作用，没有目录等书目工具图书馆就不可能发挥作用。目录是信息服务和信息收集的基本工具，在很大程度上我们可以说如果没有目录的存在，科学将会停滞不前。

二、西方目录学的作用

西方目录学中，书目与目录是具有较大区别的。书目（bibliography）与目录（catalog），书目是著录一批相关文献，按照一定次序编排组织而成的一种揭示和报道文献的工具，不受特定收藏的限制；目录是指图书馆及相关机构组织所收藏的文献著录列表，书目可以称为目录，但反之则不成立。其区别如表9-2所示：

表9-2　　书目与目录的区别

	书　目	目　录
目的 Purpose	起着保存的作用，目的取决于书目的种类	保存和检索作用，其目的在于满足图书馆学的规则
范围 Scope	通常限定在特定的主题、材料、语言和地域范围，不局限于某一图书馆	限定在某一个或多个图书馆，不受主题、材料、语言和地域范围的限制
用户 Users	学者和图书馆员	包括学者和图书馆员的图书馆用户
物质形态 Physical form	图书的形式	卡片
规则 Code	不必严格遵循标准的规则，具有比较大的灵活性	严格遵循标准规则

续表

	书　目	目　录
款目 Entries	提供尽可能全面的款目	提供尽可能全面的款目
信息量 Amount of Information	拥有大量的信息，注释帮助用户决定是否选择给定的文献	信息量不定，不提供价格、装订等信息，很少提供注释信息
款目准备 Preparation of entries	书目编纂者会考虑文献的外形和内容特征，但还是要根据他自己的判断做出决定。好的书目编纂者是在全面了解文献的基础上进行编纂的	编目员要严格按照文献给定的信息进行编目，例如著者、版本、出版年信息等
组织排列 Arrangement	组织规则不定，虽然经常应用分类	主题或分类（包括字母顺序排列）
效率 Efficiency	一部好的书目是一部好的学术著作，因此书目编纂者应尽力做好，即使只为很少人的服务	力求简单、逻辑性强、易用，目录或多或少都能在一定程度上满足用户的需求，但可能却只满足专家学者部分的信息需求

西方目录学的作用主要体现为致用，其首要目标是帮助用户找到相关的信息资源，节省他们的时间和金钱。再者，目录是选择图书的工具，提供图书细节信息和信息定位。不同的书目在其目标上有着很大的区别。

（1）查找文献，一个学者可能对其所需信息有一定的了解和认识，但要想知道全部的信息则需要借助目录。目录可以提供充分的书目细节，如著者和收藏者姓名全称、完整的题名、版本、出版地、出版时间、出版者、注释等，这样便能区别一书与其他图书。

（2）选择图书，目录的目的正是告诉用户文献的价值所在，通过给每一文献进行注释可以达到此目的。主题目录提供了特定主题的文献信息，而著者目录则提供了著者以前出版的所有图书。

(3) 核实书目细节，鉴别和核实书目细节必须依靠目录，一般是先从综合目录入手，然后再利用专科目录。

(4) 资源定位，用户可能明了他所需要的信息资源，但却不一定知道相关信息资源是否存在以及是否能够查到。这种情况下，出版书目、图书馆目录、印刷贸易目录以及联合目录都能提供文献的获取地点。

三、西方目录学体系

西方目录学在20世纪形成比较稳定的目录学学科体系，一般而言，西方目录学主要有两个分支学科，即列举或系统目录学(Systematic of Enumerative Bibliography)、分析或校雠目录学（Analytical or Critical Bibliography)。分析目录学又主要有三个分支学科：版本目录学（Textual Bibliography)、历史目录学（Historical Bibliography）和描述目录学（Descriptive Bibliography)。

列举或系统目录学是研究按照一定的系统化规则编排图书或其他文献的学问。通常情况下，普通用户或图书馆员所说的目录指的是列举或系统目录，图书馆卡片目录就是列举目录。列举目录要求对每一图书进行全面查阅，以便集中相关主题的图书，编制主题目录，并力求编制全面而又简要的款目，这些简要的款目只需要足以识别图书和使用户能够判断图书重要性的书目信息。一条记录通常包含作品的著者、题名、出版时间、相关文献等信息，可以通过著者、主题或其他主要信息进行编排。简言之，系统目录就是每本书详细信息的编排。这就要求对所有形式的知识记录都要进行适当的编目，包括出版和未出版的。列举目录就是要将每一图书的信息及其材料按照逻辑性和适用性编排。①

分析目录学是研究作为实体存在的图书、图书生产的细节以及制作方法对文本的影响等问题的学问，Walter Greg 认为目录学是

---

① Besterman, T. *The beginnings of systematic bibliography* [M]. New York: Franklin, 1968.

文献传播的学科。分析目录学还研究印刷者和书商的历史，研究纸和装订的描述，研究从作者手稿到图书出版的过程中文本的变化。

版本目录学（Textual Bibliography）研究印刷本和作者构思文本之间的关系。通常，手稿的笔记难以辨别，排字工人偶尔也会犯错，校对人员有时也没有发现错误。我们只有通过印刷图书才能了解作者的意图，尤其在1800年期间的印本书。版本目录学，有时也称为校雠学，力图提供著者作品中最精确的文本。版本目录学家需要专深广博的文献学、印刷以及出版的知识。历史目录学（Historical Bibliography），广义上是研究图书的历史、生产图书的人、机构及机器的学问。其研究范围从技术史到工艺史的一切与图书所涉及的文化和社会相关领域。描述目录学（Descriptive Bibliography），研究对文献实体进行精确描述的学问，包括图书的形成、铅字和纸张的类型、插图与图书的结合、装订等问题。与版本目录学家一样，描述目录学家也需要广博的图书工艺知识，这样才能精确、高效地描述图书的外形特征。描述目录对其收入的图书进行全面描述，能够使用户区分不同图书的不同版本，以及单一版本图书的重要演变。好的描述目录对图书收藏家是不可或缺的，无论其感兴趣的领域是什么以及收藏哪个时期的图书。①

分析目录学关注作为实体的图书全方面的研究：历史、外形特征、文本制作方式及影响，三个分析学科——版本目录学、历史目录学和描述目录学联系紧密，三者没有严格的区分，对我们了解图书具有同等的重要性。②

西方目录学经过长期的发展形成以列举目录学和分析目录学为主的目录学学科，在其发展过程中，逐步形成了以技术为主导的实

① Williams, William Proctor, and Craig S. Abbott. *An Introduction to Bibliographical and Textual Studies* [M]. New York: Modern Language Association, 1985.

② G. Thomas Tanselle. The Concept of Format [J]. *Studies in Bibliography*, Volume 53, 2000.

用性特色，注重目录学对社会的服务的技术发展。系统目录学只注重于应用和图书的记录，其表达形式也较丰富，如列举书目，它包含下述具体目录：国家书目、目录、主题目录、索引、文摘服务、资料目录与读书目录、书目之书目、系统目录的技术。分析目录学主要是描述目录在科学方面的作用。在分析目录学领域中，著名的是 1949 年弗吉尼亚大学弗雷德森·鲍尔斯的著作 *Principles of Bibliographical Description*。① 以美国目录学为代表的西方目录学注重的是目录学对社会服务的技术问题。随着电子计算机在书目工作中的应用，机读目录的产生和发展，国际标准书目著录的推行，现已形成了一种具有美国风格的编目方法和技术的目录方法。

第二节 数字环境下西方目录学的发展

人类历史上，每一次技术革命都对目录学的发展产生了重要的意义，雕版印刷、铅字印刷等印刷术的发明和改进推动了图书的大量制作生产，大量印刷图书的出现直接推动了目录学的发展。随着计算机技术和网络技术的发明和发展，巨量的数字资源飞速发展，海量的信息资源对目录学的发展而言既是机遇也是挑战。一方面不断发展的新技术逐步被目录学界采用，极大地促进了目录学的研究和实践，如随着计算机技术发展兴起的 MARC、自动编目技术等；而另一方面，计算机技术和网络技术的发展促使大量数字资源出现。海量数字资源的发展与印刷文献发展一样，需要进行规范和整理，不然就会容易造成信息迷茫，当下数字和网络环境下已有“网络迷航”这一专有词出现。目录学在信息的整理和导航方面具有传统优势，数字环境给目录学的发展又提供了一个难得的机遇，目录学的发展何去何从是每一个从事目录学研究的专家学者应该密切关注的。

---

① Tanselle, G. Thomas. Bibliography and Science [J]. *Studies in Bibliography*, Charlottesville: University of Virginia Press, 1974.

一、从列举目录学到网络书目控制

列举目录学的功用在于将大量的繁杂的文献有序化，列举书目具有鉴别和考证文献，确定文献的出版地、收藏地和购买地，帮助选购和选读文献三个基本功能，其发展的最终目的是书目控制(Bibliographical Control)。书目控制是应用控制论的原理，对文献信息系统进行模拟、调节、控制的过程和方法，其目的在于探讨书目情报工作规律，组织和协调书目工作，以促进文献资源的共享。随着书目控制论的不断完善与发展，书目控制既包括对具体文献的控制也包括对整个文献流的控制，因此，应建立由微观控制和宏观控制组成的书目控制体系。微观控制是指从具体的文献出发，通过编目系统或检索系统对每一篇文献的形式和内容进行控制，如著录控制、描述控制、规范控制和标引控制等。宏观控制是对文献流的数量和质量的控制，如文献情报流控制和文献情报源控制。

（一）目录的主要类型

1. 总目或世界书目（Universal Bibliography）

世界书目的最初设想是完整地记录世界所有出版物，此计划由国际书目协会(International Office of Bibliography)执行，但后来放弃了世界书目计划，而决定致力于建立系统的国家书目。今天，总目一般为跨学科书目和国际书目，作为学科和国家书目的补充。①

1973 年 IFLA 成立 UBC 国际办公室，其后发展为“世界书目控制与国际机读目录”（Universal Bibliographic Control and International MARC，UBCIM）核心项目，其目的在于协调国家级书目控制标准与系统的开发以及书目数据的国际交换。2003 年 3 月，UBCIM 结束了长达 30 年的活动。

---

① Universal bibliography/Universal bibliographic control (UBC) [EB/OL]. [2007-09-18]. http://www.db.dk/bh/Core%20Concepts%20in%20LIS/articles%20a-z/universal_bibliography.htm.

2003 年 8 月，IFLA 与国家图书馆馆长会议（CDNL）建立了一个新的联盟，继续并扩展原来由 UBCIM 及 UDT（IFLA 的另一个核心项目）所做的协调工作。联盟全称“IFLA-CDNL 书目标准联盟”（IFLA-CDNL Alliance for Bibliographic Standards，ICABS）。① 其三大目标是：

（1）维护、推广和协调书目与资源控制相关的现存标准与概念。

（2）发展书目与资源控制策略，确保推进新的和推荐的协议。

（3）推进对电子资源长期存档相关问题的理解。

2. 国家书目（National Bibliography）

国家书目是指揭示与报道一个国家在一定时期内出版的所有图书及其他出版物的目录。包括报道最近出版物的现行国家书目和反映一定时期内出版物的回溯性国家书目。1595 年，蒙塞尔编制《英国出版图书目录》。17—18 世纪，随着出版业的发展，国家书目不断增多。19 世纪出现定期出版的国家书目，如 1811 年创刊的《法国书目》，1825 年创刊的《现行德国图书通报》，1829 年创刊的《现行瑞典图书通报》，1833 年创刊的《现行荷兰图书通报》等。1858 年“国家书目”一词首次出现于文献中。1871 年瑞士出版了现行国家书目，美国（1898）、比利时（1875）、波兰（1878）、保加利亚（1897）也相继出版现行国家书目。到 20 世纪 80 年代全世界有近百个国家编辑出版了国家书目。编制国家书目的资料来源大体有 3 种：①呈缴本（见出版物呈缴制度）；②通过版权登记征得的出版物；③图书馆馆藏或书商、出版商赠送的图书。在收录范围上，大多数国家书目仅包括本国境内某个时期用多种语言出版的图书，少数还包括本国以外的用某种语言出版或关于某国的图书。由于政治、语言、地理原因，各国国家书目收录范围不尽一致。如《法文出版物总目》包括瑞士、法国和其他国家用

① IFLA Core Activity：IFLA-CDNL Alliance for Bibliographic Standards（ICABS）[EB/OL].[2007-09-18]. http：//www.ifla.org/VI/7/icabs.htm.

法语出版的图书；塞内加尔的国家书目同时也收录了邻国马里的图书。①

在收录文献类型方面，各国国家书目体例不尽相同。一般认为应包括：政府出版物、公私出版品、报纸、期刊、地图、乐谱、少数民族语言文字出版物、本国出版的外文书刊、音像文献、缩微文献等。在编排体例上，国家书目一般采用分类编排，如《比利时书目》按《国际十进分类法》编排；有的国家书目按主题编排，如《奥地利书目》分为13个主题，每个主题下按作者字母顺序排列；还有的国家书目按出版物的形式等编排，如加拿大的国家书目先按出版物的形式进行划分，再按《杜威十进分类法》编排。国家书目通常都附有辅助索引和标题表，可从多种角度揭示和检索文献。国家书目在文献著录和款目编排方面通常更加规范化和标准化。现代的国家书目较多地采用电子计算机技术，实行自动化编目。为了提高国家书目的质量和便于国际书目信息交流，1977年国际图书馆协会和机构联合会的世界书目控制（UBC）计划办公室为联合国教育、科学和文化组织制定了《国家书目机构和国家书目准则》。

各国范围内实行国家书目控制是实现世界书目控制的前提条件，而标准化和自动化是实现国家书目控制的基础，只有实现世界书目控制，才可能真正实现全球的资源共享。②

3. 著者目录（Author Bibliography）

著者目录是能够集中地反映某一著者的馆藏图书，因此，对于专门研究某一著者及其著作的读者来说，这是一种十分有效的检索工具。例如某作者既是思想家又是文学家，他的作品就会被分散到哲学类和文学类，如果通过著者目录就可以发现著者的一系列著

① 张厚生．国家书目[EB/OL].[2007-09-18]. http://www.czlgj.com/teachers/lib/lib/name/nn7.htm.

② Bates. M. *Rigorous systematic bibliography* [M] //Howard D. White, Marcia J. Bates & Patrick Wilson. Information Specialists. Interpretations of Reference and Bibliographic Work. Norwood, NJ: Able, 1992.

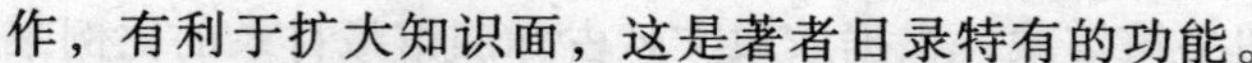

作，有利于扩大知识面，这是著者目录特有的功能。

4. 主题目录（Subject Bibliography）

主题目录对从事专题研究的读者来说，是非常重要、非常实用的一种目录。使用主题目录时有两个最显著的特点：一是直接用经过规范化处理的名词术语做主题词，而不需要转换成分类号，它具有直观、灵活、准确等优点：把这些名词术语（主题词）按字顺排列，查检起来非常方便。二是能将同一主题的、有关的、分散在不同学科的文献资料集中在同一主题词下，可避免用分类目录查找时造成的涉及跨类目的信息漏检问题。

5. 馆藏目录（Catalog）

馆藏目录是一个图书馆馆藏资源（图书、期刊、音像资料、计算机光盘等）的逐条记录（record），对每一件馆藏提供简单描述，内容通常包括该馆藏的题名、责任者（著者）、出版者、出版日期、主题、载体形态等，期刊目录还同时提供馆藏年月/卷期号等信息。图书馆最重要，使用最多的参考检索工具是馆藏目录。

随着计算机网络技术的发展，目前所有现代化图书馆都逐渐放弃了卡片目录的使用，而改用馆藏联机目录（Online Public Access Catalog）。虽然图书馆联机目录中逐条馆藏记录的内容与卡片目录基本相同，但是联机目录的使用大大改变了传统的查找书目的方式，提供了多个检索途径，并且大大增加了馆藏记录之间的相互参照功能。联机目录是图书馆自动化管理系统中的一个环节，这个系统通常还包括书刊采购和外借流通等工作程序，因此联机书目也能同时反映图书馆最新采购但还未及时编目的书刊信息和书刊外借信息（如某本藏书是否被借出，何时归还等）。另外，图书馆还可根据需要随时提供或更改其他馆藏相关信息，如馆藏地点等。

一些国家往往编有标准馆藏目录，向图书馆推荐必备的、基本的文献。这些目录一般由有经验的专家精心选定，具有一定的权威性。例如美国出版有《标准目录丛书》，包括《公共图书馆目录》、《学院图书馆目录》、《高中图书馆目录》等。美国图书馆协会对这几种目录定期进行更新。对这些目录中所列“必备文献”的收藏情况可以反映一个图书馆文献采选的质量。因此可利用标准馆藏目录来核对某一图书馆馆藏，根据入藏文献占标准馆藏目录的比例来评价馆藏质量。但由于标准馆藏目录收录范围和数量有限，各馆的读者和任务又不尽相同，所以用这种方法仍有一定局限性。由于核对工作量较大，费工费时，一般只在某一特定范围（学科、主题、藏书水平等）内进行，例如可以从收藏不足且不能满足读者需要的那一部分馆藏着手进行核对和评价。

所有类型的目录既有印刷形式的，也可以是 CD-ROM 形式或在线数据库（如 OPAC），而国家书目是目录体系的主干。目录也有通用目录（general bibliography）和专科目录（special or subject bibliography）之分，从科学交流的角度而言，专科目录较之通用目录更为重要，国家书目和跨学科书目是专科目录学的补充。

（二）网络书目控制

随着数字化与网络化的发展，由传统的文献资源书目控制逐步向网络资源书目控制发展。网络信息资源急剧增长，书目控制的范围和类型都发生了很大的变化，非印刷型媒体大量增加。文字、图像、声音、动画等多媒体信息急剧增长，加之网络信息资源的不稳定性给数字环境下的书目控制带来了很大的挑战。巨量的网络信息在给用户提供丰富信息资源的同时也产生了网络信息利用的主要矛盾，即网络信息的无限增长与用户效用信息需求之间的矛盾。网络信息的巨量、无序及其质量的良莠不齐给用户有效地利用信息产生了障碍，因此要合理有效地利用网络信息资源就必须对其进行有序化组织和整理。基于此，网络书目控制的研究应运而生。

21 世纪的目录学定位于“信息资源－知识”，网络信息目录工作及控制网络信息的工具逐渐成为当代目录学研究的重要内容。网络资源的书目控制对象是数字化网络资源，实现手段和方法不同于传统的书目控制，必然面临很多新的问题和挑战。国际图联书目控制部编目组针对数字资源制定了相关工作目标：在电子出版的环境下领导编目过程、编目活动和编目员；制定适应日益增长的电子资源的编目指南等。美国国会图书馆编目部发布了一项“网络资源书目控制：国会图书馆行动计划（Bibliographic Control of Web Re-

sources：Library of Congress Action Plan）”①，提出了6个行动计划目标：

● 提高所选电子资源中标准记录的有效性。制定关于加强电子资源记录的创建和有效性的计划。探讨由注册、采访和编目而获得的元数据的使用方法。

● 加强对所选网络资源记录的跨系统访问和显示。

● 与数据标准机构合作，加强所选网络资源的书目控制。

● 开发元数据收割和维护的自动化工具。为提供和维护复合型资源记录相关的寻址问题制定规范。

● 开展适当的培训和继续教育。改进图书馆和情报科学学科的课程，推行目录工作从业者的继续教育。

● 支持新兴元数据标准的研发，迎接互操作性带来的挑战，以促进被选网络资源的书目控制。

此6个目标是阶段性的、多领域的，又是相互促进和协调发展的，是实现数字化网络资源书目控制的切实可行的目标体系和有力保障。②

随着网络信息的发展以及搜索引擎技术的不断进步，日益丰富的电子资源极大地改变了图书馆工作的方式，2006年11月1日，美国国会图书馆宣布成立未来书目控制工作组，以适应21世纪书目描述的发展变化。根据工作组成立时的协议，2007年召开了三次书目控制地区会议。工作组第一次会议——“书目数据的用户和用途”于3月8日举行，会议讨论了书目数据在信息用户环境和信息管理环境下的一些问题，认为目前的书目数据不能完全满足需求，无论是用户的需求还是图书馆资源管理者的需求。在信息用户环境下，书目数据应帮助用户查询、鉴别、选择和获取任何语种的

① Bibliographic Control of Web Resources：Library of Congress Action Plan [EB/OL].[2007-09-18]. http：//www.loc.gov/catdir/bibcontrol/actionplan.html.

② 彭斐章，邹瑾．数字环境下的书目控制研究［J］．图书馆论坛，2005（6）：10-15.

信息资源。而在信息管理环境下书目数据应有效地处理数据产生、数据结构、互操作、跨系统和跨机构的统一管理等问题。2007 年 5 月 9 日举行了第二次会议——“书目数据的结构和标准”（Structures and Standards for Bibliographic Data），此次会议的目的是进一步讨论书目控制的结构和标准问题，如规则、指南、模式和结构框架等。2007 年 7 月 9 日在华盛顿举行了第三次会议——“Economics and Organization of Bibliographic Data”，这次会议主要是为了更好地理解当前和不久的将来或更为遥远的未来经济和组织的需求和挑战，元数据的开发、维护、共享和支撑，书目控制的结构和标准等。在此背景下，无论微观或宏观层面，“经济（Economic）”指书目控制的人力、技术和金融成本；“组织（Organization）”指与书目控制相关的实体，除组织框架、个人和集体外，还包括相关机构的工作及交互，如各类图书馆、提供书目控制服务的机构（OCLC 等）以及开发和维护书目控制结构和标准的机构。①

二、西方分析目录学的发展现状

分析目录学起源于对莎士比亚著作和伊丽莎白一世（1558—1603 年）和詹姆斯一世（1603—1625 年）时期其他剧作家作品的研究，活跃于 19 世纪初的三位杰出学者波拉德（A. W. Pollard）、麦克罗（R. B. McKerrow）和格雷戈（W. W. Greg），创立了分析目录学。分析目录学或校雠目录学（Critical Bibliography）是研究作为物体的图书、图书生产的细节、制作方法对文本的影响等问题的学问。作为传递文献的科学，分析目录学还研究印刷者和书商的历史，研究纸和图书装帧的描述，以及研究从作者的手稿到书籍印刷出版的过程中发生的文本变化。分析目录学包括历史目录学、版本目录学和描述目录学。历史目录学，笼统地讲就是研究书的历史，包括生产图书的人、机构和机器，其研究范围从技术史到工艺

① Working Group on the Future of Bibliographic Control [EB/OL]. [2007-09-18]. http: //www. loc. gov/bibliographic-future/.

史的一切与图书所反映的文化与社会有关的领域；版本目录学是研究已存在的印刷文本与作者构思文本之间的关系；描述目录学则是对图书外形特征的精确描述。①

（一）描述目录学

描述目录学的主要功能是对文献进行精确的形式描述，在书目方法上强调完整、精确、细致地著录文献，并相应地建立一套标准化的著录规则。在网络环境下，描述目录学则为实现网络信息资源的书目控制提供一套完善的著录规则、标准，力求准确地描述网络资源，对网络信息的数量、质量、形式以及内容进行控制。

传统的 MARC 编目方法主要是对馆藏信息资源进行编目，但应用于网络资源的控制也是可行的，特别是针对数字化资源增加的 856 字段。不过由于其格式严格，不易反映信息的动态性，难以处理不同字段的关系。基于此，专门用于描述网络信息的元数据孕育而生。元数据标准有多种，如描述艺术类可视资料的元数据标准 CDWA（Categories for the Description of Works of Art）和 RVA Core（Core Categories for Visual Resources）、地理空间元数据内容标准 FGDC（Federal Geographic Data Committee）、政府信息定位服务 GILS（Government Information Locator Service）、包含元数据和全文内容的元数据标准 TEI（Text Encoding Initiative）和 EAD（Encoded Archival Description）等。目前最为通用的是 DC（Dublin Core）元数据，其描述对象是网络资源，有 15 个核心元素，方便易用，可扩展性和可操作性强。②③

为了应对信息技术的飞速发展，以及随之出现的数字信息资源、机读目录、联机公共目录系统给编目理论与实践带来的新问

---

① Jean Peters. *BookCollecting: A Modern Guide* [M]. New York and London: R. R. Bowker, 1977.

② 张晓林．元数据研究与应用［M］．北京：北京图书馆出版社，2002.

③ 冯项云，肖珑等．国外常用元数据标准比较研究［J］．大学图书馆学报，2001（9）：15-21.

题，国际编目原则采用了信息技术提供的新技术和新方法，利用 FRBR（Functional Requirements for Bibliographic Records）/FRANAR（Functional Requirements and Numbering of Authority Records）概念模型来体现新的书目工具在实现目录功能方面的特征与作用。国际图联 FRANAR 小组于 2005 年 6 月 15 日公布了《规范记录的功能需求》（Functional Requirements for Authority Records，FRAR）草案全文，并在国际图联网上征求意见。2005 年 7 月至 10 月间，该小组收到包括 6 个国家图书馆和 3 个国家级编目组织的 12 份个人意见和 13 份机构意见。目前 FRANAR 正逐步被 FRAR 所取代。①②③

以《英美编目条例》（AACR）为基础，《英美编目条例》修订联合指导委员会 2005 年制定公布了《资源描述与检索》（Resources Description and Access，RDA），拟作为数字环境下资源著录与检索的新标准。FRBR 和 FRAR 模型为 RDA 提供了一个基础框架，具有满足新生资源特点的灵活性和可扩展性，以及在广阔的技术环境下数据生产所需要的适应性等。④

（二）从西方目录学协会科研项目看历史目录学与版本目录学的发展

西方历史目录学和版本目录学与中国古籍编撰学和古籍版本学研究内容具有一定的相似度。历史目录学主要研究图书史和生产图书的人、机构和机器的历史，中国古籍编撰学主要研究历代图书编撰学家及其代表作；历代官方修书机构及其代表作，私人图书编撰

① Glenn Patton. What's New with FRAR? [EB/OL].[2007-09-18]. http://www.ifla.org/IV/ifla72/papers/084-Patton-en.pdf.

② 王绍平.《国际编目原则声明》中的 FRBR/FRANAR 模型［J］. 国家图书馆学刊，2007（1）.

③ 王洋. FRAR 与中文名称规范控制［EB/OL].[2007-09-18]. http://www.nlc.gov.cn/service/fuwudaohang/conf2006/conf2006_wangyang.htm.

④ 英美编目条例修订联合指导委员会. RDA：资源著录与检索内容说明书［M］. 陈家翠，译.

的代表人物及其编撰经验等；历代图书编撰内容解析及各类图书编撰情况；古代图书编撰形式，包括图书编撰形式、编制等。版本目录学主要研究印刷本与作者构思文本之间的关系，一方面提供著者最优最精准的文本，另一方面对文本生产过程中出现的文字等错误进行校正。中国古籍版本学研究古籍著作方式的演变源流（写本源流、刻本源流)、图书版本的演变源流（版本数量、版本系统、版本优劣)、古籍版本鉴定的规律（内容和形式)，古籍版本学与目录学、校勘学互为依存、相得益彰。①②

西方各国目录学协会为鼓励目录学的发展，创立不少目录学奖项。美国目录学协会（http：//www. bibsocamer. org）创立席勒奖(Schiller Prize)，专门用于奖励和资助 20 世纪儿童读物的目录工作研究，此奖每三年评选一次，获奖者可得到 2 000 美元的奖励以及免费成为目录学会会员一年。该协会还设有福雷德森·鲍尔斯奖(Fredson Bowers award）和专门用于研究早期英国连续出版物的米歇尔奖（Mitchell Prize）等。英国目录学会协会（http：//www. bibsoc. org. uk）在推进目录学发展的过程中也得到了各种基金的支持，如古籍书商协会奖（Antiquarian Booksellers Association award)、范可纳·梅丹奖（Falconer Madan award)、皇家橡树基金(Royal Oak Foundation Bursary)、拜瑞·布隆菲尔德基金（Barry Bloomfield Bursary）等。各种奖项基金使目录学研究具备了较为雄厚的物质基础，吸引了许多专家学者致力于目录学的研究，并保证了各项研究的顺利进行。

目前西方分析目录学的热点在于历史目录学和版本目录学的研究，其主要研究内容为：

- 某一时期特定主题图书的研究

如 2007 年 1 月，劳伦斯·达顿（Lawrence Darton）凭借其著作《达顿：两出版机构 1787—1876 年间发行的儿童读物列表注释》(*The Dartons*: *An Annotated Check-list of Children's Books Issued by*

① 曹之．中国古籍编撰史［M］．武汉：武汉大学出版社，1999.
② 曹之．中国古籍版本学［M］．武汉：武汉大学出版社，1992.

Two Publishing Houses 1787-1876）获得第一届美国目录学协会设立的席勒奖。该著作是此领域目录学作品的又一里程碑，超过早期由Sydney Roscoe，Marjorie Moon 和 Christina Duff Stewart 制定的作品标准，其创作超过 25 年，729 页的著作详细著录和描述了文学发展关键时期两大最有影响力的儿童出版公司的作品。该著作建立和扩展了从 18 世纪到维多利亚时期有关英国儿童作品出版的渊薮，儿童书的历史、收藏家以及儿童书研究者和 19 世纪引数文化等。还有如 1475—1565 年间英国传奇文学印刷研究（work on the printing of English romances circa 1475-1565），19 世纪欧洲旅行家及其著作研究（a study of nineteenth-century continental tourists and their books）等，都是研究早期各国在特定领域内的图书问题。

- 著名著者的作品及其对书籍发展的贡献研究

如《圣安妮博林的加冕诗校勘版》（*A Critical Edition of the Coronation Verses of Anne Boleyn*），《15—16 世纪版本的萨瓦纳罗拉作品》（*Fifteenth- and Sixteenth-Century Editions of Savanarola's Works*），《威廉姆丽莉的〈拉丁语法及其入门〉研究》（*Work on William Lily's Latin Grammar and the Beginnings of Grammar Writing in English*）等。

- 机构藏书研究，如早期的修道院，大学图书馆等

如"阅读乌托邦：休斯免费公共图书馆"（Reading in Utopia: The Hughes Free Public Library (Tennessee)），"牛津大学图书馆收藏的16，17 世纪英国宽印刷物研究"（work on English C16 and C17 broadside prints in Oxford collections.），"1550—1700 年剑桥大学图书馆研究"（work on Cambridge college libraries c. 1550-1700）等。

- 早期图书出版机构研究

如"加拿大麦克米伦公司历史研究"（A History of the Macmillan Company of Canada），"'二战'期间牛津大学出版社情报印刷的调查研究"（Investigate intelligence printing by Oxford University Press during the Second World War），"信天翁出版社的兴衰：战前欧洲英文图书"（The Rise and Fall of the Albatross Press: English Books in Europe on the Eve of War）等。

• 图书生产技术研究

主要是水印技术和图书装订技术的研究，如“手工业时代以来的水印技术描述和分析研究”（A description and analysis of watermarks from the hand press period），“国民托管组织保存的英国和爱尔兰纹章书装订研究”（Work on British and Irish armorial bookbindings in properties held by the National Trust），中世纪信纸装订的历史和发展研究（A study of the history and development of medieval ‘stationery’ bindings）等。

• 图书出版与书业贸易研究

随着近现代出版业的发展和繁荣，极大地促进了当时书业贸易的发展。图书出版与书业贸易的繁荣存在怎样的关系，以及近现代西方各国的书业贸易情况都需要进一步的研究。目前也有不少研究围绕着这一领域，如1860—1900年苏格兰和新西兰印刷业文化与商业关系的调查研究（An investigation into cultural and commercial links between the Scottish and New Zealand printing industries 1860-1900），大西洋国家近现代商业出版及其经济一体化研究（Work on the business press and the economic integration of the early modern Atlantic world），1942—1948年间美国书业的国际化（The internationalization of the US Book Trade, 1942-1948），海峡两岸图书：漫长的18世纪的法国，英国和国际书业贸易（Books across the Channel: France, Great Britain and the International Trade in Books during the Long Eighteenth Century）等。

（三）西方目录学协会的发展

目前西方各国目录学会普遍关注分析目录学的发展。英国目录学协会的宗旨是为促进历史、分析、描述和版本目录学的研究和发展，鼓励书籍印刷史、出版史、销售史、装订史和收藏史的研究。协会的学术期刊《图书馆杂志》（*the Library*），有一百多年的历史，目前有印刷版和电子版，是英国研究目录学和图书在历史上作用的最杰出期刊。美国目录学协会（The Bibliographical Society of America，BSA）成立于1904年，是北美地区最早的目录学协会，该协会致力于作为实物的图书及手稿研究。1927 年协会确立了主要的目标，即促进目录学研究和目录著作出版。协会工作一直围绕着这些目标展开，通过一系列的活动来完成，如举办会议、演讲、奖金项目等，以及出版著作和期刊，如《美国目录学协会论丛》(*Papers of the Bibliographical Society of America*)，该期刊是北美最重要的目录学期刊。加拿大目录学协会（http://www.library.utoronto.ca/bsc/bschomeeng.html）的宗旨主要为促进目录学研究，鼓励列举、历史、描述、分析和版本目录学的研究和发展；促进目录学研究和目录实践工作；深化书史和印刷文化的学习和研究；出版书史和印刷文化有关的研究成果；鼓励书目、校勘本和书史及印刷文化研究的出版；促进各种形式的手稿、档案和出版物的保存和保护；鼓励将相关手稿和档案资源的利用与分析作为目录学和图书史研究的基础。弗吉尼亚大学目录学协会（http://etext.lib.virginia.edu/bsuva）1947 年成立，致力于促进手稿、地图、印刷、绘图以及版本和分析目录学研究的发展，是学术性最强的目录学协会。协会出版物，尤其是《目录学研究》，凸显了协会的特色，有着广泛的影响力。《目录学研究》1948 年创刊，弗雷德森·鲍尔斯(Fredson Bowers))时任主编，第一卷命名为《弗吉尼亚大学目录学协会论丛》，从第二卷开始改名为《目录学研究》。该刊是协会各项活动中最为引人关注的，是研究实体图书、文献的流传和版本研究的重镇。1997 年，协会庆祝成立 50 周年，出版了第 50 卷《目录学研究》，涉及该协会半个世纪的各项信息：协会的历史和大卫·凡德·米伦（David L. Vander Meulen）著作的记录、《目录学研究》的历史和 50 卷左右作者索引。澳大利亚和新西兰目录学协会（http://www.csu.edu.au/community/BSANZ/）于 1969 年 2 月在墨尔本成立，借鉴英国目录学协会和美国目录学协会，澳大利亚和新西兰目录学协会关注的领域包括印刷史、出版史、销售史、造纸、装订、古文字学和手稿学，以及版本目录学。协会还关注参考目录学的发展，一直热衷于澳大利亚 19 世纪前的文献整理工作，并通过澳大利亚“图书遗产工程”来完成这项工作。

在目录学协会大力鼓励和支持下，并以众多的基金奖金作为物质基础，西方目录学研究获得不少的成果，催生了一批目录学作品。英国目录学协会 1997—2007 年间出版发行了 10 部目录学著作。如 1997 年出版的《英国歌剧及歌曲著作的出版，1703—1726：描述目录》（*Opera and Song Books published in England* 1703-1726：*A descriptive bibliography*），1998 年出版的《教堂图书馆目录：英国和威尔士大教堂收藏 1701 年前印刷书籍（第二卷：欧洲大陆书籍）》（*Opera and Song Books published in England* 1703-1726：*A descriptive bibliography. Volume* 2：*Continental books*）等。如上文所述，在 2002—2006 年间英美目录学协会各种基金资助的研究项目达 131 项。这些项目一般为期一年，短则几个月，因此研究成果的获取周期短。随着研究项目的完成，产生了大量的目录学著作。如校勘版的格莱汉姆马瑞亚《巴西航行》（Maria Graham's *Journal of a Voyage to Brazil*：*A Critical Edition*），集注版《驯悍记》（The Variorum Edition of *The Taming of the Shrew*），牛津大学出版社学术版本翰米尔顿的《复乐园》和《力士参孙》（Scholarly Edition of John Milton's *Paradise Regained* and *Samson Agonistes* for Oxford University Press），19 世纪欧洲旅行家及其著作研究（a study of nineteenth-century continental tourists and their books）等。英国目录学协会 2007 年出版了《书商公司的法庭著作索引，1679—1717》（*Index to the Court Books of the Stationers'Company*，1679-1717），2004 年出版了《图书装订及其历史》（*Bookbindings and Their History*）和《英格兰和威尔士教会图书馆指南》（*A Directory of the Parochial Libraries of the Church of England and the Church in Wales*）等一大批有关目录学研究和实践的著作。美国目录学协会 1980 年出版了《美国目录学协会，1904—1979：回溯收藏》（*The Bibliographical Society of America*，1904-1979：*A Retrospective Collection*），2004 年出版了《美国目录学协会：百年历程》（*The Bibliographical Society of America*：*A Centennial History*），2006 年出版了《林德·怀纳·艾斯与美国最早的改革手册收藏》（*Leander Van Ess and the Earliest American Collections of Reformation Pamphlets*）等相关著作。

（四）分析目录学技术不断发展

随着光学技术和计算机技术的发展，分析目录学的技术方法发生了比较大的变化。早期的校对方法称为“温布尔顿法（Wimbledon method）”，通过人工翻阅文本的不同副本，逐行逐句阅读，以此来找寻误漏。另一比较古老的方法称为“圆圈校对法（Circle Collation）”，这种方法较之温布尔顿法要求人数不止一人，需要一人大声读出来，另一人小声跟读，以此发现标点、错行、掉字以及其他印刷错误等。以上校对法与中国古文献学的校雠法相当，“一人读书，校其上下，得谬误，为校；一人持本，一人读书，若冤家相对，为雠。”但人工校对的方法比较浪费时间，到了20世纪后期，随着技术的发展，机器文本校对技术和数字扫描技术已经能够同时对多个版本的文本进行自动校对。光学技术也已应用于版本研究，欣门校对机（Hinman Collator）、文顿校对机（Vinton Collating Machine）、罗斯门的休斯顿编辑桌和编辑架（Roth-man's Houston Editing Desk and Editing Frame）等专门用于版本比较的机器逐步应用。①

计算机技术的发展也逐步应用到分析目录学，如利用计算机排版技术进行历史文献的编排，利用计算机检测异文的细小变化，利用单相交照技术进行文献材料的检测，利用X光技术检测图书的机构，利用紫外光检测被覆盖的画和被擦去的文本，利用光谱学研究油墨颜料等。这些新的技术已经被分析目录学家广泛地用于纸张鉴别、文献制作方法，文献材料的研究之中。如扫描技术，书籍通过光学特征识别器（Optical Character Recognition）扫描，其页面再转换成文本文件并与前期同页面的扫描结果相比较，这种方法也经常被版本学家用于比较早期不同版本的书籍。但复印或扫描技术会对古籍造成一定的损伤。而图片可以通过照相技术进行复制，目前可以通过数码相机直接进行，并赋予鲜明的颜色，如红色或蓝色，再将图片在电脑屏幕上叠加，如果两幅图没有不同，则整个看起来

① 彭斐章，陈传夫等编．目录学教程［M］．北京：高等教育出版社，2004：118.

呈二次色，紫色；另一方面，如果有不同，其主要颜色则会分别显示。上述的技术操作都不困难，普通用户通过 Photoshop 软件就可以进行。

第三节 西方目录学的发展对我国的借鉴与国际目录学交流

一、西方目录学发展对我国的借鉴意义

（一）加大古典目录学的研究，进一步弘扬“辨章学术，考镜源流”的优良传统

我们在对目录学前沿性问题进行研究的同时，也要注重对我国目录学遗产的继承和研究。彭斐章在其著作中说道：“我国目录学历史悠久……并以‘辨章学术，考镜源流’形成了自己的独特传统而著称于世……研究我国古典目录学是为了建立与发展现代目录学；建立我国现代目录学新体系，必须借鉴我国古代目录学的优良传统。”①

重视目录学遗产的研究，就要重视对目录学家和目录的研究，不能局限于少数杰出目录学家和知名目录的研究。对各个时期的目录学家和目录进行研究，要针对时代背景，考察政治、经济、文化等历史背景，客观反映，深度挖掘我国目录学遗产，丰富我国目录学的内容。此外还要重视以下方面的研究：古代藏书的研究，藏书机构、藏书家、藏书的继承演变以及藏书对我国文化发展的影响等；古籍编撰史研究，编撰机构、编撰人、编撰形式以及对我国文化发展的影响等；古籍版本学研究，古籍版本的源流及其对我国文

---

① 彭斐章，乔好勤，陈传夫．目录学（修订版）［M］．武汉：武汉大学出版社，2003：20-21.

化发展的影响等。

目录学的研究要与整个学术的发展联系起来，理清目录学在学术史的地位。学科的研究和发展应与整个文化的发展演变相联系，要从文化整理史的高度来研究古典目录学，而这也是我国目录学的一大优良传统，对当今目录学的发展仍具有重要意义。

在新时期继续弘扬"辨章学术，考镜源流"，突出地表现为专科目录学的研究。专科目录学最能体现"辨章学术，考镜源流"的功能，并能在当代情报服务和参考咨询中发挥作用。通过评介专门领域和学科的重要文献，帮助读者了解学科的发展，指导读者选择与阅读学科的基本文献，促进科学研究的开展和文献资源的开发和利用。专科目录学的研究，不仅指导了专科目录工作，而且还丰富了目录学的内容，提高了目录学的社会职能。

（二）加强网络书目控制的研究

目录学的研究应适应时代发展的需求，紧跟时代潮流，与时俱进。随着社会环境的变化，数字化和网络化给社会各个领域带来了极大的冲击，图书情报学科的发展在新环境下遇到了很大的挑战，目录学也不例外。针对日益增长的网络资源，世界目录学界不断寻求对其进行组织和描述的方式方法，网络书目控制的研究成为当前目录学界的一个热点。研究网络书目控制需要从描述言语、描述规则和控制手段等入手。

网络书目控制的研究突出表现为元数据的研究。元数据是组织和描述网络资源的基础。我们在研究网络书目控制时，要吸收国际上已有的研究成果，结合我国的实际情况，加以利用。目前 DC 元数据标准使用最为普遍，我们要利用其灵活性，结合网络资源，特别是中文资源的特点，充分发挥 DC 元数据的优势，有效地组织和描述网络资源。同时，实现传统的 MARC 数据与 DC 元数据的有效转换和映象还需要进一步研究。在借鉴各种描述框架和描述规则的时候同样需要结合我国的实际情况，如何将各种框架和规则与我国实际相结合是需要格外注意的。

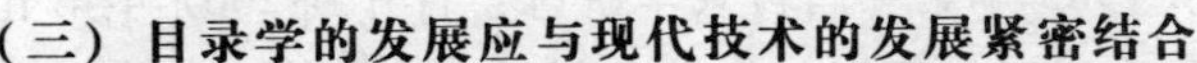

(三) 目录学的发展应与现代技术的发展紧密结合

我国历史上，造纸术的发明和改进、雕版印刷和活字印刷的发明都极大地促进了书籍的“出版发行”，书籍的大量出现直接推动了我国古典目录学的发展。历史证明，每一次信息技术的革新都会直接或间接地促进目录学发展。数字时代，计算机技术和网络技术的发展日新月异，目录学应抓住技术发展的契机为我所用，如数据库技术、书目语言技术、信息组织技术等。古典目录学的研究，也应充分利用现代技术成果，如西方目录学中历史目录学和版本目录学在研究过程中应用光电技术以及计算机技术一样，我国古典目录学的发展也要实现人文与技术的结合。

(四) 加强目录学研究的领导，寻求更多的学术资助

中国图书馆学会目录学专业委员会是我国目录学研究的最高组织机构，对我国目录学研究进行指导和规划。2005 年 11 月 8 日，专业委员会对未来四年的工作进行了规划，明确了指导思想和主要的工作计划。指导思想为：在学术委员会领导下，承担目录学创新与目录学社会应用的使命，引领全国目录学文献学的学术研究，指导图书馆书目工作实践，扎实研究、与时俱进、开拓创新，为目录学发展、为中国图书馆事业的繁荣做出新的更大贡献。将目录学方法研究、学科创新、目录学领域的标准问题、信息素养教育和定期召开目录学研讨会作为下一阶段的工作计划。①

目录学专业委员会在提升目录学发展方面做出了很大的贡献，但同时注意到，我国目录学研究力量集中于各图书情报教研机构，大专院校相关院系和情报科研院所，研究力量比较单薄，目前图书情报学科发展“位居人后”，目录学研究社会认同度不高。为繁荣目录学的研究，促进学科的发展，委员会的指导和协调力度还需进

---

① 目录学专业委员会讨论总结［EB/OL］.［2007-09-18］. http://www.lsc.org.cn/CN/News/2005-11/EnableSite_ReadNews101399791131379200.html.

一步加大。从1983年第一届目录学研讨会召开到2007年第五届目录学，平均几乎每五年召开一次学术研讨会，虽然近年来举办研讨会的密度有所增加，但在增进研究交流方面还略显不够。西方各国目录学协会一般每年都举办年会，会上宣读论文，交流目录学研究进展。我国目录学研讨会应缩短开会周期，使目录学研究领域的专家学者有更多的机会直接交流，同时促生目录学研究作品，繁荣目录学。

当前我国目录学研究的主力军为图书情报教育、科研和工作部门人员，虽然研究队伍基础比较庞大，但是研究力量却相对薄弱。目录学研究的环境较差，一方面得不到社会的普遍认同，另一方面缺乏必要的物质基础，导致目录学研究人员的士气不高。因此，目录学研究需要寻求必要的学术资助。虽然目前有不少学术科研基金，如全国社会科学基金等，省市相关教育部门也设有资助基金，各校为鼓励学术研究也设立了相关的学术研究基金，但目录学研究在争取这些科研基金的支持时比较艰难。所以，笔者认为应设立专门的目录学研究资助基金，夯实目录学研究的物质基础，同时建立相应的奖励机制，用于奖励目录学研究的新成果。尤其是目录学研究新军，需要大力的支持和不断的鼓励。这样才能使目录学研究队伍不断壮大，促使目录学不断前行。

随着信息的网络化和数字化发展，世界目录学和我国目录学都发生了深刻的变化，如何在日益变化的社会环境中寻求学科定位是每个目录学研究人员需要深思的问题。一些国家的目录学由于其技术的先进性，在某些方面走在我国的前面，对于他们先进的理论和技术，我们要积极主动地吸收和借鉴，为我所用，丰富我国目录学的内容。同时，在学习国外目录学发展经验的时候，我们应注意到，源远流长的传统文化铸就了我国古典目录学丰富的知识内容。面对大量沉寂的文化遗产，我们还需要进一步挖掘目录学宝藏，在新时期继续弘扬“辨章学术，考镜源流”的目录学思想，让这一优良传统不断发扬光大，在新的环境下充分发挥目录学的功能，服务于社会的发展。

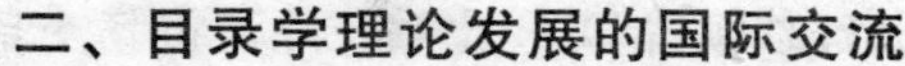

二、目录学理论发展的国际交流

随着全球一体化发展，世界在经济、政治、科技、文化以及生态领域等联系越来越紧密，越来越相互依存。而经济互存的加深、文化影响力的增长、信息技术的快速进步以及全球新秩序的逐步建立等使世界人民交往更加密切，逐渐融入全球一体化体系之中。在文化领域，跨文化交流和传播的增加，新的分类意识和全球化身份的出现，消费和接受国外的商品和思想，采用新技术和新做法等都是参与世界文化（World Culture）的方式。因此，在全球一体化的背景下，任何闭门造车的做法都应被抛弃。科学的发展也离不开吸收和借鉴国外的先进理论、技术以及经验，充分开展国际合作。在吸收国外科研成果的同时，将我国的理论精华发扬光大，为世界所用，一方面进一步增进交流，另一方面，也是更为重要的方面，就是要使我国的科学发展在世界上占有一席之地。

（一）目录学国际交流标准问题

无论什么领域，国际化都有一定的明文规定或约定俗成的标准，即衡量该领域是否达到国际化程度的指标。如企业国际化、城市国际化、教育国际化等，都有各自的衡量标准。企业国际化的标准由其全球贡献力（全球销售额、全球纳税额、全球雇员数、全球跨国数、全球创新力等）、全球经营力（全球销售利润、全球销售利润率、全球资金利润率、全球市场占有率、全球资本扩张力等）和全球整合力（全球经营方式、全球决策方式、全球财务管理模式、全球组织管理模式、全球雇员培训与聘用方式等）构成。① 国际化城市标准包括人均 GDP、第三产业增加值占 GDP 比重、人均年收入、人均电力消费量、每万人拥有乘车量、每万人拥有电话数、外籍侨民占本地人口比重、入境旅游人数占本地人口比

① 张华容．企业国际化评价标准的剖析与重构［J］．财贸经济，2005（4）：77-80.

重、市民运用英语交流的普及率、国际主要货币通兑率、本地产品出口额占 GDP 比重、进出口总额占 GDP 比重、外汇市场交易量、外商直接投资占本地投资比重、非劳动力比例、地铁运营里程、人均公共绿地面积等。① 教育国际化标准包括教育观念的国际化（开放、全球意识）和高校国际化（教师队伍国际化、课程设置国际化、学生来源国际化等）。②

通过以上国际化标准的介绍，我们可以看出国际化标准包含国际化意识与观念和可实施的指标。虽然，目录学作为一门学科与企业、城市、教育有着很大的区别，但是在衡量和评价目录学国际化程度时，我们仍需从观念和具体的指标两个方面来进行。

1. 国际化意识和观念

在当前环境下，网络和通信技术的发展将世界融为一体，科学研究如果限于一国之内，特别是科技不甚发达的国家，不置于全球背景下考虑，必然不能与世界先进水平同步。目录学研究要跨越国界，以全球化的视野来审视整个学科的发展。

2. 目录学研究国际化，包括研究课题和研究方法的国际化

目录学国际化首先应具有国际化的意识，知晓当前世界目录学研究的前沿和热点问题，有针对性地选择研究课题。我国哲学社会科学研究方法存在着严重的不规范现象，主要表现为研究手段、研究过程和研究工具等方面的不科学操作，特别是普遍不符合国际社会科学研究标准化的要求，这严重影响了我国哲学社会科学管理和发展以及研究成果的科学性，也影响国际学术交流，影响研究成果与国际接轨，并直接导致理论和实际脱节，造成学术浮躁和学术垃圾。当务之急必须实行国际标准化研究方法，强化哲学社会科学研究成果产出过程的科学性。③

---

① 上海市人民政府发展研究中心．国际化城市标准比较研究［EB/OL］.［2008-05-10］. http：//fzzx. sh. gov. cn.

② 张芹，朱莉英．高等教育国际化的内涵、标准与实施对策［J］. 科教文汇，2007（2）（下半月刊）：1，5.

③ 牟岱．哲学社会科学研究方法国际标准化及其意义［J］. 开发研究，2006（4）：73-76.

3. 目录学教育国际化

教育国际化有如下五个要素：一是教育观念的国际化。旨在培养面向世界的国际意识的开放型人才；二是教育内容的国际化。主要是增设有关国际教育的专业或课程以及在已有课程中增开国际性内容；三是师生互换、学者互访等国际交流；四是国际学术交流与合作研究；五是教育技术、设施等资源的国际共享。①

4. 目录学理论成果国际化

我国在改革开放的实践中逐步认识到“民族的才是世界的”，越是本土化有特色的东西才越为世界所重视。理论必须具有独特的魅力，在相对独立的文化基础上形成其鲜明的个性。倘若是世界各国皆有的理论也就没有国际化的必要了。我国古典目录学经过长期的发展，最终形成了以“辨章学术，考镜源流”为核心的独特传统并著称于世。小序、解题、互著、别裁等目录学方法，以及“辨章学术，考镜源流”所体现的学术整理思想，现在看来仍有巨大的借鉴意义。

（二）目录学国际交流策略

1. 合作创办国际交流机构

合作创办国际交流机构对目录学的研究具有重要的意义，能够依托交流机构进行研究基金的筹集、人员交流互访、合作完成科研项目、共同出版目录学著作等。如在中西方文化交流中占有举足轻重地位的哈佛燕京学社（Harvard—Yenching Institute，1928 年 1 月 4 日正式成立），学社是一个纯学术性、严整性、独立基金制的学术组织，其合作具有平等性、规范性、互补性等特点，这些特点是当今国际合作和中外交流中需要十分注意的。哈佛燕京学社的经济后盾坚实，同时聘请了很多权威学者，如郑振铎、孙楷第、陈垣、顾颉刚等。而在哈佛留学的中国名人也有很多，如赵元任、陈寅恪、吴宓、梁实秋、林语堂、竺可桢、贝聿铭等。学社也派遣了不

---

① 刘贵华．教育国际化：21 世纪的教育理念［J］．教育理论与实践，2000（5）：11-15.

少年轻的研究生及学者赴华留学，如被誉为美国中国学的“创建之父”的费正清、魏鲁男、贾天纳、毕乃德等。学社在燕京大学设有北平办事处，负责文史哲三系部分教授的科研经费，出版《燕京学报》（共四十一期）与若干特刊，另设引得编纂处。编纂处采用中国字庋撷法专印经过整理的中国古籍“引得”（即索引）。其大致可以分为两类，正刊四十一种，特刊二十三种，总计六十四种，共八十一册，是国内较早运用科学方法整理出版中国古籍文献的工具书。该社三十年间，出版了有关经史子集六十四种引得，每种各有一序，述其原书编撰始末及其版本源流，并评价其得失，供读者利用参考。哈佛燕京学社的严密组织与规范操作对目前的高校合作和中外交流具有重要的启示意义。①

2. 举办国际学术交流会议

会议论文可以及时有效地通报领域内的研究现状及研究热点，并能通过与会者进行广泛传播。尤其是当前国际研究的热点问题，能够引起广泛的关注。如2006年在武汉大学举办的“第二届数字时代中美图书馆与情报学教育国际研讨会”上，华盛顿大学Harry Bruce教授介绍了美国的iSchool运动，即加强信息、技术和人员三者之间的交互。参与此项运动的单位通过科研立项、设立奖学金、进行创造性工作和研究等措施支持并加强这种交互行为。Harry Bruce的报告引起了与会代表的高度重视，并就iSchool的课程设置等问题进行了交流。而会后，讨论和研究iSchool的热情依然高涨，《图书情报工作》于2007年第四期设立“iSchool”专题进行讨论。正是由于交流会的召开，才使得这场在美国兴起的信息运动得到国内的普遍关注，并对我国图书情报学的教育造成了一定的影响，有学者提出我国目前的学科整合刻不容缓。因此，通过举办国际学术交流会能够快捷有效地传播理论成果及实践经验等。在理论和经验

---

① 哈佛燕京学社. http://www.harvard-yenching.org/ [EB/OL]. [2008-05-10].

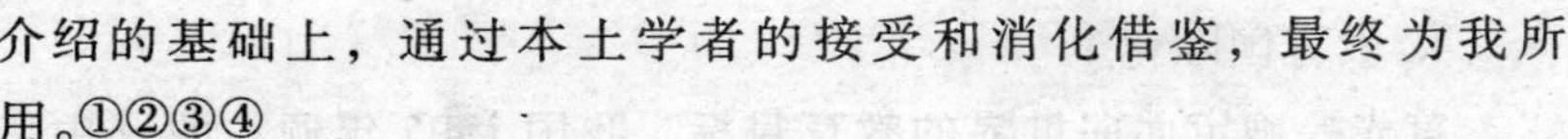

介绍的基础上，通过本土学者的接受和消化借鉴，最终为我所用。①②③④

3. 参与国际学术研究项目

目前国外一些学术研究机构都设有一些学术科研基金项目，并对外开放，世界各国的科研人员都可以申请。如加拿大目录学协会设立的两项研究项目基金，玛丽特雷梅恩奖（Marie Tremaine Fellowship）和伯纳德奖（Bernard Amtmann Fellowship）。⑤

1987年为了纪念加拿大最杰出的目录学家玛丽特雷梅恩（1902—1984）而设立了玛丽特雷梅恩奖，每年颁发，用于资助从事目录学研究的学者，资助的研究范围包括版本研究和出版发行史研究，尤其是对加拿大的研究。该奖总额2 000 000美元，只有协会的会员才能申请（每年只需交纳35美元的会费就可以成为其会员）。1992年为纪念加拿大著名的书商和专家Bernard Amtmann而设立伯纳德奖，每三年颁发一次，用于资助Bernard Amtmann所关注领域的有关研究，如图书的收集、销售和书目，尤其是研究图书贸易方面的研究。其总额为150 000美元，非协会成员也可以申请。

通过申请项目，尤其是合作完成项目的研究，各国目录学研究人员可以充分共享各地的理论成果和研究方法，在研究的过程中不断吸收和借鉴对方的优点，并且最终的项目成果通过国际途径进行传播，加之成果本身就是国际化的产物，必然会具有一定的国际影响力。

---

① 叶继元．iSchool与学科整合［J］．图书情报工作，2007（4）：6-9.

② 王梅玲．美国iSchools运动带给台湾图书信息学教育的省思［J］．图书情报工作，2007（4）：10-15.

③ 张晓娟．iSchool视野下加拿大图书情报教育的分析与思索［J］．图书情报工作，2007（4）：16-19.

④ 陈传夫，于媛．美国iSchool的趋势与启示［J］．图书情报工作，2007（4）：20-24.

⑤ The Bibliographical Society of Canada. Fellowships［EB/OL］.［2008-05-10］. http：//www. library. utoronto. ca/bsc/fellowshipeng. html.

4. 教育国际化

首先要确定面向世界的教育目标。我国1995年颁布的《中华人民共和国教育法》指出："国家鼓励开展教育对外交流和合作。"我国目录学的教育目标应是努力使我国目录学发展跟上世界先进的发展水平，使教育产出在领域内的世界人力资本市场和智力资本市场具有较强的竞争力。其次要加强人员交流。目前，国内外的研究人员交流互访逐渐增多，派遣留学生、学者访问、聘请外籍教师等，都能学习到国外科研的经验教训。留学生和访问学者，在当地的特有文化背景下学习和交流，对其思想理论的领悟更为深刻。而外籍教师在一定程度上能将理论与中国的实际结合起来，身居中国的文化环境，其传道授业的过程就是理论过滤以及理论实际相结合的过程。留学生、访问学者以及特聘教师在学习和传授国外理论的同时，也将国内的理论传播到国外，在信息互动的过程中逐步让国外了解中国的研究现状，扩大中国学术研究的国际影响力。最后，课程的设置应遵循学科发展的规律和趋势，尤其是当前网络环境下，对技术的要求越来越高，这就要求学生不仅要具备传统的目录学知识，还要对计算机和网络技术有一定的掌握。当然，具备良好的外语水平也是必不可少的。

5. 信息交流

翻译国外优秀目录学著作。翻译著作虽然不能直接促成目录学理论的国际化，但是通过译介可以让国内更多人了解国外相关领域的研究现状，尤其是不能进行外文资料阅读的专家学者。同时，将国内的理论成果以及相关著作翻译成外文，向世界宣传我国目录学研究的优秀成果。理论成果的借鉴是建立在充分了解的基础之上，而了解国外的目录学成果首要的工作就是精准地翻译，否则就只是一知半解，不能全面领略其精髓所在，甚至是误解，会给科研工作造成很大的不便或失误。在翻译的过程中有些问题是需要特别注意的，如著作的文化背景，要选择具有一定学术价值著作的精确版本来翻译，正确理解原文并且准确表达，掌握科学的翻译规范，将翻译与学术研究相结合。

当前目录学外文资料在翻译时遇到的首要问题就是"Bibliography”的准确翻译。在西方目录学中，该词既可以是目录学也可以是目录。在利用“Bibliography”查找外文文献时，要区分查找到的信息资源是目录学还是目录。西方一些目录学资料在论及“Bibliography”时，如果为目录学会加上“作为学科”（as a principle），如果为目录则以“过程”（as a process）说明之。笔者认为在翻译“目录学”时，应以“Bibliography Science”取代“Bibliography”，以区分目录学与目录。

将国内优秀的目录学理论成果发扬光大，除了翻译优秀的目录学著作以外，还可以在国外相关刊物上发表论文，或利用现代化的技术设施进行非正式性的信息交流。目前国内外的信息交流越来越密切，国内的不少学者乐于将高质量的论文发表在国外的刊物上，在增强其学术影响力的同时也将国内的科研成果传播到国外，国外研究人员对国内的一些研究现状有了一定的了解，而了解的过程也是一个吸收借鉴的过程，这必然会增进我国目录学的国际影响力。虽然目前在国外发表文章的数量还不是很多，但可以预见的是这种趋势的发展，必然会有更多精品见诸国外刊物。

同时，随着网络技术的发展，特别是 Web2.0 技术的不断发展，Blog、Wiki、Rss 等功能的应用，人们的交流更为广泛和便捷。国内外专家学者的交流途径不再局限于传统的论文交流和书信来往，越来越多的研究人员选择 E-mail 等网络的各种功能进行信息互动。传统的正式信息交流周期长、实效性差，不能及时有效地报道最新的研究成果，而现代的交流周期短，网络信息交流是即时的，信息发送与信息接收几乎在同一时间完成，实效性强，能及时地共享科研成果和研究思想。

正式和非正式的信息交流正潜移默化地影响着国内外的目录学研究人员，但毕竟上述的各种信息交流目前还只是一个初步发展的阶段，随着信息交流的逐步扩展和深化，这种影响还会进一步加深。

通过以上分析我们可以看出，目录学的国际化路径分为两个层面，即制度层面和个体层面。创办国际交流机构、举行国际学术会议、教育等属于制度层面，通过这些交流制度和机制来实现目录学的国际化，而申请参与国际研究项目、翻译国内外著作、进行信息交流等则属于个体行为。制度是保障，可以高效地促进目录学理论的吸收和借鉴，并将国内的目录学成果传播到国外。个体层面是潜移默化的过程，其当前效应没有制度性的效果明显，但随着不断地扩展，其影响力也不可小视。

第四节　目录学国际化的实现途径

在不同国度生长起来的目录学，其工作方式、研究内容、实践范围、价值标准可能有所不同，但目录工作领域却代代相传延续至今而更加扩大，随着文化的交流与信息技术的发展，以及人类对信息资源获取中共同问题的关注，目录学国际化已成为目录工作及学科发展的必然趋势。

其一，目录学国际化的科学基础。由于不同国家政治、经济、学术文化以及社会心理的差异，各自的目录活动与目录学发展历程不尽相同，各具特色。中、西方目录活动和目录学在历史发展的进程中，既有共性也有其民族和时代特性①，这就是目录学国际化的科学基础。各民族目录学的国际化交流与合作，能促进各国书目工作和目录学发展，也成为一个不争的事实。在 20 世纪 80 年代后期，我国在引进西方书目情报理论的基础上，加强读者和文献揭示两方面的研究，从而开创了我国现代目录学发展成为以研究书目情报运动规律的学科，这是个很好的例证。

其二，目录学国际化的实践基础。正因为各个国家有共同的目录工作领域，目录工作又具有共同的客观规律，因而随着科技现代化的发展，随着资源共享的需要，各国都在直接引进和利用别国目

---

① 陈耀盛．学术文化信息交流积累与中西目录学之比较研究［J］．四川图书馆学报，1997（2）：11-30.

录工作成果——目录、索引、文摘，目录工作也在向国际化发展。① 在目录学的实践沿革中，从书目规则标准的制定，到书目产品的编制与研发，以及到书目的传播与利用，都经历了从单一、个体、部分到多个、统一、整体工作方式改变，从国内合作发展到国际合作，满足人们对全球信息的需求。创立于1967年的OCLC联机计算机图书馆中心（OCLC Online Computer Library Center），编制的WorldCat——作为一个国际化的书目系统，现已有超过69 000个图书馆，在112个国家和地区，人们可以都在使用它来查询近12亿的图书馆资料，为广大的用户发展对全世界各种信息的应用以及降低获取信息的成本。②

其三，目录学国际化的学科基础。国际化对于学科发展的重要意义是不言而喻的。目录学作为一门学科，它的发展必须要面向世界。在世界范围的交融中，目录学的独立的学科地位需要国际视野。

综观目录学的发展历史，我国学者认为，20世纪中国目录学的发展历史就是在继承我国目录学优良传统的基础上不断学习国外目录学理论、技术与方法的历史。中国目录学走向现代化与吸收西方目录学的思想观点是分不开的。③ 在现代目录学的发展过程中，由于受语言、传统等条件的限制，我们一直过多地关注着对西方目录学的研究，而中国目录学走向世界的步伐却始终未加快。

一、采用国际书目语言与标准

遵循国际书目标准，采用国际通用书目语言，是书目工作进行国际化交流与实现全球资源共享的前提。其中，最具影响的国际书

---

① 陈耀盛．试论目录学的科学基础［J］．四川图书馆学报，1981（1）：66-75，94．

② http：//www. oclc. org/worldcat/default. htm［EB/OL］．

③ 王京山．中国当代目录学的回顾与前瞻［J］．图书馆学研究，2003（12）．

目标准是——《国际标准书目著录》（ISBD- International Standard Bibliographic Descriptions），它是国际图联编目委员会（IFLA Committee on Cataloguing）为了规范书目著录的形式和内容的标准，促进书目数据的共享和交换，主持并制订的一套关于文献著录的国际标准，包括《国际标准书目著录（总则）》（ISBD（G））、《国际标准书目著录（单行出版物）》（ISBD（M））、《国际标准书目著录（连续出版物）》（ISBD（S））、《国际标准书目著录（地图资料）》（ISBD（CM））等一系列书目标准。ISBD根据图书馆资料变化的情况而进行修订与补充，现被各个书目机构、全国性的和多国性的编目规则以及全世界各国的图书馆员所采纳。

除了《国际标准书目著录》以外，另一个较有影响的书目著录标准是《英美编目条例》（AACR），当前正在进行第三次修订，将于2009年取代《英美编目规则》（第2版）（AACR2）的新的编目标准，也将成为21世纪的编目标准——RDA（资源描述和检索）。RDA提供了有关数字资源和传统资源的编目的规定，更强调帮助用户查找、标识、选择和获得他们所需要的信息，并在不同的元数据领域内支持元数据的共享。

RDA超越了过去的编目规则，基于国际图联（IFLA）发展的两个概念模型——《书目记录的功能需求》（FRBR）和《规范数据的功能需求》（FRAD）。FRBR和FRAD标识了作品与其创建者之间的关系，还有同一作品与其任何翻译、解释、改编或物理格式之间的关系。①

以上这些国际书目著录标准为我国书目工作标准化提供了重要的参考。自1979年以来，我国先后已颁布和修改了多部书目信息标准规则，随着联机合作编目方式的发展，我国书目信息标准化工

---

① RDA - Resource Description and Access: The Cataloguing Standard for the 21st Century [EB/OL]. [2008-08-20]. http: //www. bengu. cn/homepage/library/rda_ brochure_ v4_ chinese. htm.

作已进入规范发展阶段。① 但为了推进我国目录工作的国际化，继ISBD与西方文献编目的重要规则《英美编目条例》（AACR）的修订后，我国目录研究与实际工作者除了考虑如何与国际接轨，还要及时制订我国相关书目著录标准，并扩大我国在国际上修订标准的话语权。

书目语言及其格式是书目工作标准化的另一重要内容。虽然MARC、DC等元数据是图书情报界最普遍的书目描述语言，但HTML、XML等描述语言也逐渐兴起。在促进各种描述语言之间的交流与共享中，加强书目编制语言之间的互操作性与通用性研究是关键，这也是书目语言及格式国际化的重点。

二、发展自主书目工作技术，提高自主创新能力

胡锦涛在党的十七大开幕式上发言说道：“提高自主创新能力，建设创新型国家，这是国家发展战略的核心，是提高综合国力的关键。”对我国目录学的发展而言，发展自主书目工作技术，提高自主创新能力也是十分必要和极其紧迫的。在当今数字化的信息环境下，目录学研究的重点已转移到网络信息目录工作及其检索工具上来。目录学研究需要寻觅一种满足用户需求的服务与信息技术空间新方法，应用网络理论和数据库技术，来推动目录的电子化、网络化的发展。西方目录学由于其技术的先进性主导着国际目录学的发展，使得我国目录学的发展处于比较被动的局面。目录学对各学科的发展具有重要的意义，我国要增强科技实力首先就需要建立健全通达全国各个学科系统的目录体系。

我国目录数字化和网络化的发展，需要结合汉语特点，尤其是汉语分词技术，建立适应中文信息发展的网络搜索引擎，并不断提升其检准率和检全率。同时，要促进我国分类法的数字化和网络化发展，以适应现代科学日新月异的发展。结合信息的数字化和网络

---

① 聂鑫．我国书目信息标准化工作发展述略［J］．情报科学，2004（8）：982-984.

化发展，建立完善的汉语受控词表。在吸收与借鉴西方编目规则的同时，我们也需要制定一套适合汉语信息发展的编目体系。只有全方位促进书目工作技术的发展，才能不断提高自主创新能力。

三、传播有中国风格的目录学理论

通过各民族目录学的交流和影响，促进各国书目工作和目录学发展，是一个客观规律。但我们必须认识到，在目录学国际化实践过程中，目录学的国际化与民族化是相对应，而不是相对立的状态，没有民族化，也就没有国际化。因此，我们在吸收国外目录学研究与实践成果，实现自我发展的同时，必须大力传播具有中国特色风格的目录学理论与实践，凸显中国文化的个性，实现双向的目录学国际交流，为全世界书目工作和目录学的进步作出贡献。

中国目录学的产生与文化、学术的发展需要紧密联系在一起，目录学的演进与文化的演进相一致。中国文化在从低级向高级的演进过程中大致可划分为独立文化圈、文化冲突与交融期及文化综合期三个阶段，中国的目录学也相应地经历了古典、近代与现代三种形态。① 在中国文化背景下生长起来的目录学，自诞生之初就是以学术研究为基础，而不是一种单纯的文献操作过程，形成以“辨章学术，考镜源流”为核心的价值体系，伴随近、现代目录学的发展，其最大的特色就是重视读书指导，成为一门引导人们读书治学的入门之学。而西方目录学在其长期的发展过程中，逐步形成了以技术为主导的实用性特色，推崇致用的价值理念，书目工作的首要目标是帮助用户找到相关的信息资源，强调书目的检索功能，并注重目录学为社会服务的技术发展。

由于目的不同，中西目录学所采用的方法也就各异。为达到辨

---

① 王心裁．从古典目录学到现代目录学——中国目录学产生发展演变的轨迹［J］．图书情报工作，1999（4）：2-6.

考学术源流的目的，中国目录学重分类，重小序，重提要；而为了方便地获取图书，西方目录学重编目，重索引，重排序法，重书目控制。这些不同书目方法间的相互吸收、融合与借鉴，是目录学国际化的重要内容之一。尤其是进入数字化、网络化时代，社会信息环境发生改变，诸如数据库技术、书目语言技术、信息组织技术等信息技术的发展不仅大大改善了书目工作的效率，而且也为目录学国际化合作与交流提供了技术支持与保障。在全方位揭示各类信息资源，为用户提供多个检索点的同时，加强信息的知识性、学术性等深层次揭示，采用通用书目编制语言、遵循资源描述规范，满足各类用户的社会化与个性化信息需求。

因此，在目录学国际化学术交流与项目实践合作中，我们必须大力传播与应用中国目录学民族性特征的核心——“辨章学术，考镜源流”，将学术服务与普通民众信息服务相结合，这是中国目录学与世界目录学交流的最优秀品质。

四、积极参与国际目录学组织与研究

从组织形式上看，目录学国际化的形式可以是多种多样的。

其一，加强各国目录学学会/协会的交流。通过调查中国、美国、英国、加拿大、澳大利亚和新西兰等国的目录学协会发现，虽然各国研究的重点和内容有所差异，但都对本国目录学研究与发展，起了巨大的指导作用，而加强各国目录学协会的交流，则会直接促进目录学国际化的进步。比如，中国图书馆学会目录学专业委员会是我国目录学研究的最高组织机构，在其网站上就已公布下一步的工作设想，如研究制订“图书馆推荐书目与导读指南”（包括电子推荐书目与导读基本规范）、多种形式开展目录学数字化与大众化的研讨等方向①不仅是我国目录学以后的发展重点，也是与国外目录学研究团体与国际目录学研究机构交流的重点。

---

① 目录学专业委员会工作汇报［EB/OL］. http：//www. lsc. org. cn/CN/News/2008-04/EnableSite_ ReadNews111791865120870 7200. html.

其二，参与国际研究和国际活动，并承担国际研究课题。支持并奖励中国目录学研究与实际工作人员参与国际项目的合作开发，不仅有利他们能及时地了解国际前沿的新信息、新知识和新方法，而且有助于世界目录学界同行了解中国目录学的发展，以加快中国目录学的国际化步伐。OCLC 作为一个国际性研究机构，在网站上及时公布了其项目研究部所涉内容管理、互操作、知识组织等研究专题，如 Automatic Classification Research、FRBR、RDF Interoperability、Dublin Core Metadata Initiative① 等研究项目都与数字环境下的目录学研究紧密相关，我国目录学研究同行应该密切关注，并争取参与到项目的研发中去。

其三，参与国际会议与发表学术成果。由于种种原因，过去我们已经取得的成果很少通过国际交流的渠道进行传播，我国目录学学术研究在国际上的影响力还十分有限。参与相关的国际学术会议交流学术成果，并将相关的外文期刊作为交流平台，发表目录学研究成果，以提高我国目录学的学术地位和国际影响力。

参考文献

[1] 冯项云，肖珑．国外常用元数据标准比较研究 [J]．大学图书馆学报，2001（3）：39-41，44.

[2] 邱桂梅．主题语言在网络信息组织与检索中的应用 [J]．现代情报，2005（2）：152-154.

[3] 黄如花．学科信息门户向信息组织的优化 [J]．图书情报工作，2000（7）：11-15，10.

[4] 赵晓洪，艾冰．Internet 网络环境下的信息组织 [J]．太原师范专科学校学报，2001（2）：70-72.

[5] 曾铮．基于语义网技术构造知识服务系统 [J]．情报学报，2004（3）：336-340.

---

① http：//www. oclc. org/research/projects/default. htm [EB/OL].

[6] 张晓林．元数据研究与应用［M］．北京：北京图书馆出版社，2002.
[7] 曹之．中国古籍编撰史［M］．武汉：武汉大学出版社，1999.
[8] 彭斐章，陈传夫等．目录学教程［M］．北京：高等教育出版社，2004.
[9] 彭斐章，乔好勤，陈传夫．目录学（修订版）［M］．武汉：武汉大学出版社，2003.
[10] 刘兹恒．试论图书馆学国际化与本土化的关系［J］．新世纪图书馆，2004（5）：3-6.
[11] 王心裁．试论中国目录学传统［J］．大学图书馆学报，2000（3），69-73，68.
[12] 张华容．企业国际化评价标准的剖析与重构［J］．财贸经济，2005（4）：77-80.
[13] 叶继元．iSchool 与学科整合［J］．图书情报工作，2007（4）：6-9.
[14] 王梅玲．美国 iSchools 运动带给台湾图书信息学教育的省思［J］．图书情报工作，2007（4）：10-15.
[15] 陈传夫，于媛．美国 iSchool 的趋势与启示［J］．图书情报工作，2007（4）：20-24.
[16] 陈耀盛．学术文化信息交流积累与中西目录学之比较研究［J］．四川图书馆学报，1997（2）：11-30.
[17] 陈耀盛．试论目录学的科学基础［J］．四川图书馆学报，1981（1）：66-75，94.
[18] 王心裁．从古典目录学到现代目录学——中国目录学产生发展演变的轨迹［J］．图书情报工作，1999（4）：2-6.

第十章　目录学学科新环境与变革路向

第一节　目录学学科环境的变化

数字时代，网络海量资源的存在与用户信息需求的变化为目录学的发展创造了新的信息环境。在新信息环境下，信息已经成为重要的资源，深度信息资源开发具有突出重要意义，信息的交叉与实效性越来越强。网络信息质量良莠不齐、准确程度不高，数字资源易于修改、难以防伪。用户对数字资源的信任程度仍然不高，使用时往往会耗费大量的时间在甄别信息真伪和是否准确上。而信息资源快速大量的涌现使用户应接不暇，在一定程度上增加了用户获取和使用信息的难度。作为揭示和报道文献信息工具的书目，必须根据用户的需求相应地调整自身功能，通过开展评价网络信息、导读网络资源、有效揭示信息等方式适应用户的需求。然而，人们对信息的选择仍然存在极大困难。仅仅依靠目录学还难以完成信息资源公共获取的任务。

一、中国目录学在传统上是与校雠、版本、校刊等学科同步发展的

根据王重民先生的考证，早在殷商时期就有了目录学的胚胎①。中国目录学起源于西汉时期，其发展与学术文化的发展密不

① 王重民．中国目录学史论丛［M］．北京：中华书局，1984．

可分。在历史发展过程中，目录学与文献整理是二位一体的，与校雠学、版本学有着密切联系，并形成了许多优良传统：在文献整理方法上，传统目录学主要采用校雠、编制叙录及小序、分类等；在范式上，古典目录的范式包括有一个分类体系、有一个总说明、每类下有说明学术源流的小序以及每书撰有叙录（解题或提要）；在理论上，在总结前人经验的基础上，逐渐形成了以宋代郑樵的“会通”和清章学诚的“辨章学术，考镜源流”为代表的理论体系；在方法论上，在对目录范式进行分析和归纳后得到了着眼于事实分析的“考据”和着重于理论构建的“义理”两种方法；在价值观上，中国传统目录学注重在考察学术源流上的致用，偏重于对整体文献的分析整理。

叶德辉说：近人言藏书者，分目录、版本为两种学派。大约官家之书，自《崇文总目》以下，至乾隆所修《四库全书总目提要》，是为目录之学。私家之藏，自宋尤袤遂初堂、明毛晋汲古阁，及康雍乾嘉以来各藏书家，于宋元本旧钞，是为版本之学。然二者兼校雠，是又为校勘之学。本朝文治超轶宋元，皆此三者为之根底，固不得谓为无益之事也。① 校雠、版本与目录学起源于相同的文献整理工作，最初并不必然分家。这主要是因为校雠、版本与目录工作在文献整理过程中是融为一体的。这一点我们可以从刘向校书的步骤可以看出。刘向校书的步骤是：广罗异本，相互校补；条别篇章，确定书名与篇名；校勘脱文脱简，写成定本；提要钩玄，编写叙录；最后，种别分类，编写目录。其成果是《别录》——我国最早的综合性分类目录，也开了目录学叙录体提要之先河，使目录学一开始就与学术发生必然的联系。自汉代清乾嘉时期的目录学者，有的以为目录学以外无校雠学，有的认为校雠学外无目录学。但无论如何，目录学始终与校雠学、版本学和校勘学同步发展。

二、中国传统目录学强调与文化学术发生联系

目录学的产生是与文化、学术的发展需要紧密联系在一起的。

---

① 叶德辉．书林清话［M］．长沙：岳麓书社，1999：21-22.

我国古典书目的产生是因为史官记载典籍的需要。学术总是文化中的主要因素。《汉志》的分类体系基本上汇总了先秦，尤其是汉代学术的内容，涉及哲学、文字学、文学、政治学、经济学、天文学、农学、军事学、医学的各个方面和迷信现象，记录了汉代经学的斗争情况，反映了当时科技水平。日本东北大学教授文学博士金谷治 1956 年发表《〈汉书·艺文志〉的意义——作为体系化的哲学著作》① 一文，追述《汉志》的哲学意义，通过《汉志》研究了刘向的思想。《隋志》是我国现存第二部最古的综合性书目，著录隋代见存图书 3 127 部，36 708 卷，又从隋以前旧目录中，在注文内附载了隋代已佚之书 1 064 部，12 759 卷。总现存和亡佚，共 4 191 部，49 467 卷。分为经、史、子、集四部，反映隋代学术的变迁。《隋志》认为，"古者史官既司典籍，盖有目录以为纲纪"②。图书的产生是目录产生的基础，典籍是对文化的反映，也是教人如何遵守文化传统的，即用来"经天地，纬阴阳，正纪纲，弘道德"，教人处世"其教有适，其用无穷"。③《隋志》着重说明图书的兴衰与学术的关系，并用不同的分类体系来反映。东汉至隋代，除经学外，诸子学说、史学、文学及自然科学都有发展，玄学盛行以来，无神论也在流传，这就是《隋志》提供给我们的学术、文化的轮廓。

清代是中国封建社会学术发展的顶峰时期，旧的学术在这时进行了总结。纪昀总纂的《四库全书总目》二百卷，著录收入《四库全书》的古籍 3 461 种，79 309 卷，以及未收入《四库全书》存目 6 793 种，93 550 卷。这些书籍基本包括了清代乾隆以前中国古籍，保存了我国古代文化遗产。

在中国文化背景下生长起来的目录学，其最大特色就是重视读书指导。黎锦熙说："目录之学为中国所固有。然今必予以分析：其事盖起于'读书指导'。" "目录学之大用，首呈献于读书指

① 李国新．近二三十年日本中国古典目录学研究状况述评［J］．图书馆学刊，1983（4）：53-57.

② （唐）魏征．隋书·经籍志［M］．上海：商务印书馆，1955.

③ （唐）魏征．隋书·经籍志［M］．上海：商务印书馆，1955.

导”①。认为《七略》就是为帝王作读书指导用的。我国古代目录学，有一派是专讲求读书指导的：“目录学者，提要钩元，治学涉径之学也”。这派学者认为，“学术万端，亡书轶籍……故必有目录为之指示途径，分别其后先……此目录学之本旨也。”汪辟疆认为上述主张者为“读书家之目录学”。②在清中叶以后，读书指导书目盛行，20世纪30年代的国学书目无不是这种目的。

三、西方目录学具有强调图书描述的传统

在西方，“Bibliography”这一术语既为书目，又是一门学科，称为目录学。一般来说，西方目录学主要有两个分支学科，即分析目录学或校雠目录学（Analytical or Critical Bibliography）和列举目录学或系统目录学（Enumerative or Systematic Bibliography）。分析目录学或校雠目录学又主要有三个分支学科：版本目录学（Textual Bibliography）、历史目录学（Historical Bibliography）和描述目录学（Descriptive Bibliography）。③西方目录学的发展与公共图书馆事业的兴起有些密切联系，逐步形成了以技术为主导的实用性特色。

古希腊（公元前5世纪至公元初）卡利马煳（Kallimachos）的《各科著名学者及其著作一览表》代表着西方目录学“书的抄写”（Writing of Books）传统的开始。18世纪中叶，目录学被认为是古文书学家的科学，史学的分支。1789年，有人认为它是图书之学（Science of Books）。法兰西第一帝国时期，有人认为目录学是一门同时论及图书馆学、藏书学、图书生产的技术方面、纯粹目录学，甚至古文书学、图书馆史和文献校勘的学问。夏尔·穆泰（Charles Mortes）认为目录学包含三个方面：①情报及其研究的主要手段；②区别自古至20世纪各种图书特征与基本要素；③图书

① 黎锦熙．新目录学论丛［M］．长沙：国立湖南大学文学院，1948．

② 汪国垣．目录学研究［M］．上海：商务印书馆，1934．

③ 彭斐章，陈传夫等．目录学教程［M］．北京：高等教育出版社，2004：99．

馆各个技术方面。以夏尔·穆泰等为代表的目录学家将目录学演变为“关于书的写作”（Writing about books）的学科。俄国索必科夫（B. C. CO-IIИKOB，1765—1818）所著《俄罗斯书目的经验》认为关于书中的丰富知识是目录学的对象。而德国爱贝尔特（1791—1834）的《普通目录辞典》将目录学分为“纯粹的”和“应用的”两部分。由于文化背景的不同，各国目录学家对目录学功用的认识是不同的。目录学的功用是评价目录学体系的一个重要的指标。福开森在《目录学概论》中将目录学归纳为“描述文献”。

四、现代目录学受图书馆学、情报学影响深刻

首先，当代目录学进一步与图书馆学情报学相结合，图书馆学情报学的变化必然引起目录学的变化。

图书馆学与目录学几乎同时诞生，具有血缘关系。最早确立图书馆学体系的国家是德国，施雷廷格第一次建立了这个体系，即“施氏体系”，构成这个体系的主体部分是“图书的配置与目录的编制”。18至19世纪，德国图书馆学家、目录学家F·A.爱贝尔特提出目录学分为记述（纯粹的目录学）、评价（应用的目录学）两部分的见解，并又创立了图书馆学体系（后人称“爱贝尔特－默尔贝希体系”），目录学与图书馆学体系有交叉的地方。1928年莱丁格尔提出了图书馆学包括图书学、目录学、图书馆史、图书馆管理“四重性”概念。情报学在第二次世界大战后得到迅速发展。目录学中情报概念的确立，使目录学知识与情报学知识相互交叉的形式多样化，例如美国的“Scroccvic理论体系”中包括文献计量学，前苏联米哈依洛夫的理论体系把情报学与社会联系起来，以科学交流为对象。他认为“图书－书目交流”是正式的科学交流渠道，并同意科尔舒诺等人的意见，将书目情报作为情报的第三层次来研究。

图书馆学、情报学体系的进化，以对目录学等学科的应用为基础，并随着研究的深入，逐步完善了相应的体系。图书馆目录工作、文献检索是目录学研究范围的一部分，但近几年来随着图书馆学体系的螺旋式上升、扩大的趋势及情报学体系的综合化使它们在

更多的接口上与相应的学科体系发生交叉关系。科学体系的这种发展特征要求有一种理论体系把这些分散在各门学科体系中的知识组成一个整体。目前与目录学相交的学科还有史料学，例如《史料学概论·目录学的发展及其流派》（谢国桢著）；历史科学，例如《史学概论文献目录学》（白寿彝主编）；版本学，如钱基博的《版本通义》；校雠学，如蒋伯潜的《校雠目录学纂要》；史学史，如金疏毓的《中国史学史》；文献学，如张舜徽的《中国文献学辑要》。此外古籍整理、经学、传播学、新闻学、出版学中均有目录学知识。这些目录学知识都带有特定的学科特色，只有综合这些特色，将这些零碎的知识进行理论的体系化，才能更好发挥这些知识的功能，使目录学理论具有更强的适应各学科要求的能力，加深理论的层次。

在以记录知识为主要工作对象的科学与实践活动领域中，不断出现新的书目情报工作的方法、技术、成果。这些知识的发明有时是偶然的，知识元素之间并无必然联系。例如科学史学家普赖斯发现了科学文献增长与时间之间的函数关系 $F(t)=ae^{bt}$，即指数增长律，通过统计，人们又发现了文献的老化与时间的函数关系。巴尔顿和凯普勒描述为 $Y=1-\left(\frac{a}{e^{x}}+\frac{b}{e^{2x}}\right)$，即文献衰老的负指数律。文献的这些规律的认识丰富了目录学理论。文献的增长曲线和半衰曲线的发现，标志着对文献研究的知识的深化，但是，对增长和老化时间若作静态的考察，就难以描述它们之间的相互作用。如果对它们进行体系化，揭示出两个定理各自的功能和局限性，找出它们之间的联系，将揭示出目录学体系中的另一对范畴。

其次，目录学体系与多种学科体系相交叉，形成其他学科的研究内容，目录学体系重新建立起这些知识之间的联系。

图书馆学和情报学作为目录学的临近学科，与目录学有着相当密切的联系，三者之间既相互独立又相互促进、相互利用、共同发展。在数字时代，面对产生深刻变化的生存环境，图书馆学和情报学也进行了相应的调整。通过统计近年来图书馆学领域和情报学领域发表的论文可以看到，图书馆学和情报学正呈现出新的发展特点。在图书馆学领域，信息和网络技术、信息检索和参考咨询、文献编目、资源共享等问题正成为学科热点，得到越来越多关注和研究。而在情报学领域，文献计量、信息技术、信息检索、信息管理评价等得到了国内外情报学者的研究重点。值得注意的是，随着知识经济的兴起和知识社会的出现，知识开始成为一个新兴的研究对象，在图书馆学界和情报学界都受到了极大关注，知识组织、知识管理和知识服务等内容成为新的热点。图书馆学和情报学的这些新变化必然要求并引起目录学的变化。数字环境下的目录学应将更多的目光投向对网络信息资源的组织和控制、对知识单元的描述以及网络环境中的书目情报服务等领域中去，才能保持与图书馆学和情报学发展步伐的一致性，促进共同发展。

在数字环境下，面对大量出现的数字资源和不断发展的网络技术，西方目录学得到了新的发展。在列举目录学方面，计算机技术的提高和网络的普及使各国的国家书目得到长足发展，为实现世界书目控制提供了前提，而网络信息的海量、无序以及质量的良莠不齐则催生了网络书目控制的研究。针对网络信息资源的特点，描述目录学提供出一套完善的著录规则、标准，包括专门用于描述网络信息的元数据（如 CDWA、GILS 等）、《资源描述与检索》（Resources Description and Access，简称 RDA）等。而伴随着西方目录协会的不断发展，各种奖项和基金得到增加，吸引了许多专家学者致力于目录学的研究，推动了历史目录学与版本目录学的发展。

第二节　数字时代目录学变革路向

一、与具体学科的结合促进目录学学科化

目录学与特定学科结合，探索特定学科领域的书目情报运动规律，是数字时代目录学的发展趋势，也是目录学变革的方向之一。目录学的这一变革方向是由各学科自身的特点以及目录学的性质共

同决定的。

不同学科由于学科性质、研究方法和研究对象上有着各自特质，因而与之相应的文献也呈现出不同的特点和发展规律。以历史文献和生物文献为例，历史学研究的是人类社会发展的具体过程及其规律，具有综合性、整体性和真实性、讲求“言必有据”等特点，其文献具有时间跨度大、内容涵盖广、参考引证多、出版周期长等特点；而生物学研究的是生物体的生命现象和生命活动规律，其文献具有内容专深、时效性强、数据多、更新时间短等特点。与此同时，不同学科性质上的不同也带来了其信息需求上的差异。社会科学的研究人员所需信息学科范围大、时间跨度大、对文献信息的依赖强；而自然科学的研究人员则要求信息内容专深、时间跨度适中，而且对信息的需求具有明显的阶段性。但是，无论是人文社会科学还是自然科学，研究人员需要的信息都要求全面、完整、系统、准确，为其提供书目信息服务都需要用到信息描述语言、信息组织等方法。

从目录学的性质来看，目录学研究的内容包括文献，书目、索引类型及其编纂法，用户书目情报需求特点与书目情报服务，书目工作组织与管理等方面。致用性是目录学发展的基本要求，强调致用也是目录学的传统。作为致用之学的目录学，其理论必须面向科学、教育与文化建设。在数字时代，目录学只有将书目工作的理论和方法与各学科相结合，为不同学科提供具有针对性的书目信息和服务，才能真正满足信息用户的需求，发挥目录学的作用，实现目录学的价值。

在数字环境下，科研环境已发生了很大改变。数字资源的增多、网络空间的扩展以及信息技术的提高在改变用户科研模式的同时也改变了科研用户的需求。用户需要的信息服务不再是简单的检索和获取文献，而是能够帮助其在海量信息中挖掘知识，为其提供创造新知识的途径的服务①。目录学具有“辨章学术，考镜源流”

① 张晓林．科研环境对信息服务的挑战［J］．中国信息导报，2003(9)：18-22.

的传统，致用是目录学一贯的发展原则。但在数字环境下，目录学对读书治学的指导作用的发挥却比以往更加困难。当今社会需要的目录学，是能够深入具体学科，掌握学科发展脉络，具体问题具体分析的目录学。① 目录学学科化是数字环境下目录学适应科学研究发展趋势的表现，是对目录学指引读书治学功能的新发展，无论是对于学科发展还是目录学本身都有着积极的意义。

目录学与具体学科相结合，将目录学基本原理应用到不同学科之中，针对其文献信息特点开展理论研究，提供书目情报服务和相应指导。特定学科的目录学虽然是目录学与具体学科结合形成的，但它仍然是属于目录学的范畴。

综合起来，特定学科的目录学的研究内容应该包括 7 个方面：

第一是基础理论的研究。在这一方面，学者们应该研究的内容有学科目录学概念、研究对象、研究任务、研究的内容和范围、学科性质、学科发展规律等。

第二是学科文献信息的研究。这一方面包括学科文献性质和特点、文献规律、揭示文献信息的原则和方法、文献的组织等。

第三是学科文献信息组织的研究。包括编制学科文献信息索引的原则和方法、文献信息分类的方法、文献信息导航的方法等。

第四是用户需求和服务的研究。这一方面包括用户需求的特点和规律、影响用户需求的因素、书目情报服务的方法和效果等。

第五是书目工作的组织和管理研究。包括书目情报工作的内容、书目工作的合作、书目工作的效果及其改进方法等。

第六是学科环境研究。包括具体学科本身的发展现状及趋势、目录学的发展现状与趋势、国内外相关学科的研究成果等。

第七是方法的研究。包括对其他科研方法的研究、文献计量、书目控制等。

整体而言，特定学科目录学仍需采用目录学的研究方法开展研究，如文献计量、书目控制等。与目录学不同的是，特定学科目录

① 夏南强，张炯．当代社会需要的目录学［J］．大学图书馆学报，2003（5）：66-68.

学以具体的学科领域作为发展空间，其研究方法必须与学科的特点紧密结合起来，根据这些特点对目录学的研究方法进行适当调整和改造。

特定学科目录学主要有两方面的研究任务。一方面，学科目录学的首要任务是研究具有针对性的，能为特定学科提供有效帮助的书目情报服务，探索和实践目录学与特定学科结合的方法。学科化的书目情报服务不仅包括传统的文献信息检索、书目查询、文献索引和导航，还要涵盖参考咨询、知识服务等内容。而目录学与特定学科的结合也并非简单地将目录学的方法套用到学科服务之中，而是必须根据学科自身的特点为其制定合适的书目情报服务方法，为梳理学科脉络，指导读书治学提供帮助。另一方面，学科目录学研究还担负着目录学人才培养和信息素质教育的任务。学科目录学的发展离不开坚实的人才基础，这些专业人员不仅要具备较为深厚的目录学功底，还必须对特定学科有相当程度的研究，能够掌握学科发展的重点和前沿问题，这样才能真正了解学科用户的信息需求，并针对性地提供服务。同时，学科目录学还应研究对特定学科专业人员的信息素质教育问题，结合学科专业人员的信息需求和用户行为特点，制定具有针对性的信息素质教育方法，使其掌握一定的文献信息检索技巧，熟练使用文献信息资源和相应工具，提高研究效率。

二、书目工作职业化使目录学理论更加贴近大众

中国古代，目录学家通过对文献进行整理、分类、编写小序、叙录，旨在考究学术之间的关系、源流，为学者占有资料提供帮助。清代学者章学诚称：“校雠之义，盖自刘向父子，部次条别，将以考镜源流、辨章学术，非深明于道术精微、群言得失之故者，不足于此。”可见，目录学承担学术职能是中国目录学传统之一。但我们应该认识到，在数字时代，目录学的研究对象从文献资料扩展至网络化的信息资源；目录向人们提供的内容从文献线索扩展至信息线索，甚至知识线索；目录服务的对象从学者延伸至公众；目

录服务的手段越来越依赖于信息技术。如果目录学仍然只专注于学术领域的研究，那将会脱离公众的信息需求，越来越脱离实际。目录学不应仅仅是“学者的目录学”，更应该是“大众的目录学”。

书目工作由读书治学到辅助工作演变为一种职业。书目工作职业化是目录学服务业大众的需要。所谓书目工作职业化，主要是指书目情报工作成为面向公众的专业的信息服务工作，不仅为读书治学提供帮助，同时也能满足普通公众的信息需求。具体来说，职业化的书目工作除了传统的书目查询、联机编目和书目导读服务之外，主要包括数据库服务、元数据标引和学科导航、参考咨询等。目前，职业化的书目工作在图书情报界已得到了一定程度的实践：联机计算机图书馆中心 OCLC，其主要产品 First Search 包含 80 多个数据库，有超过 9 000 个图书馆参与联合编目，覆盖社会生活的各个领域和学科，提供包括联合目录、全文、索引、年鉴等在内的信息服务①；中国国家科技图书文献中心 NSTL，提供文献检索、全文、目次浏览、目录查询、网络导航、参考咨询，引文数据库、代查代借等服务；中国高等教育文献保障系统 CALIS，通过高校信息资源的共建共享实现为科研和教育的服务，提供公共目录检索系统、联机编目、文献传递、虚拟参考咨询、西文目次、数字图书馆、学科导航等服务。②

在推动书目工作职业化过程中，商业化书目情报服务发挥着重要作用。在国际上，商业化的书目情报服务已发展的相对成熟，如美国的《化学文摘（CA）》，提供印刷版、缩微版、光盘版、联机检索、数据库等服务，现已成为世界上收录化学化工及其相关学科文献最全面，应用最广泛的一种文献检索工具；美国的 ProQuest 系统，提供多种索引、文摘、全文及全文影像资料库服务。在中国，商业化的书目工作也有了发展，中国咨询行是处理和传播中国商业信息的高科技的专业企业，向客户提供统计数据、财经新闻、法律

---

① OCLC 简介［EB/OL］.［2008-08-07］. http://baike.baidu.com/view/224684.html? wtp = tt.

② http://www.calis.edu.cn/calisnew/［EB/OL］.［2008-08-07］.

法规、证券信息等数据库，同类企业还有重庆维普公司、万方数据公司等。书目工作者以信息中介的身份，为用户提供服务。

书目工作职业化进一步推动书目信息描述、书目信息组织和书目信息控制标准化。实现不同载体、不同类型、不同语种之间信息描述、组织和控制之间的兼容。目前，在书目信息资源描述方面，已经有了比较成熟的技术标准。都柏林核心元数据集 DC 和机读目录 MARC，为不同语种、不同类型资源的统一描述提供了规范和标准，并针对网络信息资源的特性提出了相应的描述规则。传统的书目信息通常是独立的，它们存储在特定的载体上，彼此之间的物理联系并不密切。在数字时代，信息资源海量化，信息渠道多元化，信息载体多样化，信息传播扁平化，均为书目工作职业化创造了条件。

三、注重发展通用书目技术，促进目录学向应用化方向发展

传统目录学，特别是中国古典目录学认为，目录学具有兼治学术史的功能。对于目录学兼治学术史这一观点，余嘉锡先生也曾总结："知凡目录之书，实兼学术之史，账簿式书目，盖所不取也。"传统目录学之所以能够承担学术史研究职能，主要是由书目和目录学的特性以及当时特定的社会历史条件决定的。古代目录的篇目、解题和小序都能服务于学术史；四分法、六分法和七分法等分类方法为学术史研究提供了聚类文献以及较为清楚的思路；而导读书目则具有了权威性和普及性。

然而在数字化环境中，目录学发展的环境已经发生了深刻变化，学术史的职能已经不再是目录学的主要职能。首先，目录学研究学术史的基础发生了变化，数字时代文献信息数量的大量增长，对每一文献进行研究成为不可能完成的任务；其次，随着科学技术的不断发展和进步，新学科和新技术不断涌现，其中许多学科具有探索性质，根本没有"前车之鉴"可供参考，目录学兼治学术史的功能无法得到发挥；缺乏专业背景的书目情报工作者无法胜任研

究学术史的重任。

数字时代，目录学不应将服务对象仅仅局限于学者，而应扩展到所有具有信息需求的信息用户，其主要功能是发展通用的书目方法，为普通信息用户提供在海量信息中发现资源和利用资源的线索。

目录学向来有研究方法的传统，从最初刘向、刘歆整理文献总结“剖判条流，各有其部”的分类方法到近代为推荐文献、传播思想、方便检索而编制导读目录和图书馆馆藏书目，书目方法一直是目录学研究的一个重要领域。传统目录学方法需要得到继承和发扬，但在新的发展条件下，在传统基础上进行创新，建立适应新形势和新要求的业务体系更应成为当前目录学的重点发展方向之一。

具体来说，数字时代目录学的业务体系应该包括五个方面的内容：

(1) 文献选择。人类长期积淀下来的对纸张的信任，使印刷文字的权威和认可度依然无法取代。电子文献虽然存储量大，表现形式更为丰富，但由于其易于修改、复制和难以防伪的特点，使人们对其可靠性存有疑虑，重要的、具有权威和认证作用的文献只能以传统印刷或纸质手抄型文献存在。对纸质文献的依赖和对电子文献的不信任使得书目导读服务至今仍然是书目工作的一个重要方面，其中文献选择是开展导读工作的核心。因此，目录学在继续研究传统文献选择方法的同时也要积极摸索电子文献的选择方式，探寻为用户筛选科学价值高、真实性强、安全的信息与来源的有效途径。

(2) 信息发现。信息的海量增长为人们带来丰富资源的同时也为用户的选择和利用带来了困难。面对数量巨大、良莠不齐的信息，用户感到无从下手。使用适当的方法发现有用信息成为广大信息用户的迫切需求。虽然现在大型搜索引擎的出现部分满足了用户的这一需求，但搜索引擎同样存在着查找信息不精确的问题。另一方面，互联网上也存在着大量得不到有效开发的信息资源，这些被称为“看不见的网页”资源由于链接层次较深而无法轻易被搜索检索到，从而影响了资源的利用。因此，发展和改进信息发现方

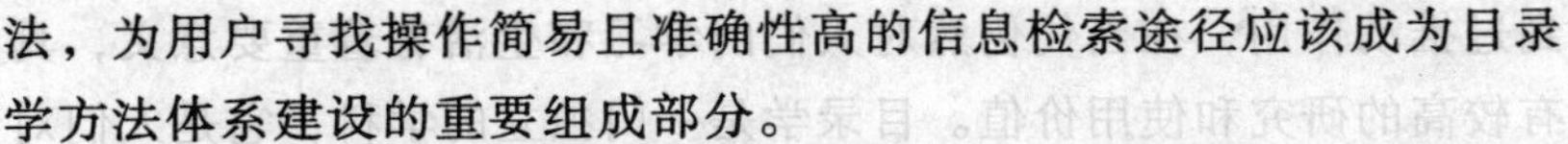

法，为用户寻找操作简易且准确性高的信息检索途径应该成为目录学方法体系建设的重要组成部分。

(3) 信息描述。信息描述是在传统的文献描述基础上发展起来的，是对传统目录学方法的延伸和发展。在数字时代，对信息描述方法的研究应重点放在电子资源的描述上。由于电子资源在形态、内容等方面与传统纸质资源存在较大差异，因而不能简单地将传统文献描述方法套用在电子资源的描述上。目前，针对网上资源的特性，目录学和图书馆学领域在资源描述上得出了一定的研究成果，如都柏林元数据集 DC、机读目录 MARC，并在许多领域进行了实践。如何完整、准确揭示网络信息资源以及信息描述的标准化将成为目录学对信息描述问题研究的重点。

(4) 信息组织。信息组织同样是目录学传统研究的内容之一，传统的书目信息组织包含制作书目款目、选择编排书目款目、编制辅助索引等步骤。现代书目信息组织本质上仍然经历这三个步骤，但在表现方式、技术手段上已有较大进步。与此同时，网络二次信息的组织方式也成为信息组织的组成部分，常用方式有搜索引擎方法和自动标引技术两种。近年来，图书馆界提出了引入 FRBR 的思想和概念框架来改造传统书目数据库的结构，探索描述书目记录之间的联系，并将这种联系呈现给用户，而这也是今后信息组织研究的重点。

(5) 信息服务。传统的书目信息服务主要集中在馆藏书目查询和导读书目的编制上。但随着网络的不断延伸，传统的信息服务方法已无法满足用户的需求，必须作出调整。除了传统卡片目录的数字化之外，提供联合目录查询、网上资源导航、数据库服务以及虚拟参考咨询都应该成为信息服务的内容。在将来的研究中，学者不仅要研究实现这些信息服务的技术手段，还要对如何使多种信息服务有效开展，最大限度服务用户进行探讨。

四、数字时代目录学研究的逻辑

目录学是一门历史悠久的学科，在人类历史的发展过程中曾起到过推动作用，在当代仍然对人们的学习和生活有着重要意义，具有较高的研究和使用价值。目录学是一门独立的学科，它是人们对于客观世界认识不断深化、科学研究不断深入的结果。现代目录学逻辑体系的建设应着重考虑以下几个方面：

（1）从以书为中心转移到以用户需求为中心。在数字时代，信息资源急剧增长。以用户为中心，书目文献资源才能得到有效开发，目录学的社会价值才能得到真正体现。

在数字时代，信息技术的快速发展引发了文献信息数量的大幅度增长。与此同时，人们对信息的需求量越来越大，用户因素在书目情报工作中的重要性明显增强。以书为中心的研究方式已经无法满足目录学和书目情报工作发展的要求，目录学的研究重心应该更多地转移到用户上来，以用户为中心，从用户的角度出发，分析用户行为，掌握用户需求，是必然要求。针对用户，目录学才能在实际中得到广泛而充分的应用，书目文献资源才能得到有效开发，目录学的社会价值才能得到真正体现。近年来，以用户为中心的理念在图书情报界得到了广泛提倡，并收到了良好效果，体现了“以人为本”的发展观念，是符合社会发展趋势的。这也为目录学向以用户为中心转移提供了现实依据。

（2）从以学术为中心转移到学术与服务并重。一门学科能否得到良好发展的关键在于其对于社会贡献的大小。在网络时代，目录学的生存环境已经发生了变化，出现了更多的研究领域，而信息时代用户面临的各种问题也亟须目录学回答。如果还坚持以学术为中心的发展观念，目录学就不能满足日益多元化的社会信息需求，也不符合自身发展的规律。有学者对“辨章学术，考镜源流”进行反思后指出，古代书目囿于“著录一批文献”的刻板形式，与它所反映的学术之间并不存在严谨的并列关系，两者之间只是点与面的对应，目录在考辨学术时的错位甚至不能随处可见。此外，古代目录通过文献整序实现对学术的反思，作为反思结果的目录系统又会反过来影响学术的接受和认识，目录对于学术的这种反作用尚

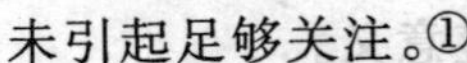

未引起足够关注。①

目录学重视学术源流的传统不能丢失，但是，以书目情报服务为中心建立新的目录学体系也是时代的要求。目录学开展一切研究活动的最终目的就是为用户提供书目情报服务，这在数字时代表现得尤为明显。比起学术源流工作，用户更关注的是目录学能否为自己提供有用的服务，能否为自己获得所需信息提供必要的帮助，这些都决定了服务在目录学研究中的中心地位。以服务为中心，要求目录学研究对实践的操作更加重视，对环境变化的反应更加迅速，对用户的需求更加敏感，与相关学科的联系更加密切。以服务为中心，要求目录学更好地将理论应用到实际工作之中，同时在实践基础上发展理论研究，理论和实践共同发展。

（3）从物理载体的研究转向注重信息内容研究。目录学注重揭示文献的基本特征，关注文献信息的版本信息、出版信息等方面。网络改变了传统查找和获取信息的方法，用户无须通过分类、主题等方式检索信息，而只需在搜索引擎中输入能代表信息的关键词即可得到所需资源。

用户对网络信息资源使用和依赖的加强，促使信息工作者将研究的重心从文献的外在形式转移到其内容上来。只有注重内容，书目工作者才可能完整准确地对网络资源进行揭示，引导用户获取所需信息。

（4）注重基本理论与应用方法的协调。基本理论是对书目工作经验的总结，是目录学理论体系的基础。基础理论探讨目录学的研究目的、研究内容、研究对象等基本问题，为目录学方法和应用提供认识上的指导。方法是对基本理论提出的原则和任务的具体化。对于具有高度应用性和实践性的目录学而言，方法的研究是不应被忽视的，它是目录学得到广泛应用，充分发挥价值的理论依据。目录学是一门古老的学科，有着优良的传统。这些传统是在长期的实践和探索的基础上形成的，具有重要的应用价值。国外在方

① 傅荣贤．中国古代目录学学术价值之反思［J］．图书情报知识，2008（2）：47-51.

法方面的成果对我国目录学发展也具有重要借鉴意义。

参考文献

[1] 王重民．中国目录学史论丛［M］．北京：中华书局，1984.
[2] 叶德辉．书林清话［M］．长沙：岳麓书社，1999.
[3] 彭斐章，陈传夫等．目录学教程［M］．北京：高等教育出版社，2004.
[4] 汪国垣．目录学研究［M］．上海：商务印书馆，1934.
[5] 夏南强，张炯．当代社会需要的目录学［J］．大学图书馆学报，2003（5）：66-68.
[6] 魏征．隋书·经籍志［M］．上海：商务印书馆，1955.
[7] 黎锦熙．新目录学论丛［M］．长沙：国立湖南大学文学院，1948.
[8] 李国新．近二三十年日本中国古典目录学研究状况述评［J］．图书馆学刊，1983（4）：53-57.
[9] 张晓林．科研环境对信息服务的挑战［J］．中国信息导报，2003（9）：18-22.
[10] 傅荣贤．中国古代目录学学术价值之反思［J］．图书情报知识，2008（2）：47-51.
[11] 杨嫚．网络信息资源组织与开发研究［M］．武汉：华中科技大学出版社，2006：45-47，7，107.
[12] 王心裁．试论中国目录学传统［J］．大学图书馆学报，2000（3）：68-73.
[13] 费巍．西方目录学的发展及其对我国目录学研究的借鉴意义［J］．图书情报知识，2008（1）：50-57，104.
[14] 靳萍，朱娜．从图书馆学论文发表情况看我国图书馆学发展［J］．江西图书馆学刊，2008（1）：124-125.
[15] 李健，韩毅．《情报学进展》的信息计量分析——兼论近10年来我国情报学的研究重点与热点［J］．情报理论与实践，